현대 문화인류학 입문

PHILIP K. BOCK 저

조병로 역

국학자료원

현대 문화인류학 입문

PHILIP K. BOCK 저

조병로 역

국학자료원

제1판 머리말

'현대(Modern)'라는 단어를 책의 제목으로 사용하는 것은 특히 과학적 학문을 다루는 경우 위험하다. 후세의 사람들에게는 현대의 知的 樣式도 결국 오늘날의 의복이나 주거와 똑같이 어리석게 보일 것이다. 그럼에도 불구하고 필자가 이 책을 억지로 현대 문화인류학(Modern Cultural Anthropology)이라고 부르게 된 까닭은 이 책의 구성과 내용이 비교적 젊은 세대에 속하는 인류학자들의 주요한 관심을 반영하고 있다고 생각하기 때문이다. 가능한 한 어떤 장소에서라도 필자는 독자들이 이 학문의 제일선에서 현재 일어나고 있는 것에 대하여 어떤 견해를 얻을 수 있도록 최신의 개념과 이론을 소개했다. 또 종래의 논제에 대해서도 현대의 여러 가지 문제와의 관련을 표시하는 방법으로 검토하였다. 필자는 절충적 혹은 백과전서적인 입문서라기보다는 오히려 문화적 여러 현상에 관한 하나의 統合理論에 기초한 인류학의 견해를 제시하려고 시도하였다. 이러한 統合化의 시도가 아직은 시기상조라고 생각되는 면이 있을지라도 그러한 접근방법은 초심자나 인류학에 흥미를 가진 일반 독자들에게 유익할 뿐만 아니라 인류학을 전공하는 사람들에게도 자극이 되지 않을까 하는 희망을 가지고 있기 때문이다.

필자의 접근방법의 중심은 언어의 구조와 언어 이외의 人間의 文化構造 사이에는 타당하고 중요한 유사성이 있다—유사성은 언어가 여러 가지 문화의 下位體系를 이루고 그것들과 동일한 기본적 특질을 공유하고 있다는 사실에 기초하고 있다—는 신념이다. 필자는 언어학으로 모든 문제를 해명할 수 있다고 생각하지 않는다. 그러나 언어와 문화와의 관계를 주의깊게 검토함으로써 인간의 관습적 행동 형태를 포괄하는 개념적 구조를 구축할 수 있는 길이 열리지 않을까 생각한다.

이 책에서 채택한 문화의 개념은 認知過程을 중시한다는 점이다. 언어, 사회구조, 기술 그리고 관념의 어느 것을 논할지라도 필자는 하나의 문화를 共有하는 사람들이 자기의 경험을 어떻게 範疇化하는가 또 이 범주화된 여러 가지 경험에 대하여 慣習的인 방법으로 어떻게 반응하는가를 보여 주려고 노력하였다. 範疇(Category)와 準則(Plan)이라는 한 쌍의 개념이 이 책 전체를 하나의 통합된 실로 관통하고 있다. 그리고 필자의 일관된 주제는 문화상대주의(Cultural relativism)이다. 즉 문화적으로 형성된 범주나 이 범주와 행동을 위한 특별한 준칙을 결합하는 관습적 방법도 모두 어느 정도까지는 역사적 발전이 임의적으로 만들어 낸 것이라고 생각된다. 그러한 준칙을 말하고, 상호작용하며, 가치를 부여하고 혹은 환경을 변화하는 어떤 설계를 가지고 있다고 하더라도 말이다.

이러한 '心理主義的'(mentalistic) 지향을 제시하기 위해 필자는 문화의 여러 형태와 그들이 구체적으로 나타나는 어떤 행동과의 관계를 체계적인 방법으로 논하려고 시도하였다. 예를 들면 언어 '능력'은 어떤 과정을 거쳐서 말이라는 실제적 행동으로 되는가, 또 추상적인 사회구조는 구체적인 상황에서 어떠한 과정을 통하여 역할 수행자에 의하여 실제적으로 기능하는 것인가, 더욱이 기술체계가 숙련된 행위로 어떻게 전환되는가 등을 논하려고 하는 것이 그것이다. 또 필자가 간단하게 언급한 접근방법이 전체로서 상대주의적 입장을 취하고 있다고 할지라도 문화생태론이나 통문화적 비교 혹은 문화적 진화론 등에 관한 논의를 기피하려는 것은 아니다. 이와 같은 여러 가지 문제에 대해서는 문화인류학의 방법을 논한 장에서 많이 소개하였다. 거기에서 언어학자나 민족지학자 또는 고고학자들이 인간행동이나 행동의 소산이 가진 규칙성을 관찰하여 그것으로부터 문화의 형태 및 과정을 추론하는데 사용하는 방법을 논하였다. 그리고 맺음말에서는 이 책에서 논한 것을 요약하여 철학적 인류학의 중심문제에 대해 약간 제기하였다.

이와 같이 이 책은 개념적으로 일관된 구성을 가지고 있기 때문에 수업에 사용하는 경우 각 장을 생략하거나 순서를 재배열하는 것은 바람직하지 않다. 그러나 이 책의 입장을 적어도 직관적으로 용인하는한 수업 담당자는 다른 논문이나 사례연구를 보충교재로 하여 학생들에게 읽힘으로써 각 장의 내용을 보충하기도 하고, 혹은 강조하는 바를 바꿀 수는 있을 것이다. 학생들이 더욱 참고할 보충교재나 전문적인 학술 논문 목록은 각 장의 끝에 첨부하였다.

끝으로 필자가 지적인 면에서 많은 신세를 지고 있는 다음과 같은 분들에게 감사의 뜻을 표하고 싶다. 얼 리욘(E. Lyon)박사는 필자에게 책임질 수 있는 사고라는 것이 얼마나 부담스럽고 고통스러운가에 대해 가르쳐 주었고, 윌리엄 비티(W. Beatty)박사는 인류학이라는 학문의 도전에 필자를 인도하였다. 우드로 윌슨 재단(Woodrow Wilson Foundation)은 시카고 대학에서 1년간 연구를 계속할 수 있도록 도와주었으며, 시카고 대학의 로버트 레드필드(R. Redfield) 박사는 인류학도로서의 직업을 확고히 선택할 수 있게 해주었다. 클라크혼(C. Kluckhohn) 박사는 상궤를 벗어난 나의 흥미를 고무시켜 주었다. 델 하임즈(D. Hymes)와 케네스 파이크(K. Pike) 두 박사는 언어의 복잡성과 문화와의 관계에 대해 눈을 뜨게 해주었다. 마지막으로 뉴-멕시코 대학의 인류학 교실은 나의 연구작업을 위해 따뜻하고 고무적인 연구 장소를 제공해 주었다. 이러한 모든 점에서 나를 도와 준 분들과 연구 이외의 측면에서 나를 도와 준 나의 아내(Layeh)에게 깊은 감사의 뜻을 표하고 싶다.

1968년 7월 뉴-멕시코 알부케-키에서

필립 보크

개정판 머리말

　이 책은 마지막 판(제 2판) 이후 실제로 개정되고 축소된 것이다. 이것은 학기 중에 여러 교과서의 하나로써 또는 유일한 교과서로써 사용하기에 적당할 것이다. 나는 여러 방법으로 내용을 수정했다. 비록 문화와 언어구조 사이에 유추가 있을지라도 언어학적 이론은 뛰어난 곳이 적다. 나는 사회적 공간과 시간에 관한 장을 포함한 크고 작은 부분과 불필요한 예를 삭제하였다. 어떤 자료는 앞에서 다루고 분리해서 새로 조합하였다. 文化化에 관한 장은 통합하였다. 개념적이고 서술적인 새로운 자료는 추가하였다. 특히 제 5장에서 민족집단과 사회계층은 더 주의를 기울였고 제 10장에서 도덕적 가치와 사회 생물학에 대해 언급하였다. 남녀차별주의적 思考와 그 用語는 삭제시켰다. 추천도서는 최근판으로 하였고 인용문은 현재 문화인류학적 형식을 표준으로 삼았다.
　이러한 개정에도 불구하고 이 책은 아직 문화적 다양성과 문화체계 즉 언어, 사회구조, 기술 그리고 관념이 인간의 생물학적, 사회적 욕구를 만족시키기 위한 기능에 초점을 맞추었다. 나는 인류학을 시작하려는 학생들에게 최근의 개념을 전하려는 열망을 가지고 있다. 나는 종종 전문적인 인류학의 기본 수업을 받는 것도 좋을 것이라고 믿는다. 그러므로 나는 다른 문화를 이해하기 위한 상대론적인 접근의 중요성과 문화체계의 統合을 강조해 왔다. 강의 담당자는 문화적인 과정과 진화에 관한 그 자신의 전망을 강조하기에 충분할 것이다.

나는 여기에서 나의 딸 마리안 보크(Marian Bock)의 도움을 받았음을 밝히고 싶다. 그녀는 원고를 보는 참신한 눈을 가지고 있었고 나에게는 지나치게 친근할 정도였다. 그리고 그녀는 개정을 위하여 가치 있는 제안을 제시해 주었다. 나는 루이스 힙(Louis A. Hieb), 그리고 나의 편집 발행인인 크노프(Knopf社)의 비평에서 많은 도움을 받았다. 즉 배리 페터롤프(Barry Fetterolf), 하리엣 프렌티스(Harriet Prentiss), 그리고 안나 무스켈리(Anna Marie Muskelly) 등이 그들이다. 또 나는 원고정리를 해준 바바라 셀라자(Barbar Salazer)에게 항상 감사하고 싶다.

1987년 4월 뉴 - 멕시코 알부케 - 키에서
필립 보크

일러두기

1. 이 책은 Philip K. Bock의 Modern Cultural Anthropology : An Introduction(Third Edition. New York : Alfred A. Knopf, Inc., 1979)를 완전 번역한 것이다.
2. 원저의 인용전거는 본문 중에 번호를 표시하고 필요한 경우 추가하여 각주로 처리하였다.
3. 원저의 각 장 끝에 있는 보충 문헌은 해제는 생략한 채 그대로 게재하였다.
4. 필요한 경우 역자주를 첨가하였다.
5. 원문 중 이탤릭체로 쓴 어구나 문장은 방점을 생략하였다.
6. 원문중의 " "는 ' '로, ( )는 생략하였다.
7. 각 장의 表題語 중의 일부는 역자가 임의로 첨가하였다.
8. 본문에 인용된 도표는 원저자의 일련번호를 참고로 역자 나름대로 일부 조정하였다. 또 사진은 지면 관계상 제외하였다.
9. 표기법은 문교부가 제정한 「한글 맞춤법」(1989. 3)과 「외래어 표기법」(1986. 1)에 따랐다.
10. 인명과 민족명은 ( )에 원어를 첨가하였다.
11. 원저의 용어해설은 지면 관계상 제외하였다.

목 차

제1판 머리말 • 3
개정판 머리말 • 6
일러두기 • 8

제Ⅰ부 인류의 노정 / 13

제1장 생물학적 배경 ··· 15
1. 영장류 ··· 15
2. 인류의 기원 ··· 18
3. 문화와 인종 ··· 24
4. 인류학의 제분야 ·· 26

제2장 문화화의 과정 ··· 29
1. 문화화의 초기 단계 ··· 29
2. 문화화의 후기단계 ·· 41

제3장 언어습득 ··· 58
1. 음체계 ··· 61
2. 문법 ·· 69
3. 의미론 ··· 76

제Ⅱ부 사회체계 / 83

제4장 인간의 종류 ·· 87
1. 사회적 역할 ··· 87
2. 친족의 역할 ··· 90

3. 성과 연령의 역할 ··· 107
　　4. 직업의 역할 ··· 112
　　5. 지도자로서의 역할 ··· 115
　　6. 개인의 역할과 사회인의 역할 ·································· 119
　제5장 집단의 종류 ··· 123
　　1. 범주와 집단 ··· 123
　　2. 주거집단 ·· 130
　　3. 친족집단 ·· 140
　　4. 또래집단과 결사 ··· 158
　　5. 사회계층 ·· 169
　제6장 안정과 변화 ··· 177
　　1. 사회조직 ·· 177
　　2. 예상 ··· 179
　　3. 선택과 변화 ··· 185
　　4. 적응 ··· 197
　　5. 교환과 호혜성 ·· 202

제Ⅲ부 기술체계 / 211

　제7장 인간과 도구 ··· 213
　　1. 체온을 조절하는 도구 ··· 214
　　2. 식량과 물의 필요 ··· 220
　　3. 수송수단 : 물건운반 ·· 228
　　4. 커뮤니케이션 : 의사 소통 ······································ 232
　제8장 기술과 기능 ··· 237
　　1. 에너지를 이용하는 기술 ·· 239
　　2. 식량획득의 기술 : 생계 ··· 245
　　3. 질병 치료의 기술 : 의술 ······································· 255
　　4. 물건을 제작하는 기술 : 공예기술 ·························· 262

제Ⅳ부 관념체계 / 273

　제9장 신앙체계 ··· 277
　　1. 우주관 ·· 278

2. 권위의 개념 ··· 288
   3. 재산의 개념 ··· 296
   4. 에이도스(Eidos) – 신앙의 통합원리 ································ 305
 제10장 가치체계 ·· 315
   1. 가치부여의 과정 ··· 316
   2. 행위의 선악 판단 : 도덕성 ··· 323
   3. 미의 판단 : 미학 ·· 331
   4. 에토스 – 가치통합의 유형 ·· 344

제 V 부 인류학자의 현지조사 / 353

 제11장 관찰과 추론 ·· 355
   1. 현지조사 방법 ·· 355
   2. 보존자료의 수집 ··· 361
   3. 자료로부터의 추론 ··· 370
   4. 비교방법 ··· 383

맺 음 말 / 403

 문화와 자유 ·· 403

■ 역자후기 · 409

■ 참고문헌 · 413

■ 찾아보기 · 427

11

제 I 부 인류의 노정

　인류학은 인간(human beings)에 대한 연구이다. 즉 인간이란 무엇인가? 또 인간은 어떻게 인간화의 길을 걷게 되었는가에 관한 학문이다. 인간의 신체나 행동 그리고 문화의 기초를 이해하기 위해서는 총체로서의 인간종족과 또 개개인의 발달과정 속에서 인간화의 과정을 연구하는 것이 필요하다. 이 부에서는 현생인류(Homo Sapiens)가 초기의 단순한 생활에서 어떻게 진화해 왔는가를 우선 고찰하고, 다음으로 유아가 그들 집단의 언어와 관습을 학습하는 과정을 고찰하여 인간화에 이르는 과정을 개관하려고 한다.
　이 책의 나머지 부분은 사회, 기술 및 관념과 같은 인류의 여러 관습의 다양성에 관심을 두었다. 이러한 관습은 그들 각자가 속한 환경에 적응하면서 발달해 온 것이다. 즉 다른 사회의 사람들의 생활방식에 관하여 많이 알면 알수록 우리는 우리 자신의 사회에 필요한 많은 전망을 얻을 수 있게 될 것이다. 인류학이 우리에게 가르쳐 주는 중요한 사실 중의 하나는 일정한 사회에서 또 일정한 언어체계 속에서 자라난 단순존재는 결코 다른 삶의 양식을 이해할 수도 평가할 수도 없다는 점이다. 그들 자신의 생활방식을 최고라고 생각하고 그들 자신의 관습으로써 다른 문화를 평가하는 기준으로 삼는 사람들에게서 나타나는 인간의 경향을 이른바 자민족중심주의(Ethnocentrism)라고 한다. 이러한 태도의 대부분은 십중팔구 건전한 것이다. 왜냐하면 그들 자신의 사회에 대한 모든 신념을 잃게 되면 병들어 결국 죽게 될 것이기 때문이다. 그러나 자민족중심주의가 지나치면 다른 사회의 좋고, 아름답고, 유용한 것을 인식하는 데 방해가 될 수 있다. 인류의 과정에 대한 여행으로부터 보다 많은 것을 얻기 위해서는 우선 마음을 열어 놓는 것이 필수적이다.
　자, 그럼 좋은 여행이 되기를! (Bon voyage!)

제1장 생물학적 배경

1. 영장류

우리가 관찰하고 행동하는 방식 그리고 세계관이라고 하는 것은 수억 년간의 생물학적 진화의 결과이다. 두 개의 性으로 나타나는 인간의 기원문제는 과거 10억 년 이상동안 단세포 생물의 성적 재생산의 발달 속에 묻혀 있었던 것이다. 오늘날 우리의 모습이 차갑고 끈적끈적하며 비늘 모양의 형태가 아닌 따뜻한 피를 가지고 털로 덮여진 형태를 취한 것은 불과 200만 년도 안 되는 포유동물의 출현 덕택이라고 할 수 있다. 반면, 인간이 포유동물 뿐만 아니라 파충류와 같이 공유하고 있는 각 손발에 5개의 손가락, 발가락을 가지고 있다는 사실은 더욱 오랜 과거에 공통적인 특성을 가지고 있었다는 것을 보여준다.

인간은 영장류(primates)의 포유류에 속한다. 영장류는 약 7천만 년 동안 진화해 온 포유동물의 한 특수한 집단이다. 이러한 관계를 정확하게 보여 주는 증거는 우리들의 손가락 끝에 나타나고 있다. 날카로운 형태의 손톱이나 발톱이 아닌 평평한 손톱과 발톱을 가진 동물은 포유류 중에서 오로지 영장류에서만 나타난다. 모든 영장류는 '손을 사용해서 쥘 수 있는' 동물이다. 즉 대부분의 유인원과 원숭이는 나무 위나 주위에서 살고 있으며, 평평한 손톱에 길고 잘 움직일 수 있는 손가락은 나뭇가지를 잡거나 주위의 물체를 다루는 데 매우 유용하다.

다른 네 발을 가진 포유동물과는 달리 영장류는 코를 통해 냄새를 맡고 물체를 쿡쿡 찌르면서 육지를 기어다니지 않는다. 반면, 그들은 앉아 있거나 또는 뒷발에 중심을 두며, 소리를 내고, 주위를 관찰하며, '손을' 사용하여 물체를 찾아낸다. 나무 위에서의 생활은 후각의 예리함보다 시각의 예민함을 요구하므로 모든 영장류는 다양한 색깔을 볼 수 있는 능력을 가지고 있다. 더욱이 대부분의 영장류는 옆면보다는 정면을 정확히 볼 수 있고 물체를 삼차원으로 볼 수 있는데 이는 특히 이 나무에서 저 나무로 도약할 때 매우 필요한 것이다.

원숭이와 유인원은 태어날 때부터 호기심이 많다고 잘 알려져 있다. 최근의 실험실 연구 결과에 의하면, 원숭이들은 모방과 낯선 물체를 만진다거나 응시하는 것 이외에는 아무런 보상도 없는 상황에서도 많은 일을 한다는 것을 분명히 보여주고 있다.[1] 인류의 幼兒들도 또한 탐구적인 행동이나 호기심을 나타낸다. 우리들의 직접적인 조상들이 나뭇가지에 매달려 타고 다녔는지는 확실하게 알 수 없지만, 그러나 인간은 원숭이처럼 고도의 운동성을 가진 어깨, 팔, 손가락을 공유하고 있다. 그래서 인간과 고등 영장류만이 어떤 물건을 정확하게 던질 수 있다.

집단속에서 생존하는 대부분의 영장류는 '지배체제'(dominance hierarchies)를 구성하는 경향이 있다. 바분(baboons : 원숭이의 일종으로 이러한 특성이 주의깊게 연구되어 왔음) 집단내에서는 각기 수컷은 다른 모든 수컷과의 관계에서 일련의 대결 성과에 의한 優位, 同列, 劣位 등 확립된 서열적 지위를 가지고 있다.[2] 이러한 서열체계는 앞마당의 닭들에게서 나타나는 '먹이를 쪼아먹는 순서'(pecking order)나, 미개사회나 문명화된 인간사회의 위신체계(prestige systems)와 비슷한 것이다.

우리 영장류의 조상들은 다음과 같은 점을 공유하고 있었다. 즉 길고 매우 활동적인 팔과 손, 이러한 손의 동작을 통제하기에 적합한 비교적 큰 뇌, 그리고 입체적 시각, 다양한 발성능력, 호기심 그리고 사회집단내에서 지배체제를 만드는 경향이 그러한 것이다.

---

1) H. Fowler, Curiosity and Exploratory Behavior(New York : Macmillan. 1965).
2) I. Devore, ed., Primate Behavior (New York : Modern Library, 1949 : first published. 1871).

고등 영장류는 유아기가 연장되는 경향이 있다. 즉 그들의 기본적 욕구 충족을 위해 어른에게 의존하는 기간이 길다. 동물의 새끼는 생후 곧 스스로 완전한 육체적, 사회적 성숙에 도달해서 자립하는 것이 많다. 많은 종류의 非哺乳動物의 새끼들은 심지어 그들 '부모들'을 한번도 보지 못하는 경우도 있다. 포유동물은 살아 있는 몸으로 태어나 느리게 성장하며 살아 남기 위해서는 어미 암컷의 보살핌을 필요로 한다. 이렇게 돌보아 주는 일은 특히 유인원이나 인간에게 오랫동안 필요하다. 즉 침팬지는 어미의 보살핌을 약 2년간 필요로 하며, 약 8살에서 12살이 되어서야 어른의 체구를 갖춘다. 대부분의 사회에서 인간은 6년 내지 8년의 의존 기간이 필요하고 대략 20살에 이르러서야 충분하게 성장한다.

이러한 의존 기간의 지연은 음식에 대한 우리 조상들의 습성의 발전에 의해 더욱 뚜렷하게 나타난다. 열대 환경에서 뿌리나 야생의 과일을 구하는 일은 개인적으로 잘 이루어질 수 있으며, 도구의 사용은 거의 부수적으로 사용될 뿐이다. 그러나 수렵생활하는 모든 집단은 힘과 민첩함에 의존하고 그리고 성년 남성에 의한 도구 만드는 기술이나 기꺼이 사냥에 참여하려는 마음에 따라 좌우된다. 그러므로 인류의 어린 아이들은 생계와 지식을 획득하기 위해 그들의 부모들에게 의존하여야 하며 음식에 대한 그들의 필요는 집단 전통의 학습을 더욱 강화시킨다.

영장류 집단에서 어릴 때 배우는 것은 많은 부분이 그 집단의 다른 성원과 어울리는 과정에서 습득된다. 모든 집단 생활을 하는 동물은 그런 식으로 적응해야만 한다. 사회적인 집단을 구성하는 곤충이나 새들의 경우에도 대부분 요구되는 행동 패턴은 태어나면서부터 주어지는 것이다. 반면, 영장류는 그러한 본능을 거의 가지고 있지 않다. 뇌를 사용함으로써 적절한 몸짓이나 음성을 통해서 서로 의사소통 하는 법을 배우는 것이다. 그리고 임의적이고, 집단 중심이며, 사회적으로 학습된 기호들은 아직 언어적인 위치에까지 이르지 못했지만 그러나 그것들은 진정한 말로 나아가는 한 단계를 보여준다.

2. 인류의 기원

문화가 형성되기 이전 인류의 선조들은 호기심이 많았고, 의사를 전달하였으며, 서로간에 그리고 그들의 환경과 복합적인 상호작용을 할 수 있었다. 그러므로 그들이 도구를 사용하지 않았을 것이라고는 결코 생각할 수 없는 것이다. 야생의 침팬지에 대한 최근의 연구에 따르면, 이러한 유인원들은 집단내의 다른 원숭이로부터 학습한 방식으로 종종 막대기와 다른 자연물들을 사용하고 있다. 도구를 사용하고 도구를 만드는 유인원과 초기의 인류를 완전히 구별한다는 것은 불가능하다. 그러나 자연물을 유용한 형태로 전환하여 사용하는 우리 선조들의 능력은 더욱 전진하여 보다 견고한 물질을 활용하는 데까지 나아갔다. 도구를 제작하는 기술은 인류의 가장 특징적인 활동 중의 하나이며, 우리 인류의 진화에 중요한 결과를 가져왔다.

만일 우리가 우리 자신을 '도구를 사용하는 동물'이라고 정의한다면 인간이 존재하는 곳에서는 언제나 도구를 만드는 일관성 있는 유형이 발견된다는 것을 의미하는 것이다. 우리 자신을 이러한 방식으로 정의하는 중요한 이점 중의 하나는 돌연장(stone tools)은 그 도구를 사용한 사람의 생물학적 잔존 유물보다 더 오래 변화되지 않고 수 천년을 견디어 왔다는 사실에 있다. 고고학적 연대에 대한 대부분의 증거물이나 고대 인류의 출처는 이들이 남겨 준 도구에서 비롯되는 것이다. 다행히도 이러한 도구는 또한 우리 선조들이 종사한 여러 가지 활동에 대한 단서를 제공해 준다.

1) 최초의 인간

거의 5백 만년 이상을 거슬러 올라가는 지질학적 퇴적물에서 인류학자들은 도구를 지속적으로 사용한 기원을 발견했다. 가장 최초로 도구를 사용한 흔적은 아프리카 동부에서 발견되었다. 반면 조금 후대에 도구를 사용한 흔적은 세계의 여러 곳에서 발견된다. 어떤 발견 장소에서는 도구를 사용한 사람들의 화석이 된 유물이 또한 발견된다. 우리는 이러한 생명체를 인류(Hominids)라고 부르는데 이것은 현생인류가 人科(Hominidae)에 속한 생물과(biological family)의 한 구성원임을 나타내는 것이다. 그들을 이러한 방식으로 분류하는 것은 전문적으로 유인원(Pongidae)이라 부르는 類人猿科와 구별하기 위한 것이다. (<도표 1-1> 참조)

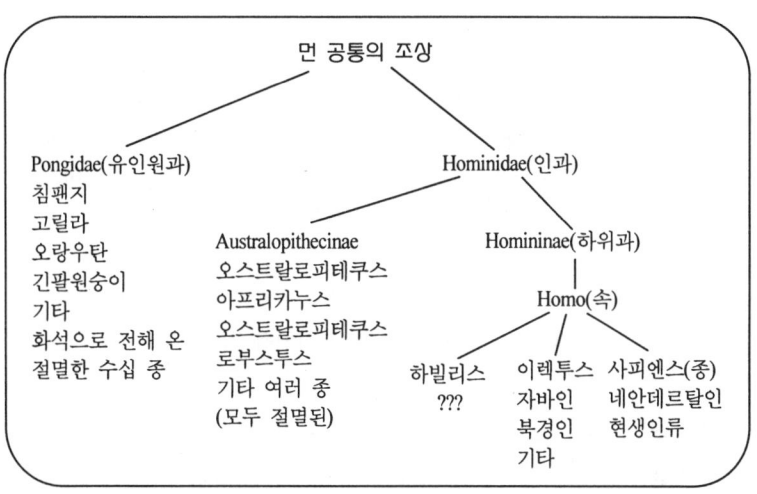

<도표 1-1> 호모사피엔스의 분류와 인간의 가장 가까운 생물학적 친척들

초기의 人科중 가장 잘 알려진 것은 오스트랄로피테키네(Austrlopithecinae)로서 이것은 하위과로 분류된다. 이 하위과에 속하는 것은 1924년 최초로 발견된 작은 사람(a small hominid)인 오스트랄로피테쿠스 아프리카누스를 포함해서 조금 큰 종족으로 오스트랄로피테쿠스로부스투스가 있으며, 그 밖에 아주 많은 이름이 붙여진 화석이 있다. 오스트랄로피테키네는 일반적으로 유인원(man-apes 또는 ape-men)으로 불리운다. 그들은 직접적인 우리들의 조상이 아니고 인간과 보다 단순한 형태의 영장류의 조상을 이어주는 변화기간의 생명체임을 잘 보여준다.

찰스 다윈(Charles Darwin)이 오래 전에 주목했듯이 현존하는 유인원과 현생인류는 해부학과 생화학적 특성에서 볼 때 공통의 조상인 영장류에서 왔다는 것을 잘 알 수 있다.[3] 그러나 서로 다른 진화의 경로를 수백 만년 겪으면서 유인원과 인과는 체계적인 차이를 발전시켰다. 여기서 세 가지의 중요한 차이점이 나타난다.

1. 모든 인과는 두 발로 걷는다. 즉 두 발로 똑바로 서서 걸으며 네 발로 걷거나 팔로 매달리면서 행동하는 경우가 거의 없다.
2. 인과의 두뇌는 유인원의 그것과 비교해 볼 때 훨씬 크며, 그 양적 변화는 질적 변화를 또한 수반하였다.
3. 주로 채식을 하면서 방어를 위해 길고 뾰족한 송곳니를 발달시켜 온 유인원과는 다르게, 인과의 치아는 비교적 큰 특색을 나타내지 않고 육식과 채식을 혼합할 수 있도록 적응되었다.

인과의 이러한 세 가지 일반적 특색은 서로 관계가 있으며 또한 우리 조상들의 특수한 도구사용 능력과 관계가 있다. 직립을 하게 되면서 앞발로 물체를 조사하고 환경의 부분들을 조작할 수 있었다. 뇌용량의 증가와 그에 따른 지적 능력의 발달은 보다 효과적인 도구의 제작을 가능하게 하였다. 도구를 효과적으로 사용하게 됨에 따라 도구로 대체된 해부학적 특징은—가령 자르거나, 가는데 사용되는 치아—점차 덜 중요하게 되어 갔다. 이러한 설명은 매우 복잡한 과정을 극단적으로 단순화한 것이지만 인간의 신체와 인간의 문화가 어떻게 서로 연관되었는가를 보여준다.

거의 5백 만년전에서 불과 일백 만년이 채 안되는 오스트랄로피테키네 단계동안 인간의 뇌는 아직도 작았지만, 직립과 보행은 점점 완벽해져갔다. 문화적인 적응 수단에 점차 의존함에 따라 이러한 변화는 인간 진화의 다음 단계로 나아가게 되었다.

---

3) C. Darwin, The Descent of Man (New York : modern library, 1949 : first published, 1871).

2) 호모 이렉투스와 호모 사피엔스

인간 진화의 다음 단계는 호모 이렉투스(Homo Erectus)라는 화석 유물에 나타난다. 우리 인간과의 속(屬 : genus)에 해당하는 인류(Homo)는 약 5천 만년전부터 구대륙의 전 영역에서 생존하였다. 그들은 유능한 도구 제작자로서 여러 가지 돌과 뼈로 도구를 만들었다. 신체의 목 아래 부분을 볼 때, 그들의 골격 구조는 우리와 거의 차이가 없었다. 그러나 뇌의 용량은 유인원과 현생인류의 중간 정도였으며 그들의 두개골은 매우 울퉁불퉁한 형태를 취하고 있었다. 즉 뼈는 매우 두꺼웠고, 눈위에는 눈썹등성이가 툭 불거져 나왔으며, 앞이마는 거의 없고, 턱의 구조는 크고 둔탁하며 돌출하였고 치아는 컸다. 그러나 분명한 인간의 형태였다. 호모 이렉투스의 예로서 우리는 잘 알려진 자바인이나 베이징 '猿人'(ape-men) — 예전에는 피테칸트로푸스(Pithecanthropus)의 속으로 분류하였다 — 을 들 수 있다. 그 뿐만 아니라 아프리카 북부와 동부에서 최근에 발견된 것 또한 여기에 속한다. 그들은 유능한 사냥꾼이었고, 화로와 숯 그리고 숯에 의해 탄 뼈들이 베이징인의 동굴에서 발견된 것으로 보아 불을 사용할 줄 알았던 것이 확실하다.

생존과 인간화의 발전 속에서 불을 사용한 중요성을 고려해 보아야 한다. 비록 불은 물리적인 물체라기보다는 화학적 과정이지만 그것을 잘 보존하고 목적에 맞게 잘 사용한다면 아주 특수한 도구가 될 것이다. 이러한 도구는 사람들에게 따뜻함과 빛, 침입자로부터의 보호, 요리, 유기물질로부터 에너지를 뽑아 내는 방법을 제공해 준다. 빙하시대라는 가혹한 환경에서 불의 사용은 생존에 큰 도움이 되었다.

왈라스(A.F.C.Wallace)는 불의 사용에 담겨 있는 뚜렷한 함축적 의미를 지적하였다. 불을 지피고, 유지하며, 운반할 수 있는 복잡한 기술을 이용할 줄 아는 인간 집단은 야생동물 뿐만 아니라 이러한 기술을 이용하지 못한 집단이나, 또는 지적으로 뒤떨어져 불을 사용하는데 미숙한 집단보다 훨씬 유리하다. 왈라스의 견해에 따르면 불을 통제하는 데는 상당한 지혜와 예견력 그리고 기술이 요구되는데, 이는 잠재의식상의 지속적인 주의, 그리고 집단에서의 노동분화도 마찬가지이다. 이러한 기술을 사용할 지적능력이 부족한 집단은 점차 제거되었는데, 그것은 마치 필수적인 기술을 습득할 수 없는 개인들이 보다 성공적인 집단에서 몰락하는 것과 마찬가지이다.[4]

기술과 지능이 요구되는 도구와 기술의 발명은 생존 투쟁에서 능란함과 총명함을 더욱 선호하게 되었다. 복잡한 도구의 발전 이전에 자연의 힘과 속도, 그리고 기민함을 가진 개인을 선호했다. 그때에는 지능이 도움이 되기는 했지만 이차적인 요인밖에 되지 못하였다. 그러나 이제 인간의 삶의 역사에서 처음으로 두뇌는 ― 비록 자동적인 작용을 갖지 못하지만 ― 생존을 위한 핵심적인 요소가 되었다. 호모 이렉투스의 두뇌는 점점 커져 오늘날 적은 뇌의 용량을 가지고 있는 남녀의 크기에 이르게 되었다(<도표 1-2> 참조).

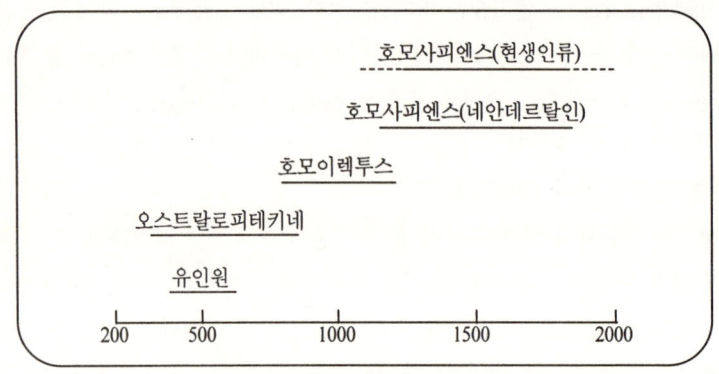

<도표 1-2> 연존하는 영장류와 화석 영장류의 뇌용량 비교(㎤)

우리의 직접 조상인 호모 사피엔스(Homo Sapiens)로서 최초로 알려진 네안데르탈인은 수십 만년 전까지 거슬러 올라간다. 오늘날 신문의 연재 만화에 나타나는 틀에 박힌 양식에도 불구하고, 그들의 두뇌는 우리들의 두뇌보다 평균적으로 컸다. 네안데르탈인은 정밀한 도구 장치를 발전시켰는데 구석기시대의 무스테리안(Mousterian)문화로 알려진 동물의 가죽으로부터 옷을 만드는

---

4) A.F.C. Wallace, Culture and Personality (second edition; New York : Random House, 1970) pp.65~72.

돌갈퀴가 거기에 포함된다. 그들은 죽은 곰의 두개골과 연관된 의식을 행하였고 죽은 자는 매장하였다.

대부분의 유럽 네안데르탈인의 두개골은 두껍고, 툭 불거진 눈두덩을 가진 아주 평평한 형태였으며, 그들의 치아는 넓고 보통 턱없는 턱 끝에 단단히 박혀 있었다. 툭 불거져 나온 눈두덩은 몇몇 현대의 인종에서도 나타나지만 치아나 턱은 변화하였다. 치아를 가지고 하던 자르기, 찢기, 뭉개기 같은 행위는 도구가 대신하게 되면서 인류의 치아는 더욱 작아졌고, 얼굴을 지탱하는 턱은 약해지고 재배치되었다. 호모 이렉투스에서는 보이지 않고 네안데르탈인에게 약하게 발견되었던 턱끝은 보다 잘 발달되고 결정적인 시점에서 돌연 턱에 힘이 첨가하게 되면서 더욱 가볍고 연약하게 되었다.

최초로 완벽한 현생인류가 알려지게 된 것은 겨우 1만 3천년 내지 1만 5천년전으로 거슬러 올라간다. 프랑스의 콤베 까펠레(Combe Capelle)와 크로마뇽(Cromagnon)에서 나온 유골은 비록 콤베 카펠레인이 턱끝이 꽤 약하고 눈썹 등성이가 잘 발달되어 있기는 하지만 우리와 큰 차이가 거의 없다. 두개골은 공모양의 형태를 하고 있고 두개골의 얇은 뼈속에 고도로 발달된 뇌가 있었다. 얼굴은 거의 지상에서 수직을 취하고 있고, 턱은 얼굴 아래에서 뒤로 당겨져 있다. 이러한 현대적인 모습을 한 사냥꾼은 대빙하기의 말기에 살고 있었다. 그들은 지중해의 양쪽과 구대륙의 여러 부분에서 동물들을 쫓아 다녔다. 또한 그들은 돌 이외에도 다양한 자연 물질로써 도구를 만드는 여러 가지 기술을 가지고 있었다. 상아나 가지가 난 뿔조각 위에 그리고 동굴의 벽 위에 그들은 가장 오래된 조각과 그림예술을 남겨 두었다. 이러한 그림은 여러 가지 방식으로 해석되어 왔다. 즉 그들은 사람에게 가장 중요한 자연의 측면들을 묘사하거나, 또는 자연의 묘사를 통해 그들을 통제하는 인간의 모습을 나타내고자 한 것으로 보인다.

네안데르탈인시대 이후, 인간 신체는 거의 변화하지 않았다. 대부분의 변화는 한정된 범위의 근본적인 발명과 연관된 것으로 그들 중에는 무기와 절단용 도구의 발전, 불의 통제, 자연적인 그리고 인공적인 주거지의 사용, 사냥이나 어업을 통해 음식을 얻는 방법의 발명과 개선, 그리고 얼마 후 고안해 낸

농경과 같은 것이 포함된다. 모든 이러한 발명은 인간의 신체에 영향을 끼쳤다. 예를 들면 오늘날 비교적 털이 없는 형태는 옷의 사용과 관계있는 것인데 그것은 털로 덮인 신체를 불필요하고 비위생적으로 만들었다. 우리가 하는 일과 우리의 존재하는 모습과는 밀접한 관계가 있는 것이다.

3. 문화와 인종

인류학자들은 문화를 보통 우리가 말하는 개념 이상으로 보다 폭넓은 범위의 현상을 언급하는 개념으로 사용한다. 문화에 대한 고전적, 인류학적 개념 정의는 1871년 타일러(E.B.Tylor)가 제시했다. 즉 '문화란 지식, 신념, 예술, 도덕, 법률, 관습뿐만 아니라 사회의 한 구성원으로서 인간이 획득한 다른 모든 능력이나 관습을 포함한 복합적 총체이다.'라고[5], 더욱 최근에 로버트 레드필드(R. Redfield)는 문화를 '사회의 성격을 결정짓는 행동이나 인공물에 나타나는 관습적인 이해'[6]라고 간단히 정의하였다. 양자의 정의가 강조하는 것은 사회집단의 구성원에 의해 학습되고 공유되는 관념과 이상이다. 타일러와 마찬가지로 레드필드의 입장에서 보면 호모 이렉투스의 도구와 화로는 고대인의 문화가 아니다. 비록 그러한 것이 선사학을 공부하는 학자들이 문화화되고 도구를 제작하는 동물의 존재를 추론하기 위한 증거로써 사용할지라도 말이다. 그러한 것들은 인간집단 내에서 공유되고 있는 '능력과 습관'의 물질적 산물인 것이다. 우리는 문화를 볼 수 없다. 그러나 우리가 관찰할 수 있는 사물의 형태와 분포의 규칙성으로부터 우리는 '관습적인 이해'의 존재를 추론할 수가 있는 것이다.

문화라는 개념은 학습을 통해 문화적으로 규정되는 행동과 生殖行爲를 통해 유전적으로 규정되는 행동을 구별하기 위해 도입된다. 인간 집단 속에 나

---

5) E.B.Tylor, The Origins of Culture (New York : Harper Tochbooks, 1958; Part I of Primitive Culture, first published in 1871) p.1.
6) R. Redfield, The Folk Culture of Yucatan (Chicago : University of Chicago Press, 1941) p.132.

타나는 몇 가지 차이들은 학습과는 아무런 관계도 없다. 이러한 요소들을 우리는 인종적 특성이라고 부른다. 즉 그것들은 다양한 환경에 대한 생물학적 적응의 결과로서 남녀간의 성적 관계를 통한 재생산에 의해 전승된다. 그러므로 어떤 집단의 사람들은 直毛를 또 다른 부류는 자연스런 波狀毛를 가지고 있으며, 이떤 집단은 검은 피부를 가지고 있고, 또 다른 집단은 거의 피부 색깔이 없는 경우도 있으며, 특정한 병에 저항력이 강한 집단과 매우 병에 걸리기 쉬운 부류로 나타나는 경우도 있고, 그 밖에도 여러 가지 특징이 나타난다. 우리는 항상 인종적 특성을 어느 정도 가지고 있는 생물적 적응상의 장점을 이해할 수 있는 것은 아니지만, 대부분의 경우 그것은 진화적인 적응 과정에 의해 생겨난다. 유전적인 면과 문화적인 면에 의해 결정된 특성의 차이점은 근본적인 것이다. 예를 들면 사람들은 '그러한 방식으로 태어났기 때문에' 그렇게 보고 그렇게 행동하는 경우가 있다.

　인류학자의 가장 중요한 일 중의 하나는 어떤 것이 어떤 것에 영향을 끼치는가를 밝히는 것이다. 인간집단에서 실제로 중요한 차이점은 대부분 문화적으로 결정된다. 당신이 말하고 있는 언어, 당신이 사용하는 도구, 당신이 좋아하는 음식, 당신이 선택한 직업, 미와 초자연적인 것에 대한 당신의 관념은 당신이 교육받아 온 집단내의 문화와 주로 깊게 관련된 것이다. 모든 인간은 언어, 기술, 그리고 사회규범을 학습할 생물학적 능력을 가지고 있다. 그러나 한 개인이 어떤 것을 배우느냐는 인종적 유전보다는 출생시의 환경(장소, 시간)에 좌우된다.

　인종적 차이는 지속적인 생물학적 진화로부터 비롯된다. 수많은 세대를 거치는 동안 인류의 집단은 특별한 환경에 적응해 왔다. 인류학자들은 변화하는 환경에 생물학적인 면과 문화적인 면에서 적응하는 과정을 연구하는 것이다. 인종적인 차이점은 인간의 적응 가능성의 흥미로운 보기이다. 그러나 한 인간집단이 다른 집단보다 우월하다고 주장하는 인종주의 원리는 인류학의 어느 학문 분야에서도 과학적인 지지를 받을 수 없다.

4. 인류학의 제분야

인류학은 인간과 그들이 만들어낸 여러 창조물을 광범위하게 연구하는 데 특징이 있다. 이상적으로 말하면 인류학자는 인간 생활의 여러 부분을 모든 시간과 장소에서 연구할 준비가 되어 있다. 다른 사회과학자들의 범위를 훨씬 넘어서 인류학자들은 특수한 장소에 여행하기를 좋아하고 이국적인 사람들과 직접 맞부딪치기를 좋아한다. 즉 이들 인류학자들은 그들의 연구과제를 직접적으로 경험하기를 좋아한다. 그들은 또한 자연과학자들과 마찬가지로 더 폭넓은 연구와 전시를 위해 견본을 가져오는 경향도 가지고 있다. 인류학과 사회학의 차이에 관하여 사회학자인 클라크혼(Clyde Kluckhohn)은 사회학자는 박물관을 가지고 있지 않다고 말하곤 하였다.

그러한 광범위한 영역에 대한 관심은 학문의 깊이를 잃을 위험이 있으며, 전문화된 오늘날에는 인류학의 분야에서도 역할 분담 또한 필연적인 것으로 보인다. 그러므로 인류학의 주요한 분야는 形質人類學(Physical anthropology)과 문화인류학(Cultural anthropology)으로 세분될 수 있다. 형질 인류학자들은 인류의 형성과정을 포함한 인류의 진화과정에 관심을 가질 뿐만 아니라 인간 행동과 문화의 관련성을 평가하는 생물학자들이다. 반면 문화인류학자들은 자연환경과 인간상호간의 관계를 대처하기 위하여 역사를 통하여 인간이 만들어 놓은 사물이나 사회형태에 주로 관심을 갖는다.

문화인류학내에서도 다양하게 세분된 학문 영역이 존재한다. 선사고고학(Prehistory archaeology)은 기록된 문서가 부족한 시대의 물질적인 문화유물을 공부하는 분야인데, 그것은 우리의 본능적인 호기심의 충족과 오래 전에 죽은 사람들의 모든 생활 형태를 재건하려는데 목적을 가지고 있다.

인류학적 언어학(Anthropological Linguistics)은 과거와 현재의 모든 민족의 언어에 관심을 갖는다. 그것은 두 가지 일반적인 관점에서 언어를 조사한다. 구조적 접근(structual approach)은 언어의 여러 요소를 분석하여 그들이 어떻게 관계되는가를 연구하고, 그들 각 요소를 분석함으로써 언어체계가 어떻게 사용되는가를 탐구하는 것이며, 역사적 접근(historical approach)은 현재 사용되지 않는 언어의 형태와 관계를 재현하려는 분야이다. 이 책에서는 언어를 문화의 한 부분으로서 취급하였으며, 그러한 학습을 통해 문화의 역사와 문화변화의 많은 요소들을 밝힐 것이다.

문화인류학의 다른 부분은 '諸民族'에 대한 연구인 一般民族學(General ethnology)을 들 수 있다. 비록 명확한 구별보다는 각각의 다른 분야에 대한 강조를 나타내고 있고, 그들 요소간에는 많은 부분에서 중복되지만 일반 민족학은 세 가지 학문 분야로 세분된다. 즉 민족지학(ethnography)은 특정한 집단의 생활방식을 기술하는 분야이고, 민족학(ethnology)은 문화의 비교, 문화의 재구성, 문화변화의 연구에 중점을 두는 분야이며, 사회인류학(Social anthropology)은 문화의 비교를 강조하는 면에서는 역시 같은 선상에 있으나, 특히 인간사회의 본성, 그리고 사회집단들 사이의 관계를 일반화하는데 목적을 두고 있다(<도표 1-3> 참조).

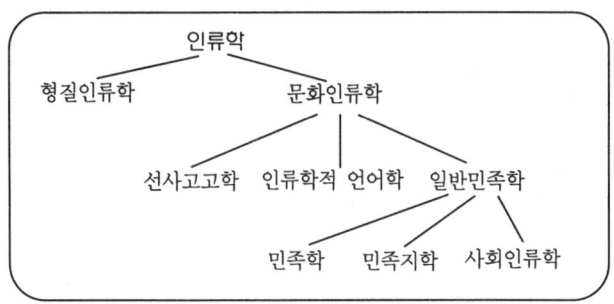

<도표 1-3> 문화인류학의 하위분야

접근의 형태와 강조점의 차이에도 불구하고 대부분의 인류학자들은 이상적인 것으로 인류에 대한 통합적인 접근을 주장한다. 우리의 신체, 우리의 언어, 우리의 생활방식은 서로의 관계 속에서 이해되어야 한다. 솔 탁스(Sol Tax)는 다음과 같이 말하였다. "우리가 고고학자이건 언어학자이건, 예술이나 지리학을 공부하는 학생이건, 바분(baboons : 아프리카 및 남아시아 지역에 분

포한 긴꼬리 원숭이의 일종-역자주)의 행동이나 人間精神의 정교함을 연구하건, 우리 모두는 자신을 인류학자라고 부른다."7) 그리고 모든 인류학자들은 다음과 같은 물음에 대답하려고 노력한다. 즉, 인간이 된다는 것은 무엇을 의미하는가?

보충문헌

John E. Pfeiffer, The Emergence of Man, 3d ed. New York : Harper & Row, 1978.
Clifford J. Jolly and Fred Plog, Physical Anthropology and Archaeology. New York : Knopf, 1976.
J. Z. Young, An Introduction to the Study of Man. New York : Oxford University Press, 1974.
Robbins Burling, Man's Many Voices. New York : Holt, Rinehart & Winston, 1970.
David E. Hunter and Phillip Whitten, eds., Encyclopedia of Anthropology New York : Harper & Row, 1976.

---

7) S. Tax, ed., Horizons of Anthropology (Chicago : Aldine Publishing Company, 1964), p.23.

제 2 장 문화화의 과정

1. 문화화의 초기 단계

1) 태아와 임산부에 대한 신앙

한 사회의 전통은 그 사회집단의 어린이가 태어나기 이전부터 영향을 미치기 시작한다. 최근의 연구에 의하면 산모의 몸 안에 있는 아기는 오래전부터 생각해 온 것처럼 모태에 기생하는 수동적인 개체가 결코 아니라는 것을 지적해주고 있다. 즉 태아는 빛, 어둠, 소리를 듣고 그 시끄러운 소리에 반응을 하며, 고통을 느낄 뿐만 아니라 그러한 고통에 반응하고 자기의 엄지손가락을 빨 뿐만 아니라 양수를 마시는 것이다. 모든 사회의 집단은 태아에 대한 신앙이나 임신의 다양한 증후군에 대해 나름대로 해석한다. 태아를 가진 임산부는 또한 특정한 방식의 행동 규율이 기대되어진다. 즉 특정한 위치에서 운동하고 휴식하며, 수면을 취하거나 어떤 음식을 섭취하고 섭취하지 않아야 할 것인가 그리고 불쾌한 광경이나 충격적인 경험을 피하며, 또한 임신기간 동안 성관계를 절제할 것 등이 요구된다. 그러한 조심과 격려가 유아의 발전에 장기적으로 미칠 효과에 대해서는 거의 알려져 있지 않지만, 그러한 임산부의 절제된 행동, 특히 음식이 태아에게 영향을 끼칠 가능성이 있는 것이다. 즉 임산부의 적절치 못한 영양상태는 갑작스러운 낙태나 유산 등의 가능성을 증가시킬 것이다. 성병은 태아에게 전달된다. 즉 신생아는 여러 가지 마취제에 중독된 채로 태어난다. 반면 태아의 발달에 탈리도마이드(thalidomide; 수면제·진정제의 일종)와 같은 합성마약은 매우 위험하다.

현대의 미국 문화에는 산모가 지켜야 할 여러 가지 기준에 관한 다양한 신앙이 있다. 이러한 신앙 중의 몇 가지는 분명한 과학적인 근거가 있으며, 그러한 신앙으로 행동하였을 경우 산모와 태아에게 유익하다. 예를 들면, 임신말기에 우유를 마시라고 권고를 하는데, 의학적 실험에 의하면 우유의 단백질이나 칼슘 및 다른 요소들이 태아의 발달에 매우 중요하다.

일반적으로 미국인들이 믿는 다른 신앙들 또한 그럴듯한 것이 많지만 대조적인 신앙이 존재하는 만큼 그러한 신앙의 효과를 섣불리 판단할 수 없다. 예를 들면, 미국이나 대부분의 유럽에서는 태아의 출산일이 임박한 산모는 힘든 일을 피해야 한다고 믿고 있다. 그러므로 보통 산모는 예정일 몇 주 전에 그녀의 일을 벗어나 충분한 휴식을 취하면서 무거운 물체를 들어올리는 일이나 여행 등을 삼간다. 그러나 그밖의 대부분의 지역에서는 출산 직전까지 그녀가 평소 하던 일을 계속할 것을 기대한다. 일부의 인류학자들은 출산을 위해 '일에서 물러나 있던' 여성이 곧 그들의 동료들과 같이 일을 시작하는 경우를 보고하고 있다. 어떤 사회에서는 아이의 아버지가 될 사람이 분만의 고통을 함께 하기 위하여 침대에 가서 드러눕는다. ─ 이러한 관습은 일반적으로 쿠바드(couvade; 원시인의 풍습으로서 아내가 출산할 때 남편도 자리에 누워 출산동작을 흉내내는 것 ─ 역자 주)라고 알려져 있다.[1]

현재의 많은 미국인의 신앙에는 합리적인 근거가 없다. 예를 들면, 대부분의 미국인들은 자궁에서 태아의 위치, 그리고 태아의 활동정도 ─ 남자의 경우 발길질을 더 많이 한다고 여겨진다 ─ 에 따라 성을 감별할 수 있다는 관념에 적어도 익숙해 있다. 그리고 또한 많은 사람들은 아기의 탄생 이전에 유아의 옷을 산다거나 선물을 보내는 일을 좋지 못한 것으로 느낀다. 그러한 신앙은 과학적 근거가 거의 없는 것이다. 그러나 이러한 신앙들은 인류학자들의 큰 관심거리가 되는데, 그것은 그러한 것이 의식적으로 표현되는 것은 아니지

---

1) R.L. Munroe & R. H.Munroe, Cross-Cultural Human Development (Monterey, Calif : Brooks/Cole, 1975) pp.124~133 및 P.G. Riviére, "The Couvade : A problem Reborn" (Man, Vol 9, 1974) pp.423~435.

만 문화의 여러 양태를 간접적으로 나타내 주기 때문이다. 즉, 행동에서의 성차에 관한 기대와 출산에 대한 두려움을 표현하는 것이다.

그러한 신앙 또는 관습이 '미국문화의 한 부분'이라는 말이 의미하는 것은 무엇인가? 그것이 의미하는 것은 미국문화란 '임신후기 단계의 여인들'이라는 인간의 한 범주를 인정하며, 임산부는 우유를 많이 마셔야 하고 힘든 일을 피해야 한다는 것과 같은 행동준칙을 그러한 범주에 연관시킨다는 것을 의미한다. 그들은 또한 이러한 행동준칙에 익숙하고 이러한 범주와 준칙 사이의 관습적인 연관성에 매우 익숙하다. 만일 한 미국 여인이 '나는 저것을 들어올리기가 매우 힘들다'라고 말했을 경우 대부분의 미국인들은 그녀가 임신했다고 추정한다. 한 문화를 구성하는 범주나 준칙이 영향력을 행사하지만, 한 사회 구성원의 행동을 결정하지는 않는다는 것이 이 책의 주제이다. 즉 규칙과 관습이 현존한다고 해서 그러한 규칙에 익숙한 사람들이 자동적으로 거기에 순응하는 것은 아니라는 말이다. 실제의 행동은 항상 쉽게 변하기 마련이다. 가장 단순한 사회에서조차 각 개인들끼리, 하위집단간에, 그리고 시간에 따라 이러한 변화가 나타난다. 인류학자는 한 집단 행동의 유형과 규칙성을 찾아내려 하고, 또한 그러한 연구의 한 부분으로 문화내부의 변화 원인을 분석하지 않으면 안된다.[2]

2) 출산에 관련된 관습

出産을 둘러싼 상황은 장소에 따라 매우 큰 차이를 보여 주고 있다. 출산은 매우 사적이고 또 전적으로 신비스러운 일로서 어머니와 몇몇 친척들만이 참석한다. 또 다른 경우에는 매우 공적인 일로서 어린아이들과 남자 친척들이 그 주위를 어슬렁거리는 경우도 있다. 산파가 관여해서 시중을 드는 경우도 있고, 또는 출산경험이 많은 여인만이 관여하는 경우도 있다.

북 아프리카 수단의 딩카족(Dinka)에서는 어린이들과 어른들은 출산이 이

---

[2] P.J.Pelto and G.H.Pelto, Intra-Cultural Diversity : Some Theroretical Issues (American Ethnologist 2, 1975) pp.1~18 참조.

뤄지는 특별한 오두막에 접근할 수 없다. 그 이유는 만일 산모가 고통을 느끼면 그가 관계를 맺은 모든 남자들의 이름을 고백하도록 고문받기 때문이다. 즉 딩카인들은 특별히 힘드는 출산은 보통 부정한 성관계에 대한 하늘의 벌이라고 믿고 있다. 그러나 만일 그녀가 평소에 '비난받을 만한 여지가 없을 경우에는' 그것을 대신할 만한 다른 변명이 통용된다. 딩카족의 문화에서 출산은 그것을 돕는 산파와 그 유아와의 정신적인 유대를 만들어준다. 이러한 여인은 '짐'(geem)이라고 불리는데, 이는 受領者 또는 受諾者를 의미하는 것이다. 다시 말해서 신이 그 종족에게 주는 선물(아기)을 받는 사람이라는 뜻이다. 프란시스 뎅(Francis Deng)에 따르면 "아기가 태어나자마자 산파는 코에서 점액을 빨아내어 호흡하도록 해준다. 이 필요 조치는 매우 불쾌감을 수반하므로 그것은 아기를 위한 산파의 혼신의 노력을 극화시키고 …… 아기에 대한 헌신과 그녀의 靈力을 정당화한다."3)는 것이다.

출산 직후 유아는 다양한 경험을 치러야 한다. 어떤 경우엔 즉시 얼러주고 젖을 먹여주는가 하면 어떤 경우엔 아무 것도 먹이지 않고 몇 시간 또는 며칠간을 방치해 둔다. 또 다른 경우에는 홀로 떨어져 있는 경우도 있고, 반면 계속해서 자기 어머니와 가까이 있게 되는 경우도 있다. 또 기도해 주고 기름을 붓고 칭송해 주는가 하면 반대로 죽이는 경우도 있다. 幼兒殺害(infanticide)는 여러 사회에서 나타나는 관습의 하나이다. 경제적 자원이 매우 제한된 영역에서는 태평양의 작은 섬처럼 유아살해는 야만적이지만 인구를 통제하는 효과적인 방법이 된다. 그러한 상황에서 유아살해는 유아의 이름이 부여되거나 다른 의식을 수행하기 전까지는 결코 완전한 인간이 아니라는 믿음을 수반한다. 따라서 유아살해는 유감스러운 일일지 모르지만 그것을 살인으로 간주하지는 않는다. 유아살해의 다른 형태는 초자연적 신앙과 관계가 있다. 몇몇 아프리카 사회에서 쌍둥이는 그 집단에서 불행한 것으로 간주되어 그 중에서 한 명 또는 둘 다 항상 죽이는 경우도 있다. 물론 인류학자가 되기 위해 이러한 관습을 승인해야 할 필요는 없다. 그러나 그러한 관행이나 그 결과를 조사하

---

3) F. Deng, The Dinka of the Sudan (New York : Holt, Rinehart and Winston, 1972) p.39.

는한 도덕적인 판단을 중단할 필요가 있다. 하나의 단순 사회 내에서조차 그러한 관습에 대한 의견이 다르다. 즉 그러한 문제를 현대의 미국사회에서 일고 있는 태아발달의 여러 단계에서 낙태에 대한 도덕적 및 법적 지위에 대한 논쟁과 비교해 볼 수 있다.

신생아는 단순히 식물의 잎이나 천조각으로 닦아낼 수도 있지만 대부분의 사회에서는 곧 목욕을 시킨다. 미국의 경우 목욕물의 온도는 유아의 체온과 거의 똑같게 하여 신체에 충격을 주지 않게끔 명확하게 규정하고 있다. 그러나 어떤 사회에서는 전혀 다른 방법을 믿고 있다. 많은 사회에서 어린이를 낳은 지 불과 몇 시간 또는 며칠 안에 차가운 얼음물에 빠뜨린다. 이러한 관습이 아이를 불편함에 '단련시키는' 것인지 아니면 단지 그러한 것을 견딜 수 없는 아이를 제거하기 위한 것인지는 불분명하다. 최근의 한 연구는 다음과 같은 놀라운 결론을 내렸다. 즉 차갑게 목욕을 시키는 관습이 실행되는 곳에서는 우연이라 볼 수 없는 상당한 정도로 성인의 평균 신장이 크다는 것이다. 신체에 가해지는 충격은 증가된 성장과 관계가 있는 것으로 보이며, 그렇지 않다면 적어도 생존하는 사람과 관계가 있는 것으로 보인다.[4]

이러한 관습에 대비되는 다른 극단적인 형태는 유아를 극도로 뜨거운 물에 목욕시키는 딩카족의 관습에서 볼 수 있다. 타는 듯한 날씨에도 매일 아침 저녁 딩카족의 어린이는 뜨거운 목욕을 한다. 이러한 '목욕기간'은 생후 1년 동안 계속된다. 그 과정은 매우 복잡하고 정교하다. 거대한 물항아리에서 물이 끓여지고, 집안의 어머니와 다른 여인들은 나무로 된 의자에 앉아 호리병 모양의 박을 가지고 물을 퍼서 적당한 온도로 식힌다. '어머니는 물을 아기한테 뿌리면서 좌우로 움직여서 그의 궁둥이, 국부, 허벅지, 다리 그리고 심지어 발가락까지 마사지와 운동을 시켜 준다. 그러는 동안 아기는 공포에 질려 계속 울어대지만 그것은 당연한 것으로 여겨지며 어느 누구에게도 성가신 일이 아닌 것이다.' 그 목욕의 목적은 몸을 깨끗하게 하는 것이 아니다. 그것을 위해서라면 물이 좀 더 미지근해야 한다는 것을 딩카족들은 잘 알고 있다. 그것의

---

[4] T.K.Landauer and J.W.Whiting, Infantile stimulation and Adult stature of Human Males (American Anthropologist 66, 1964.) pp.1007~1028.

목적은 오히려 아이의 신체내 순환을 증가시키고 출생 후 삶에 적응시키는데 있다. 또한 그것은 어린이의 적절한 성장에 필요 불가결한 것으로 여겨진다. "그러한 목욕은 어린이가 건강하고 균형된 모습으로 성장하는 데 도움이 된다. 어린이가 기형적인 모습으로 성장하는 이유는 — 적어도 부분적일지라도 — 부적절한 목욕의 결과라고 믿는다. 이것이 목욕하는 동안 마사지와 운동의 기술을 강조하는 바로 그 이유이다."5)

3) 육아양식과 문화

'신생아는 무엇을 필요로 하는가' 라는 질문에 대한 대답은 선천적 어버이 본능(parental instincts)보다는 아기가 태어난 지역 공동사회의 문화적인 전통에 의해 좌우된다는 것이다. 사회는 새로 태어난 아기의 안녕을 책임지는 어른들의 집단으로서, 유아의 가장 시급한 욕구를 충족시켜 준다. 그러나 이러한 욕구는 오직 문화에 의해 규정되고 그들의 충족을 위한 관습화된 준칙에 의거한다.

모든 사회는 유아가 스스로를 먹여 살릴 수 없고 영양 충족을 위해 어른들의 도움이 필요하다는 것을 인식하고 있다. 그러나 인간은 미리 짜여져 있거나 본능적인 식사 유형을 가지고 있지 않기 때문에 유아의 영양을 위해 무엇을, 어떤 방법에 의하여, 어디서, 언제 주어야 하는가는 책임을 가진 어른들의 신앙에 달려있다. 그리고 이러한 신앙은 집단문화의 한 부분이다. 도로시 리(Dorothy Lee)의 관찰을 참고해 보면 다음과 같다.

> 딱딱한 음식을 먹는 최초의 경험은 문화에 따라 다양한 차이가 있다. 만일 그가 티코피아(Tikopia)족의 유아라면, 어머니의 체온에 의해 따뜻해지고 부분적으로는 그녀의 침액에 의해 소화되고 미리 씹혀진 음식을 먹게 될 것이다. 즉 그의 어머니는 그것을 직접 그의 입에서 그의 입술로 가져갈 것이다. 만일 그가 우리사회에 있다면 그는 그의 음식을

---

5) F. Deng, op, cit., p.41~42.

단단한 금속 숟가락으로 떠먹을 것이다. 그리고 한번도 경험하지 않은 그렇게 딱딱한 고체를 아직 이빨도 없는 입속으로 넣어야 할 것이다. 모든 이러한 상태에서 문화는 음식에 관한 경험에 개입하여 그 경험을 규정하는 중요한 요소들을 형성하고, 강조하며, 심지어 선택도 한다.6)

유아들을 먹이는 일에 따르는 중요한 제약은 상황적 요인에서 비롯되는 수도 있다. 예를 들면 에스키모인들은 부드러운 바나나를 아이에게 먹일 수 없고, 아라비아의 유목민족들은 고래의 지방을 먹일 수 없을 것이다. 그러한 분명한 제약이 아니더라도 유아에 대한 급식의 상황과 내용은 학습된 관념에 좌우되는 만큼 문화에 따라 다양하다. 우리는 어린이의 배고픔을 추상적으로 충족시킬 수 없기 때문에 어떤 특정한 음식물이 반드시 제공되지 않으면 안 된다. 가드너 머피(Gardner Murphy)는 '모든 욕구들은 특수한 방식으로 충족된 결과, 보다 특수한 것이 되는 경향이 있다.'라고 말하고 그러한 심리적 과정을 나타내는데 있어서 水路化(canalization)라는 용어를 제시하고 있다.7) 즉 영양에 대한 필요가 특정한 음식물과 특정한 방법으로 충족된다면 어린이는 이러한 것들에 당연히 익숙해 질 것이다. 마실 것이 필요한 유아는 나중에 코카콜라를 원하는 아동으로 성장할 것이다.

개인과 물체간의 반복적인 상호작용의 결과로서 어린이는 그것들의 세계가 어떠하리라 하는 것에 대한 보다 안정적인 개념을 형성해 나가기 시작한다. 모호하고 비언어적인 방식으로 그들 주위의 사람들에게 자신이 무엇을 기대할 수 있는지 배우게 되는 것이다. 그들은 자신의 몸을 통제하고 조종하는 방법을 익히고, 자기가 어떤 행동을 하면 타인이 어떻게 반응하리라는 것을 배워간다. 그들이 울 때 어른들은 그들을 들어 올려 주기도 하고, 혼을 내주거나 흔들어 주기도 한다. 또 그들이 반짝이는 물체에 다가갈 때는 도움을 받거나 어떤 때는 격려를 받는 경우도 있으며, 또 다른 경우에는 회초리로 맞거나

---

6) D. Lee, Freedom and Culture (Englewood Cliffs, N. J. : Prentice Hall, 1959) pp.154~155.

7) G. Murphy, Personality : A Biosocial Approach to origins and Structure (New York : Harper & Brothers, 1947) pp.161~191.

꾸지람을 당한다. 그에 못지 않게 중요한 요소는 어른과의 상호작용에 있어서 情緖的인 상태이다. 왜냐하면 아이들은 부모가 편안한지, 확신에 차 있는지, 긴장하고 걱정하는지, 불확실한 상태에 있는지를 알 수 있기 때문이다.

요컨대, 문화는 먼저 유아의 요구가 충족되거나 또는 무시되는 방식에 의해 행동에 영향을 준다. 어른들은 유아의 음식, 애정, 수면, 활동, 성적 자극 등에 대한 욕구에 또는 문화적으로 정형화된 양식으로 반응하면서 그 사회의 기대감에 맞춰 그들의 행동을 형성한다. 즉 어린이들은 언제, 어디서, 그들이 먹고, 수면을 취하고 배설해야 하는지, 또는 근육 활동과 탐험, 보호와 따뜻함에 대한 갈망을 어떠한 방식으로 만족시킬 수 있는가를 알게 된다.

윌리암 코딜(Willoam Caudill)은 "3개월 내지 4개월이 되면 유아는 상당한 문화적인 존재가 된다"고 했다. 어린이 발달에 文化가 끼치는 영향에 대한 이러한 一般化는 코딜(W. Caudill)과 와인스타인(M. Weinstein)의 미국과 일본의 어머니와 아기의 상호 작용에 대한 밀도 있는 연구에 잘 나타나 있다. 두 국가마다 30개의 도시에서 중산층 가족이 관찰 대상이 되었다. 또한 3개월 내지 4개월 된 1명의 자녀를 지닌 가정만을 택하였다. 어머니와 아기와의 서로간의 상호작용은 잘 훈련된 관찰자에 의해 800조를 단위로 하여 그때마다 발생한 것을 중심으로 기록되었다.

그 결과에 의하면 두 나라의 사회적 특색이 분명하게 나타났다. 이에 대해 코딜과 와인스타인은 다음과 같이 보고하고 있다.

> 日本의 유아들은 매우 수동적인 상태이며 때때로 불쾌하다는 울음을 터뜨리는 것을 제외하면 조용하게 누워있는 반면, 어머니는 자신의 아기를 안고 왔다갔다 하면서 흔드는 등 신경을 많이 쓴다. 그녀는 어린이를 달래서 조용하게 하려고 하며 말보다는 육체적으로 그와 의사를 소통하려 하는 듯하다. 반대로 美國의 유아는 매우 활동적이며 쾌활하게 소리를 지르고 주위를 탐색하고 그를 돌보는 어머니는 그녀의 애기를 더 들여다 보고 많은 말을 건넨다. 즉 그녀는 자신의 아기의 활동적이고 음성적인 반응을 자극하는 듯하다. 미국의 어머니들은 아이가 소리를 내고 활동적이기를 원하고, 일본의 어머니들은 조용하고 만족해 하는 아기를 원하는 듯하고…… 그들이 원하는 대로 아이가 성장하는

것 같다.[8]

그들은 이러한 행동유형이 "두 문화에서 어린이들이 어른으로 성장하면서 그들에게 주어지는 행동에 대한 상이한 기대로 일치한다."는 점을 지적했다. 이것은 특별히 가정과 서로간에 밀접하게 관련된 영역에서 분명하게 나타나는데, 많은 연구에 의하면 일본인들이 집단 지향적이고, 수동적이며, 감각적이고, 비언어적인 형태의 의사소통을 행하는 데 비해, 미국인들은 상대적으로 개인 지향적이고, 독자적이며, 물리적으로 떨어져 있는 상황에서 언어적인 의사소통에 의존하는 경향이 있다. 이러한 차이는 젖먹이 유아가 무엇을 필요로 하는가에 대한 문화적인 개념의 차이에서 나타난다. 즉 일본에서 유아는 하나의 분리된 생물 유기체로 간주되어 처음부터 타인과의 상호 의존관계 속에 보다 깊이 끌려 들어갈 필요가 있다고 생각한다. 미국에서 유아는 의존적인 생물유기체로 간주되어 다른 사람으로부터 점차 독립해 가는 것이 필요하다고 생각한다.[9]

이와 같은 면밀한 비교연구를 통해서 우리는 문화적인 차이가 실재하며 삶의 초기단계에서 강하게 영향을 끼친다는 것을 알 수 있다.[10]

4) 어린이 돌보기의 사회적 기능

인간의 아기들은 거의 무력하고 어른들 또한 거의 부모의 본능을 가지고 있지 않기 때문에, 각 문화체계는 어린 아이들을 돌보기 위한 관습적인 준칙을 제공해야 한다. 이러한 관례화된 관습은 어른들에게 기대되는 행동방식을 가르치고 그것이 준행되는 바로 그 만큼 그들 또한 사회에 태어나는 각각의 어린이들에게 유사한 자극의 유형을 제공한다. 그러한 관습이 부족한 사회는

---

8) W. Caudill and H. Weinstein. "Maternal and Infant Behavior in Japan and America." (Psychiatry. Vol. 32, 1969) p.32.
9) Ibid., p.15.
10) D. Freedman, Human Infancy : An Evolutionary Perspective (Hillsdale, N. J : Lawrence Erlbaum Associates, 1974).

어린이들이 굶주리거나 불구덩이로 떨어지거나, 또는 맹수들에게 희생되는 등의 사태로 인해 오래 지속할 수 없을 것이다. 인류학자들은 어떤 관습이 사회를 움직이고 생존하는데 기여하는 것을 가리켜 사회적인 기능이라는 용어를 사용한다. 일반적으로 어린이를 돌보는 관습에는 두 가지의 사회적인 기능이 있다. 즉 그들의 기본적인 생물학적 욕구를 만족시켜 줌으로써 어린이의 육체적인 생존을 보증하는 것과 사회에 적합하고 그 사회적인 가치를 지탱할 인간(人性類型)의 형성을 도와주는 것이다.

어린이를 돌보는 관습체계는 모든 사회에서 발견된다. 그것은 일련의 명확한 사회적인 기능들을 충족시키는 문화적 보편성이다. 그러나 어린이를 돌보는 방식은 매우 다양하다. '누가 어린이를 돌보아야 하는가?'라는 질문까지도 세계의 여러 지역에서 매우 다양한 대답이 나타나고 있다. 그러면 몇몇 주요한 대안들을 살펴 보자.

1. 어머니와 또는 아버지 : 젖먹이 유아를 어머니가 돌보는 데는 몇 가지 분명한 생물학적 이유가 있다. 그러나 어린이를 돌보는 다양한 면을 어머니가 홀로 책임지는 범위는 각 문화체계에 따라 다양하게 나타난다. 하나의 극단적인 형태로 남자(아버지)가 자주 또는 항상 부재하는 가정이 있다. 덜 일반적이기는 하지만 어머니의 부재의 결과로서 어린이의 보호를 아버지가 완전히 책임지는 또 다른 극단적인 형태를 생각해 볼 수 있다. 대부분의 사회는 이러한 두 극단의 사이에 놓여 있다. 그러나 뉴기니아의 아라페쉬(Arapesh) 부족처럼 그러한 균형이 잘 맞춰진 경우는 거의 없다. 마가렛 미드(Margaret Mead)의 다음 글을 참조해 보자.

> 아라페쉬 부족에서 남자와 여자는 모두 본능적으로 부드럽고, 민감하며, 협동적이고, 유능하며 어린이나 약한 자들을 기꺼이 돌보아 준다. 그리고 그러한 일을 하면서 만족을 느낀다. 우리가 특별히 모성적인 것으로 간주하는 부모다움의 한 부분을 그들은 기쁜 마음으로 간직하고 있다.…… 여성과 남성에 대한 지배적인 개념은, 남성도 우리가 주로 여성한테서나 볼 수 있는 부드러움을 가지고 세심하게 부모의 역할을 하고 있다고 말할 수 있을 것이다.[11]

최근의 경제적인 침체기 동안 많은 미국인들의 아버지들은 실직하여 그들의 부인들이 일하러 나가는 동안 어린이를 보살피고 가사를 떠맡았다. 그때 많은 남자들은 모성적 임무를 강요받음으로써 그들의 남성다움이 위협받는다고 느꼈다. 그러나 그러한 감정을 아라페쉬 부족의 아버지들은 결코 이해할 수 없을 것이다.

2. 부모와 또는 다른 친척들 : 移動率이 높은 미국사회에서는 동일한 여러 세대의 가족이나 성인의 형제자매들이 가까이 살면서 밀접한 유대를 갖는 경우는 거의 희박하다. 미국의 가정은 아버지, 어머니, 그리고 자식으로 구성되어 있다. 그러나 보다 잘 정착된 사회에서는 한 가구에 종종 몇 세대 또는 양부모나 부모중의 한 쪽이 같이 살며 그들 모두가 어린이를 돌보는 것이 관례이다. 많은 집단에서 그러한 아기를 돌보는 일은 그 어린이의 나이 많은 형제자매에게 많이 의존하고 있다. 마가렛 미드는 사모아의 경우에 대해서 언급하였다. 예를 들면 "책임을 질 수 있는 노인이 있다면 어머니는 애기를 보살피는 일에 전혀 힘쓰지 않는다."12) 6살 내지 7살 먹은 사모아의 소녀들은 대개 자기보다 어린 어린이들을 돌보는 일을 맡게 된다.

> 다른 집에 사는 친척들도 또한 유아의 교육에서 중요한 역할을 수행한다. 나이 많은 친척들은 누구든지 젊은 친척들에게 개인적인 勞役을 요구할 수 있고 그들의 행위를 비판하고 그들의 일에 간섭할 수 있는 권리가 있다.…… 일상 생활이 이런 보편적인 노역으로 워낙 빡빡하게 묶여 있고 그러한 노역이 강요될 수 있다는 구실아래 인정된 관계가 워낙 많이 존재하기 때문에 어린이들로서는 감시에서 한 시간이라도 벗어나기란 불가능하다.13)

3. 친척 또는 비친척 : 비록 '친척'이라는 개념은 사회마다 다양하게 해석되

---

11) M. Mead, Sex and Temperament in Three Primitive Societies (New York : William Morrow and Company, 1935) p.100.
12) M.Mead, Coming of Age in Samoa (New York : Mentor Books, 1949) p.25.
13) Ibid., p.35.

지만, 대부분의 사회에서 어린이는 그들의 친척들에 의하여 돌봐진다. 그러나 많은 사회의 보다 부유한 계급에서는 친척과는 관계없는 하층계급의 사람을 고용해서 어린아이를 돌보게 하는 것이 관례다. 우리 사회에서도 둘 다 직업을 가진 부모들은 종종 아기 봐주는 사람(baby-sitters) 또는 탁아시설에 미취학 자녀를 맡긴다.

4. 개인 또는 집단 : 대부분의 사회에서 어린이를 돌보는 주요한 책임은 소수의 개인들에게 의존하지만 또는 사회집단이 이러한 문제에 관심을 갖는다. 그 집단은 자기들의 기대에 부합되지 않을 경우 여론이나 법적 행동을 통해 간섭을 한다. 몇몇 사회에서는 공동체나 국가가 아동복지에 주관심을 갖는 경우도 있다. 예를 들면, 이스라엘의 키부츠(일종의 공산적 농업공동체)와 같이 잘 알려진 곳에서는 어린이는 공동 사회에서 운영하는 간호실, 기숙사, 학교에서 태어나면서부터 사춘기까지 교육받고 길러진다. 그들은 일주일에 몇 시간 동안 그들의 부모를 방문한다. 그러한 사회에서 부모와 자녀의 관계는 우리가 자연적인 부모-자녀 관계라고 생각하는 것과는 커다란 차이가 있다. 그러나 그러한 방식에도 몇몇 장점이 있는데 가족내의 갈등이 상대적으로 적다는 것을 들 수 있다.[14]

모든 문화적인 유형이 그렇듯이 지금까지 개략적으로 살펴 본 여러 가지의 대안 역시 관습적인 것이다. 그들 문화의 어떤 것도 인간 생물학의 지식만 가지고는 예측할 수 없다. 그렇다고 해서 그것이 발생하는 문화의 다른 여러 측면과 관계가 없다는 것은 아니다. 이스라엘의 키부츠와 같은 유형은 집단의 여성 대부분을 자녀 양육으로부터 해방시킴으로써 남자와 여자의 지위를 동등하게 하는 의식적인 노력의 한 부분으로 심사 숙고되면서 발달되어 왔다. 가족과는 관계없는 보모, 직업이 없는 어머니나 아버지가 어린이를 돌보는 일은 그 사회의 경제적인 구조와 매우 관계가 깊다. 반면 사모아인들과 아라페쉬 종족에서 아기들을 돌보는 체계는 그들 사회의 중요한 가치와 매우 밀접한 관계가 있다. 하나의 문화적인 유형이 관습적이라고 말하는 것은 다른 상

---

14) R. Endieman, Personality and Social Life (New York : Random House, 1967) pp.127~178.

황에서는 달리 나타날 것이라는 것을 의미할 뿐이지, 그것이 아무렇게나 형성된 것이라거나 인간의 생물학적 조건이나 문화의 다른 부분과 무관하다는 것을 의미하는 것은 아니다.

2. 문화화의 후기단계

어린이가 성장함에 따라 그들의 경험범위는 점점 넓어진다. 이러한 확장은 신체에 대한 통제력의 증대와 언어습득에 의존한다. 어린이들이 최소한 용납될 수 있는 방식으로 행동하리라고 신뢰될 때 그들은 '사회속으로 들어가며', 그들의 직계가족 이외의 사람과 접촉하게 됨에 따라 집단의 기대에 순응시키려는 압력 또한 더욱 증가된다. 유아들은 다소 자기중심적일 수 있다. 그러나 그들이 성장함에 따라 다른 사람과 의사소통하는 것을 익혀야 하고 여러 사람과 상황에 따라 다른 행동이 요구된다는 것을 깨달아야 한다. 그들은 사회생활의 範疇 그리고 이러한 범주와 관계되는 準則 — 이것은 언어로 명시된 것과 그렇지 않은 것 모두를 포함한다 — 을 배우기 시작한다.

1) 언어습득의 사회적 기능

'의문단계'(why stage)라고 불리는 과정에 있는 어린이에 대해서 부모들은 거의 인내하지 못한다. 즉 그들의 끊임없는 의문은 극도로 그리고 때로는 일부러 어른들을 성가시게 만든다. 그러나 어린이들의 질문은 문화의 관습성을 보여주는 훌륭한 증거이다. 어린이들은 배워야 할 것이 많다. 어른들이 당연한 것으로 여기는 개념, 관계, 범주, 준칙 등은 어린이들에게는 모두 다 새로운 것이다. 그리고 언어란 이러한 신비를 푸는데 도움이 되는 놀라운 열쇠이다.

비공식적 학습 대신 공식적인 교육을, 그리고 관찰과 모방 대신 언어적인 가르침을 강조하는 정도는 문화에 따라 다르게 나타난다. 미국의 어떤 인디언 부족민들은 '이 일은 어떻게 하는 겁니까'라는 질문에 당황한다. 과테말라의 인디언 부족의 경우에 기계를 다루거나 차를 운전하는 복잡한 일은 관찰과 모방에 의해 학습된다. 학습하는 그들 자신이 직접 할 준비가 되었다고 느끼기 전까지는 단순히 보기만 하는 것이다. 그리고 그들은 종종 아주 성공적으로 그 일을 인계받는다.15) 반대로 과달카날(Guadalcanal) 섬의 부족들은 많은 부분에서 직접적인 말을 사용한 교육에 의지한다. 대부분의 상황에서 어린이들은 책임있는 어른들로부터 끊임없이 훈계받고 해야 할 일과 관대함에 대한 기본적 가치나 토지에 대한 존중 등을 배우게 된다.16) 문자가 없는 사회에서는 대부분의 비공식 교육은 성인들을 관찰하고 또한 의문점을 질문함으로써 이뤄지고 그 집단의 보다 추상적인 전통은 전설과 신화 및 음악을 통해 전해 내려온다. 공식적인 교육기관은 보다 복잡한 사회에서 나타나지만 그것은 가정이나 또래 집단내에서의 비공식적 교육에 의해 항상 보충된다.(제5장 참조)

조만간 모든 정상적인 사람들은 그들 사회의 특징적인 상황에 적절하게 행동하는 방식을 배운다. 적절한 행동이란 다른 사람이 정확하다고 생각하는 방식으로 언어를 사용하는 것도 포함한다.

말은 경험의 여러 범주들에 대한 표시이다. 그러한 말에 힘입어 우리는 다양한 事象과 감각을 하나의 항목 아래로 모을 수 있고 다른 사상 및 감각과 구별할 수 있다. 다른 말로 이름 지어진 범주에는 그러한 말과 연관된 行爲를 위한 다른 準則이 결부되는 경향이 있다. 예를 들면, 우리가 '빨강' '파랑'이라고 부르는 색깔 범주가 어떤 상황에서는 '멈춤' 그리고 '가시오'라는 의미를 갖는다. 또한 우리가 맑은 액체를 '니트로 글리세린', 또한 동물을 '방울뱀'이라고 부르는 것은 그들에게 향하여 어떤 행동 양식을 불러 일으키는 것이다.

언어란 세계를 바라보는 하나의 방식임을 내포한다. 또한 언어란 지속적이고 다양한 현상을 우리가 다양한 반응에 적응할 수 있도록 배우는 불연속적이고 안정된 범주로 분할하는 하나의 방식임을 의미한다. 한 문화에 대한 초

---

15) M. Mash, "Machine Age Maya" (Memoir vol.87 American Anthropological Association, 1958) p.26.
16) I. Hogbin, A Guadalcanal Society : The Kaoka Speakers (New York : Holt, Rinehart and. Winston, 1964). p.33.

보자는 — 어린이든 인류학자든 — 사물에 대한 수 천의 범주들의 이름을 암기해야 하고 사회가 적절하다고 간주하는 각각의 범주에 대한 여러 가지 반응들을 배워야 하는 것이다.

2) 사회적 직업

사회속에서 성숙한 개인은 사회적인 직업의 획득에 들어간다. 우리는 우리 사회가 어떤 종류의 행동에 가치를 둔다는 것을 배우며, 우리의 가족이나 또래들이 우리가 어떤 사람이 되라고 기대하는 것을 알게 된다. 우리는 대부분 이러한 그들의 기대에 부합하기 위해 노력한다. 엄밀히 말하자면, 우리가 추구하는 것은 주로 우리 문화의 가치에 의존한다. 우리는 아마 어떤 종류의 물질을 축적하려 시도하기도 하고 또는 기도나 박애주의에 의한 정신적인 미덕을 체득하면서 일생을 보내기도 한다. 우리는 지적인 성취, 신비적인 경험, 전쟁에서의 영광을 구하기도 한다. 또한 많은 자손을 갖기 원하고, 또는 독신으로 혼자 보내기를 원할지도 모른다. 만일 우리가 사회적인 직업을 시작하면 많은 사회적 그리고 심리적인 여러 힘들은 우리로 하여금 집단의 기대에 순응하도록 작용한다.

모든 사회는 여성과 남성에게 어느 정도 다른 것을 기대한다. 노동의 성적 분화는 보편적인 것이다. 그러나 인류학자들은 어떤 한 性에 특수한 일을 관련시키는 것은 주로 문화적인 관습의 문제라는 것을 보여 주고 있다. 한 사회에서 '남성의 일'이라고 간주되는 — 예를 들면 정원관리, 낚시, 직조, 요리, 치료 등 — 일이 다른 사회에서는 '여성의 일'로 간주되기도 하고, 또 특별한 구분없이 양성에 똑같이 할당되는 경우도 있을 것이다. 그리고 이러한 관습은 새로운 상황과 문제에 봉착하여 비교적 짧은 기간에 변화될 수도 있다.

오로지 성별로만 노동이 분화된 사회에서 모든 남성은 사회의 다른 모든 남성들과 똑같은 직업을 갖기를 기대하고, 반대로 여자들도 마찬가지이다. 모든 남성은 그들 가족의 식량을 제공하기 위해 사냥, 낚시, 그들이 필요한 도구를 만드는 일, 움집을 짓는 일, 집단을 방어하는 일 등을 기대한다. 또한 모든 여성은 유아보호, 음식채집, 음식과 옷의 준비, 광주리의 제조 등을 기대한다. 특수한 능력과 개인적인 우월성을 가진 몇몇 사람들이 이러한 활동에서 전문화되고 뛰어나게 활동할지 몰라도 그래도 그들은 그들의 性에 적절하다고 간주되는 일에 참여하게 될 것이다. 각 사람들에게 기대되는 활동은 그들의 직업에서 각각 때에 따라 당연히 다르게 나타나지만, 이러한 변화 역시 그 유형의 일부이다.

사실 가장 단순한 사회로 알려진 곳에서조차 표준적인 성적 역할분담 이외의 몇 가지 대안이 나타난다. 거의 모든 곳에서 파트 타임으로 종교적인 임무를 수행하는 전문가들이 의식을 집행하고 여기에는 흔히 치료가 포함된다. 비록 자신의 性에 어울리지 않는 일을 종종 수행할지라도 그러한 사람 즉 샤만은 그들 동료들에게 뭔가 다른 존재로 인정된다. 어떤 사회에서는 보통의 유형에 적절하지 않은 남성들을 위한 다른 일을 마련해준다. 크로우(Crow) 인디언사회에서 사냥꾼이나 전사로서 적절하지 못한 남성들은 베르다쉬(berdsache; 女裝을 한 샤만-역자 주)가 될 수 있다. 로봇 로위(Robert Lowie)에 따르면 그러한 '여성적인 남성'은 여성의 옷을 입고 보통의 여성들이 하는 일을 수행했으며 종종 그러한 일을 뛰어나게 처리했다고 한다.[17]

보다 복잡한 사회에서 分業은 매우 정교하며 보다 많은 직업을 개인이 선택할 수 있다. 한 사회에서 풀 타임의 전문화된 직업의 발달은 한 사회의 기술적인 발전의 정도, 특별히 경제적 잉여생산에 대개 의존하고 있다. 하루 일해 하루 먹고 사는 정도의 생계수준에서는 직업이 전문화될 여지는 없다. 그러나 특별히 자연자원이 풍부한 사회나 식량 생산의 기술을 획득한 사회에서는 잉여 생산이 어느 정도의 인구를 생계 활동으로부터 해방시켜 준다. 그때 그들은 많은 시간을 들여 전문화된 상품이나 서비스를 생산하여서 생필품과 교환할 것이다.

잉여식량이 보장되는 집단에서 발견되는 전형적인 직업은 다음과 같다.

---

17) R. H. Lowie, The Crow Indians (New York : Holt, Rinehart and Winston, 1956) p.48.

1. 의례전문가-사제, 점성가, 기도사
2. 기술전문가-전사, 상인, 직인(도공, 직공, 금속공)
3. 정치전문가-추장, 재판관, 세리

이러한 직업은 그 사회의 모든 사람에게 개방된 것은 아니다. 그러나 여러 가지의 대안의 존재와 다양한 직업을 추구하는 개인들간의 상호작용은 사회적이고 문화적인 복합성을 증가시킨다.

한 사회에서 노동분업의 중요한 효과중의 하나는 그들 구성원간의 상호 의존성을 창출하는 것이다. 프랑스의 사회학자인 에밀 뒤르껭(Emile Durkheim)은 노동분업의 이러한 사회적인 기능을 강조하였다. 즉 만일 남자와 여자가 다른 일을 하더라도 보완적인 일을 한다면 각각의 性은 다른 性에게 밀접하게 결합될 것이다.18) 마찬가지로 직인과 그들의 고객 그리고 의사와 환자, 제조업자와 공급업자들은 재화와 용역을 구하기 위해 서로 의존하게 되는 것이다.

3) 교육과 사회통제

직업의 다양화는 문화화의 다양한 형태를 요구한다. 직업의 수가 비교적 적은 사회에서도 특정한 집단이나 개인이 젊은이를 위한 지속적인 교육을 책임져야 한다. 가장 흔하게 이러한 사회적인 기능은 그 어린이와 같은 性의 친척들에 의해 수행된다. 어머니는 그녀의 딸이 여성적인 의무를 수행하도록 가르치며, 아버지는 그의 아들이 알아야 할 것을 알고 남자답게 행동하는가 관찰할 책임이 있다. 다른 친척들은 어떤 주제에 대한 선생으로서 부모의 역할을 대신한다. 아파치족(Apache)에서 외삼촌은 소년이 사냥과 달리기에서 따라 잡아야 할 대상이 된다. 특수한 관계는 어린이와 고모 사이에서도 나타난다. 호피(Hopi) 인디언 사회에서는 친척이 어린이의 이름을 짓는다. 중요한 곡식을 가는 의식을 위해 여자아이는 자기 고모에게 가고, 반면에 소년은 전사의 세

---

18) E. Durkheim, The Division of Labor in Society (New York : Free Press, 1947).

계로 들어갈 때 그녀의 후원을 받는다.

소규모 사회의 행동통제

여론은 적은 규모의 사회(아프리카이든 알칸사스이든)에서 매우 큰 힘을 발휘한다. 어린이의 행동은 그 부모나 다른 친척들의 체면을 좌우한다. 모든 집단의 사람들은 그들 이웃이 말하는 것에 관심을 기울이고, 이러한 관심은 유아를 교육시키거나 훈련시키는 데 중요한 동기를 제공한다. 사회통제는 문화에 따라 다양한 형태를 취하지만 그것은 항상 현존한다.

각 개인이 어느 정도 그 자신의 신분을 감출 수 있고 집단의 압력으로부터 비교적 자유로운 것은 큰 도시 중심지에서나 가능하다. 그러나 모든 사람들이 서로를 잘 알고 있고 일상적인 상호작용과 상호의존이 기대되는 소규모 공동체에서는 사람들이 관습을 쉽게 위반하지 않는다. 그러한 사회에서는 관습을 위배한 사람을 험담으로 헐뜯거나 승인이나 협력을 비공식적으로 철회하는 위협을 가하면 대부분의 사람들을 대열에서 튀어나오지 않도록 충분히 규제할 수 있다. 이러한 점은 원시 미개인에 대해 우리가 잘못 알고 있는 점과 관련해서 강조되어야 한다. 흔히 원시 미개인들은 집단의 관습에 강하게 밀착되어 있고 본능적으로 별 생각 없이 규칙에 복종한다고 믿는다. 그러나 원시인들은 타고난 방향감각이 없는 것과 마찬가지로 법을 지키는 본능을 가지고 있지 않다. 작고 고립된 사회에서는 일반적으로 사람들이 전통을 매우 존경하는 경향을 나타내고 있지만 어느 사회에서나 전통의 내용은 학습되는 것이며 그들 구성원들은 잘못된 행동에 따르는 처벌은 물론 그들의 행동을 제약하는 다양한 사회적인 힘을 인식하고 있다.

동시에 사회생활의 평등주의적인 조직에서는 한 개인이 다른 개인을 직접 훈육시키는 것이 매우 어렵다. 많은 관찰자들은 원시사회에서 부모들이 직접 육체적인 처벌을 가하는 일이 상대적으로 적다는 점을 지적해왔다. 북 아메리카의 인디언 부족에서는 젊은이를 꾸짖거나 그들의 의무에 관해 교육시킬 경우, 외삼촌이나 부족의 저명한 존경받는 노인을 불러다가 하도록 한다. 그러나 부모가 어린이를 다루는 데 힘을 사용하는 것은 거의 드물다. 이러한 부족민들은 문명사회의 부모들이 행사하는 '잔혹행위'에 종종 충격을 받는다.

초자연 신앙과 타부

초자연적인 처벌로 위협하는 것은 행동을 통제하는 또 하나의 수단이다. 장난기 많은 어린이의 눈을 파먹는다는 신비한 올빼미에 관한 이야기나 잘못을 저지르는 사람을 끌고 간다는 거인이나 식인 귀신이야기가 복종을 확보하는 수단으로 널리 사용된다. 때때로 도깨비로 위장한 이방인의 출현이 이러한 믿음의 효과에 더욱 기여할 수 있다. 푸에블로(Pueblo) 인디언족에서는 여러 가지 신들(또는 kachinas)이 매우 정교하고 인상적인 의례 속에서 하나의 인격체로 나타난다. 이러한 의례에는 특별한 채찍으로 어린이를 때리는 것도 포함된다. 이러한 방식으로 부모들은 자녀를 직접 훈육하는 부담에서 벗어난다.

초자연적인 처벌 — 그 처벌이 이승에서든 저승에서든 — 에 대한 믿음은 사회통제의 효과적인 수단이다. 왜냐하면, 그렇지 않으면 들키지 않고 처벌되지 않을지도 모르는 위반에 제재를 가해주기 때문이다. 한 개인의 미래의 위치는 현생(부활)에서의 올바른 행동과 미덕의 획득에 의존한다는 신앙은 사회에 개인들을 순응시키고 사회적인 의무를 수행케 하는 강력한 힘이 된다.

그와 비슷하게 어떤 위반에 대해 자동적인 처벌을 가져다주는 禁忌(taboo)에 대한 신앙 또한 잘못된 행동을 저지한다. 만일 금기시되는 물건을 훔치면 병이 나고 보복을 당한다고 믿는다면 현명한 사람은 어느 누구도 그러한 행동을 하지 않을 것이다.

그러한 신앙은 또한 자기 확인(self-validating)의 장점을 가지고 있다. 만일 어떤 한 사람이 낮은 사회신분으로 태어났다면 전생의 죄 때문이라고 믿는다. 어느 누가 이것이 틀렸다고 증명할 수 있는가? 만일 죄인이 처벌된다면 그가 금기를 위반하였기 때문이다. 또 죄가 없는 사람이 고통을 받으면 그들이 부지불식간에 어떤 사람이 비관습적인 방식으로 행동한다면, 이러한 행동은 그 사람이 마술을 행하고 있다는 증거일 수도 있다. 비난 또는 비난의 위협은 고백과 순응을 야기한다. 그러한 사건은 마술에 대한 신앙으로 더욱 강화하고 심지어 비난받는 사람도 감명받을 것이다. 왜냐하면 많은 집단은 사람이 자신도 모르는 사이에도 마술사가 될 수 있다고 믿기 때문이다.

사회 통제력으로서의 또래집단

대부분의 사회에서 사회통제의 가장 강한 원천은 또래집단(peer group)이다. 오늘날의 미국에서는 10대들이 옷의 형태, 말, 행동 등의 암호에 고도로 순응하고 있음을 알 수 있다. 리스만(David Reisman)은 '타자지향성'(other-directedness)이 미국의 중산층 문화의 일반적인 특징이라고 했다.19) 그러나 또래집단의 영향은 결코 미국사회에서만 나타나는 것이 아니다. 전통적으로 매우 호전적 부족인 남 아프리카의 레드호사(Red Xhosa) 부족의 경우 이웃한 젊은 청년집단들은 규칙적으로 파티와 '곤봉시합'(막대로 싸우는 것)을 위해 모인다. 메이어(Philip and Iona Mayer)부부의 관찰에 의하면, 이러한 모임은 이성과의 만남, 전투, 자기 지역에 대한 강한 충성심을 개발할 수 있는 기회를 제공한다. 또한 호사족의 소년들이 그들의 성적, 공격적인 충동을 젊은이 집단에 의해 승인된 어떤 억제된 형태로 배출하는 것을 배우기 위한 수단이다.

> 이러한 집단은 남자청년들이 정치적이고 법률적인 기술을 습득하고 '법률'에 관한 관심을 발전시키는 — 양자 모두 레드호사 문화에서는 높은 가치를 가지고 있다 — 공공광장의 역할을 한다. 이러한 집단에서도 또래와의 사회적인 접촉은 점점 확대되어 친족과 지역공동체를 넘어 궁극적으로 한 호사종족으로서의 자기 동일성을 형성하는 데 기여한다.20)

그러므로 모든 사회에서 이러한 순응은 교육이나 사회통제의 수단으로 발생하는 것이다. 궁극적으로 최악의 경우에 순응은 — 감옥이나 총살 집행대를 포함하여 — 물리적인 힘에 의해 유지된다. 그러나 행동에 대한 주요한 통제

---

19) D. Riesman, The Lonely Crowd : A study of the changing American character (New Haven : Yale University press, 1950).
20) P. Mayer and I. Mayer, "Socialization by Peers : The Red Xhosa Youth Organization." P. Mayer. ed., In Socialization : The Approach from Social Anthropology (London : Tavistock, 1970) p.160.

는 문화화의 초기와 그 뒤의 단계에서 개인내부에 형성되어 가족, 또래, 그리고 지역공동체의 권위 등 비공식적인 무형의 압력에 의해 유지되는 것이다.

미개사회에서의 공식교육은 학교에 가는 것을 거의 포함하지 않는다. 종종 정교한 교육이 가정교사와 학생 또는 장인과 도제 사이의 개인적 관계의 일부분으로 행해진다. 전문직업이 오직 샤만(Shaman) 밖에 없는 사회에서는 초보자가 그들의 새로운 기술을 구사하도록 허용되기까지 장기적이고 힘든 준비가 필요하다. 중앙 브라질 인디언 종족의 하나인 타피라페(Tapirapé)족에서는 이러한 샤만이 중요한 역할을 하며 매우 높은 지위를 향유한다. 찰스 와글리(Charles Wagley)의 묘사에 의하면 샤만이 되기 위해서는 매우 어렵고 종종 놀라운 일을 겪어야 한다. 타피라페의 샤만들은 주로 꿈을 꾸면서 그들의 힘을 발휘하는데, 그들은 꿈속에서 항상 영적 세계에 방문하는 것을 믿는다. 젊은 사람들은 남녀를 불문하고 많은 꿈을 꾸기 때문에 장차의 샤만으로 인정될 수도 있다. 샤만이 되기 위해 제자는 목욕도 하지 않을 뿐만 아니라 성관계를 금하며 특정한 음식을 먹지 않는다. 많은 초심자들은 며칠밖에 견디지 못한다. 그러나

> 보다 성공적이고 끈질긴 다른 초심자들은 꿈을 꾼다. 처음에는 연기 같은 유령의 형체나 때때로 숲속에 사는 악마의 모습을 본다. 그러나 그들은 아직 그러한 귀신과 이야기할 줄 모른다.…… 몇 계절이 흘러간 후 초심자들은 위험한 숲속의 귀신을 거의 무의식적인 상태에서 볼 수 있고 그러한 유령들과 이야기를 할 수 있다.……젊은 샤만이 위험한 꿈을 몇 번 꾸었다는 사실만으로 그가 인정받는 샤만이 되는 것이 아니다. 그는 우뢰라는 신(The being of Thunder : 雷神)에 대항해서 '싸워야' 하며 그의 스승 옆에서 병을 치료해야 한다. 만일 그러한 치료가 성공하면 그는 종종 사람들로부터 치료를 부탁받는다. 많은 치료에 의한 평판과 지속적인 꿈을 꾸면서 그가 초자연적인 만남을 가진 후 그는 수 년동안 샤만으로서 명성을 얻는다.[21]

---

21) C. Wagley, "Tapirapé Shamanism." M.Fried, ed., In Readings in Anthropology : Vol. 2, 2nd ed., Cultural Anthropology (New York : Thomas Y. Crowell, 1959) pp.421~422.

미개사회에서 발견되는 공식교육의 대부분은 祕敎的인 일과 밀접한 관계가 있다. 즉 주술적 치료, 의례, 종족신화 등이 그것에 속한다. 기록의 방법이 없기 때문에 그러한 복잡한 전통은 말로 전달되고 기억 속에 저장되어야 한다. 이것이 모든 원시사회에서 공유되는 몇 가지 특징 중의 하나이다. 샤만이나 이야기꾼에 의해 다듬어진 자세한 기억은 놀라울 정도이다. 예를 들면, 나바호(Navaho) 인디언의 한 부족에서는 '노래꾼'(singers : 치료자의 한 형태)이 때때로 여러 날의 낮과 밤 동안에 계속되는 복잡한 의례를 기억하고 또한 수행해야만 한다. 복잡한 몸짓, 여러 의례 도구의 조작, 모래로 그림 그리기 등을 포함한 나바호 의례의 기억술은 바그너의 한 오페라 악보를 모두 암기하는 만큼의 노력이 요구된다고 평가된다. 그러한 비교는 타당성이 부족할지 모르지만 어떠한 쓰여진 대본이 없는 상태에서 나바호의 노랫꾼이 보여주는 기억은 매우 인상적인 것이다.

다른 사회에서는 이러한 의례와 실용적인 지식의 전수는 비밀결사와 같은 특정집단에 의해 이루어진다. 예를 들어 푸에블로 인디언족의 경우에는, 치료술을 가진 結社에 속하는 한 인물에 의해 치료를 받은 사람은 그러한 치료활동에 가입하도록 요구받는다. 또 다른 그러한 결사들은 전투나 농경과의 관계 속에서 활동하는데 이는 미국사회에서 지식의 다양한 분야에서 종사하는 전문가들—군장교, 농경학자, 의사—이 각기 전문적 기능과 지식을 실천하고 전달하는 책임을 가지고 있는 것과 마찬가지이다.

아프리카나 인도의 대부분의 지역에서는 대장장이의 일은 다른 직종과 구별되고 보통 세습되는 형태의 집단을 이루고 있다. 외부사람에게는 금속을 구부리고 또 여러 가지로 변형시키는 그들의 능력은 무시무시하고 신비스러운 그 무엇으로 비친다. 이러한 집단 안에서 그러한 기술은 종종 전설적이고 마술적인 연관성으로 둘러 싸여 있다. 그러므로 그들의 지위가 낮다고 하더라도 그들에 대한 마술사로서의 평판 때문에 특별한 존경을 받는다. 그와 비슷한 태도는 동유럽 사회의 집시족(Gypsies)에서도 나타난다. 즉, 이 집단은 금속을 잘 만지고 소위 마술적인 기술을 사용하는 것으로 알려져 있다.

는 문화화의 초기와 그 뒤의 단계에서 개인내부에 형성되어 가족, 또래, 그리고 지역공동체의 권위 등 비공식적인 무형의 압력에 의해 유지되는 것이다.

미개사회에서의 공식교육은 학교에 가는 것을 거의 포함하지 않는다. 종종 정교한 교육이 가정교사와 학생 또는 장인과 도제 사이의 개인적 관계의 일부분으로 행해진다. 전문직업이 오직 샤만(Shaman) 밖에 없는 사회에서는 초보자가 그들의 새로운 기술을 구사하도록 허용되기까지 장기적이고 힘든 준비가 필요하다. 중앙 브라질 인디언 종족의 하나인 타피라페(Tapirapé)족에서는 이러한 샤만이 중요한 역할을 하며 매우 높은 지위를 향유한다. 찰스 와글리(Charles Wagley)의 묘사에 의하면 샤만이 되기 위해서는 매우 어렵고 종종 놀라운 일을 겪어야 한다. 타피라페의 샤만들은 주로 꿈을 꾸면서 그들의 힘을 발휘하는데, 그들은 꿈속에서 항상 영적 세계에 방문하는 것을 믿는다. 젊은 사람들은 남녀를 불문하고 많은 꿈을 꾸기 때문에 장차의 샤만으로 인정될 수도 있다. 샤만이 되기 위해 제자는 목욕도 하지 않을 뿐만 아니라 성관계를 금하며 특정한 음식을 먹지 않는다. 많은 초심자들은 며칠밖에 견디지 못한다. 그러나

> 보다 성공적이고 끈질긴 다른 초심자들은 꿈을 꾼다. 처음에는 연기 같은 유령의 형체나 때때로 숲속에 사는 악마의 모습을 본다. 그러나 그들은 아직 그러한 귀신과 이야기할 줄 모른다.······ 몇 계절이 흘러간 후 초심자들은 위험한 숲속의 귀신을 거의 무의식적인 상태에서 볼 수 있고 그러한 유령들과 이야기를 할 수 있다.······젊은 샤만이 위험한 꿈을 몇 번 꾸었다는 사실만으로 그가 인정받는 샤만이 되는 것이 아니다. 그는 우뢰라는 신(The being of Thunder : 雷神)에 대항해서 '싸워야' 하며 그의 스승 옆에서 병을 치료해야 한다. 만일 그러한 치료가 성공하면 그는 종종 사람들로부터 치료를 부탁받는다. 많은 치료에 의한 평판과 지속적인 꿈을 꾸면서 그가 초자연적인 만남을 가진 후 그는 수 년동안 샤만으로서 명성을 얻는다.[21]

---

21) C. Wagley, "Tapirapé Shamanism." M.Fried, ed., In Readings in Anthropology : Vol. 2, 2nd ed., Cultural Anthropology (New York : Thomas Y. Crowell, 1959) pp.421~422.

미개사회에서 발견되는 공식교육의 대부분은 祕敎的인 일과 밀접한 관계가 있다. 즉 주술적 치료, 의례, 종족신화 등이 그것에 속한다. 기록의 방법이 없기 때문에 그러한 복잡한 전통은 말로 전달되고 기억 속에 저장되어야 한다. 이것이 모든 원시사회에서 공유되는 몇 가지 특징 중의 하나이다. 샤만이나 이야기꾼에 의해 다듬어진 자세한 기억은 놀라울 정도이다. 예를 들면, 나바호(Navaho) 인디언의 한 부족에서는 '노래꾼'(singers : 치료자의 한 형태)이 때때로 여러 날의 낮과 밤 동안에 계속되는 복잡한 의례를 기억하고 또한 수행해야만 한다. 복잡한 몸짓, 여러 의례 도구의 조작, 모래로 그림 그리기 등을 포함한 나바호 의례의 기억술은 바그너의 한 오페라 악보를 모두 암기하는 만큼의 노력이 요구된다고 평가된다. 그러한 비교는 타당성이 부족할지 모르지만 어떠한 쓰여진 대본이 없는 상태에서 나바호의 노랫꾼이 보여주는 기억은 매우 인상적인 것이다.

다른 사회에서는 이러한 의례와 실용적인 지식의 전수는 비밀결사와 같은 특정집단에 의해 이루어진다. 예를 들어 푸에블로 인디언족의 경우에는, 치료술을 가진 結社에 속하는 한 인물에 의해 치료를 받은 사람은 그러한 치료활동에 가입하도록 요구받는다. 또 다른 그러한 결사들은 전투나 농경과의 관계 속에서 활동하는데 이는 미국사회에서 지식의 다양한 분야에서 종사하는 전문가들 — 군장교, 농경학자, 의사 — 이 각기 전문적 기능과 지식을 실천하고 전달하는 책임을 가지고 있는 것과 마찬가지이다.

아프리카나 인도의 대부분의 지역에서는 대장장이의 일은 다른 직종과 구별되고 보통 세습되는 형태의 집단을 이루고 있다. 외부사람에게는 금속을 구부리고 또 여러 가지로 변형시키는 그들의 능력은 무시무시하고 신비스러운 그 무엇으로 비친다. 이러한 집단 안에서 그러한 기술은 종종 전설적이고 마술적인 연관성으로 둘러 싸여 있다. 그러므로 그들의 지위가 낮다고 하더라도 그들에 대한 마술사로서의 평판 때문에 특별한 존경을 받는다. 그와 비슷한 태도는 동유럽 사회의 집시족(Gypsies)에서도 나타난다. 즉, 이 집단은 금속을 잘 만지고 소위 마술적인 기술을 사용하는 것으로 알려져 있다.

4) 성인식

성인식은 대부분의 사회에서 각 개인의 가장 중요한 교육적 경험을 이루는 보편적인 관습이다. 그것은 반겐넵(Arnold van Gennep)이 통과의례(rite of passage)라고 이름붙인 여러 의례 중의 하나이다. 이러한 통과의례에는 임신, 출산, 약혼, 결혼, 장례식, 그리고 심지어 여행과 관련된 의례까지 포함된다. 모든 이러한 의식은 개인이 하나의 사회적 위치나 지위에서 또 다른 위치나 지위로 옮겨가는 것과 관계가 있다. 이러한 변화는 물리적인 위치, 집단관계의 형성 또는 사회적인 직업의 향상 — 유아에서 성인으로, 처녀에서 결혼으로, 삶에서 죽음으로 등등 — 과 관계가 있다. 각각의 경우에서 의례는 3개의 단계를 포함하는데 이것은 지위의 변화를 극적으로 나타낸다. 반 겐넵은 이러한 3단계를 (1) 分離, (2) 轉移, 그리고 (3) 統合으로 불렀다.

어떤 사회적 지위에서 다음 사회적 지위로의 이동이 일어날 때, 우선 각 개인은 물리적이든, 상징적이든, 현재의 지위로부터 벗어나서 과도기 상태를 지나 마지막으로 다른 지위로서 사회에 다시 통합되는 것이다. 각 개인은 지위 A 단계에서 지위 B 단계로 직접 갈 수 없고 <도표 2-1>에서처럼 간접적으로 가야한다. 기독교 신학이나 의례에서 중요한 한 부분인 죽음과 부활의 상징적인 행위는 통과의례가 극단적으로 일반화된 형태이다.

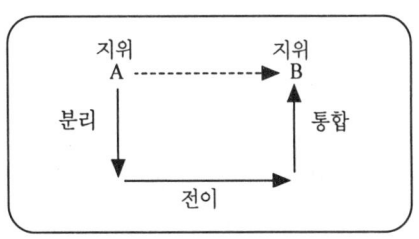

<도표 2-1> 통과의례의 구조

성인식의 교육적 기능

인류학자들은 이러한 과정의 상이한 부분들에 대해서 강조하고 있다. 남성의 사춘기 의례를 연구한 존 화이팅(John Whiting)은 어머니의 영향으로부터 사춘기의 소년을 강제로 분리시켜 앞치마의 끈을 자른다. 성인 남성의 세계로 통합시키는 것을 강조하고 있다. 그의 논문에 의하면 소년들이 특별히 어머니와 밀접하게 관계 맺고 있는 사회 — 오랜 기간 똑같은 침대에서 잠잘 정도로 — 에서는 이러한 사춘기 성인식이 특별히 外傷的인 것을 요구하며 종종 할례나 기타 생식기의 부분적 절단을 수반한다.22)

세계의 많은 지역에서 이러한 성인식은 분명한 교육적인 기능을 가지고 있다. 전이의 단계에서 참여자들은 그들의 새로운 지위에 적절한 행동을 배워야 하고, 또는 그들이 필요한 기술과 지식을 완전히 습득했다는 것을 보여 주어야 한다. 이러한 과정은 군대에서의 기본교육과 비교될 만하다. 성인식을 받는 소년이나 기본교육을 받는 신병은 그들의 가족과 그리고 익숙한 환경에서 벗어나서 힘들고 강력하며 종종 용기와 정력에 대한 수치스러울 만큼의 시험을 겪어야 한다. 그들은 새로운 신분에 적절한 행동, 새로운 언어(은어 같은 것), 신화 등을 배워야 하며, 이러한 성인식이 완전히 끝나면 그는 새로운 종류의 사람으로서 아마도 해병대원의 진짜 '사나이'로서 사회에 복귀하게 될 것이다.

이러한 성인식은 수 시간에서 몇 년까지 걸리며 위에서 열거한 교육적 요소들 모두 또는 그 중 어느 하나에 중점을 둘 것이다. 어떤 집단에서는 기술적인 기법이 전달되며(실제적인 성교육까지도 포함한다), 또 어떤 집단에서는 노래와 전설을 배우는데 두는 경우도 있다. 이때 부족을 표시하는 특징적 마크가 문신되기도 하고 또는 신체를 째기도 한다. 후자의 관행은 瘢痕文身(scarification)이라고 불린다. 오스트레일리아 원주민(The aborigines of Australia)의 경우 이러한 성인식은 길고 매우 중요한 의식이며 포경수술, 반혼문신, 이빨을 뽑는 것 그리고 집단의 전통이나 전설에 대한 강력한 훈련까지 종종 포함한다. 호주의 티위족의 예를 보자.

---

22) J. W. M. Whiting, et al., "The Function of Male Initiation Ceremonies at Puberty", In Readings in Social Psychology, 3rd ed., (New York : Holt, Rinehart and Winston, 1967).

작은 소년들은 나이 많은 소년들과 많은 시간 함께 하면서 창을 만들고 던지는 기술을 익힌다. 또 이들 나이 많은 소년들은 그 지역의 어른들과 많은 시간을 보내면서 사냥에 사용되는 무기를 만들고 사용하는 기술을 발전시킨다. 비록 이러한 학습의 대부분이 무작위로 이루어지지만 어떤 기술들은 그렇지 않다. 성인식 기간 동안 젊은이들은 오랜 시간을 그들에게 종교적이고 의례상의 문제를 교육시킨 두 명의 나이 많은 스승과 함께 숲속에 남겨진다. 동시에 여기서 초심자들은 연장자들로부터 숲속에서의 어떤 경험을 받아들인다. 여자 아이들을 위한 성인식의 기간은 없다. 그녀들이 배우는 것은 어린시절 가정에서 나이 많은 여인들로부터 배우고 사춘기 이후 꼬마신부로서 시집 간 신랑측 가정의 나이많은 여인으로부터 배우는 것이다.23)

티위족의 성인식은 콜레마(kolema)라는 단계에서 절정에 이르는데 그것은 콜레마의 얌(yam : 열대지방에서 생산되는 마의 하나-역자 주)이 수확되어 풍부한 식량이 공급되는 雨期에 거행된다. 이러한 콜레마 의식은 2주간 동안 계속되는 축제로서 항상 많은 사람의 주목을 끈다. 그러한 의식은 숲속에 고립되는(분리와 전이) 성년식을 겪는 소년들 뿐만 아니라 티위인들의 일상생활과도 매우 큰 대조를 이룬다. 왜냐하면 대부분의 기간 동안 티위족은 — 대부분의 식물채집 주민들과 같이 — 두 세 가족들로 구성된 소규모 유목 집단으로 살아가기 때문이다. 콜레마 의식은 연중의 가장 중요한 종교행사로서 "춤, 노래, 고함, 흥분의 도가니가 된다. 축제의 흥분은 티위족의 삶에서 희귀한 경험이며, 동시에 그렇게 많은 사람이 함께 한다는 심리적인 결과이다."24)

통과의례는 모든 집단의 사회적인 삶에서 중요한 부분이다. 그러한 의례는 모든 사회에서 일어나는 생활의 위기를 처리하는 표준화된 방법을 제공하고, 집단과 개인을 위해 개인의 사회적인 진보를 劇化한다. 그러한 의식은 또한 중요한 심리적, 사회적 기능을 한다. 그러한 의례가 없으면 사람들은 그들의

---

23) C. W. M. Hart and A. Pilling, The Tiwi of North Australia (New York : Holt, Rinehart and Winston, 1964) p.49.
24) Ibid., p.40.

사회적인 지위를 확신할 수 없고, 그들에게 무엇을 기대해야 하는지 알지 못한다. 사회심리학에서의 어떤 실험에 의하면 이러한 통과의례가 고통스러울수록 각 개인은 새로운 지위의 가치를 더욱 강하게 느낀다고 한다.25)

한 사회가 사람들을 전통에 복종시키는 방법은 여러 가지이지만 文化化(enculturation)는 처벌하고 규제하는 과정이 주가 되는 것이 아니다. 어린이들은 그들 집단의 문화를 완전히 익히려고 노력한다. 즉 그들은 말하고 이해되어지고 받아들여지기를 원하며 진정한 남자와 여자가 되기를 원한다. 유용한 기술이나 어른들로서의 책임을 떠맡는 것은 그들 자신을 위한 그리고 그들 자신 안에서의 보상이 된다. 대부분의 사회는 그 구성원들의 새로 발견되는 능력을 인정하고 보상함으로써 그들이 삶의 위기를 극복하도록 돕기를 원한다. 처음으로 사슴을 죽이거나 적군을 죽인 젊은 사람의 명예를 축하하는 향연이 있을 수 있고, 한 젊은 여인이 변호사 시험을 통과했다는 이야기가 신문에 실릴 수 있으며, 한 학생이 일을 매우 잘 했을 때 단순히 격려하고 승인하는 경우도 있다. 어니스트 샤크텔(Ernest G. Schachtel)은 다음과 같이 썼다.

> 특수한 사회나 문화에서 태어나 성장하는 것은 어린이들이 주어진 세계에 관계맺는 유형을 철저하게 좁힌다. 반면, 그것은 그의 세계 개방의 무한한 가능성에서 길을 잃게 하는 것이 아니라, 그의 문화와 전통의 구조틀 안에서 세계와 관계되는 그 자신의 특별한 구조를 발견하게끔 하는 것이다.26)

우리는 다시 이 책의 제 V부 맺음말에서 이러한 중요한 역설을 다시 생각해 볼 것이다.

---

25) E. Aronson and J. Mills, "The Effect of Severity of Liking for a Group" (Journal of Abnormal and Social Psychology. Vol. 59. 1595) pp.177~181.
26) E. G. Schachtel, Metamorphosis (New York : Basic Books, 1959).

5) 나시르마의 성인식

나시르마 부족(Nacirema)은 캐나다 중부의 크리족(Cree)이 거주하는 지역으로부터 멕시코 북부의 타라후마라족(Tarahumara)이 살고 있는 지역에 걸쳐 넓은 지역일대에 살고 있다. 그들의 관습에 대해서는 랄프 린튼(Ralph Linton)(1936), 호라스 마이너(Horace Miner)(1956), 그리고 토마스 글래드윈(Thomas Gladwin)(1962)이 부분적으로 묘사했다. 다음에 소개되는 주요 성인식에 대한 묘사는 내가 몇 년간 관찰한 것에 바탕을 두고 있다.

늦은 봄 연배단계(Age-grade)에서 성인의 지위로 옮아간 구성원들을 축하하기 위한 대규모 집회가 곳곳에서 열렸다. 성인식은 어린 나이에 시작되어 12살 내지 더 많은 나이 동안 계속된다. 그리하여 그 젊은이가 위신 체계(prestige system)속에서 경쟁하는 데 필요한 지식을 획득하여 나이 많은 사람들을 만족시킬 때까지 계속되는 것이다. 이러한 기본적인 성인식을 거치지 못한 사람은 드라바우츠(drabawts)로 지칭되고 비난받는다. 그리고 적어도 이론적으로는 천한 직업을 가져야 하고 지위가 낮은 신분과 결혼을 하게 된다. 그러한 사람들은 대개 무사가 되어 용감한 행동으로 지위와 재산을 획득하려고 노력한다.

비록 노동의 性的 分業이 현저하게 어른들의 세계에서 나타나지만 나시르마의 성인식 준비에서 특징적인 사실은 남녀의 성 차별없이 종족의 신화, 민속의학(민간처방), 신비적인 상징물의 조작에 관하여 똑같이 기본적인 교육을 받는다는 것이다. 여성들이 때때로 바느질과 요리를 배우고 남자들도 목공기술을 배우지만 관념과 마술류의 조합방법과 기호의 관습적 연결에 의한 언어의 표상을 기계적으로 배우는 시간이 훨씬 큰 비중을 차지한다.

나시르마 부족은 언어의 고대적 표상의 정확성에서 볼 때 매우 까다로우며 그러한 기호들이 그들이 표상하는 소리와 음성학적 유사성이 전혀 없을 때 특히 그러하다. 그 체계에 전혀 숙달하지 못한 어떤 성공한 사람이 의례에서 메시지의 정확성을 기하기 위해 필기자를 고용하는 것은 전혀 놀라운 일이 아니다. 메시지에서 단 하나라도 실수하면 발신자(sender)의 신임이 떨어지기 때문이다.

그러한 성인식의 마지막 단계에 오면 성인식을 치르는 젊은이들은 조금 높은 장소에 올라가고, 한편 어린 아이들은 악기를 연주한다. 그리고 그 성인식에 참여한 친척들은 자랑스러운 마음으로 그것을 보고 때로는 격려하는 말을 소리쳐 건넨다. 그러한 성인식을 치르는 사람들은 틀림없이 매우 불편할 것이지만 그들은 용감하게 미소를 머금는데 그들의 이러한 시련은 이제 끝날 것이기 때문이다. 그러한 마지막 의식 직전에 종종 그들에게 어떤 성인의 특전에 해당되는 것이 주어지는데, 가령 린튼에 의해 묘사된 바와 같이 남성들을 위한 얼굴 문지르기 의식(face-scraping rite), 그리고 마이너에 의해 묘사된 여성들을 위한 머리카락을 태우는 의식(head-baking) 등이 있다. 남녀는 가장 훌륭한 옷을 입는다. 그러나 그 훌륭한 옷은 검은 천으로 덮어지는데, 이것은 이러한 의식의 성스러움을 나타내는 것이다. 성인식을 치르는 사람은 독특한 검은 머리장식을 하는데 이것은 그러한 의식의 상징적 가치를 위해 만들어진 것이다.

성인식 학교에서 지난 4년동안 학생들의 훈련을 책임맡았던 지도자들은 그들의 몇몇 지역 추장들처럼 성인식을 치르는 학생들과 함께 서 있다. 모든 사람이 다 모이면, 그 지역의 예배 지도자가 신의 축복이 성인식을 치르는 사람에게 내리도록 불러들임으로써 그 의식의 중요한 부분이 시작되는 것이다. 이 단계는 우선 지도자나 방문한 추장 그리고 성인식을 치르는 몇몇 소년들의 연설로 시작된다. 선발된 소년들은 이때 그들을 가르친 지도자에게 그리고 그들에게 이러한 것을 수여하고 그들이 성인이 되게 해준 많은 사람들에게 찬사를 보내야 한다. 비록 나시르마의 젊은이들이 훈련기간동안 교사의 규제와 규율에 대해서 끊임없이 불평을 계속해 왔지만 말이다. 그때 가장 긴 연설은 가장 높은 서열의 추장에 의해 이루어지며 그 의식과 관계없는 연설을 하는 것은 주목할 만하다.

의식의 절정은 성인식을 치르는 소년들이 지도자의 축복과 성인의 표시를 받을 때이다. 지금까지 소년들은 모두 집단으로 간주되었지만 마침내 그들의 개별성이 인정되는 것이다. 그리하여 통과의례의 고전적 유형이 행해진다. 성년이 된 자는 그들의 연배집단을 떠난다(분리). 그러면 자신의 이름이 古文字로 표시된 마술적인 두루마기를 건네주면서 지도자는 그의 오른손을 만진다(전이). 그러면 그때 그들은 머리장식을 조정하고 성인식을 치르는 자들에게로 돌아간다. 이러한 머리장식은 새로운 신분을 표시한다(통합). 또 다른 축복이 주어지는데, 이번에는 위의 예배 지도자와 맞수가 되는 또 다른 예배 지도자에 의해 이루어지며 성인식을 치른 소년들은 ― 지금은 grádjuits라고 알려진 ― 그들의 북소리와 피리소리에 맞추어 행진하여 가족과 친구들에게 돌아간다.

 연설과 의식자체에 표현되는 가치는 성인식 체계와 성인 사회의 영속성에 기여한다. 어떤 부모들은 특별히 마을로 이사하여 그들의 자녀들이 존경받는 지도자나 스승으로부터 성인식을 치르도록 애쓴다. 특별히 촉망받는 아이는 더 많은 의식을 겪도록 고무되어지고, 특별한 예배 중심지(cult centers)에서만 쓰이는 秘敎的인 지식을 획득하며, 그들 자신이 지도자가 된다. 비록 그러한 길을 택하는 데는 많은 재정적인 희생이 따르지만 많은 젊은이들은 그렇게 하며 그들이 거역했던 바로 그 체계를 더욱 영속화하는 것이다. 그리하여 전통의 무거운 손이 각각 계승되는 세대를 압도하고, 그들 사회의 구성원들은 그 사회의 이상과 기대에 알맞게 만들어지는 것이다.

보 충 문 헌

Mary Elleen Goodman, The Culture of Childhood. New York : Teachers college press, 1970.

Daniel G. Freedman, Human Infancy : An Evolutionary perspective. Hillsdale, N. J. : Lawrence Erlbaum Associates, 1974.

Robert L. Munroe and Ruth H. Munro, Cross-Cultural Human Development. Monterey, Calif. : Books/cole, 1975.

James P. Spradley and Michael A. RynKiewich, eds, The Nacirema : Readings on American Culture, Boston : Little, Brown, 1975.

제 3 장 언어습득

　모든 정상적인 어린이의 유전적인 특징은 하나 또는 두 가지 이상의 言語를 습득할 능력을 가지고 있다는 것이다. 어떤 언어 또는 언어들을 배우느냐 하는 것은 우리가 성장한 공동체의 언어에 달려있다. 보통 이 공동체는 우리의 생물학적 부모가 살고 있는 지역이지만 그렇다고 해서 유전적인 세습과 어떤 특수한 언어를 사용하는 것과는 필연적인 관계가 존재하는 것은 아니다. 즉 만일 한 아이가 독일에서 독일인 부모 밑에서 태어났다고 하더라도 그가 일본어가 사용되는 지방에서 양육된다면, 그는 그의 모국어로 일본어를 배우게 될 것이다. 더욱이 독일어로 말하고 이해하는 데 있어 일본어를 사용하는 다른 사람들과 비교해서 전혀 유리하지 않다.
　'言語를 배운다는 것'은 무엇을 의미하는가? 우선 여러 사람들이 당신에게 생소한 말로 이야기하는 방에 들어갔다고 상상해 보자. 그리고 급히 빠져 나오기 이전에 그들의 소리를 잘 듣고 무엇이 일어나고 있는가를 이해하도록 노력해 보자. 당신이 처음으로 받는 인상—이것은 지금 말해지고 있는 언어는 네가 알지 못하는 언어이다라는 것을 말해주는데—은 그 소리가 당신 모국어의 소리와는 매우 다르다는 것이다. 개별적인 많은 소리는 유사하지만 어떤 음과 음들의 조합은 당신이 전혀 접하지 못한 것이며 모방하기도 어려운 것이다.
　그들은 이상한 소리를 낼 뿐 아니라 서로를 이해하는 듯하다. 즉 그 소리들은 어떤 메시지를 전달하고 더 많은 메시지나 행동, 웃음과 눈물을 자아낸다. 더욱이 당신은 그들의 문법을 모르기 때문에 이러한 메시지를 이해할 길이 없고 그들이 당신과 이야기하고 싶어도 당신은 그들에게 적절하게 대답할 수 없다. 이러한 상황은 우리를 난처하게 만든다.

영어를 사용하는 집단에서 태어난 어린이를 예를 들어보자. 그녀가 결코 이해할 수 없는 언어를 사용하는 사람들이 가득 찬 방에 그녀가 들어갔다고 가정하자. 외국어를 배우는 어른들과는 달리 그 어린이는 언어같은 것을 알지 못하고 영어를 배우는데 방해가 되는 언어습관을 가지고 있지도 않을 것이다. 그렇다면 언어의 습득은 어떻게 이루어질 것인가? 호기심, 발성법, 모방과 같은 일반적인 영장류의 특성이 어린이의 언어습득에 어떤 역할을 할 것이다. 유인원과 원숭이와는 달리 인간의 어린이들은 그들의 집단 언어를 빠르고 효과적으로 습득하는 특수한 능력을 가지고 태어나는 듯하다. 단순한 소리의 모방이 중요하기는 하지만 그것은 그 어린이가 해야 하는 것 중에서 단지 작은 요소에 지나지 않는다.

약 6개월이 되면 어린이는 '중얼거리기' 시작한다. 즉 이것은 가령 ta, nu 또는 gee와 같은 소리를 자연발생적으로 내며 일반적으로 같은 음절을 중복시켜 발음한다(tata, nunu, mama 등). 그들은 8개월이나 1년 정도가 되면 약 20개의 '단어'를 알게 되고, 단순한 명령을 따라 하고 '아니오'라고 반응할 줄 알게 된다. 이 때의 언어에 대한 이해력은 잘 훈련된 개보다 뛰어나지 않다. 그러나 약 21개월이 되면 중요한 발전이 일어난다. 단어 수가 약 10배 이상 증가하고 단순한 질문을 이해하며, 몇 가지 형태의 특징이 있는 두 단어로 된 어구, 예를 들어 '아빠 저리가', '아가 일어나', '공을 봐' 같은 말을 하기 시작한다.

2살이 되면 대부분의 유아는 약 300개에서 400개의 단어를 이해하고 두 개 또는 3개의 단어로 된 어구를 만들면서 전치사나 대명사를 사용할 수 있게 된다. 단어량의 습득에서 가장 놀라운 발전은 다음 해인 약 3살 때인데 이때 많은 어린이들은 약 천 개의 단어를 알게 된다. 이 기간 동안 어린이들은 다양한 유형의 문장만들기를 배우고, 그들의 발언은 문법적인 오류로부터 점점 벗어나며 비록 어른들이 말하는 것과 같지는 않지만 향상한다. 어린이들의 언어는 단지 어른의 언어를 실수하면서 모방하는 것만은 아니다.

즉 각각의 단계에서 어린이들의 언어 생성은 유형화와 체계화를 나타낸다.

그가 물론 무의식적인 것이지만 말하고 이해하는 데 적당한 안내가 되는 법칙을 성립시킬 때까지는, 말하고 그것을 체계적으로 검진하고 변형시키며 새로운 것을 첨가시키는 규칙을 어린이가 스스로 만드는 듯하다. 그러한 규칙은 소리의 범주, 소리의 조합, 그리고 소리의 조합을 다른 의미와 연상시키는 것과 밀접한 관계가 있다. 한 언어집단의 구성원들은 복잡하고 새로운 메시지를 서로 의사소통할 수 있는 적절한 규칙들 — 말의 準則(plans for speaking)을 가지고 있다. 어린이들은 어른들과 또래들이 이따금씩 가르쳐 주는 것에만 의존해서 이러한 법칙구조를 스스로 발견해야만 한다. 어린이에게 말하는 법을 가르치는 부모의 노력은 이러한 근본 능력이 나타나는 속도에 거의 영향을 끼치지 못한다. 어린이는 주로 빈번하게 발성되는 소리의 유형을 듣고 그 유형을 사용한 규칙을 추론함으로써 배워나간다.

하나의 친숙한 보기를 들어보자. 대부분의 영국어를 사용하는 사람들은 말하고 쓸 때 'a'나 'an'을 규칙적이고 예견된 방식으로 사용한다. 글을 아는 성인들은 부정관사의 이러한 형태에서 어떤 것을 사용해야 하는가에 대한 규칙을 의식적으로 공식화할 수 있다. 그러나 대부분의 4살 된 어린이는 읽을 수도 쓸 수도 없고 이 점에 관하여 가르침을 받지 않았을 뿐만 아니라 모음과 자음 간의 구별을 의식적으로 이해할 수 없음에도 불구하고 그들은 이러한 요소를 정확하게 사용하는 것이다. 더욱이 'a'에 관한 미국인들의 발음은 많은 차이를 보이고 있다. 보통의 빠른 말을 사용하는 대다수의 미국인들은 uh로 무뚝뚝하게 말하는 것을 볼 수 있으며, 보다 조심스럽게 발음하는 많은 사람들은 그것을 hay를 발음할 때 나는 모음으로 발음한다. 단어에서의 모음 'an'은 앞에서 말한 두 가지 중 어떤 것도 아닐 뿐 아니라 hat에서의 모음에 가깝다.

영어를 배우는 어린이나 또는 어른들은 이러한 소리를 분간하는 것을 배워야 하고, 그것들을 정확하게 조합하여 사용해야 한다. 물론 그들은 도박가의 전략을 택할 수 있다. 즉 'a'가 'an'보다 훨씬 많이 쓰이니까 그것을 틀린 경우보다 옳을 확률이 높다는 생각으로 항시 'a'를 사용할 수가 있는 것이다. 흥미롭게도 어린이들은 이렇게 하지 않는다. 그들은 유형을 찾는 것이다. 실수에도 불구하고 그들은 결국 규칙을 배운다. 왜 그러는지에 관한 의식적인 인식

없이 그들은 다음에 오는 단어의 첫 음을 예견하는 것을 배우고, 그리고 적절한 관사의 형태를 사용하는 것을 배우는 것이다. 영어를 사용하는 사람에게 모음 앞에 'an'을 사용해야 하는 어떠한 해부학적 필요성이 없다는 것은 새삼 강조되어야 한다. 이러한 규칙은 순수하게 관습적인 것이고, 언어 역사의 긴 과정의 결과이다. 사실 천년 전에 고대영어에서는 오르지 an밖에 없었는데 'one'을 의미하는 관사로는 거의 사용되지 않았다. 이런 까닭에 언어규칙이란 '관습적인 이해'이고, 문화의 한 부분이라고 말할 수 있다.

1. 음체계

언어의 音體系를 이해하기 위해서는 쓰여진 형태에 의해 잘못 인도되어서는 안된다. 영어에서 한 글자는 하나 이상의 음가에 상응한다. 그 반대 또한 사실이어서 소리도 하나 이상의 글자로 나타내어지는 것이다. 습득해야 할 주요한 사항은 소리 사이의 어떤 차이가 항상 의미의 차이를 나타내는가 하는 것이다.

이러한 몇몇의 대조는 전통적인 철자에서 분명하게 나타난다. 'pat'와 'bat'는 첫 음에서 차이가 나지만, 'bat'와 'bet'는 모음에서 차이가 나며, 'bet'와 'bed'는 마지막 자음에서 차이가 난다. 이러한 단어들은 단일음의 音質에서만 차이가 나기 때문에, 그들의 最小對語라고 부른다. 모든 영어를 사용하는 사람은 이러한 차이점이 매우 중요하고, 가령 'bat boy'나 'bad boy'는 각각 다른 의미를 갖는다는 것에 동의한다. 몇 개의 전문용어로 이것을 분명하게 설명할 수 있을 것이다. t와 d는 윗니 위에 혀의 끝을 위치시키고 폐에서 나온 공기를 폐쇄시켜 내뿜으로써 소리를 낸다. 이 두 음은 '前舌閉鎖音'(front stops)이라고 불린다. 그 두음은 有聲化(voicing)라고 알려진 음질에서 차이를 나타낸다. d는 '유성음'으로 발음되는데 왜냐하면 유성음은 발음할 때 성대의 떨림이 일어나기 때문이다(손가락을 가볍게 후두에 대고 소리를 내보면 느낄 수 있다). 한편 t는 '무성음'인데, 왜냐하면 성대가 울리지 않기 때문이다. 또 다른 최소대어로서 소리나는 데 차이가 나는 것은 'down-town'이라는 단어 속에 있다. 유성음과 무성음의 구별은 글자의 위치와 입술과 혀의 근육의 긴장의 변화, 그리고 聲帶(vocal cavities) 모양의 변화에 의해서 나타나는 차이와 함께 영어에서 모든 발음의 중요한 기초가 된다. 예를 들면, 글자 k에 의해 나타나는 소리는 무성폐쇄음(voiceless stop)이지만 구강의 뒷부분에 혀의 뒷부분을 붙여서 발음하는 t와 다르다. 혀를 뒤에 위치시켜 발음되는 유성폐쇄음은 g이다. 이와 같은 4개의 음들은 <도표 3-1>에서 볼 수 있는 바와 같이 각각 다르다.

	혀의 위치	
	전설음	후설음
무성음	t	k
유성음	d	g

<도표 3-1> 영어의 4개 폐쇄음

1) 음소

위에서 서술한 네 개의 폐쇄음은 실제로는 혀의 위치(앞부분과 뒷부분)와 유성화(유성, 무성)라는 두 개의 속성에 의해 규정된 음의 네 가지 범주이다. 영어에서는 다른 음들이 일정하다면 위의 속성들은 일관성 있게 단어의 의미상의 차이를 만들어 낸다. 우리는 네 개의 폐쇄음을 가지고 여러 가지 다른 단어를 만들기 위해 그것을 어떤 음절의 앞과 뒤에 위치시켜 봄으로써 이것을 분명하게 알 수 있다(<도표 3-2> 참조).

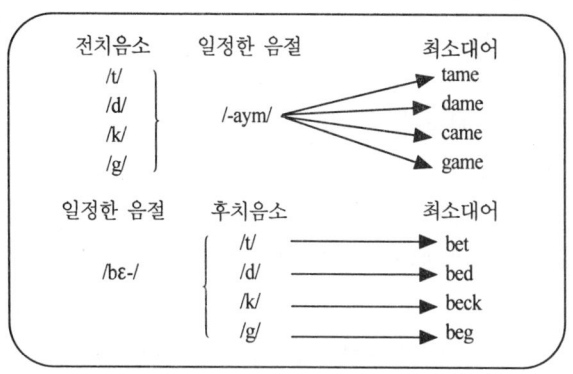

<도표 3-2> 영어에서의 4개 자음 음소

　의미의 차이를 일관성 있게 나타내는 음의 범주를 音素(phonemes)라고 한다. 관습적으로 음소를 나타내는 표시는 사선으로 싸서 예를 들면 /t/, /d/, /k/, /g/처럼 알파벳의 글자와 구분한다.
　이와 비슷한 방법이 영어 글자에서 a가 다섯 이상의 모음 음소(vowel phonemes)을 나타낸다는 것을 보여 줄 때 사용된다. 만일 우리가 'Africa', 'Asia', 'Australia', 'America', 'Arctic'이라는 단어에서 첫 음을 가져 와서 /t/와 /k/의 음소사이에 넣으면, 우리는 각 모음의 변화에 따라 매우 다른 의미의 단어가 나타나는 것을 볼 수 있다(<도표 3-3> 참조).

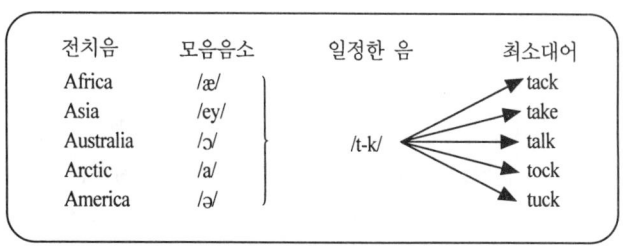

<도표 3-3> 영어의 5개 모음음소

　音體系를 연구하는 분야를 音韻論(phonology)이라고 한다. 한 언어에서의 음소는 점과 대쉬기호와 같이 관습화된 유형속에 배열되었을 때 특별한 의미를

제3장 언어습득　63

전달할 수 있다. 비록 음소는 의미의 차이를 나타내지만 그들 음소 자체로는 의미가 없다. 음소 /t/는 음소 /p/ 또는 /æ/와 같이 별다른 의미가 없다. 그러나 그것이 한 단위로서 예를 들면 'tap', 'pat', 'apt'로 되었을 때 의미를 전달한다. 가령 영어에서 음소 /d/가 중요한 것은 그 음소가 다른 영어의 음소와 다르기 때문이다. 영어를 말하는 사람들은 발성과 혀의 위치에 주의를 기울이도록 배웠기 때문에 가령 /bed/ 대 /bet/ 그리고 /dot/ 대 /tot/와 같은 음소의 유형에 다른 의미를 부여할 수 있다. 그러나 /d/ 그리고 /t/ 그 자체로는 아무런 의미가 없다.

아시아, 아프리카, 중앙 아메리카의 많은 언어들에서 한 단어를 발음할 때 중요한 한 부분을 이루는 音調나 소리의 高低는 그 단어의 의미에 영향을 끼친다. 예를 들어 나바호족(Navajo)에서는 4개의 음조(저음, 고음, 상승음, 하강음)가 있다. 그래서 그들 언어에서 '전쟁(war)'이라는 뜻의 단어가 '눈(eye)'을 가리키는 단어와 구별되는 것은 글자의 마지막 모음에 강세가 있다는 것 뿐이다. 소리의 고저는 의미의 차이를 위해 영어에서도 사용된다. (예를 들면 명령문인 'go home'과 의문문인 'go home?'). 그러나 영어에서는 단어의 최소대어 사이에서 의미의 차이를 위해 음조를 사용하지 않는다.

자음의 일관성 있는 발성은 영어 음체계에서는 너무도 근본적이기 때문에 다른 언어체계에서 이러한 특성을 사용하지 않는다는 것을 믿기가 어렵다. 미국 인디언의 언어체계는 많은 경우 그것 없이도 매우 잘 이루어지고 있다. 그러한 언어체계에서 자음의 한 음소가 입술로 발음된다면, 영어를 쓰는 사람들에게 그것은 어떤 때는 p로, 다른 때는 b로 들리겠지만 이러한 변화는 일관성 있는 의미상의 차이를 수반하지 않는다.

반면, 영어에서는 중요하지 않은 구별을 많은 다른 언어들에서 활용한다. 예를 들면 /t/로 시작하여 모음으로 이어지는 영어 단어에서는 /t/는 항상 여분의 공기를 불어내는 양이 수반되는 것이다. 이것을 우리는 氣息音(aspiration)이라고 부른다. 이러한 것은 단어 'till'을 발음할 때 입 가까이에 종이 한 장을 대어보면 탐지할 수 있다. 그러나 /t/앞에 /s/가 선행될 때 그 음은 자동적으로 사라진다. 'still'에서 /t/는 非氣息音이 되는 것이다. 이러한 차이는 영어에서 의미의 차이를 나타내는 데 결코 사용되지 않는다. 그러나 다른 언어에서는 기식음은 지극히 중요하다.

이것이 실제에서 의미하는 것은 무엇인가? 우리는 4개의 구분되는 소리를 가지고, 두 개의 가설적인 언어체계에서 그것들이 어떻게 구분되는가를 볼 수 있다. 모든 4개의 소리는 혀의 앞에서 나오는 전설폐쇄음이다. 그러나 두 개의 소리는 유성음이고, 두 개는 기식음으로 된다.

    t 무성; 비기식
    t' 무성; 기식
    d 유성; 비기식
    d' 유성; 기식

아래의 언어 I 에서는 有聲化는 음소가 되지만 기식은 영어에서처럼 음소가 되지 못한다. 그러나 언어Ⅱ에서는 기식이 음소가 되고 유성화는 그렇지 못하다. 다음 <도표 3-4>에서 볼 수 있듯이 이러한 두 개의 언어체계에서 이러한 똑같은 4개의 소리가 두 개의 음소로 범주화되지만 그 방식은 각각 다르다. 한 언어체계(I)에 익숙한 사람이 또 다른 언어체계(Ⅱ)를 배우려고 할 때, 기식음의 분명한 차이를 분간하는 데 힘쓰는 반면, 그 언어에서 아무런 의미가 없는 有聲化상의 차이에 신경을 쓰지 않는 것을 배운다는 것은 분명하다. 반면, Ⅱ의 언어체계를 사용하는 토착인이 I 의 언어체계를 배우려고 하면, 유성적 및 무성적 폐쇄음의 발음을 듣고 조절하는 것 — 그러한 특성은 자신의 원래 언어에서는 아무 의미가 없다 — 을 배워야 한다.

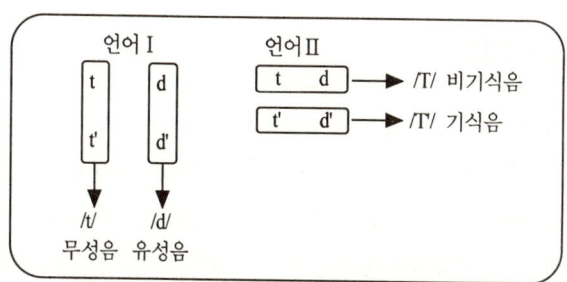

<도표 3-4> 가설적인 두 언어체계에서의 음소범주

음을 음소로 분류하는 것은 어떤 소리의 특성(음질)은 사용되고 다른 속성은 무시하는 범주화의 과정이다. 위의 예는 <도표 3-5>에서 보는 것과 같이 그들의 형태적인 특성을 기호로 對를 이루는 사물을 분류하는 대안적 방법과 원리상 똑같다.

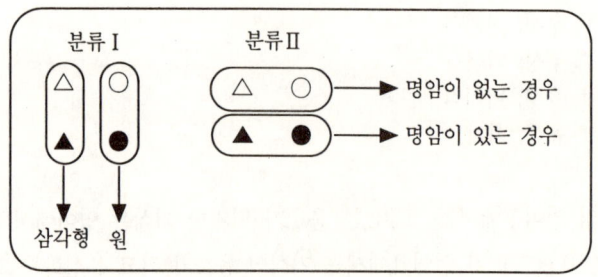

<도표 3-5> 두 개의 다른 범주

각각의 이러한 범주화의 과정은 똑같이 임의적인 것이고 똑같이 타당한 것이다. 왜냐하면, 모양을 사용하고 명암을 무시하던가 (분류 I), 또는 명암을 사용하고 모양을 무시하던가 (분류 II)는 필연적인 이유가 없기 때문이다. 모양과 명암이라는 두 가지 속성으로부터 <도표 3-1>의 영어 폐쇄음의 분류에 상응하는 4개의 도형분류 방법이 만들어질지라도 모양과 명암을 모두 사용하는 것은 더욱 자연스럽다고 할 수 없다.

2) 음소의 결합

모든 자연적인 언어에서의 음소의 숫자는 보통 20개에서 60개 사이이다(영어는 약 35개를 가지고 있다). 음소의 범주는 한 언어의 음체계의 한 부분에 불과하다. 이러한 範疇의 체계와 함께 일련의 準則들이 있어야 하는데 이것은 음소가 보다 큰 단위로 결합되는 방식에 대한 지침이다. 이러한 준칙도 범주와 똑같은 방법으로 학습된다. 왜냐하면 각 언어는 비슷한 음소가 똑같은 방식으로 결합되는 것을 필연적으로 허락하지 않기 때문이다. 몇몇 언어에서는 모음들이 연속적으로 뭉치는 것을 결코 허용하지 않고 또 다른 언어에서는 자음의 긴 행렬이(영어 사용자는 발음할 수 없다) 대부분의 단어의 특징을 이루는 경우도 있다. 몇몇 자음의 연속체는 영어단어의 끝에서 발견되기는 하지만 처음에는 결코 나타나지 않는다. 예를 들면 /skt/은 'asked'의 끝에 나타나는 것이다.

언어학자 벤자민 워프(Benjamin Lee Whorf)는 한 음절의 영어단어에서 허락되는 음소의 결합을 정확히 나타내 주는 복잡한 공식을 세웠다.[1] 이러한 공식으로 최근에 차용한 외국어로서 아직도 일부의 사람들에 의해 외국의 방식으로 발음되는 몇몇 용어를 제외하고 영어의 모든 단일 음절을 예견할 수 있다. 워프의 공식은 또한 지금은 영어의 일부를 구성하지 않고 있는 많은 단어를 예견하기도 한다. 그 중 어떤 것은 이제 더 이상 사용되지 않는 고어의 형태에서 발견되고 나머지는 긴 단어의 한 부분으로만 나타나는 '조합형태(combining formes)'에서 나타난다. 그러나 그들 대부분은 '잠재적 음절(potential syllables)'로 간주되는데 영어음체계에서는 홀로 발생하는 것이 허용되지만 아직 의미를 담지는 않은 것이다. 이런 주장은 최근에 만들어진 단일 음절의 단어로서 1940년에 만들어진 상표의 이름('Fab') 이나 속어 ('mods') 등이 있는데, 이 모두가 워프의 공식에 의해 예견될 수 있는 사실에서 보여질 수 있다. 영어를 사용하는 소비자를 위해 만들어진 상품을 'Zbulft'로 이름지을 것 같지는 않다.

그렇다면 한 언어의 음체계는 두 가지의 중요한 일을 하는 셈이다. 첫째, 인간이 사용가능한 한 인간의 소리 범위에서 제한된 수의 소리를 선택하는 것으로서 (예를 들면 有聲化) 이것은 많은 수의 신호 단위(음소) 간의 차이를 규정하는 데 체계적으로 사용된다. 이러한 선택은 소리의 범주를 규정하는 것으로 그 언어를 사용하는 사람은 그러한 범주를 인지하고 생성할 줄 알아야 한다. 두 번째, 보다 큰 단위의 구성을 지배하는 규칙을 제공함으로써 이러한 범주들이 결합되는 방식을 제한하는 것이다. 이러한 언어준칙은 인간행동을 예견하는데 도움을 준다. 그것은 우리가 말할 수 있는 것을 제한하는 한편 새

---

1) B.L. Whorf, Language, Thought, and Reality (John Carroll, ed, Cambridge : M.I.T Press, 1956) p.223.

로운 형태를 창조하는 유형을 또한 제공해 준다.

3) 언어와 말

音體系의 성격에 대해 논의할 때 우리들은 말(speech)과 대립되는 언어(language)의 특성을 나타내는 추상적인 범주와 준칙을 다루었다. 언어의 단위(음소 등)는 실제 오고 가는 말의 관찰로부터 추론되는 것이며 말은 엄청나게 다양하다. 조심스럽게 관찰을 해보면 한 번 말한 단어를 정확하게 똑같이 다시 발음하는 것은 불가능하다는 것을 알 수 있다. 'bat'를 두 번 발음한 것이 똑같다고 할 때, 그것은 똑같은 차례로 /b/, /æ/, /t/라는 3개 음소가 똑같은 방식으로 되풀이되는 것을 우리가 인지한다는 것을 의미한다. 동시에 우리는 강세, 성량, 호흡 속도와 같은 발성요소들의 모든 차이를 무시한다. 이러한 비음소적인 차이는 말의 영역에 속하는 것이다. 말이란 언어의 추상적인 범주나 준칙을 나타내는 구체적이고 관찰 가능한 행동을 의미한다. 말과 언어와의 관계는 행동과 문화와의 관계의 특수한 사례라고 할 수 있다.

말을 하는 행동의 규칙성을 이해하기 위해서 언어학자들은 두 가지 종류의 변이를 구별한다. 自由變異(free variation)는 어떠한 규칙도 발견되지 않는 발음상의 차이를 가리키는데, 여기에서는 가령 'economics'란 단어가 다르게 들리지만 똑같이 의미가 전달되게 발음하는 경우에서의 변이뿐만 아니라 똑같이 발음하려고 노력하는데도 어쩔 수 없이 야기되는 통제불가능한 변이도 포함된다. 條件變異(conditioned variation)는 비록 話者가 인식하지는 못하지만 어떤 종류의 규칙이 발견되는 발음에서의 차이를 말한다.

언어학자들은 그 변이가 그 언어 체계상에서의 다른 어떤 것에 의하여 조건 지워진다. 규칙적으로 야기된다는 점을 보여 줌으로써 가능한 한 많은 변이를 설명하려고 시도한다. 예를 들면 영어에서는 /s/ 다음에 오는 /t/는 비기식음이지만(가령 'still') 대부분의 위치에서 /t/는 기식음이 된다는 것을 앞에서 보았다. 이러한 것은 자동적으로 나타나는 변이이므로 음소에 있어 조건변이이다. 따라서 /t/는 똑같은 음소범주에 '속하면서' 다르게 들리는 두 가지의 음운학적 異音(allophones)을 가지고 있다고 말할 수 있다. 우리는 여기에서 異音 t는 /s/ 음소 다음에, 그리고 이음 t'는 다른 곳에서 발견된다는 법칙을 말할 수 있다. 또 다른 보기를 'keen'이란 단어 (/kin/)와 'cool'이란 단어 (/kul/)에서의 /k/음소의 변화에서도 볼 수 있다. /k/음소의 한 유형은 다른 것보다 입 속의 뒤쪽에서 발음된다. /k/ 의 유형과 그 다음에 이어지는 모음을 관련시키는 규칙이 있는 것이다.(조금만 실험해보면 영어를 쓰는 사람을 평생 따라 다니는 이러한 법칙을 발견할 수 있다. 그러나 주의해야 할 점은 단어들의 전통적인 철자에 의해 속아서는 안된다는 것이다. 힌트 : 'king kong'이라는 이름에는 또 한 두 가지 형태의 /k/ 음소가 있다.)

말이란 실제의 행동인 반면 언어는 말을 통하여 관찰되는 규칙성을 설명하는 일련의 범주와 준칙들이다. 한 언어를 배우는 사람은 그들이 두 살 먹은 어린이든 60살 먹은 언어학자이든간에 실제의 말에서 그 언어의 법칙들을 추론해야만 한다.

말하는 행동에서 어떤 규칙성은 그 언어체계 밖으로 나가 사회적인 맥락과 그 맥락이 말에 끼칠 영향을 조사해야만 발견된다. 언어사회학(sociolinguistics)이라는 새로운 학문 분야는 언어와 사회의 상호작용에 관심을 갖는다. 그 학문은 사회계급에 관련된 말의 변이, 2개 국어의 사용, 언어에 대한 태도, 하나의 방언에서 또 다른 방언으로 전환, 그리고 언어변화의 사회적인 맥락과 같은 주제를 취급한다. 말하는 행동에서 점점 더 많은 변이가 언어사회적 요소들에 의하여 조건지워진다는 점이 밝혀졌다.[2]

2. 문법

이제 음체계나 음운론의 연구에서 문법에 관한 주제로 방향을 돌리자. 이 주제는 어설프게 가르쳐 주면 무척 따분하다. 그러나 문법을 수 년간 우리의 무

---

[2] D. Hymes, Foundations in Sociolinguistics : An Ethnographic Approach (Philadelphia : University of Pennsylvania Press, 1973).

의식적인 말의 행동을 형성시킨 범주나 준칙들을 의식하게끔 가르친다면 아주 매혹적이다. 문법은 일반적으로 두 개의 연관된 부분으로 분류된다. 첫째는 形態論(morphology)으로서 단어의 구성을 다루고, 두 번째는 構文論(syntax)으로서 구나 절, 문장, 그리고 단어보다 큰 다른 구조의 유형을 취급한다.

1) 형태론

가령 'bat'라는 단어는 단일체로서 /b/, /æ/, /d/ 세 개의 의미없는 음소들로 구분될 수 있다. 가령 'unthinkingly' 란 단어는 형태소(morphemes)라고 알려진 4개로 구분될 수 있는 부분요소를 가지고 있다. 이 부분들은 많은 다른 단어에서도 나타나고 그 각각은 특별한 의미를 가지고 있으며, 따라서 전에 'unthinkingly'란 단어를 한번도 들어보지 않더라도 {un-}, {think}, {-ing}, {-ly}의 각각의 의미를 통해서 그 단어의 의미를 쉽게 이해할 수 있을 것이다(중괄호는 형태소를 가리킨다.) 더욱이 한 단어의 각 부분은 아무렇게나 결합된 것이 아니다. 왜냐하면 똑같은 요소를 가지고 'lythinking'이나 'ingthinklyn'처럼 결합하면 영어사용자의 판단에서 볼 때 결코 받아들일 수 없는 비문법적인 것이다.

형태론은 언어의 최소한의 의미있는 부분인 형태소, 그리고 이러한 단순한 형태소들이 복잡한 단어의 형태로 결합되는 방법에 관심을 갖는다. 어떤 일정한 언어에서 형태소의 수는 한정되어 있지만 아직도 어휘를 익히는 것이 자질구레할 만큼 많다. 우리가 보아온 것과 같이 형태소는 하나 또는 둘 이상의 음소가 관습적인 질서 속에 구성되어 있는 것이다(/pæt/, /tæp/, /æpt/는 음소는 똑같지 않고, 그리고 /ptæ/는 심지어 영어의 형태소도 아니다). 그러나 여러 형태소를 결합하는 준칙은 보다 더 일반적이고 그러나 한 번 배우면 많은 집단의 형태소에 적용하여 단어를 만들 수 있다.

언어학자들은 한 언어의 형태소를 語根(roots)과 接辭(affixes)로 나눈다. 어근은 단어의 부분으로서 기본적인 의미를 전달하고, 접사는 이러한 의미를 변화시킨다. 예를 들면, 영어의 비교급과 최상급은 보통 접사인 -er 또는 -est를 형용사 어근에 첨가하여 만든다. 이러한 접사가 어근 뒤에 오기 때문에 그들은 接尾辭(suffixes)라고 부른다. 어근 앞에 오는 접사, 가령 영어의 non-, mini- 등은 接頭辭(prefixes)라고 부른다.

어근 사이에 오는 것은 接腰辭(infix)라고 하는데, 영어에서는 발견되지 않고 히브리어나 아라비아어와 같은 다른 언어의 형태론에서 일반적으로 사용된다. 대부분의 아라비아어의 어근은 3개의 자음과 1개 내지 2개의 모음의 접요사를 가지고 만들어진다. 예를 들면 어근 k-l-b는 -a-라는 접요사에 의해 '마음'이란 뜻의 단어 kalb로 완성되고, 또는 '마음들'이란 뜻의 kuluub를 만들기 위해 uuu의 접요사가 사용된다. 터어키어와 같은 언어에서는 접미사를 매우 넓게 사용하는데(한 터어키의 동사 어근에 10개 이상의 접미사가 따른다), 반면 접두사나 접요사는 거의 사용되지 않는다. 영어에서는 많은 접미사와 제한된 수의 접두사를 활용한다.

여러 언어들은 두 개 또는 보다 그 이상의 어근을 하나의 단어로 결합하는 복합어를 허용하는 범위가 각기 다르다. 영어에서는 예를 들면 시골뜨기 'blackbird', 얼간이 'blockhead'와 같이 적당하게 복합어를 허용하지만, 독일어는 긴 복합어로 유명하다. 독일어에는 약 6개 이상의 어근을 가지는 경우도 있다. 예를 들면, Lebensversicherungsgesell-schaftsfäulein으로 이는 '미혼 여성 보험회사의 접수계 미혼 여사원'이란 뜻이다. 어떤 언어에서는 이러한 준칙을 절대 사용하지 않는다.

각 언어는 단어 하나에 담을 수 있는 정보의 양과 종류에서도 큰 차이가 있다. 영어에서는 대부분의 명사들은 단수 아니면 복수로서 나타낸다. 그러나 性을 나타내는 단어는 극소수에 불과하다. 심지어 영어 대명사는 오직 3인칭 단수에서만 性을 표시한다. 예를 들면 he/she, him/her, his/hers. 이러한 배열은 영어 사용자에게는 매우 당연한 것이지만, 다른 언어와 비교해보면 영어의 형태론이 실제로는 얼마나 관습적인 것인가를 알 수 있다. 예를 들면, 불어에서는 모든 명사는 여성 아니면 남성이며 불어의 대명사도 ils(그 남자들) 그리고 elles(그 여자들)로 구별되는 것이다.

스페인어에서는 대부분이 명사의 수와 性은 두 가지로 나타내어야 한다. 우선 관사가 명사와 일치하여야 하고 다시 접미사가 명사의 어근에 첨가된다. 그래서 단수이냐 복수이냐, 혹은 남성이냐 여성이냐가 표시된다. 예를 들어, los gatos는 'the(남성, 복수) cate(남성, 복수)'이고, 반대로 las gatas는 'the(여성, 복수) cats(여성, 복수)'를 나타낸다. 뿐만 아니라 사람의 문법적인 범주는 동사에 의해 분명히 나타나므로 주격의 대명사(subject pronouns)는 거의 사용되지 않는다. 즉 salió sin sombrero 라는 말은 '그 사람은 모자도 쓰지 않고 외출했다.'는 뜻인데 외출했다는 동사는 3인칭 주격을 지시하고 있고 모자는 남성 단수를 지시하고 있다. 동시에 목적격 대명사는 종종 접미사로 동사에 병합된다. 'Estánescribiendosela'라는 문장은 '그들은 그녀에게 편지를 쓰고 있다.'라는 뜻으로, '쓰다'라는 명사의 현재 분사형 escribiendo에 '이것을'과 '그녀에게'라는 두 목적어 se, la가 붙어 있는 것이다.

이러한 마지막 예는 영어와 연관된 언어들에서 따온 것이다. 인도 유럽어권이 아닌 언어에서는 이러한 차이가 훨씬 뚜렷하다. 가령 중국어와 같은 언어는 어근의 어떤 변화도 허용치 않는다. 그래서 각 단어는 단 하나의 형태소만을 가지고 있다. 또한 터키어에서는 한 어근에 많은 접사를 연결시키지만 그 단어의 이런 모든 부분은 매우 분명하게 구분된다. 또 어떤 언어에서는 (많은 미국의 인디언어의 발음을 포함해서) 단어가 매우 복잡하다. 어근과 접사가 매우 다양한 형태를 취하는 것이다. 한 단어의 부분들이 하나로 결합되면 그들을 서로 변화시켜 그 결과 음이 질적으로 변화되거나 어떤 경우 완전히 소멸되고 있다. 의미의 미묘한 뉘앙스는 엄청나게 다양한 방법으로 표현되고 영어 사용권의 話者가 매우 긴 句로서 표현해야만 하는 의미를 하나의 단어가 표현할 수도 있다. 나바호(Navaho)족에서 baadeeshʼáát라는 한 단어는 '나는 그에게 (둥그런 형태를 가진) 하나의 (고체)를 줄 것이다.'라고 번역될 수 있다. 이러한 말의 어근은 ʔaat인데 이것은 '하나의 둥근 형태의 고체의 물건을 만진다'라는 의미이다.

한 언어의 형태론을 분석하고 묘사하면서 언어학자들은 말을 지배하는 여러 규칙을 발견하여 밝히려고 한다. 말해진 언어의 겉보기에 혼란스런 가변성으로부터 그들은 형태소의 범주와 造語의 준칙을 추론해 내는 것이다. 모든 언어의 형태론은 단순하든 복잡하든 간에 체계적이기 **때문에** 그들은 규칙성을 나타내고 규칙을 묘사할 수 있다. 예를 들면, 영어에서 복수명사들이 어떻게 형성되는가? 만일 당신이 '-s를 단수에 붙인다.'라고 대답하면 당신은 역시 영어의 쓰여진 형태로부터 너무 영향을 받은 것이다. 거기에는 분명한 예외가 있다(ox : oxen, deer : deer). 그러나 그런 것은 매우 적고 한 문법체계에서 단순히 취급될 수 있다. 그러나 hats, bags, taps, lads, racks, roses와 같은 단어를 당신이 발음하는 것을 들어보라. 실제로 영어 명사는 3개의 복수 접미사 즉 /-z/, /-s/, /-əz/ 중에 하나를 취한다. 단수형의 마지막 음에 따라 이 중에 어느 것을 취하느냐를 말해주는 단순한 규칙이 있다. 당신은 그것을 의식하지 않고 평생 동안 이러한 규칙을 따르는 것이다.

접두사로 복수를 만드는 것은 세계에서 가장 자연스러운 것으로 보인다. 다시 말하건대, 비교해 보아야만 이런 특수한 형태론적 장치가 얼마나 관습의 문제인가를 알 수 있다. 히브리어는 대부분의 복수를 접미사 -im, -ot를 첨가하여 만들지만 이러한 접사는 그의 마지막 소리에서가 아니라 어근에 내재하는 성에 의하여 선택된다. 많은 언어는 어떤 복수의 접사 없이도 매우 훌륭하게 이루어져 나가는데 그 말을 쓰는 사람들은 '두권의 책'이라고 해도 잘 통하는데 굳이 '두권의 책들'을 고집하는 데 대해 꽤 어리석다고 생각한다. 다른 언어에서는 접두사 또는 음조나 모음의 변화에 의해 복수를 만든다(가령 영어의 'man : men'에서처럼). 또 다른 언어 가령 호머시대 그리이스어에서는 수의 형태를 단수, 양수(둘) 그리고 복수(두 개 이상)로 구분한다. 이 중 어떤 체계가 다른 체계보다 뛰어난가? 아니다. 그들 모든 언어는 그 나름의 틀에서 매우 분명하게 의미를 전달한다. 각각의 형태론적 체계는 결합하는 형태소의 가능한 결합 방법으로부터 선택하고 다양한 개념의 말속에서 표현되는 방식을 제한하는 것이다.

형태소들은 일반적으로 두 가지 점에서 서로 대립된다. 형식적인 범주로서 형태소는 각각이 가진 형식적 속성 즉 그것을 구성하는 음소에 의하여 서로 대립한다. 그리하여 /big/와 /pig/라는 각 음소의 연속체는 각기 다른 형태소를 표현하며 그 차이는 /p/와 /b/사이의 음소상의 차이 속에서 나타나는 것이다.

그러나 형태소는 또한 그들의 분포상의 속성에서 차이를 나타낸다. 즉 다른 형태소와의 위치관계가 그것이다.

분포의 개념은 파악하기가 어렵지만 그것은 이 책에서 강조하는 언어학과 이 책의 바탕이 되는 일반이론에서 모두 중요하다. 한 형태소의 분포는 가장 단순하게 말하면 그것과 연결되는 다른 형태소의 범주들을 의미한다. 예를 들어 과거시제의 형태소인 {-ed}은 오로지 동사에만 연결되는 접미사로서만 쓰인다. 반대로 이러한 접미사를 취하는 한 단어는 동사임에 틀림이 없다. 그와 똑같이 접두사 {mini-}는 한 명사 앞에만 붙는다. 어떤 문화적인 형태의 분포를 연구하든 우리는 그 맥락을 알아야 한다. 즉 철학적 위치나 그것이 출현한 시기와 함께 다른 형태와의 관계속에서 문화가 발견되는 장소 등이 그것이다.

2) 구문론

언어 구조의 다음의 上位단계는 構文論이다. 즉 여러 단어들을 구, 절, 문장 등의 보다 큰 문법구조로 단어들을 배열하여 상호간의 관계를 나타내는 것이다. 한 언어에서 형태소의 수는 유한하지만 가능한 문법적인 문장의 수는 무한하다는 것은 잘 알려져 있다.[3] 한 언어를 배우면서 우리는 단지 보다 많은 수의 문장을 암기하는 것이 아니라 말하는 유형이나 준칙을 배운다. 이러한 준칙으로 우리는 형태소의 범주를 결합하여 한 번도 발언되지 않은 특별한 문장이라도 이해할 수 있게 된다.

인간 언어의 구문론적 규칙은 형태론이나 음운론적 법칙만큼 관습적이며 다양하다. 영어에서 예를 들면 누가 누구에게 무엇을 하였는가를 말해주는 것은 거의 단어와 순서에 좌우된다. '소녀가 소년을 때렸다.'라는 문장에서 때린 자는 여자이고 희생자는 남자임을 알 수 있는 것은 '소녀'가 동사 앞에 나오기 때문이다. 그 의미는 '소년이 소녀를 때렸다'라는 것과 분명하게 구별된다. 많은 언어체계에서 주어와 목적어의 문법적인 관계는 접사에 의해서 결정되기

---

[3] N. Chomsky, Syntactics Structures (The Hague : Moaton, 1957).

때문에 단어의 순서는 구문론적인 의미와는 관계가 적다. 예를 들면, 라틴어에서는 주어와 목적어의 관계는 접미사에 의해 나타나므로 그 언어에서는 순서가 별로 중요하지 않다.

구문론적 규칙은 문장의 부분들 사이의 일치를 지배한다. 영어의 동사는 주어 및 그 수와 일치한다는 것(예를 들면 I am, You are, he is, they are)을 알고 있다. 히브리어에서 동사는 주어의 性에도 일치하므로 '그가 말하다'와 '그녀가 말한다'와 같은 문장에서 동사는 형태가 다르다. 나바호어에서 동사는 목적어의 형태에 일치해야 한다. 이야기하는 물체가 길이, 두께, 모양 등에 따라 다른 동사의 어간이 선택되는 것이다. 예를 들면 ?at는 '무엇인가를 잃었고, 무엇인가를 던진다는 것'을 의미하고 그 물체가 평평하고 탄력성이 있다는 것을 이야기하려면 동사어간인 'niit'를 사용해야 한다. 마지막으로 불어에서 관사와 형용사는 그것이 수식하는 명사의 성과 수에 일치하여야 한다. 그러므로 '책'은 남성명사로 간주되고 '책상'은 여성명사로 간주되기 때문에 un livre blanc를 ('한 [남성]의 하얀 책[남성]'), 그리고 une table blanche('한 [여성]의 하얀 책상[여성]')라고 말해야 한다.

구문론은 동사를 명사로 전화하는 유형도 제공해 준다('hit'를 'hitter'로 : 'burn'을 'the burning'로). 그리고 또한 평서문에서 의문문, 그리고 긍정문에서 부정문으로 전환을 가능하게 한다. 그러한 규칙은 복잡할 수도 있고 단순할 수도 있다. 예를 들면, 스페인어에서는 대부분의 부정문은 단순히 긍정문 앞에 no를 위치시킴으로써 만들어지고 의문문은 비의문문과 똑같이 단어를 배열한다. 영어에서는 긍정문을 부정문으로 만들려면 단어를 재배열해야 한다. 'He went to the game'은 'Did he go to the game' 또는 'He didn't go to the game'로 된다. 믹맥(Micmac) 부족의 인디언 언어에서 동사 앞에 부정단어인 mo를 놓고 동사 어근 다음에 부정의 접미사 중에 하나를 놓는다. 영어로 말하자면 'No, he went-not'라고 표현하는 셈이다.

주의 깊은 노력을 기울이면 영어, 스페인어 또는 나바호어 문장의 긴 목록들 중에서 어떤 규칙을 찾아낼 수 있다. 그러나 오늘날 대부분의 언어학자들은 훨씬 어려운 목적을 가지고 있다. 즉 그들은 언어 사용자가 한번도 들어본적이 없는 문장들을 생성하고 해석하는 능력같은 지식을 보여주는 규칙을 발견하고 싶어하는 것이다. 가령 生成文法(generative grammar)은 마치 워프의 공식이 영어의 음절 이해에 기여한 것 같이 한 언어의 문장 이해에 도움이 될 것이다. 즉 생성문법은 한 언어의 문법적인 문장 모두를 예견할 수 있는 것이다. 이러한 목적의 중요성은 인간 언어의 가장 뚜렷한 특징인 그들의 생산성에 주의를 환기시키는데 있다. 생산성(productivity)이란 수 십개의 음소, 수 천개의 형태소, 그리고 몇 개의 형태론적, 구문론적 규칙만 주어진다면 무한정한 수의 문법적인 문장을 만들 수 있고 이러한 추상적인 언어를 공유하는 사람들은 처음 들어보는 문장을 포함해서 이러한 문장들을 모두 정확하게 해석할 수 있다는 사실을 말한다.

언어의 생산성을 구문론적 규칙들로 어떻게 잘 나타낼 수 있는가에 대한 문제는 매우 복잡한 문제이기 때문에 여기서는 생략한다. 이러한 문제는 민족지학(ethnography)나 사회인류학(social anthropology)에서의 다른 중요한 문제들과 유사한 것이다. 이외에도 인간행동의 많은 부분은 관습적인 법칙에 의해 지배된다. 그러나 그렇다고 해서 우리가 똑같은 행동을 끊임없이 되풀이한다는 것을 의미하지는 않는다. 사회적인 규칙들 또한 생산성이 있다. 우리는 동료들의 새로운 행동을 해석해야만 하고 그들의 사회적인 적절성을 판단해야 하는데 그것은 마치 새로운 發話(utterance : 언어를 표현하는 행동과 그 결과 생기는 음성-역자주)를 이해하고 그것을 문법적인 면에서 평가하는 것과 마찬가지다. 생산성이란 모든 문화체계의 한 특성인데, 왜냐하면 언어, 기술, 사회구조에서 행동을 제한하는 규칙들은 또한 새로운 반응을 위한 유형을 제공해 주기 때문이다(맺음말 : 문화와 자유 참조).

3. 의미론

意味論은 '형태소가 의미를 전달한다.'라는 말속에 함축된 모든 문제를 취급하는 것이다. 의미란 무엇인가? 무엇인가가 의미를 전달하는 말이 의미하는 것은 무엇인가? 이미 그 의미가 알려진 형태소를 사용하지 않고 의미를 어떻게 묘사할 수 있는가? 어떻게 하면 형태소의 의미 변화를 가장 잘 묘사하고 이해할 수 있는가? 이런 의문과 함께 많은 다른 의미론적인 문제가 근대 언어학의 가장 어려운 문제들이다.

인류학자들은 다른 문화에서의 말의 의미와 행동을 이해하려 하고 동시에 그들이 배워 온 다른 과학자와 서로 의사소통을 하면서 끊임없이 의미론적인 질문에 매달려야 한다. 이것은 번역의 과정으로 여기에는 언어와 문화 모두에 대한 민감한 이해가 요구된다. 심지어 영어내에서도 오해의 소지가 충분히 있다. 예를 들면 대부분의 미국인들은 'breakfast'를 아침의 가벼운 식사를 언급하는데 사용한다. 그러나 자메이카(Jamaica)섬에서는 이러한 단어가 몇 개의 다른 의미를 갖는다. 중류계급의 자메이카인들은 아침에 'breakfast'를 먹지만 미국인들보다는 실속있는 식사를 한다. 그들의 가장 가벼운 식사는('supper'라고 부른다) 늦은 저녁에 먹는다 — 때때로 10시 이후에 먹는다. 자메이카의 가난한 농부들은 아침 일찍 가벼운 식사를 하지만 그것을 'tea'라고 부른다. 그들에게 'breakfast'란 정오에 먹는 어느 정도 실속있는 식사를 의미한다.

익숙한 말조차 여러 가지 다른 의미를 가지고 있는데 인류학자나 언어학자들은 낯선 언어나 문화에서 어떻게 말의 의미를 이해할 수 있을까? 그들은 어린아이들이 문법적으로 뿐만 아니라 상황에 적합하게 말하는 것처럼 배워야 한다. '저것은 나의 개다'와 '저분은 나의 아버지다'는 둘 다 문법적으로 맞지만 일상 생활에서는 하나만이 그 상황에 적합한 것이다. 아이들은 그들의 사회적인 환경에서 어른들이 말하는 것을 관찰하고, 이해를 시도하고 그 자신을 이해시키며 그들이 부정확하게 말했을 때 수정하거나 무시되는 과정을 통해 말의 의미를 정확하게 사용하는 법을 배운다.

구체적인 대상을 가리키는 단어는 배우기에 가장 쉽다. 그리고 어린이들은 사물의 이름을 외우는 데 흥분하고 그것은 부모를 미치게 할만큼 성가시게 한다. 인류학자들은 곧 '이것은 무엇인가', '저것은 무엇인가'라는 질문을 던지게 되지만 물리적으로 나타나지 않는 물체나 사건에 대해 적절한 질문을 한다는 것은 매우 어렵다. 더욱이 많은 단어의 의미는 구체적인 것을 언급하지 않는다(영어의 句에서 'on'의 많은 의미를 고려해 보자. 가령 on time, on the air, put on, on the table 그리고 on your own 등에서 on의 의미가 다 다르다). 다행히도 모든 언어에서 단어들은 어떤 의미(사용의 준칙)를 공유하는 범주들로 분류되고 학습자는 이러한 범주들 내에서 그리고 그들 사이에서 체계적인 대조를 발견하려 시도할 수 있다. 의미론적 부류들은 유사한 의미를 갖는 형태소로 구성되어 있는 데 그러한 부류는 때때로 영역(domains)으로 불린다. 그리고 언어학자들은 친족명칭의 영역(아버지, 형, 이모 등)과 동물이름의 영역에 대해 언급한다.

인류학적 의미론에서 하는 가장 흥미로운 작업 중의 하나가 색채의 명칭 영역에서 이루어졌다. 알려진 모든 언어에는 의미론적으로 서로 관련된 일군의 색채 명칭들이 있다. 이러한 명칭은 보이는 스펙트럼을 한정된 수의 범주로 나눈 것이지만 색채의 스펙트럼은 연속적이어서 그것을 뚜렷이 구별되는 부분들로 나누는 것은 부분적으로는 관습적인 것이다. 미국광학회(the Optical Society of America)에 따르면 실험실 조건하에서 인간은 천 만가지의 다른 색채들을 구별할 수가 있기 때문에 어떤 종류로 분류해야 할 필요성은 뚜렷이 드러난다. 색채의 영역을 연구하는 방식의 하나는 어떤 언어(X)를 말하는 사람에게 많은 수의 표준 색채판을 주어 그들을 똑같은 색채끼리 분류하라고 요구하는 것이다. 그 다음, 그에게 이 색채(범주)에 속하는 것을 그들 말(X)로 무엇이라고 부르는가를 질문한다. 결국 각각의 색채에서 그 색채를 가장 특징짓는 하나의 색채를 그 명칭의 초점(focus)이라 부르는 것이다.[4]

이러한 방법을 세계의 여러 언어에 적용하면 몇 가지 놀라운 점이 나타난다. 무엇보다도 기본적인 색채 명칭(주홍이나 연보라색이 아니라 빨강, 녹색 그리고 파랑 같은 것)의 수는 2가지에서 11가지까지 이른다. 오로지 두 가지로만 분류하는 언어에서는 하나의 용어는 밝은 색채의 전 범위를 가리키고 다른 용어는 어두운 색채를 가리킨다. 두가지 색채의 경계는 범주를 가리키는 단어처럼 언어에 따라 차이가 있지만 각 명칭의 초점은 항상 똑같다. 즉 각각

---

[4] B. Berlin and P. Kay, Basic Color Terms (Berkeley : University of California Press. 1969).

흰 색과 검은 색으로 나누는 것이다. 이 마지막 진술을 근거로 보다 복잡한 명칭체계를 다음과 같이 일반화할 수 있다. 똑같은 수의 색채 범주를 가진 어느 두 체계에서도 각 범주간의 경계는 아마 상당히 다르고 초점들은 매우 유사하다는 것이다.

더 나아가 만일 우리가 이러한 체계들을 복합성의 증가에 따라 배열할 때 각각의 부가되는 범주는 규칙적인 질서로 나타난다. 즉 3개의 명칭 체계는 빨간색을 밝은색/어두운 색의 대비에 첨가하고 4개의 명칭 체계는 위의 세 개에 노랑이나 파랑색을 첨가하며 5개의 명칭 체계는 이 모든 색을 포함한다. 그리고 여섯 번째에는 파랑색이 오는데 이것은 5개의 명칭 체계에서 파랑이나 검은색으로 포함시킨 색채를 색채범위로 분할한 것이다. 노랑과 초록이 나타나는 순서의 다양함을 제외하고는, 이런 순차는 보편적인 것으로 보인다. 즉 파란색의 명칭을 가진 어떤 언어는 적어도 다섯 개의 처음보다 앞선 색깔의 명칭을 가지고 있다. 7개째 명칭을 넘어가면 회색, 핑크색, 오렌지색, 주홍색의 기본 명칭들이 나타나는 순서는 매우 불규칙적이라는 것을 보여준다.

하나의 특수한 명칭 체계를 살펴보자. 그것은 하누누(Hanunóo)족의 경우이다. 이들은 필리핀의 한 부족으로 그들의 문화는 해롤드 콘클린(Harold C. Conklin)이 자세하게 묘사했다. 열대환경에서 원시농경을 행하는 그들은 수 십개의 특수한 색채 명칭을 가지고 있다. 그러나 각각의 이런 명칭들은 4개의 기본적인 색채명칭에 의해 표시되는 범주중의 하나에 해당한다. (<도표 3-6> 참조)

색채명칭	번 역	영어에서의 색채범위
1. mabi : ru	어두운 계통의 색, 흑색	검정색, 보라색, 남색, 청색, 짙은 녹색, 암회색 및 기타 짙은 암색과 혼합색
2. malagti?	밝은 계통의 색, 백색	흰색 및 기타 아주 밝은 색이나 혼합색
3. marara?	붉은색 계통의 색, 적색	적갈색, 적색, 오렌지색, 황색 및 이들 색깔을 주로 한 혼합색
4. malatuy	밝은 녹색계통의 색, 녹색	밝은 녹색 및 녹·황색 또는 밝은 갈색의 혼합색

<도표 3-6> 하누누족의 색채 범주

분명히 이것은 서양의 색채 범주와 매우 다른 체계이다. 콘클린은 그들의

체계가 하누누족에게 매우 중요한 몇 개의 분명한 특성에 기초한 것이라는 것을 제시했다. 예를 들면 marara?와 malatuy의 차이는 그들이 대부분의 식량을 의존하는 식물과 관련해서 매우 중요하다. 즉 malatuy는 녹색일 뿐만 아니라 즙이 많이 나오는 어떤 식물을 의미한다. 그리고 하누누족의 경우에 그것은 marara?와 색깔의 범주에서 뿐만 아니라 건조한 유기물과 반대되는 신선함을 나타내는 것이다.[5]

1) 신체부분과 성분분석

인간의 신체도 색채 스펙트럼처럼 연속적인 단위이다. 그러나 몇 가지의 목적을 위해서는 그것이 부분들로 구성되었다고 생각하는 것이 필요하다. 인간의 신체에는 분명한 분할이 거의 없기 때문에 이러한 부분들은 관습적으로 경계짓고 이름 지워지는 것이다. 어디에서 목이 끝나고 머리는 어디서부터 시작되는 것인가? 모든 문화는 신체의 부분들을 사용하거나 드러내는 준칙과 함께 그것들을 범주화하는 관습적인 방식을 제시한다. 가령 예를 들자면 적절한 규칙은 다양한 상황에서 특별한 신체부분을 가리거나 드러내는 준칙이다. 다양한 문화에서 신체부분을 정의할 때 사용되는 용어들은 成分分析(Componential analysis)이라고 불리우는 의미론적 분석의 기법을 예시하는데 유용하다.

이러한 접근의 목적은 그 용어들 사이의 체계적인 관계를 보여줌으로써 의미론적 영역을 그 성분부분으로 나누는 것이다. 예를 들면 동 뉴기니아의 케와(Kewa)족은 신체의 상체를 세 부분—등, 가슴, 팔—으로 나누고 목덜미와 어깨는 연결하는 영역으로 생각한다. 이들 신체의 각 부분은 고유한 기능을 가지고 있다. 케와족의 용어들은 등, 가슴, 및 팔과 상체 사이의 부분 즉 전체관계(whole relationship)를 보여준다(<도표 3-7>).

---

[5] H. C. Conkiln, 'Hanunóo Color Categories.' (Southwestern Journal of Anthropolgy, Vol, 77, 1955) pp.339~344.

kádésaa '상체'		
kou '등'	kaágo '가슴'	kli '팔'
pérali '갈비뼈' / 기 타		

〈도표 3-7〉 케와쪽의 신체 각 부분과 전체와의 관계

    이 부분들은 그것의 각 성분들로 나눌 수 있고 이는 그 용어들 사이에 체계적인 관계를 보여준다. 즉 갈비뼈는 등의 한 부분이며, 등은 상체의 한 부분이 되는 식이다. 그러한 도식에서 똑같은 수준의 용어들은 서로 대조되고 보다 높은 수준이 있는 용어들은 그들 하위의 특수한 용어보다 추상적이다.

    의미론적 영역은 또한 種—屬關係로 조화될 수 있다. 그래서 하위 범주는 그것이 소속된 상위범주의 한 종류로 여겨진다. 예를 들면 영어에서 elm, maple, cedar 등은 나무의 종류를 언급하는 것이고, hammer, ax, pliers 등은 도구의 종류를 가리키는 것이다. 성분분석은 식물, 동물, 친척, 도구, 색채, 그 밖의 여러 대상과 사건들이 주어진 문화에서 범주화되는 방식을 이해하는 데 유용하다. 생물학자들은 라틴어 학명들(과학적 분류학)의 체계를 발달시켜 수백만 가지로 알려진 생명을 種(species), 屬(genus), 科(family), 目(order) 등으로 분류해 왔다. 그러나 모든 인간사회는 아무리 소규모라 할지라도 살아있는 대상들을 분류해서 중요한 동식물을 규명하고 그에 대해 성원들끼리 의사소통할 수 있는 방법을 가지고 있다. 그러한 체계들을 민속분류학(folk taxonomies)이라고 말한다.

    민속분류학은 과학적인 분류학보다 훨씬 실제적인 것을 지향한다. 그들의 분류는 행동의 준칙과 매우 밀접한 관계가 있다. 생물학자들은 그들의 진화과정에 따라 식물의 범주를 배열해 왔다. 그러나 보통 사람들은 주어진 식물로 무엇을 할 수 있을까에 더 관심을 둔다. 그래서 다음과 같은 문제의식을 가지고 식물 등을 살핀다. 그것은 먹을 수 있는 것인가? 아니면 독이 있는 것인가? 실(끈),

제3장 언어습득 81

광주리, 옷 등을 만드는데 사용할 수 있는 것인가? 그것은 약품을 만들 때 사용될 수 있는 것인가? 그 껍질은 천막이나 카누를 만들 때 덮을 수 있을 것인가?

민속분류학은 그것을 사용하는 사람들의 주된 관심의 영역에서 가장 정교화된다. 예를 들면 에스키모인들은 스키광처럼 눈(雪)의 형태에 관하여 여러 개의 단어를 가지고 있다. 한 문화를 완전히 이해하려고 하는 인류학자는 그러한 중요한 의미론적인 영역을 면밀하게 연구해야 한다. 이러한 조사는 항상 다른 영역의 조사로 이어지는데 예를 들면 콘클린은 하누누족의 식물 분류형태를 연구하면서 그들의 색채 범주도 분석하게 되었다.

한 언어를 배움으로써 사람들은 음을 범주화하는 방법과 이러한 범주들을 형태소, 단어, 문장, 대화, 화법 등 보다 복잡한 구조들 속에 넣는 준칙을 익히게 된다. 언어에 힘입어 우리는 사물들을 분간하고 복잡한 준칙들을 만들 수 있다. 언어를 통해서 그들 사회의 전통을 배우고 또한 그들이 아직 한번도 접해 보지 않은 여러 상황에서 그들에게 기대되는 것을 또한 배운다. 또 그들은 과거의 사건을 알게 되고 그리고 초자연적인 힘들을 알게 된다. 언어습득을 포함한 문화화는 유망한 영장류(유인원)를 역사의식을 지니고 미래의 가능성을 예지하는 독특한 인간동물로 변화시킨다.

보 충 문 헌

Ronald W. Langacker, Language and Its Structure, 2nd ed. New York : Harcourt Brace Jovanovich, 1973.

Roger Brown, A First Language. Cambridge : Harvard University Press, 1973.

Keith H. Basso and Henry A. Selby, eds., Meaning in Anthropology. Albuquerque : University of New Mexico Press, 1976.

Pier Paolo Giglioli, ed., Language and Social Context. Baltimore : Penguin Books, 1972.

Dell Hymes, ed., Language in Culture and Society. New York : Harper & Row, 1964.

제II부 사회체계

제3장에서 추상적인 언어체계와 그 체계의 '顯在化'인 구체적인 상용어(말)를 구별하였다. 즉 학습으로 획득된 언어의 범주 및 준칙인 언어와 음파의 발생을 동반하는 발성기관의 실제운동과의 구별이다. 다음 각 장에서 행동과 그러한 행동에서의 규칙성을 설명하기 위한 범주 및 준칙과의 구별을 인간문화의 다른 부분에 대해서도 확대 적용하게 될 것이다.

사회 구성원들이 친척이나 친구, 혹은 손님, 공예가, 사제 그리고 추장을 만났을 때 그들은 마치 그들의 행위가 누구에게 무엇을 말할 것인가를 통제하는 규칙에 따라 규제된 것처럼 행동한다. 언어체계와 같은 사회체계라고 하는 것은 구체적인 개인의 행동에 영향을 미침과 동시에 그것으로부터 추론되기도 한다(아래 그림 참조).

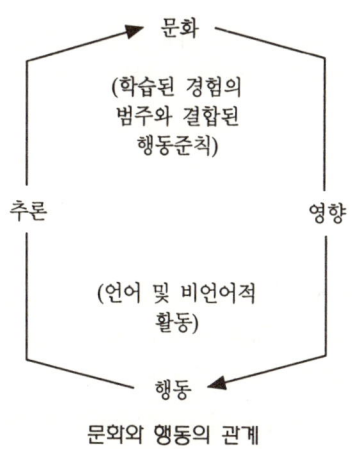

문화와 행동의 관계

그리고 언어와 같이 그것은 상호작용을 위한 개인 범주로 구성된다. 사회체계의 규칙이라고 하는 것은 단순한 개인에 대해서가 아니고 인간의 범주에 대하여 적용된다는 것이다.

예컨대 스미스(Smith) 일등병이 블랙(Black) 대위에게 경례하고 블랙 대위는 그린(Green) 대령에게 경례할 때 눈길을 끄는 경례는 이들 군인의 각 계급사이에 상호작용하는 일반규칙을 나타내는 것이다. 즉 '사람이 경례하는 것은 제복이지 인간이 아니다.'는 점이다.

사회적 규칙은 관습적 행동 혹은 기대된 행동을 서술한 것이다. 따라서 경례규칙을 a→b라는 공식으로 표현한다면 그것은 '계급 a의 인물은 계급 b의 인물에 경례하는 것이 기대되고 있다(그리고 정상을 참작해야 할 특별한 사정이 없는 한 규칙에 따르지 않는 경우는 보통 벌을 받는다).'라는 의미가 된다. 따라서 경례규칙은 규칙적용의 대상이 되는 인간의 범주(a와 b)와 상호 접근하는 행위와 결부된 상호작용을 위한 준칙(→)이라는 두 개의 부분으로 되어 있다.

사회적 규칙은 관습적이기 때문에 여러 가지 이유로 위반하는 일이 있다. 규칙에 대해 무지하다는 것은 종종 좋은 핑계가 된다. 적어도 어린이라든지 낯선 사람의 경우는 더욱 그렇다. 규칙위반은 범주의 혼동에서 일어나는 수도 있다. 군대라고 하는 하위문화에서는 개인의 계급이 그 문화에 속하는 사람들에게 곧 알려지게 되고 결코 범주의 혼동이 일어나지 않도록 制服과 記章이 도안되어 있기 때문에 이와 같은 일은 우선 있을 수 없다. 그러나 군대 이외의 경우에 사람들은 지금 자기가 상대하고 있는 사람이 어떤 종류의 인간인가에 대해 항상 확신이 선다고 할 수 없다(상점에서 점원이라 생각하고 가까이 가봤더니 그 사람도 실은 자기와 같은 손님이라는 것을 알았다는 것 등은 거의 누구나 경험하는 일이다).

범주를 올바르게 식별할 수 있을지라도 행동의 적절한 준칙에 관한 혼동과 여러 가지 행동준칙 중에서 어느 것을 선택할 것인가에 대한 갈등이 생기는 수가 있다(부인에게 담배를 제공한다거나 혹은 웨이터에게 팁을 제공할 수도 있겠지요). 그러나 전체적으로 사회생활은 꽤 원활히 진행되고 있다. 인류학자가 고도로 統合된 사회체계에 대해서 말할 때에는 그 사회체계가 공통의 이해와 명백한 사회적 규칙에 의하여 혼란과 갈등이 최소한으로 억제되어 있는 것을 의미한다. 물론 이것은 항상 정도의 문제이다. 왜냐하면 완전히 통합되어 있는 사회는 존재하지 않기 때문이다. 그러나 또 공통적이거나 等價的인 범주와 행동을 위한 준칙을 어느 정도 공유하지 않으면 社會集團은 존재할 수 없다.

사회적 규칙과 언어적 규칙은 그것을 어길 수 있다. 그러므로 우리들은 문화가 행동을 결정한다고 말하지 않고 행동에 영향을 미친다고 말하는 쪽을 더 좋아하는 것이다.

어떤 종류의 違反行爲는 신속히 그리고 엄하게 처벌되나 그러한 위반이 때때로 일어나는 것을 막을 수가 없다. 가령 내가 '한 마리의 개'라고 말하거나 미국도로의 좌측을 운전하거나 상관에 대한 경례를 생략하고 싶다고 생각했다 해도 그렇게 하는 것은 나의 자유인 것이다. 왜냐하면 이들 규칙은 관습적인 것이기 때문이다.

어떤 영역에 있어서 우리들의 행동에 영향을 미치고 있는 문화의 유형을 깨닫지 못하였기 때문에 위반이 거의 일어나지 않는 경우도 있다. 자기가 따르고 있는 것조차 알지 못하는 규칙을 깨뜨리는 것은 어렵다. 예컨대 위에서 제시한 3개의 위반 중에서 발생할 확률이 가장 적은 것은 설령 그 결과가 가장 가벼운 것이라고 할지라도 언어에 관한 것이다. 이것은 바로 자기들이 항상 규칙적으로 따르고 있는 문법의 형태를 알고 말하는 사람은 극히 적기 때문이다.

문화는 이처럼 규칙적인 방식으로 행동에 영향을 미치는 데 그것은 동일한 사회에서 文化化된 인간은 많은 신앙이나 기대를 의식적이거나 무의식적으로 共有하고 있기 때문이다. 사람의 행동은 서로의 기대대로 그 사람들이 행동하는 한 그 범위까지는 예측이 가능하다. 물론 문화는 온갖 일에 응할 수 있는 정확한 규칙을 전부 제공할 수는 없다. 사회체계라고 하는 것은 언어체계와 같이 생산적이지 않으면 안 된다. 즉 한정된 數의 범주와 준칙으로부터 수 많은 그리고 가능한 무한할 정도로 사회적으로 적절한 행동이 속속 도출되지 않으면 안된다. 생산성은 새로운 문제나 상황에 대하여 꽤 일반적인 원리를 적용하는 것을 내포하고 있다. 사회체계라고 하는 것이 어떻게 작용하는가를 이해하는 것은 틀림없이 과학적인 문제이다. 어느 사회에 있어서나 사람들은 한정된 수의 관습적 준칙을 습득하여 비축하고 그리고 활용하는 것이지만 그러한 준칙의 덕택으로 사람들은 적절히 행동할 수 있고 또 자기자신과 타인의 행동이 받아들여질 수 있는지 없는지를 판단할 수 있는 것이다. 그러한 규칙과 준칙을 생산적으로 결합시키는 방법을 발견하는 것이 민족지학자의 임무의 하나이다. (제V부 참조)

또 하나의 예는 '준칙'(plans)의 의미를 명백히 하는 일이다. 미국에서 자동차를 운전하는 사람은 그 환경이 지닌 많은 특징에 세심한 주의를 하지 않으면 안 되는데 교차점에 다다르면 신호등의 존재가 특히 중요하다. 그의 모든 시야는 작은 불빛이 붙은 원반만을 골라내서 그것에 주의를 집중하지 않으면 안 된다. 즉 그것이 적색인가 황색인가 혹은 녹색인가를 판단하여 적절히 반응하지 않으면 안 된다.

이들 세 색채범주(그 각각은 넓은 범위의 색깔을 포함하고 있다)는 표준화된 운전준칙—이 경우 각각 정지하라, 서행하라, 혹은 교차점을 통과하라고 하는 규칙—과 관습적으로 결합되어 있다. 그 색채와 특정 준칙과의 결합—청색은 녹색으로 대치될 수 있고 적색이 '가라'고 지시할 수도 있다—에 관하여 '자연적'인 것은 아무것도 없다. 준칙이라는 개념에 대해 죠지 밀러(George Miller), 유진 갤란터(Eugene Galanter), 칼 프리브람(Karl Pribram)은 정의하기를, "일련의 동작이 수행되기 위한 순서를 통제할 수 있는 유기체에 있어서의 階級的 過程"[1]이라고 말하고 있다.

어떤 종류의 컴퓨터 프로그램과 같이 행동의 준칙은 미리 결정된 목표로 향하는 일련의 단계와 아울러 다음 단계로 전진하기 전에 그 단계가 옳게 완료되었는지 아닌지를 검사하는 방법으로 성립되어 있다.

그러나 인간은 컴퓨터가 아니다. 미국인 운전기사 두 사람이 황색신호에 정확히 동일한 근육운동의 결합으로써 반응한다는 것은 우선 생각할 수 없다. 운전기사들은 속도를 늦추기 위해 기어를 저속으로 넣거나 또는 브레이크를 밟음으로써(어느 쪽 발이든지), 그리고 가속기에서 발을 떼거나 혹은 이러한 모든 단계를 종합하거나 할 것이다.

그들이 공유하는 것은 준칙의 階級的 體系이고 상세하게 실행하는 것은 개인에게 맡겨지는 것이다. 文化化의 과정에서 습득되는 것은—행동 그 자체가 아니라—오직 이러한 기대인 것이다.

마찬가지로 우리가 사회생활이라고 하는 연극에 출연하는데 있어서 우리는 어떠한 臺詞를 말해야 좋을까에 대해 확실하게 배우지 않는다. 오히려 우리는 대강의 것만을 배웠고 그 세부적인 것은 각자가 자기의 기량에 따라서 크거나 작게 메꾸어 나가는 것이다.[2]

이 劇的 實演過程에 관해서는 제6장 '사회조직'의 항목에서 다시 언급하기로 한다. 그러나 우선 먼저 사회구조를 구성하고 있는 추상적인 범주와 준칙부터 서술할까 한다.

---

1) G. Miller, E. Galanter, and K. Pribram, plans and the Stucture of Behavior (New York : Holt, Rinehart and Winston, 1960) p.17.
2) E. Goffman, The Presentation of Self in Everyday Life (Garden City, N.Y. : Anchor Books, 1959) p.73.

제 4 장 인간의 종류

1. 사회적 역할

   사회관계에 대하여 언급할 때 우리는 개인이 아니라 범주를, 또 구체적 행위가 아니라 행위를 위한 일반적 준칙을 문제 삼지 않으면 안 된다는 것을 알았다. 이것은 설사 범주가 한번에 겨우 한 사람의 인간에 의해서 보통 나타낸다고 할 경우에도 적합한 것이다. 예컨대 교황 혹은 미국의 대통령과 같이 즉 우리의 주된 관심은 사회적 역할에 있는 것이지 역할을 수행하고 있는 개인에게 있는 것이 아니다. 단, 그 사회체계를 기술하기 위해 그들의 개인적 행동이 증거자료로 되는 경우는 별도이다.

   社會的 役割이란 일정한 사회에 있어서 적어도 다른 인간의 범주와의 상호작용을 위한 관습적 준칙과 결부된 어떤 인간의 범주라고 정의할 수 있을 것이다. 범주로서의 역할에 초점을 맞출 경우에는 어떤 역할이 다른 역할과 어떻게 대립하는가 하는 것에 관심이 있는 것이다(大統領은 국회의원과 어떻게 다른가). 상호행위를 위한 준칙으로서의 역할에 초점을 맞추는 경우에 우리들의 흥미는 그 역할이 가진 전체적인 내용에 있다(어떤 종류의 행동이 대통령에게 알맞는가). 이와 같은 사회적 역할의 두 측면은 밀접한 관계가 있다.

   미국 대통령의 역할은 그와 결부되는 복잡한 준칙을 많이 갖고 있다. 그러한 기대되는 행동 몇 가지는 합중국 헌법 속에 명시되어 있다. 예컨대 군대에 명령을 내리는 권한, 관리임명권, 법안에 서명하는 권한 또는 거부권 등이다. 그 이외의 것은 미국의 사회체계의 성장과 함께 발전하고 변화된 것이다. 예를 들면 대통령 교서의 배포같은 것이다.

일정한 사회적 역할을 수행하는 사람에게 기대되는 각종의 행동의 하나 하나를 가리키는 말로서 役割屬性이라는 용어를 쓸 수 있다. 대통령의 역할은 수 백개의 속성으로 되어 있으며 그 중에는 대통령 고유의 역할속성도 있다. 어떤 역할을 다른 모든 역할로부터 명확하게 구별할 수 있는 것은 그 역할의 제속성이 특정한 방법으로 결합되어 있기 때문이지만 그것은 마치 언어활동에 있어서 音素의 선택과 배열이 形態素 상호간의 차이를 만들어낸 것과 흡사하다.

1) 역할표시와 역할가입

대부분의 사회적 역할은 그 속성 중에 役割標示라 불리는 특별한 종류의 속성을 갖고 있다. 역할표시란 특정 종류의 인간에게 이야기를 걸거나 혹은 언급하기 위하여 사회의 구성원이 쓰는 單語 또는 句인 것이다.

역할표시는 특징있는 制服이나 기타 記章 등과 함께 사회의 구성원에게도 민족지학자에게도 지금 어떤 역할이 수행되고 있는가를 알리는 단서를 주고 있다.

민족지학자에게 있어 불행한 것은 어떤 역할속에 표시를 전혀 갖고 있지 않거나 반대로 여러 개의 다른 표시를 가졌거나 또 어떤 경우에는 하나의 표시가 많은 다른 역할과 결부되어 있거나 하는 것이다. 몇 개의 낯익은 영어의 예를 들면 'janitor-custodian-sanitary superintendent'(모두 관리인·수위·청소부를 의미하는 단어)라고 하는 계열이라던가 'doctor'라는 표시가 지닌 여러 가지 다른 의미(의사, 박사, 학자)라던가가 그러한 것이다.

따라서 표시는 확실한 역할의 존재를 증명하는 증거로써 이용할 수는 있지만 그러나 그것은 매우 주의를 필요로 한다. 이것은 언어학자가 음표를 확정할 때에 언어의 전통적 철자법을 이용하는 방식과 흡사하다.

각각의 사회적 역할은 또 그 役割에의 加入과 관계있는 속성을 하나 내지 둘 이상 갖고 있다. 가입이란 개인이 사회적 역할을 수행하는 자격을 획득하는 과정이다. 가입이라고 하는 속성은 하나의 역할을 합법적으로 수행하기 위한 전제조건을 이룬다. 예컨대 미국 대통령이 되는 데는 어떤 개인은 미국에서 태어나 연령이 최저 35세 이상의 시민이어야 하고 또 총선거에서 다수의 지지표를 획득해야만 한다는 것 등이다.

그 역할에 관계된 加入屬性을 가지지 않고서 의사와 같은 역할을 수행하는 사람들은 사기죄로 돌린다. 그들은 자격을 가지지 않았는데 그와 같은 종류의 인간인 듯이 자기를 표시하는 것이 된다. 그러한 사기의 연구는 사회체계의 성질을 밝히는데 꽤 참고가 된다. 미국 사회조차 참으로 사기적으로 부정행위를 전문으로 하고 있는 인간에게 적용시키는 역할표시를 많이 가지고 있을 정도이다. 즉 'quack'(가짜 의사), 'impostor'(야바위꾼), 'con man'(사기꾼), 'bigamist'(결혼사기) 등이 그것이다.

2) 귀속적 역할과 획득적 역할

랄프 린튼(Ralph Linton)은 그의 저서 『인간의 연구』에서 인류학에 사회적 역할의 개념을 최초로 도입한 사람이다.[1] 그는 가입을 두 개의 일반유형으로 구별하였다. 獲得(achievement)에 의하여 생기는 가입 — 즉 사람은 피선되거나 임명되거나 또는 권한을 위임받는 등의 역할을 합법적으로 수행하기 위하여서는 무엇인가 하지 않으면 안된다는 것을 내포하는 — 과 歸屬(ascription)에 의하여 생기는 가입 — 즉 그 사람에게 귀속되는(예컨대 사람이 어느 가족, 어느 카스트, 어떤 나라에 출생한다는 것과 법률상의 성년의 지위에 도달한다는 것) — 의 두 가지가 그것이다.

가입의 각 유형은 각각 장점과 단점을 갖고 있다. 개인의 歸屬的 役割은 보통 출생에 따라 결정되므로 그러한 역할을 수행하려고 하는 자는 일찍 그것을 위한 훈련을 개시할 수가 있다. 그리고 자기가 어떠한 종류의 인간이 될 것인가, 여왕이 될 것인가, 병사가 될 것인가, 그렇지 않으면 製靴工이 될 것인

---

1) R. Linton, The Study of Man (New York : Appleton-Century, 1936) pp.113~131.

가에 대해 각자가 알고 있으며 그의 장래 진로는 그 자신의 통제력을 넘어선 힘에 의하여 결정된다. 그러므로 그는 거의 선택권을 가지지 않았고 다만 가능한 일을 해서 그것에 대비하는 수밖에 없다. 고대인도의 카스트제도는 이론적으로 역할을 거의 귀속에 의해서 채우고 있던 제도이다. 그러한 제도의 장점은 安定性과 個人的 安定感을 주는 데 있다. 그런데 미국인은 귀속을 비민주적인 것으로 생각하기 쉽다. 미국인은 개인적 달성을 장려하는 것이야말로 훌륭한 업적을 보증하는 데 가장 효율성이 좋은 방법이라고 믿고 있으며, 사회적 지위의 향상에 힘쓰도록 사람들에게 자극을 준다.

그런데 불행하게도 획득에 의한 加入이 '適材適所'를 자동적으로 보증한다고는 할 수 없다. 때로는 가장 부적격자에게 지위가 주어지는 경우도 있다. 기회가 제한되어 있는 한 야심의 달성이 저지되는 것은 불가피한 것이다. 이 때문에 많은 사람이 화를 내고 불안에 빠지고, 성공에 실패한 것에 대하여 납득할 만한 설명을 하지 못하는 것이다.

2. 친족의 역할

근대 유전학의 이론은 겨우 백 년의 역사밖에 되지 않는데 문화는 몇 만년 동안이나 인간에게 친족의 이론을 제공하여 왔다. 親族은 有機體的 繼續性에 대한 인식을 내포하고 있다. 즉 친족은 일반적으로 생물학적 관계에 기초를 두고 있는데 그 생물학적 관계도 문화에 의하여 해석되는 것이다.

오늘날의 사회에서조차 대부분의 출생에 있어서 부자관계에는 불확정성이 발견된다. 이 사실은 養子結緣의 관습과 더불어 세 가지의 부친을 구별할 필요가 있다는 것을 의미한다.

(1) 진짜 생리적 부친(physiological father)—그 정자가 수정시킨 난자로부터 문제의 아들이 발육한다.
(2) 생물학적 아버지(genitor)—그 사회의 문화가 만들어낸 생식이론에 따라서 공동체의 성원들로부터 그 子의 모친을 임신시켰다고

믿어지고 있다.
(3) 사회적 아버지(genitor) 또는 사회적으로 승화된 부친—그 子는 그와의 관계를 통해서 다른 친족과의 연계를 주장할 수 있다.

母親에 대해서는 포유동물에 관한 생물학적 여러 사실로부터 꽤 확실성을 갖고 동일하다는 것을 인정할 수 있다. 그러나 의문이 제기되는 일이 전혀 없는 것은 아니다. 예를 든다면 병원의 육아실에서 갓난 아기의 바뀜은 상상 이상으로 훨씬 빈번히 일어나고 있지 않는가 생각된다. 그럼에도 불구하고 生理的 母親(genetrix)—그 子를 분만한 여자와 社會的 母親(mater) 즉 그 子가 그 女를 통해서 사회의 다른 구성원과의 친족관계를 주장할 수 있는 사회적으로 승인된 모친과의 구별하는 것은 유용하다.

대부분의 사회에 있어서 어린이가 嫡出이라고 인정되기 위해서는 그 子의 친족관계상의 사회적 위치의 원천으로서 사회적 모친(mater)과 사회적 부친(pater) 양쪽이 필요하다. 출생 때 이들 중 어느 한쪽(보통 pater)을 결한 자는 사회적으로 불리한 입장에 서게 되는 일이 많다. 설사 그 子의 생물학적 아버지를 알고 있거나 추측할 수 있다고 해도 보통 생물학적 부친(genitor)과 사회학적 부친(pater)은 동일인물이지만 養子結緣이라는 관습이 널리 보급되어 있기 때문에 이런 관계가 무너지는 경우도 있다. 다음의 예에서 볼 수 있는 바와 같이 다른 배합이 상당히 일반화하고 있는 사회도 아주 많이 존재하는 것이다.

1. 토다(Toda)족의 일처다부혼(polyandry)—남인도의 토다족 사이에서는 한 여자가 형제 관계에 있는 여러 명의 남자들과 혼인관계를 맺는 것이 관습화되어 있다. 이 여자의 아들에 대해 사회적으로 승인된 父親은 그 첫째 어린이 출생전에 어떤 의례를 올린 자였다. 형제 모두가 생물학적 부친일 수 있는 이치이지만 설령 妻가 次子를 임신하기 전에 이 의례를 행한 자가 사망했다고 해도 출생되는 아이들의 사회적 부친은 역시 그 사람이었다.
2. 누어(Nuer)족의 망령부친(ghost fathers)—동아프리카의 누어족 사이에서는 남자가 자손을 낳기 전에 사망한다면 그 형이나 아우가

과부 (혹은 다른 여자)와 결혼하여 亡者의 이름으로 태어나는 子의 부친이 되는 일이 있다. 그러한 아이들의 부친은 첫 번째 죽은 형제의 망령이라 생각되었던 것이다.
3. 여성부친(female fathers)—아프리카의 어떤 사회에서 재산은 보통 부친으로부터 아들에게만 상속되지만 거기에서는 꽤 부를 이룬 신분이 높은 부인이 여자 노예와 혼인관계를 맺는 일이 있다. 그리하여 그 노예는 부인의 인가를 얻은 연인과의 사이에서 아이를 출산한다. 그리고 이 아이들은 사회적으로 승인된 부친(즉 신분이 높은 부인)으로부터 부와 사회적 지위를 계승하게 된다.

하나의 親族體系는 생물학적 관계를 기초로 하면서도 문화에 의하여 관습적인 방법으로 성취된 많은 사회적 역할로 구성되어 있다. 로버트 로위(Robert Lowie)의 말에 따르면 "생물학적 관계는 친족에 관한 사회학적 인식의 발전을 위한 출발점으로 도움이 될 뿐이다."[2]

1) 친족역할의 분석

親族役割의 분석에는 두세 개의 기호만으로도 유용하고 또 충분할 것이다. (<도표 4-1> 참조) <도표 4-2>의 기호군은 개인의 성별에 관계없이 친자관계를 나타낸다. 친자관계에 있어서 개인의 성별을 고려할 경우에는 이론적으로 도표 4-3과 같은 4개의 관계가 가능하다.

동일한 母親(mater) 또는 父親으로부터 출생한 개인(출계를 공유하는 同世代者, co-descent)은 兄弟姉妹(siblings)라고 불리운다. 개인의 성별을 무시하면 이 관계는 <도표 4-4>와 같이 표시된다. 이 두 형제자매간의 성별을 생각한다면 논리적으로는 가능한 세 가지 형태가 있다. (<도표 4-5> 참조)

---

[2] R. Lowie, Social organization (New York : Holt, Rinehart and Winston, 1948) p.57.

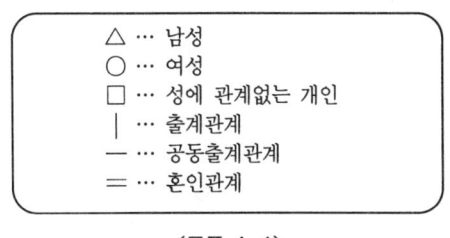

<도표 4-1>

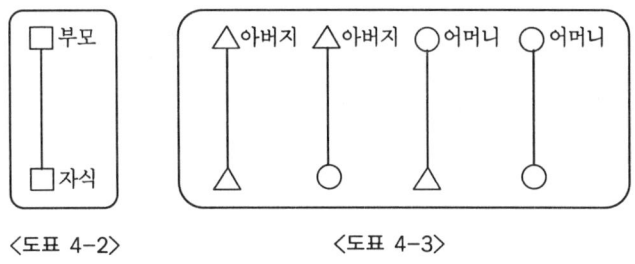

<도표 4-2>   <도표 4-3>

　親族의 連繫가 서로 출계관계나 출계를 같이 하는 同時代者의 관계의 유대를 추적할 수 있는 관계에 있는 사람들은 血族(consanguineal kin)이라 한다. 인류학자는 친족관계의 기준점이라고 생각하는 사람에게 본인(ego)이라고 하는 명칭을 쓴다. 그리하여 <도표 4-6>은 본인과 혈족인 父의 자매 즉 고모의 아들과의 연계(2개의 출계관계의 유대와 하나의 출계를 공유하는 동시대자의 유대에 의한)를 보여주고 있다.

　또 하나 부가하면 친족관계의 추상적 분석에 필요한 것은 전부 갖추어지게 된다. ― 그것은 곧 혼인관계이다. 한 조의 부부와 그들 사이에 태어난 子와의 출계관계를 기호로 표시하면 <도표 4-7>과 같다.

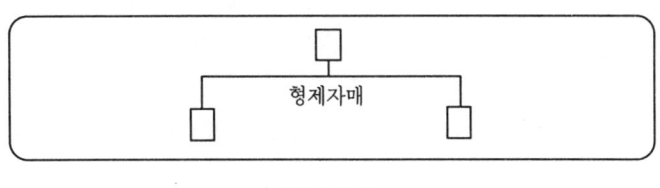

<도표 4-4>

제4장 인간의 종류

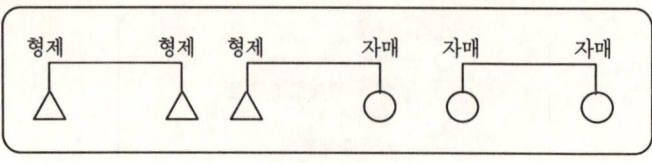

<도표 4-5>

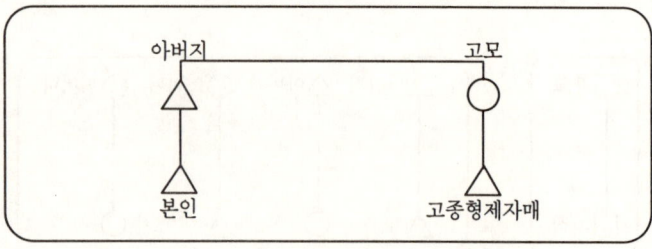

<도표 4-6>

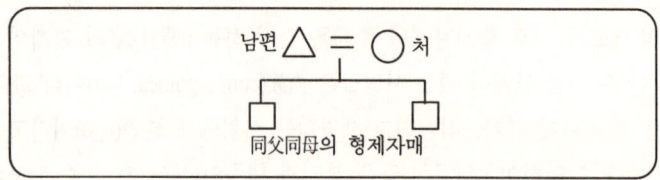

<도표 4-7>

　한 사람이 2인 이상의 배우자를 갖는 것이 허용되는 사회에서는 複數의 혼인관계가 가능하게 된다. 이 형태의 가장 일반적인 것은 一夫多妻婚(polygyny)으로써 <도표 4-8>과 같다. 출계의 유대가 아니라(혹은 그에 더하여) 혼인의 유대로 서로 맺어진 사람들은 姻戚(affinal kin)이라 불린다. 인척은 본인의 배우자와 그 친척뿐 아니라 본인의 모든 혈족에 해당하는 자의 배우자도 포함된다. <도표 4-9>에서 보는 바와 같이 본인은 그 형제의 아들(조카)의 처와 인척 관계이지만 이 妻란 출계를 공유하는 同世代者(co-descent)의 관계, 出系(descent)의 관계, 그리고 혼인(marriage)관계라고 하는 세 종류의 관계에 의하여 연결되고 있다.

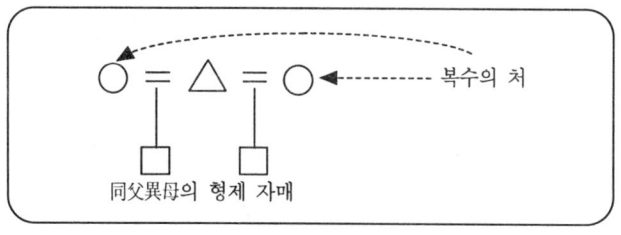

<도표 4-8>

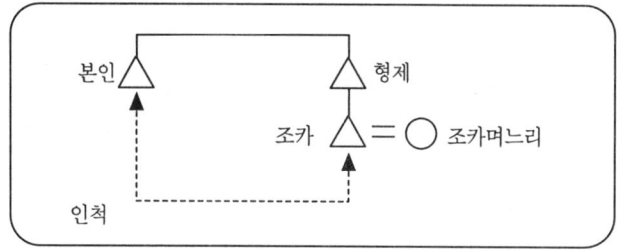

<도표 4-9>

위와 같이 정의된 개념과 기호를 사용하면 본인(ego)과 생존하고 있는 사람이나 사망한 사람을 포함해서 그 혈족 또는 인척과의 관계를 세대를 거슬러 올라가거나 반대로 내려오면서 꽤 정확히 기술할 수 있다. 그런데 조금 계산해 보면 본인으로부터 양 방면으로 수 백가지 다른 종류의 친척을 구별하는 것이 가능할지 모르나 겨우 3세대를 추적할 수 있을 뿐이다. 어떤 친족체계도 이러한 여러 가지 인척관계를 위한 다양한 역할표시를 제공할 수는 없다. 그러므로 친족을 범주화하는 어떤 종류의 분류가 불가피하다.

2) 친족호칭

親族呼稱 즉 친족을 분류하기 위하여 여러 사회에서 쓰고 있는 역할표시의 중요성을 최초로 인정한 사람은 루이스 헨리 몰간(Lewis Henry Morgan)이라는 미국의 법률가 겸 민족학자이었다. 그의 기념비적 勞作인 『人類家族의 血緣과 親族의 體系』3)에서 몰간은 세계 각지로부터 수 백개조에 이르는 친족명칭을 수

집하여 비교하였다. 그는 언어를 다르게 사용하는 다종다양한 개별집단 사이에서 친족을 분류하는 방법에 대하여 많은 유사점이 있다는 것을 발견하였다. 몰간은 당시의 유력한 인류학이론과 보조를 맞추어서 친족체계가 원시적인 類別的 형태보다 진보된 記述的 형태로 진화한 것을 입증하려고 하였다.

類別的 親族呼稱(classificatory kinship terminology)이란 어떤 종류의 친족을 단일한 용어아래 일괄하는 것으로서 예컨대 父와 兄弟의 어느 쪽에 대해서도 같은 친족명칭을 붙이던가, 母와 母의 자매의 어느 쪽에도 같은 명칭을 붙인다던가 하는 방법이다. 이 유형은 記述 親族呼稱(descriptive kinship terminology) 과 대비되었다. 후자는 위에서 언급한 바와 같은 친족에 대해서는 각각 다른 명칭을 붙이고 또 이론상 그것은 기본적 명칭의 결합에 의하여 보다 먼 친족에게도 언급할 수 있다. (<도표 4-10> 참조) 순수하게 기술적인 체계라면 그것은 수 백개나 다른 친족에 대하여 각각 별개의 명칭을 붙이지 않으면 안되게 될 것이다. 그러나 인류학계에 잘 알려져 있는 친족체계는 모두 50개 미만의 명칭밖에 갖고 있지 않다. 이것은 어떤 친족호칭의 체계일지라도 어느 정도까지는 유별적이라는 것을 의미한다.

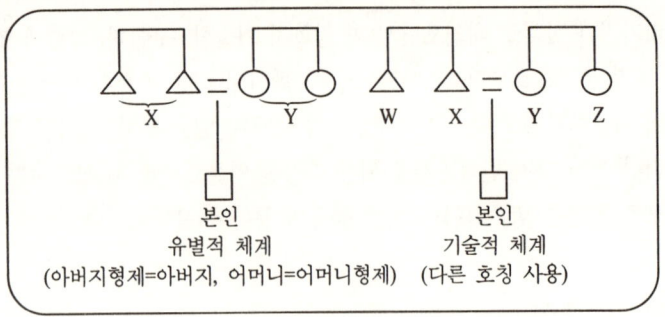

<도표 4-10>

영어의 친족체계에서는 父와 父의 형제와는 구별되는데 父의 형제에 주어지는 호칭(숙부)은 母의 형제까지도 일괄하여 다루므로 그 정도까지는 유별적

---

3) L. H. Morgan, Systems of Consanguinity and Affinity of Human Family (Washington: Smithonian Contributions to Knowledge, No. 17, 1871).

이라고 할 수 있다. 母의 형제와 父의 형제를 다른 호칭으로 표시하는 사회에서 본다면 — 그리고 그러한 사회는 많이 있다 — 영어의 친족호칭의 '숙부'는 두 종류의 다른 친족을 함께 유별하고 있다는 것이 된다.

더욱 풍부한 가족명칭 연구법을 최초로 시사한 것은 알프렛 크뢰버(Alfred L. Kroeber)였다.[4] 크뢰버는 몰간의 類型論을 비판한 훌륭한 논문속에서 친족호칭 분석법의 대강을 기술했지만 그 방법은 그로부터 40년 후에 조지 머독(George Murdock)이 그의 저서 『社會構造論』(1947)[5]에서 친족의 대립적 범주를 명확히 하는데 어느 한정된 수의 기준을 사용할 것을 시사한 것이다. 예를 들면 年齡의 上下關係(relative age)라고 하는 기준이 본인의 친족 전원에게 적용되는 경우 그들 친족은 年上者라고 하는 두 종류로 나누어진다. 어떤 기준이 쓰이느냐 그리고 각 기준이 어느 정도로 널리 적용되는가라는 점에서 친족체계는 여러 가지 차이가 나타난다. 따라서 한 조의 친족명칭을 분석하려고 할 때에는 우리는 명칭의 하나 하나에 대하여 어떤 기준은 사용되고 어떤 기준이 무시되고 있는가에 대해 묻는 것이다.

세대(Generation)

머독(Murdock)이 규정한 첫 번째 기준은 世代라고 하는 기준이다. 물어보아야 할 것은 일정한 친족호칭이 그것이 적용되는 세대(본인과 비교하여)를 지시하느냐 하지 않느냐 하는 것이다. 예컨대 영어의 호칭이 '母'(mother)와 '孫子'(grandson)는 각각 본인보다 1세대 윗 사람과 1세대 아래 사람을 가리키고 있다. 사실 '사촌'(cousin)이라는 호칭을 예외로 한다면 영어의 친족호칭은 모두 이 기준을 취하고 있다. 만약 세대라고 하는 기준만을 인정할 수 밖에 없는 친족호칭의 체계가 있다고 한다면 존재하는 세대의 수만큼의 호칭을 필요로 할 것이다. 본인은 자기와 동세대의 친족(성에 관계없이 형제자매와 사촌)의 전부에 대해서는 어느 명칭을 쓰고, 자기의 어버이 세대의 모든 친족에 대해서는 다른

---

4) A. L. Kroeber, "Classificatory Systems of Relationships" (Journal of the Royal Anthropological Institute, Vol. 39, 1909) pp.77~84.
5) G. P. Murdock, Social Structure (New York : Macmillan, 1949).

명칭을 쓸 수 있기 때문이다. 특히 그러한 친족체계는 실제로 알려져 있지 않지만 세대라고 하는 기준은 모든 친족체계에 있어서 널리 쓰이고 있다.

소위 '하와이型'(Hawaiian Type)은 어떤 경우에는 세대의 기준을 무시하고 본인보다도 上 또는 下의 세대의 친족을 본인 세대의 친족과 같이 單一呼稱의 아래로 분류한다.

성(Sex)

性이라고 하는 것도 친족호칭에 널리 나타나는 기준의 하나이다. 그러나 어떤 친족 체계는 다른 세대에 있어서의 성의 기준을 무시하는 경우도 있다. 이 기준을 무시하는 유일한 영어호칭은 사촌이다. 한 代 떨어진 세대에서는 성의 기준을 무시하는 친족호칭체계가 많다. 본인은 예를 들면 父의 父와 父의 母쪽도 또 (남성의) 본인과 그 姉妹의 양방에 대하여서 同一呼稱을 쓰는 이유이다. 물론 영어의 친족체계에도 이러한 의미를 가진 호칭(grand parent : 祖父母의 grandchildren : 孫子)이 있는데 평소 쓰여지는 호칭은 친족의 性을 나타낸다. 반대로 '사촌'(cousin)이라는 명칭은 친족의 성을 지칭하지 않는다. 어떤 언어도 몇 개의 호칭을 기술적으로 결합시키는 것에 따라 어떤 특정한 친족을 지칭한다고 하는 방법을 갖고 있다. 그러나 친족호칭의 연구에 있어서는 호칭하거나 또는 언급하기 위하여 통상 사용하는 간단한 역할표시에 관심이 있는 것이다.

인척(Affinity)

姻戚이라 하는 기준은 하나의 친족호칭이 혈족과 인척(in-laws)의 어느 쪽인가 한편에는 쓰이지만 양쪽에 대하여 다 쓸 수 없다고 말할 때에 인정되는 것이다. 영어의 숙모(Aunt)는 본인(ego)의 부친의 자매와 부친의 형제의 배우자를 지칭하는 호칭이지만 이와 같이 한 호칭이 두 가지 종류의 친족을 포괄할 경우에는 이 기준은 무시된다. 머독(Murdock)이 지적한 바와 같이 이 기준을 무시하는 호칭은 통상 특정한 친족과의 결혼을 정리하거나 또는 요구하는 사회에서 보인다. 예를 들면 본인이 자기 부의 자매의 딸과 결혼하는 것이 기대되는 곳에서는 본인은 이 딸에 대하여 친족으로서 그리고 '妻'로서 같은 호칭을 쓸 것이다. 한편 父의 자매에 대하여 쓰이는 호칭은 '장모'(mother-in-law)에 대한 호칭과 같다. 믹맥(Micmac)족의 친족명칭인 nsugwis '父의 姉妹'와 nsugwijič '妻의 母'를 비교하여 보라(접미사 jič는 애정이 있는 것을 의미한다).

방계성(Collaterality)

傍系性의 기준이라는 것은 두 종류의 혈족 사이를 구분하는 것을 의미한다. 출계가 종적 유대(共有出系에 의하지 않고)만으로 본인과 연결되는 사람들을 直系親族(lineal relatives)라 한다. 즉 본인의 양친·본인의 조부 등과 본인의 子나 본인의 孫子 등을 말한다. 반면에 본인의 양친의 형제자매와 그 자손은 傍系親族(collateral relatives)이다. 그리고 본인 자신의 형제자매는 直系共有(colineal) 친족으로 분류된다.

방계성의 기준을 무시하는 친족호칭은 直系 또는 直系共有 親族과 傍系親族과를 일괄하여 다룬다. 예컨대 앞에서 말한 父(直系)와 父의 兄弟(傍系)의 어느 편이고 같은 호칭을 붙인다거나 母와 母의 자매의 어느 쪽이나 같은 호칭을 쓰는 경우가 그렇다. 본인 자신의 세대에서의 통합의 일반적인 형태로서는 형제와 다른 어떤 사촌들을 포함하는데 예를 들면 자매와 그 여자의 母의 자매의 딸은 동일한 명칭으로 불리운다(실제로 형제자매는 직계친척도 아니고 방계인척도 아니다. ab-lineal이라는 명칭은 이러한 관계를 위해 제시된 것이다).

쌍기성(Bifurcation)

雙岐性(또는 分岐)의 기준은 영어를 말하는 사람에게는 익숙하지 않은 것이지만 대개의 사회는 적어도 자주 친족을 분류하는데 이것을 사용한다. 쌍기성이 인정되는 곳에서 본인이 친족에 대하여 쓰는 명칭은 매개친족의 성에 따라 다른 것을 사용한다. 영어의 명칭에서는 보통 어느쪽의 친족에서도 유사하게 있는 것은 한 묶음으로 다루어진다. 예컨대 'uncle'(叔父)는 父의 형제, 母의 형제 어느 편일 수 있다. 우리들은 '나의 모측의 사촌'이라 말한다던지 혹은 '나의 부측의 조부'라고 말할 때와 같이 우회적인 방법으로 雙岐性을 사용한다. 그런데 父와 父의 형제를 傍系性을 무시하고 통합하는 사회에서는 父의 형제와 母의 형제와는 雙岐性의 기준을 적용해서 주의깊게 분리하는 곳이 많다. 그러한 사회에서 본인은 그와 그녀의 父의 세대의 사람들을 위해 2개의 다른 명칭(X, Y)을 가질 것이다. (<도표 4-11> 참조)

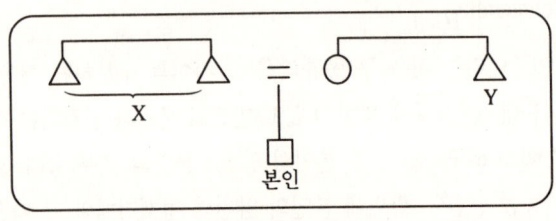

<도표 4-11>

일반적으로 친족체계는 그들이 사용한 기준을 계통적으로 사용하게 한다. 예컨대 만약 한 쌍의 친족을 표시하는데 傍系性의 원리가 인정되어 그 결과 父와 父의 형제가 다른 명칭으로 불린다면 이 기준은 다른 친족의 결합을 구별하는 데도 쓰일 가능성이 크다(예를 들면 자기 아들과 자기 형제의 아들).

이런 측면에서 친족체계는 音韻體系와 닮았다. 제 3장에서 진술한 바와 같이 음운체계에서는 音을 소수의 의미있는 범주(言語의 音素)로 분류하기 위하여 어느 한정된 수의 音質基準(유성화, 혀의 위치 등)이 계통적으로 이용된다. 언어체계나 친족체계에 있어서 우리는 어떤 속성에 대한 선택과 강조를 찾을 수 있고 또 그것들을 기초로 한 다른 속성과 音과 사람의 범주를 무시하는 계통적 경향을 발견하게 된다. 위에서 논의한 기준(世代, 性, 姻戚, 傍系性 그리고 雙岐性)은 친족에 관한 머독의 '주요한 기준'을 구성한다. 다음 <도표 4-12>은 이상의 5개 기준의 가능한 결합을 예증한 것이다. 이들을 보충하는 것으로써 3개의 '부차적 기준'이 있으나 그것들은 비록 이용된다 할지라도 극히 한정된 관계에 국한될 것이다.

연령의 상하관계(Relative Age)

이 기준이 인정되는 친족체계에서는 본인은 자기보다 연상의 형제자매와 연하의 형제자매에 대하여 각각 다른 호칭을 쓰는 수가 있다. 그것은 자기자신의 형제자매에 대해서도 또 자기의 어버이의 형제자매에 대해서도 마찬가지다. 연령의 상하관계에 기초한 호칭은 일반적으로 연상이라는 것이 개인에게 어떤 특권과 다른 친족에 대한 권위를 부여하는 사회에서 볼 수 있다.

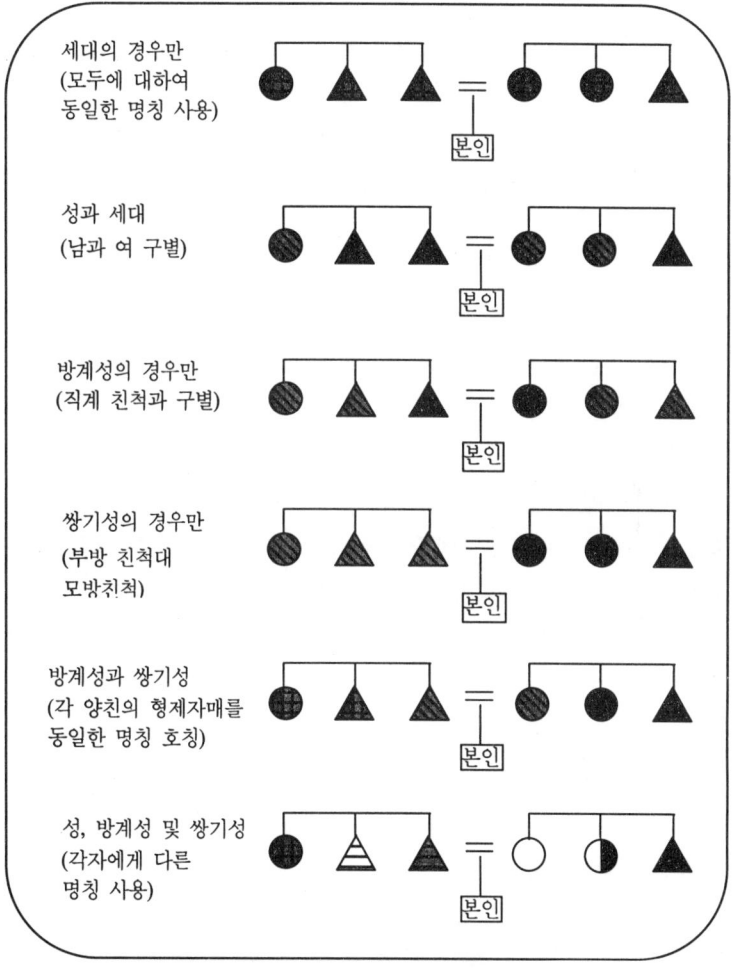

〈도표 4-12〉 다양한 기준에 다른 친척의 분류
(동일한 색깔의 명암은 동일한 명칭의 사용을 가리킨다)

말하는 사람의 性(Speaker's Sex)

일반적으로 본인과 그 형제자매는 친족의 각 유형에 대하여 같은 친족호칭을 쓴다. 그런데 말하는 사람의 성이 중시되는 곳에서는 본인과 그 자매는 같은 사람을 가리키는데 다른 호칭을 쓰지 않으면 안되는 것이다. 예를 들어 캐나다의 태평양연안 퀸 샤롯트(Queen Charlotte) 諸島의 하이다 인디언(Haida Indians)간에는 남자의 子(소년)와 그 자매들은 자기들의 男子父親(male parent)을 지칭하는 데 있어 다른 호칭을 쓴다. 따라서 하이다족의 입장에서 본다면 영어의 'father'(父親)이라는 명칭은 두 개의 완전히 별개의 관계를 망라하는 類別의 呼稱이 되는 셈이다.

생사의 구별(Decedence)

머독의 마지막 기준인 生死의 區別이라고 하는 것은 본인이 쓰는 친족호칭과 연결되어 있는 친족의 사망에 따라 변화하는 경우에 인정되는 것이다. 예컨대 자기의 實父의 사후는 부의 형제에 대하여 전과 다른 친족 명칭을 쓰지 않으면 안되는 사회관습을 상상하는 것은 그리 어렵지 않다. 특히 이 기준이 사용되는 예는 매우 드물다. 친족호칭론에서는 어느 정도의 규칙성을 갖고 사용하는 기준이 몇몇 있지만 친족구조의 연구에 있어서는 상술한 이러한 종류의 방법을 예시하는 인류학자가 친족의 문제에 관심을 갖는 것은 실용적인 이유에서이다. 즉 종래 인류학자가 연구하여 온 여러 종류의 사회에서 친족관계가 ― 결혼으로부터 상속문제에 이르기까지 또 마술로부터 정치권력의 문제에 이르기까지 ― 모든 종류의 사회적 활동을 이해하기 위한 실마리가 되는 경우가 많기 때문이다.

3) 친족호칭과 행동

문화인류학적 연구는 호칭이라는 것이 기대된 행동을 밝히는 데 중요한 단서가 되는 것을 풍부하게 밝혀왔다. 그러나 호칭만으로 과거나 현재의 행동규칙을 연역하는 것은 잘못이라는 것을 주의하지 않으면 안된다. 친족호칭은 다른 역할표시와 같이 본인이 일관된 방법으로 행동하는 것이 기대되고 있는 상대방 인간의 범주에 대하여 널리 적용되는 것이다. 즉, 각 친족범주가 한 조의 준칙과 결합하고 있는 것이다. 그러니까 만약 본인이 자기의 父와 父의 형제의 어느 쪽에 대해서도 같은 친족호칭을 쓴다고 하면 그것은 아마 적어도 어느 면에 있어서는 그들 사람들을 완전히 같이 다루는 것이 기대되고 있고, 또 그쪽에서도 양자에 대하여 유사한 기대를 품고 있다고 하는 것이 될 것이다.

이것은 본인이 이들 두 사람에게 차이를 말할 수가 없다거나 자기와 이들 2명의 각자와의 구체적인 관계를 말할 수 없다던가를 말하는 것을 의미하는 것은 아니다. 또 일부의 사람들이 지금도 주장하는 바와 같이 본인은 자기 父의 형제를 '父'라 부른다고 말하는 것을 의미하는 것도 아니다. 그것이 의미하는 것은 어떤 사회적 목적을 위하여 父와 父의 형제를 나누는 데 쓰일 수 있는 傍系性의 기준이 무시되어도 상관없다는 것이고 이들 두 사람에게 공통으로 주어지는 표시를 가장 잘 번역한다면 '자기 바로 위 세대의 父側의 남성친족'이라고 하는 것이 된다. 그러나 다른 사회적 구조가 이러한 종류의 분류를 장려할지 모르기 때문에 우리는 항상 호칭뿐만 아니라 실제의 행동도 잘 조사하지 않으면 안 된다. 친족호칭과 관계가 깊은 사회관습의 하나는 사회의 혼인규제이다. 대부분의 사회에서는 본인 교차사촌(자기 母의 형제의 딸 또는 父의 자매의 딸)과의 결혼을 허가하거나 혹은 장려하는 규제들을 가지고 있다.(<도표 4-13> 참조)

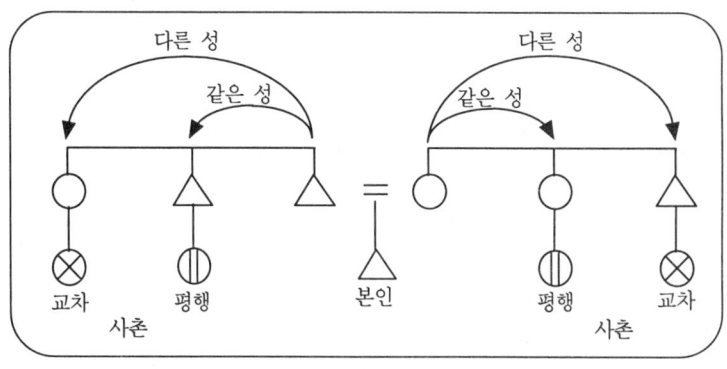

<도표 4-13> 평행사촌과 교차사촌

제4장 인간의 종류 103

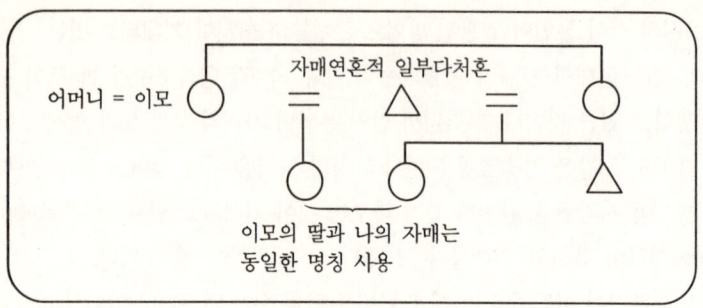

<도표 4-14> 자매연온적 일부다처온과 친족호칭

이와 같은 사회에서는 어떤 종류의 사촌에 대해서도 같은 친족호칭이 쓰인다는 것은 거의 있을 수 없다. 왜냐하면 양자에 대한 본인의 예상되는 행동은 매우 다르기 때문이다. 혼인규제가 친족 호칭을 어떻게 좌우하는가를 보여 주는 또 하나의 예는 남자가 만약 두 번째 아내와 결혼한다고 한다면 첫째 妻의 자매를 선택하는 것이 기대되는 사회의 경우에 볼 수 있다. 이러한 관습을 姉妹緣婚的 一夫多妻婚(Sororal Polygyny)이라고 알려져 있다.(<도표 4-14> 참조) 이러한 사회에는 본인은 자기 母의 자매의 딸에 대하여 자기 실제의 자매에 대하여 쓰는 것과 같은 친족호칭을 쓰는 것이 기대되지만 그것은 자기의 父가 십중팔구 母의 자매와도 결혼할 가능성이 있기 때문이다.

머독(Murdock)에 의하면 자매연온적 일부다처혼인을 인정하지 않는 몇몇 사회에서도 볼 수 있는 것이다. 따라서 혼인규제는 친족호칭이 가지고 있는 어떤 특징을 이해하는데 도움을 줄 수 있을지라도 단순히 혼인규정의 존재까지 추론하는 것은 타당하지 않을 것이다. 친족호칭은 친족에 대한 범주를 표시한 것에 지나지 않으니까 각각의 범주와 결부된 준칙은 각 사회마다 개별적으로 결정되지 않으면 안 되는 것이다.

4) 혼인규칙의 유형

세계 각지의 사회에서 나타나는 혼인규제의 중요한 유형을 <도표 4-15>와 같이 열거하여 그 정의를 내릴까 한다. 그런데 혼인의 우선규정(Ⅲ a와 Ⅲ b)은 당연히 다음과 같은 의문을 야기할 것이다. ― 만약 본인에게 혼인상대로 꼭 알맞는 사촌이 없다고 한다면 예컨대 父의 자매에게 아이가 없다던가, 母에게 형제가 없다던가 할 경우 어떻게 될 것인가 하는 문제이다. 이 의문에 답하는 데는 친족호칭의 중요성으로 다시 되돌아가야 한다. 예를 들면 母側의 교차사촌과의 혼인에 대하여 優先規定(Ⅲa-ii)이 있는 사회에서는 그 규정은 다음과 같이 말할 수 있다. 즉 본인은 그가 '母兄弟의 딸'이라 부르는 여성과 결혼할 수 있는 것이다. 모든 호칭은 분류적인 것이므로 본인의 實母의 형제의 딸이라고 하는 것은 이 표시를 갖는 범주 속에 드는 여성중의 하나에 지나지 않는다. 보통 이 호칭으로 불리우는 여성은 여러 명 있는 것이고 이 중에서 상대를 고르면 되는 것이다. 만약 그러한 여성이 한 사람도 없을 경우에는 어떠한 타협책이나 예외규정을 만드는 것이 항상 가능하다.

문화는 어떤 범주의 인간이 결혼 상대로서 적당한가 부적당한가를 결정하는 것이며 사회의 대부분의 성원이 배우자를 선택하는 경우에 이와 같은 규제에 의하여 영향을 받는다. 이러한 혼인규제는 '배우자'라고 하는 사회적 역할의 보충기준을 규정하는 것이라고 할 수 있다. 즉 각 규정은 한 명의 여성이 본인의 妻가 되기 위해서는 특정 사회적 범주의 구성원으로서의 자격을 갖고 있지 않으면 안 된다고 하는 것을 구체적으로 규정한 것이다. 상술한 타입 Ⅱ 또는 Ⅲ의 모든 규정이 해당하는 경우에는 중요한 사회적 모든 범주를 이루는 인종, 종교, 민족, 사회계층 등의 모든 요인의 결합에 기초하여 선택되지만 대다수의 결혼이 같은 지역에 거주하는 사람끼리 행하여지고 있다. 그러므로 미국인은 친족을 기반으로 한 혼인규정을 의아하게 생각하기 전에 미국인 자신의 결혼상대의 선택범위는 엄격하게 한정되어 있다는 것을 알아야 할 것이다.

> Ⅰ. 單婚(monogamy) — 한번에 한 사람의 배우자를 맞이하는 경우
>   a. 엄격한 型 — 재혼 불허
>   b. 연속적인 型 — 재혼허용
> Ⅱ. 復婚(polygamy) — 복수의 배우자를 허용하는 경우
>   a. 一夫多妻婚(polygyny) — 복수의 처 허용
>   i. 姉妹婚的 型 — 처들이 姉妹인 경우
>   b. 一妻多夫婚(polyandry) — 복수의 남편 허용
> Ⅲ. 婚姻의 優先(또는 指定)規定
>   a. 交叉四寸婚(cross-cousin marriage) — 반드시 교차사촌과 결혼하는 경우
>   ⅰ. 父方交叉四寸婚 — 男子가 父의 姉妹의 딸과 결혼하는 경우
>   ⅱ. 母方交叉四寸婚 — 男子가 母의 兄弟의 딸과 결혼하는 경우
>   b. 平衡四寸婚(paralle-cousin marriage) — 반드시 사촌과 결혼하는 경우
>   ⅰ. 父方平行四寸婚 — 男子가 父의 兄弟의 딸과 결혼하는 경우
>   ⅱ. 母方平行四寸婚 — 남자가 모의 형제의 딸과 결혼하는 경우(이형은 희귀하다.)
>   c. 兄弟緣婚(levirate) — 男子가 자기의 죽은 兄弟의 妻와 결혼하는 경우
>   d. 姉妹緣婚(sorolate) — 男子가 자기의 죽은 妻의 姉妹와 결혼하는 경우
>   e. 母女一體婚(mother/daughter marriage) — 男子가 과부와 그의 딸(들)과 결혼하는 경우
> Ⅳ. 集團指定婚(group-specificmarriage) — 이것은 다양한 규정을 포함하고 있으나 대충 두 개
>   의 형으로 나뉜다.
>   a. 외혼(exogamy) — 일정한 集團外部의 사람과 결혼하는 경우
>   b. 내혼(endogamy) — 일정한 集團內部의 사람과 결혼하는 경우
>   ⅰ. 사회계층과 카스트(caste)
>   ⅱ. 지역
>   ⅲ. 친족집단 (宗敎, 氏族, 半族)
>   ⅳ. 종교집단

<도표 4-15> 혼인규제의 여러 유형

5) 사회관계

친족의 역할이라고 하는 것은 互惠的 役割과의 관계에서만 존재한다. 사람은 姉 또는 妹의 子와의 관계에 있어서만 母의 兄 또는 弟일 수 있으며 妻와의 관계에 있어서만 남편일 수 있다. 그러한 역할은 각각 호혜적인 역할관계에 있는 것을 의미하고 있고 역할의 결합이 모여서 사회관계라고 하는 것을 만들어 내는 것이다. 예를 들면 혼인관계는 夫對妻라는 호혜적 역할로부터 이루어지고 叔姪關係는 어버이 兄弟 對 兄弟姉妹의 子라고 하는 등의 역할에서 성립된다는 것이다.

위에서 진술한 것은 거의 모든 종류의 역할과 관계에 해당한다. 고용자와 피고용자, 연주자와 청중, 교사와 학생, 의사와 환자, 친구와 친구 등이 그것이다. 사회관계의 互惠性(reciprocity)은 사회구조가 갖는 기초적 사실이다. 이 사실을 인식한다면 사회적 역할이 사회성원사이의 원활하고 그리고 잘 조정된 사회작용을 가능케 하는 문화적 장치로서 불가결의 기능을 다한다는 것을 알게 될 것이다. 사회적 역할이 그러한 기능을 달성하는 데는 거의 대부분의 장면에서 본인은 타인에게 무엇을 기대한다는 것을 알려주는 것이 필요하다. 각 사람은 그에게 주어진 역할을 습득하고 수행함으로써 그 사회와 전통의 유지에 공헌하는 것이다.

단, 사회관계의 호혜적 성질이란 각 성원이 참가하는 대가로서 무엇인가를 얻는다고 하는 식의 주고받는 'give-and-take'를 요구한다는 것에 주의해야 할 점이 있다. 보통 친족관계에서 주고 받는 이득으로서는 음식, 애정, 보호, 권력, 충성, 노동, 쾌락, 재산, 봉사, 보장 등이 있다. 만약 어떤 관계로 한쪽 사람이 항상 상대로부터 받는 것보다도 상대에게 많이 주고 있다고 한다면 그것은 착취-피착취의 관계에 있다고 말할 수 있다. 그러한 관계는 예를 들면 착취자가 권력, 기타의 이익을 독점하고 있는 경우처럼 조건에 따라서 일정기간 지속하는 일도 있으나 일반적으로 불안정하다.

3. 성과 연령의 역할

1) 성의 역할의 두 측면

모든 인간사회에서 나타내는 역할통합의 하나는 남성과 여성이라는 대응이다. 이것은 출생과 더불어 개인에게 귀속되는 보통 일생동안 변하지 않는 역할이다.—특히 어떤 중간적 역할 즉 크로우족(Crow)의 '女裝을 한 마술사'(berdache)나 샤이안족(Cheyenne)의 '半男半女'(half-man, half-woman)와 같이 생애 후반에 획득될 수 있는 것이 있을지라도—두 개의 기본적인 性의 역할

로부터 남성과 남성, 여성과 여성, 남성과 여성이라고 하는 3개의 가능한 성
적관계가 생긴다. 대개의 사회적 상호작용은 이보다도 훨씬 구체적인 종류의
역할속성에 의하여 지배되고 있지만 性의 역할은 사회적 행동에 대하여 항상
변하지 않는 배경으로 존재하고 있다. 친분이 없는 상황에서 사람은 자기가
지금 교섭상대로 하고 있는 인물이 도대체 어떠한 인간인가 성별 이외에는
어떤 단서도 갖지 못하는 일도 있을 것이다. 훨씬 확실히 규정된 상황에서도
참가자의 性의 역할이 여러 가지 형태로 즉 남성이나 여성에게 일정한 역할을
수행하는 의복이나 말, 그리고 몸가짐의 다양한 형태를 규정함으로써 역할수
행을 조건짓는다고 할 수 있을 것이다. 문화인류학자들의 가장 일반적인 결론
을 든다면 性의 역할은 학습된다는 것과 性的 관계의 내용은 기본적으로 문화
에 의하여 좌우된다는 것이다. 이것은 이들의 역할이 갖고 있는 생물학적 기
초를 부정하려고 하는 것은 아니다. 오히려 친족역할과 같이 각 문화가 생물
학적 차이를 관습적인 방법이나 임의적인 방식으로 해석하고 상세하게 설명
하는 것이라는 점을 강조하고 싶은 것이다. 性과 社會慣習의 관계를 여러 해
동안 연구해 온 마가렛 미드(Margaret Mead)는 다음과 같이 서술하고 있다.

아이들이 자기의 性이 이 세상에서 일정한 生殖的 役割을 가지고 해
부학적으로 남성이나 여성의 어느 쪽에 속하는가 하는 것을 결정한다
는 것은 충분하지 않다. 성장기의 아이들은 또 하나의 문제 즉 '나는
얼마나 남성다운가 혹은 여성다운가'라는 문제에 직면하기 때문이다.
아이들은 여성같다고 낙인이 찍힌 남성의 일이나 남성같다고 경멸된
여성의 일이나 그야말로 진짜 남자라던가 또한 진짜 여자라고 칭찬받
는 사람들의 일을 귀에 담는다. 아이들은 어떤 종류의 감수성, 까다로
움, 예민함, 생동감, 인내성, 끈기 등이 어느 쪽의 성에 속하는 것으로
인정되는가를 귀담아 듣는 것이다.[6]

성의 역할에 대한 사회의 기대

각 사회는 남녀 각각에 바람직한 행동 방식을 규정한 性의 역할을 발전시킨

---

6) M.Mead, Male and Female (New York : William. 1949) p.136.

다. 이에 대하여 마가렛 미드(Margaret Mead)는 『男性과 女性』에서 다음과 같이 말하고 있다. 즉 남성이나 여성을 아주 똑같이 봄으로써 생리적 차이들을 거의 상세하고 인정하지 않으려는 사회가 있는가 하면, 반면에 兩性의 차이를 강조하고 각자로부터 아주 다른 행동을 불러일으키는 사회가 있다고 한 것이 그것이다.

性이라는 역할의 내용이 얼마나 관습적인 것인가 하는 것에 대해서는 표면적인 외관과 관계된 여러 가지 속성을 봄으로써 가장 명백하게 나타난다.

대부분의 아메리카 인디언족에서는 장발을 하고 얼굴에 화장을 하는 쪽은 남자들이지만 현대 미국인의 사회에서는 이러한 것은 여성의 역할속성인 것이다. 아름다움이나 성적 매력의 표준이 관습적인 것이기 때문에 시대나 장소는 달라도 남과 여는 기이한 복장의 형태를 채용하게 되고 文身이나 割禮와 같이 괴상하게 보이는 身體變形(body mutilation)을 시행하게 되었다. 옛 스타일은 일반적으로 오늘날의 사람들이 본다면 매우 웃기는 일이지만 그것과 마찬가지로 오늘날의 사람들은 옛 사람들이 본다면 매우 웃기는 일이지만 그것과 마찬가지로 오늘날의 사람들이 본다면 매우 우습게 볼 것이다. 신체변형은 결코 미개인에게만 한정되는 것은 아니다. 왜냐하면 미개인의 반혼문신(瘢痕文身 : scarification)이나, 頭頂을 편평하게 하는 것(head-flattening)이나, 입술을 크게 끌어당기는 것(lip-streching) 등의 풍습에 대응하여 우리들에게도 전족(foot-binding)이나 귀에 구멍을 뚫는 것(ear-piercing), 그리고 몸통을 가늘게 하기 위하여 허리에 천(허리받이 : bustle)을 대는 것 등의 풍습이 있는 것을 상기하지 않으면 안 되기 때문이다. 나시르마족(Nacirema)에 대하여 호라스 마이너(Horace Miner)가 진술한 것과 같이

> 비만인을 날씬하게 하기 위한 의례적 단식과 마른 사람을 살찌게 하기 위한 祝宴이 있다. 또 다른 부인의 乳房이 작으면 크게 하고 반대로 너무 크면 작게 하기 위하여 집행되는 의례도 있다. 유방의 이상적인 모양은 인간이 실제로 갖는 여러 가지 형태의 범위밖에 있다는 사실이 유방의 형태에 대한 일반적인 불만을 상징하고 있다.7)

비교연구에 의하면 어떤 문화에 있어서 전형적인 남자답다는 특성이라고 보는 것이 다른 문화에서는 여자같다는 것으로 보는 일도 있다고 한다. 이것은 육체적 외관뿐만 아니라 공격성이라던가 호기심과 같은 심리적 특질이나 육체적 인내력이라던가 정신력이라던가 하는 소위 능력에 대해서도 해당된다. 성에 의한 분업은 확실히 보편적인 것이다. 그러나 어떤 일이 어떤 성에 할당될 것인가는 다분히 임의적인 문화적 규정에 의하여 결정되는 문제이다. 예컨대 어떤 사회에서 농경을 하는 것은 남자만이 하는데 다른 사회에서는 여자만이 농경을 하고, 더욱 또 다른 어떤 사회에서는 농경이 남녀의 공동책임으로 되어있는 실정이다. 마찬가지로 샤먼은 어떤 사회에서는 주로 남자인데 비해 다른 사회에서는 주로 여자이다. 이것은 미국의 의사가 거의 남자인데 비해 소련의 의사는 대부분이 여자라는 것과 꼭 같은 것이다.

사회적 연령과 그 역할

특정한 연령의 범주와 그것들과 결부된 행동의 준칙이 학습된다고 할지라도 연령의 역할 역시 보편적인 것이다. 각 문화는 연속스펙트럼을 여러개의 색채범주로 분할하는 것과 같이 인간 경력의 여러 단계를 관습적으로 설정하는 것이다. 전통적 중국문화에서 어린이는 출생과 더불어 한 살이라고 생각하고 새해가 실제로 태어난 때로부터 10일 후에 오든지 10개월 후에 오든지간에 새해(사회구성원 모두가 한 살을 더 먹는다)를 맞이하면 두 살이 된다. 미국문화에서는 투표, 결혼, 알콜구매, 자동차운전, 퇴학, 연금부퇴직 등에 해당될 수 있는 연령에는 차이가 있다. 이들 생활연령에 기초한 범주가 많이 모여 개인의 社會的 年齡(social age)이라는 것을 결정하여 사회집단 속에서는 개인의 권리와 의무를 분명하게 하는 것이다.

문자를 갖지 않은 사회에서는 보통 사람의 절대연령을 연월로 계산하지 않는다. 그래서 상대적인 연령구분(연장자 對 젊은이)에 꽤 중요성을 둔다. 어떤

---

7) H. Miner, "Body Ritual among the Nacirema." (American Anthropologist. Vol. 58, 1956) p.506.

미개사회에서는 집단관계를 조직하는데 연령을 크게 활용한다(p.158 참조). 예컨대 동아프리카의 호전적인 종족이라 일컬어지는 마사이족(Massai)의 경우 10대 후반에서 20대 청년들은 집을 떠나서 戰士를 위하여 만들어진 특별캠프에 살며 그곳에서 먹고 자고 연인들의 방문을 받는다. 그들은 이 캠프를 근거지로 하여 가까이 사는 종족을 습격하거나 혹은 보복공격으로 나서서 적을 죽이고 영광을 얻으며 소를 훔쳐서 자기들의 마을로 끌고 오곤 한다. 보통 30대 초반까지 마사이족 전사로서의 인생 단계는 끝을 맺고 그 후에는 長老가 되어 결혼하여 정착하게 된다. 이것은 우리 사회의 경우로 말한다면 한참 활동할 重役이 본의 아니게 퇴직당하는 것과 같은 것이어서 마사이족으로서는 적응하기가 매우 어려운 것이다.

각 문화 및 하위문화는 각각 다른 방법으로 '인간의 연령'을 범주화하고 그들의 연령에 따라 행동의 준칙을 설정할 뿐만 아니라 독자적으로 각 연령별 역할의 가치를 부여한다. 어떤 사회에 있어서 생애최대의 시기에 해당하는 연령은 문화의 기본적 형태에 그대로 잘 나타날 것 같다. 어떤 사회에서는 어린이 시절 또는 적어도 청년기가 생애최대의 시기로 생각되고 있다. 반면에 다른 사회에서는 청장년이야말로 권력의 절정에 있다고 생각되고 있다. 예를 들면 멕시코 중북부에 사는 타라스칸 인디언족(Tarascan Indians)은 인간의 활력(esfuerzo)을 사람 각자의 체온과 결부시켜서 생각하고 있는데, 그들이 생각하고 있는 인생의 주기를 구분하는 것에 따르면 다음과 같다.

> 사람은 일생중 세 '시대'를 통과한다. 제1시대는 출생에서 사춘기까지로써 이 시기에 인간의 체온 — 그것이 건강을 뜻한다 — 과 활력은 차츰 증가된다. 제2시대는 사춘기로부터 약 30세 가량까지의 시기로써 강렬한 힘과 활력이 최대한에 달한다. 30세를 지나면 인간은 차츰 자기의 활력(esfuerzo)을 잃고 몸은 늙어 차디차게 되어간다.[8]

사람의 생애단계 즉 연령에 대한 미국인의 태도에 대하여 일치된 해석은

---

8) G. M. Foster, Tzintzuntzan (Boston : Little. Brown. 1967) p.129.

없으나 모든 연구가 보여주고 있는 바와 같이 우선 나이를 먹어도 그것이 위신을 가져오는 것은 아니라고 하는 점이다. 학자 중에는 미국인이 보기에 젊고, 또 생각도 젊기를 바라는 경향이 강해지고 있다는 것을 지적하면서 미국이 젊은이 문화의 사회라는 것을 강조하고 있는 사람도 있다. 또 이밖에 생애 최고의 시대의 의미는 각각 사회계층이 갖는 하위문화에 따라 다르다는 것을 지적하는 학자도 있다. 예컨대 직업상 그다지 교육을 필요로 하지 않고 육체노동이 대부분을 차지하는 하층계급의 남자들에게는 생애최고의 시대는 20대와 30대의 초반에 다가온다. 그런데 중상류층의 사람들에게 20대와 30대 초반은 교육을 계속 받고 지위의 확립을 위해 애쓰고 있는 시대이며, 직업상 그리고 금전상의 성공은 그후 40에서 50대쯤에 다가온다.

집단에 대한 기대의 차이는 집단성원의 생활에 대하여 광범위한 영향을 주어 매우 다른 사회적 문제를 만들어 낸다. 우리 사회에서 극히 일반적인 문제로 되어 있는 세대간의 갈등이나 노인의 고독함 등은 연령의 역할에 대해 다양한 관념을 가지고 있는 집단에서는 심지어 존재조차 하지 않는 것이다.

4. 직업의 역할

1) 직업적 역할에의 가입

에버렛 휴즈(Everett Hughes)가 지적한대로 '우리 사회에서는 경력이 직업용어로 매우 많이 고려된다. 그것은 직업이라고 하는 것이 개인을 제도적 구조와 결부시키는 데에 특유한 작용을 하는 중요한 것이기 때문이다.'[9] 사회적 위치는 대부분 직업에 의해서 결정된다. 단순한 사회에서 개인은 그 사람의 친족집단이나 지역과 관련될 가능성이 훨씬 높다. 왜냐하면 진짜 직업적 역할이라고 하는 것은 존재하지 않고 2,3명의 겸업적인 전문가들이 보충해준다면 나중에는 연령과 성에 의한 분업만으로써 충분하기 때문이다. 그러나 겸업하

---

9) E. C. Hughes, Men and Their Work (New York : Free press. 1958) p.64.

는 샤먼과 行商人 그리고 職人들은 오늘날의 사제와 무역업자 그리고 공예가의 선인에 해당하는 사람들인 것이다. 그러한 역할이 친족을 기초로 한 개인에게 귀속될지라도 그것들은 새로운 종류의 관계를 만들어 냄으로써 그에 따라 사회구조를 훨씬 풍부하게 하는 것이다.

세계 각지의 사회에서는 직업적인 역할에 대한 가입이 엄격히 세습에 의하여 결정되는 경우가 많다. 이러한 경우 직업의 훈련은 가족을 무대로 해서 실시된다. 陶工의 딸은 언젠가 자기도 도공이 될 것을 알고 있고, 그녀가 필요한 기술과 지식을 획득하기 위하여 어린 시절부터 배우는 것이다.

직업의 선택에서 개인의 희망이 포함되는 사회에서는 정신적으로 훈련을 받는 것이 필요하다. 의례를 집행하는 詠誦師(ritual singer)를 지망하는 나바호 인디언(Navaho Indian)은 呪文(chant)를 가르쳐 주도록 경험을 쌓은 詠誦師에 청하지 않으면 안 된다. 그는 수 주간에 걸친 집중훈련을 받지 않으면 안 되며 가르치는 사람에게 상당한 예물을 받쳐야 한다. 제2장에서 서술한 바와 같이 타피라페 샤먼(Tapirape shamans)을 양성하는 데는 여러 해의 준비와 훈련을 필요로 한다.

2) 직업적 역할의 수행

직업적 역할을 수행하기 위해서 사람은 무엇인가 기능과 지식을 갖지 않으면 안된다. 그러한 지식과 기능은 사람이 만든 물건이나 다른 사람을 위하여 수행하는 勞力(service)을 통하여 발휘되어도 좋다. 그러나 그 사람의 일이 어떠한 내용의 것이건 하나의 專門化 役割을 수행하는 사람은 자기집단의 전체 문화속의 어떤 부분—사회의 모든 구성원이 이해할 수 없는—의 저장소(Repository)로서 사회에 봉사하는 것이다. 따라서 다른 구성원들은 그러한 전문가들에게 의존하고 그들이 주장하는 기능과 지식을 정말로 소유하여 구사하여 주도록 생각하지 않으면 안 될 것이다.

대부분의 사회관계가 각각의 참가자에 대하여 각양각색의 의미를 지니고 있다. 어느 사회관계에 대한 한쪽의 의무가 다른 쪽의 권리라는 것은 말할 나위도 없다(예를 들면 자기의 노동에 대하여 지불을 요구하는 노동자의 권리는 고용자가 부담하는 지불의무를 의미한다). 그러나 이밖에 일정한 관계에 대한 개인의 태도는 그 사람이 수행하지 않으면 안되는 역할에 있어서의 과거 경험에 의하여 좌우된다. 에버렛 휴즈는 '전문직'이라고 불리는 직업에 대해서 이 딜레마를 함축한 말로 요약하고 있다. 즉 '의뢰인 또는 고객의 위기는 전문가의 일상이다'10)라고 한 것이 그것이다. 결국 사람이 전문가 — 그것이 주술적 치료자, 변호사, 장의사 또는 댄스코치등 누구이던 간에 — 와 상담해야 할 위기적이며 비상사태란 전문가가 매일매일 정확히 다루는 사태의 한 종류에 불과한 것이다. 따라서 의사는 매일 환자나 죽어가는 사람을 다루고 있지만 환자측은 자기의 병환을 특별한 것같이 생각하는 것이다. 동시에 전문가들은 어빙 고프만(Erving Goffman)이 행동과 표현의 갈등에 대해 언급한 바와 같이 자기자신에 대한 특유한 딜레마에 직면하고 있다. 고객을 갖기 위해서 전문가는 자기가 고객을 위하여 무엇인가를 해 주려는 준비가 되었다는 것을 전달하지 않으면 안 된다. 그런데 이런 것을 표명하지 않으면 안 된다는 요구가 그의 활동에 방해가 되는 일이 많은 것이다. 고프만이 말하는 바와 같이 만약 사람들이 역할의 성격을 극화하고 싶다고 생각한다면 그들은 다량의 에너지를 소비해야 한다. 어쩌다 그 능력을 보일 기회가 없는 경우에도 길게 참을성있는 준비를 필요로 하는 것이다. 실제로 일을 하는 것과 그것을 표현하는 것과의 사이에는 딜레마가 있다. 그것은 '하나의 일을 잘 수행하는 시간과 능력을 가진 사람들은 정말 이를 위하여 자기들이 잘 수행하고 있다고 하는 것을 명확하게 사람 앞에서 밝혀주기 위한 시간이나 능력을 갖고 있지 않을지도 모른다'11)고 하는 것이다. 그러나 실제의 능력이라고 하는 것은 능력이 있는 것처럼 보이는 일인 것이다.

그리하여 역할을 습득했다고 말하는 것만으로서는 아직 충분하지 않다. 사람은 자기의 지식을 행동으로 옮겨 자기가 한 일을 정당한 것으로서 다른 사람에게 인정받지 않으면 안 되는 것이다.

---

10) Ibid.
11) E. Goffman, op. cit., pp.32~33.

5. 지도자로서의 역할

1) 권위의 합법적 행사

지도자로서의 역할(leadership role)이란 타인에 대하여 권위를 합법적으로 행사하는 것과 관련된 사회적 역할을 의미한다. 권위를 가진 인간은 타인에게 행동을 일으키도록 명령할 권리가 공인되어 있고 그 사람의 명령은 賞 또는 罰이라고 하는 社會的 裁可에 의하여 지켜진다. 이 권위의 행사방식은 문화나 사회집단의 형태에 따라 다르다. 지도자는 때에 따라 시사를 주거나 또는 法令을 내거나 의견을 말하거나 새로운 법률·규칙을 공포하거나 할 수 있는데 어떤 경우이던 간에 지도자는 자기의 지도자로서의 역할 범위 안에서 움직일 때는 따르는 자가 자기에게 복종해 줄 것을 기대할 수 있다. 지도자는 정책결정을 전문으로 하는 사람이다. 그 사회적 위치 덕분으로 지도자는 타인을 위하여 혹은 타인을 대신하여 행동할 자격을 부여받는 것이다. 지도자와 따르는 자와의 관계는 여러 가지 형태를 취할 수 있는데 그 특색은 항시 이러한 권위의 근본적 불평등성에 있다. 지도자의 권위의 원칙은 무엇인가를 기초로 해서 지도자로서의 역할을 4개의 일반적 유형으로 구분할 수 있다.

2) 세습적 지도자

제1유형은 世襲的 指導者이다. 이 경우 지도자의 권위에 대한 주장은 친족집단에서의 그의 위치에 근거하고 있다. 예컨대 왕족의 최연장 생존남자같은 경우가 그것이다. 그러한 지도자로서의 역할은 귀속적인 것이다. 특히 지도자가 되려고 권리를 주장하는 사람이 2인 이상 나타나는 경우에는 어떤 종류의 업적이 중요하게 고려될 것이다. 왕위 계승을 둘러싼 분쟁의 역사는 독살과 암살과 반란으로 채워져 있는데 부주의한 또는 믿기 쉬운 인간은 모두 이러한 음모에 의하여 권위의 지위로부터 제거되고 있다.

세습적 지도자는 그가 무엇을 할 수 있을까 하는 것보다 그가 어떤 자인가에 따라 사회적으로 승인된다. 그러나 이것은 그의 권력이 무한하다는 것을 의미하는 것은 아니다. 세습적 지도자의 권위라고 하는 것도 실질적으로는 꽤 한정되어 있다. 예컨대 아프리카의 세습적 지배자는 절대군주와 같이 일컬어지는 일이 많은데 마이어 포르테스(M. Fortes)나 에반스 프리챠드(E. E. Evans-Pritchard)의 관찰에 따르면 다음과 같이 지적하고 있다.

> 최고위 지배자의 패권을 유지하는 힘은 그 권력을 견제하려고 하는 힘과 대립된다. …… 王의 평의회, 王의 즉위에 결정적인 발언권을 갖는 司祭制, 王太后法庭 등과 같은 여러 제도가……법과 관습을 수호하고 중앙에 집중된 권력을 억제하는 작용을 하는 것이다. ……중앙의 권위와 지방자치권과의 균형은 정치구조에 매우 중요한 요소가 된다. 만약 王이 그 권력을 남용한다면 신하의 주요한 자를 왕으로부터 이반시키거나 경우에 따라서는 반역으로 치닫게 될 위험이 있다.12)

3) 관료적 지도자와 카리스마적 지도자

지도자로서의 역할 제2유형은 官僚的 指導者이다. 관료적 지도자는 권위가 낮은 지위에서 계통적으로 상승하여 권위있는 지위에 도달하는 데 그 업적은 표준테스트로 판단된 능력과 年功(다년간 봉사)을 포함한 것이다. 관료제는 약간 특이한 사회적 조건하에서 대두한다. 그리고 적당한 야심을 갖고 일상의 견실함과 보장에 가득찬 진로를 바라는 어떤 종류의 인간을 매혹하고 또 그러한 인간을 기른다.

제3유형의 지도자는 독일의 위대한 사회학자 막스 베버(Max Weber)가 관료적 유형과는 정반대의 것이라고 생각했던 소위 카리스마적 지도자다. 이 유형의 지도자는 커다란 사회적 위기시대에 권위의 자리에 오르는 독특한 개성을 가진 인물이다. 자기의 人格力(force of personality)을 써서 열광적인 신봉자

---

12) M. Fortes and E. E. Evans-Pritchard, eds., African political Systems (London : Oxford university Press. 1940) p.11.

들을 지도하여 진짜 사회혁명을 가져오게끔 한다.

> 카리스마란 문자그대로 '신이 내리신 것'(gift of grace)를 의미하는데 이 용어는 어려움을 겪는 민중의 지지를 받아 ······그들로부터 뛰어나게 최적의 지도자라고 믿어지고 있는 자신에 찬 지도자의 특색을 분명히 하기 위하여 베버가 사용한 것이다. 군사적 영웅이나 정치적 영웅 등과 함께 세계종교의 開祖나 예언자 등도 카리스마적 지도자의 원형이다. 기적과 계시, 용감무쌍한 용기와 재주, 평범한 사람의 이해를 초월한 성공 등이 카리스마적 지도자상을 특색있게 하는 증표이다. 실패는 그들의 파멸을 의미한다13).

카리스마적 지도자가 가져온 격변 뒤에는 보통 베버가 '카리스마의 일상성'이라고 하는 것이 뒤따르게 된다. 관료제적 유형의 엄격한 제도가 지도자의 생각을 바꾸게 한다. 그리하여 급진적 관념은 제도적 일상성에 의하여 관리될 수 있는 교리로 변해 간다. 이 과정에서 새로운 생각은 수정되어 대다수의 사람들이 승복할 수 있는 형태로 변하게 된다.

4) 대표적 지도자

지도자적 역할의 제 4유형은 代表的 지도자이다. 그의 권위의 기초는 그가 一群의 사람들에 의하여 선택되었다는 것, 그리고 그 사람들에 대하여 책임이 있다고 하는 사실에 있다.

이러한 유형의 지도자는 상술한 세 개 유형의 지도자의 여러 속성을 갖고 있다고 할 것이다. 그는 유서깊은 한 家系의 출신이고 관료로서 높은 지위를 획득하고 그리고 꽤 개인적 카리스마를 갖고 있다고 하는 것이다. 그러나 이 특질들이 그의 권위의 기초를 이루고 있는 것은 아니다.

대표적 지도자는 신봉자들이 기꺼이 따르는 기간에 한해서만 지도를 계속

---

13) H. Gerth and C. W. Mills, eds, From Max Weber : Essays in Sociology (New York : Oxford University Press. 1958) p.52.

할 수 있을 것이다. 또 리챠드 닉슨(Richard Nixon)의 사직에서 보인 바와 같이 사회체제 전체를 전복시키는 일 없이 그러한 지도자로부터 권위를 박탈하는 방법도 있다. 뉴욕주의 이로코이 부족(Iroquois tribes)중에는 部族間 統治委員會라는 것이 있었는데 이것을 구성하는 족장이나 회장들은 어떤 종족의 지도적 지위에 있는 부인들의 손으로 파면될 수도 있었다. 평원 인디언(Plains Indians)의 경우는 전쟁에서 공을 세운 자가 지도자가 되는데 그 권위는 그가 전쟁에 이기고 있는 동안밖에 계속되지 않았다(老人들은 전혀 다른 성격의 지도권 발휘가 기대되어 있었다).

가장 소규모의 수렵채집민사회(또는 Bands)에서는 집단내에서 가장 연장자이거나 가장 경험이 많다고 하는 것만으로 결정된다. 지도자는 언제 어디로 캠프를 이동시키느냐 또 어떤 사냥기술을 쓸 것이냐를 결정할 수 있다. 그는 집단 내부의 분쟁을 다스리기 위한 노력을 할 수 있다. 그러나 이러한 특정한 기능을 넘어서 집단(band)의 구성원에 대하여 권력을 휘두르는 일은 할 수 없다. 마샬 살린즈(Marshall D. Sahlins)는 유사한 논거로부터 '部族社會'(tribal societies)와 '首長制社會'(chiefdoms)를 구별하고 있다.

> 부족사회의 전형적인 수렵채집민사회의 유력한 장로와 흡사하여 다만 영광에 빛나는 존재라는 점만이 다르다. 후자와 마찬가지로 ……그는 개인의 힘으로 확립한 유대를 기초로 하여 추종자를 만든다. 그는 관대함에 의하여 충성심을, 주술에 의하여 경외로운 마음에 차있는 묵종을, 기지나 웅변술 등의 시위를 통하여 그의 의견을 받아들이려는 태도를 추종자들간에 만들어 내는 것이다. 지도자로서의 지위는 여기서는 카리스마적 대인관계이다. 그것은 개인적 유대와 자질을 기초로 하고 있기 때문에 세습할 수는 없다. 그것은 한정된 집단내부의 하나인 地位(office)는 아니다. 또한 그것은 首長權(chieftainship)도 아니다.[14]

권위는 항상 非對稱的인 것이기 때문에 역할이 수행되는 권위의 정도에 따

---

14) M. D. Sahlins, "The Segmentary Lineage : An Organization of predatory Expansion." (American Anthropologist. Vol. 63, 1961) p.327.

라 일련의 역할을 부여하는 것이 가능하다. 군대와 같은 관료적 조직에서는 집단의 전 구성원이 누가 누구에게 명령할 자격이 있는가를 알 수 있듯이 역할을 자세하고 명료하게 지위를 부여하는 것이 필요하다. 권위의 비교에 의한 역할의 지위부여(ranking)와 그 권위에 따르는 위신의 비교에 의한 역할의 가치부여(valuation)를 혼동해서는 안된다. 어떤 사회에서는 권력의 지위는 필요악으로써 다루어지고 누구도 지도자로서의 지위에 대한 갈망을 인정하지 않는다. 北東아프리카의 누어족(Nuer)은 지도자로서의 지위에 거의 가치를 두지 않기 때문에 에반스 프리챠드(Evans-Pritchard)의 말처럼 그들은 '정부를 갖지 않고, 질서있는 무정부 상태라고 말할 수 있을는지 모르겠다.'15)고 할 정도이다. 그런가하면 자기들의 지도자에게 최고의 영예를 주고 확실한 권위의 존재가 없으면 매우 안정되지 못하는 종족도 있다.

미국사회에서는 어떤 역할을 꽤 높은 가치(예 : 연주회의 피아니스트)가 주어졌는데도 권위가 별로 없거나 전혀 없는 경우가 있는가 하면, 반면에 꽤 권위는 있지만 위신은 낮게 평가하는 역할(예 : 경찰관)도 있다. 이처럼 권위와 위신과는 겹치는 것이 많지만 겹치지 않는 것도 있다는 것이다.

6. 개인의 역할과 사회인의 역할

1) 개인의 역할과 그 속성

개인의 역할이란 단일개인으로부터 구성된 사회적 범주이다. 그 속성은 표시(어느 사회집단이 주는 個人名)와 한 조의 準則(개인이 자기자신에게 기대하고 타인도 그에게 기대하는 행위의 종류를 명확히 하는 행동형)을 포함하고 있다. 만약 죠지(George)가 평상과 다른 방식으로 행동한다고 한다면, '그는 평상시 그와 다르다'고 말할 것이다. 결국 그의 일상 행동으로부터 우리가 당연히 기대하게끔 되어있는 개인적 역할을 그가 지금은 수행하고 있지 않다

---

15) E. E. Evans-Pritchard, The Nuer (London Oxford University Press. 1940) pp.5~6.

는 것이 된다. 이것이 타인의 경우라면 그의 행동과 똑같은 행동을 하고 있었다고 해도 알아차리지 못하고 말았을 것이었다.

타인의 역할은 타인이 밀어젖히고 들어가는 모든 타인의 사회적 관계로부터 만들어진다. 타인의 이름은 개인의 개성(Individuality)감각에 없어서는 안 되는 것이다. 따라서 그대가 개인의 이름을 쓰는 것을 거부한다던가 혹은 사람에게 번호를 붙일 경우 이것은 그대가 그 사람을 개인으로서가 아니라 범주(공무원, 죄수, 학생)의 일원으로서 다루려고 하는 것을 보이는 것이다.

2) 사회인의 역할과 그 속성

개인적 역할과 아주 다른 것이 社會人이다. 이것은 사회구성원 전부에 적용되는 범주이다. 근대 국민국가에서 그것은 시민의 역할에 상당한다. 시민으로서의 역할의 속성에는 국가에 대하여 충성을 맹세하고 법을 준수하고 시민권을 향유하고 국어를 말하며, 不文의 관습에 따라서 행동하는 것 등에 대한 기대를 품고 있다. 그러한 기대는 친족과 직업과 기타 그가 맡아 행하는 역할여하에도 불문하고 사회의 전 구성원에 한결같이 적용되는 것이다. 시민이라고 하는 역할은 우선적으로 외국인이라고 하는 역할과 대립한다. 외국인이란 이러한 기대가 반드시는 적용되지 않는 종류의 사람을 말하는 것이다.

사회인의 역할의 속성은 흔히 포착하기 어렵기 때문에 그것을 전혀 알아차리지 못하는 요인이 된다. 고프만(Goffman)은 미국인의 사회인적 역할의 일반적 특성 하나를 발견하여 그것을 셰틀란드 섬(Shetland Islands)에서 볼 수 있는 기대와 대조시키고 있다.

> 중류계급의 앵글로계 아메리카 사회에서는 공공연한 장소에서 사람은 타인의 일에는 쓸데없는 말참견을 하지 않고 자기 일만을 걱정하고 있으면 좋다고 되어있다. 단, 중류계급의 사람들이 자기와 타인 사이를 실제상 격리시키고 있는 벽을 일시적으로 제거해도 좋다고 느끼는 것은 부인이 荷物을 떨어뜨렸을 때라던가 자동차를 운전하던 사람이 길 한 가운데서 꼼짝못하고 있을 때라던가 유모차 속에 혼자 남겨둔 갓난

아이가 울고 있을 때라던가 할 때 뿐이다. 셰틀란드 섬에서는 다른 규칙이 통용되고 있다. 만약 어떤 일을 하고 있는 타인 앞에 우연히 마주쳤다고 한다면 누구나 손을 빌리는 것이 기대된다. 특히 그것은 일이 비교적 간단하고 게다가 비교적 힘이 든다고 하는 경우에 요구된다. 그러한 우연한 상호부조는 당연한 일로 되어 있으며 그것은 아주 가까운 섬사람이라는 지위를 표현한 것에 지나지 않는다.16)

부족사회에서 사회인의 역할은 그들과 대립하는 우리들의 특질을 이루는 모든 종류의 관습적 행동을 품고 있다. 그러한 행동에는 부족의 방언을 얘기하는 것이나 지방의 풍습에 따르는 것도 포함된다.

그러한 집단에서는 사회인의 역할과 대립하는 것은 처음 보는 사람, 타관사람, 혹은 敵이다. 극히 당연한 일이지만 부족민이 자신의 일을 기술하는데 사용하는 명칭은 자기들보다도 열등한 타관 사람과는 정반대의 의미를 갖는 '진짜 인간'이라는 말로써 번역되는 것 같은 것이 그것이다. 그것에 해당하는 믹맥어(Micmac)는 '인간'이라는 뜻을 지닌 엘 누(elnu)이다. 반면에 나바호족(Navaho)은 자기들을 '사람들'이라는 데네(dene)라고 부르는 것이 그 한 예이다.

부족적 사유양식은 훨씬 복잡한 사회로까지 지속되고 있다. 그리고 '붉은 피가 흐르고 있는 미국인'과 '더러운 외국인'을 대입시키고 있는 사람들에 대해서도 사회인의 역할에 대한 유사한 관념을 연구하게 될지도 모른다.

사회적 역할에 대한 이해는 사회구조의 분석에 절대 필요한 것이다. 그러나 그것은 역시 자기민족중심주의, 인종차별주의, 남녀차별주의를 논쟁하는데 도움이 된다. 일찍이 인간행동이 역할과 친족관계에 대한 기대를 학습하는데 따라 영향받는다는 것을 알았다. 또 우리는 사회생활을 조직하는 대안방법으로서 다른 사회제도를 관찰하는 것을 배웠다. 교차사촌혼, 세습적 지도 및 대조적 성 역할 등은 '비자연적'이고 정나미 떨어질 정도의 것은 아니다. 그것은 단순히 각종 집단이 일반적인 인간문제들을 해결하기 위하여 발전시켜온 適應이다. 즉 내가 결혼할 사람은 누구냐, 내가 순종할 사람은 누구냐, 여성이나

---

16) E. Goffman, op. cit., p.230.

남성은 무엇을 의미하는 것이냐는 것 등이다. 우리는 이들의 어떤 대안적 해결책을 채용할 필요는 없다. 그러나 우리는 우리가 우리 자신의 생활 방식에 더 한층 좋은 전망을 주는 장점과 단점을 평가하는 것을 배울 수 있는 것이다.

보 충 문 헌

Ralf Dahrendorf, Essays in the Theory of Society. Stanford : Stanford University Press, 1968.
Robin Fox, Kinship and Marriage. Baltimore : Pelican Books, 1976.
Erving Goffman, Relations in Public. New York : Basic Books, 1970.
Stanley Milgram, Obedience to Authority : An Experimental View. New York : Harper & Row, 1974.
David M. Schneider, American Kinship : A Cultural Account. Englewood Cliffs, N. J. : prentice Hall, 1968.

제5장 집단의 종류

1. 범주와 집단

인간의 범주

인간의 범주는 그 범주를 규정하는 하나 이상의 특징들을 공유하는 개인들로 구성된다. 예컨대

> 아이다호州의 보이지市(Boise)에 사는 사람.
> 티벳 상선의 고급 선원들.
> 14인치 이상의 장발 여성.
> 이주농장 노무자들.
> 1974~75년의 리드 대학(Reed College)의 학생들.
> 클리블랜드州의 스테판 굴츠와 결혼한 여성들.
> 현재 생존하고 있는 토마스 제퍼슨의 후손들.
> 볼티모아 콜트(Baltimore Colts) [球團名].

이들은 분명히 종류는 다르지만 인간들의 범주이다. 이 중의 하나는 '제로 범주'(null category)이다. 즉 티벳의 상선 등이란 존재하지 않으므로 그 구성원은 없다. 또 하나 구성원이 있는 시점에서는 단 한 사람에 한한 범주가 있다(굴츠가 重婚者가 아닌 한). 어느 것인지는 모르지만 단지 범주에 지나지 않는 것도 있다. 즉 우연히 정의상의 기준을 공유하고 있는 사실 외에는 그 구성원에 대하여 아무것도 말할 수 없다. 그들은 하나의 집단을 형성하지 않는다.

이 장에서 社會集團이라는 말은 集合的 行動에 대한 준칙과 결부된 명확한 인간의 범주를 다루는 경우에 한정해서 쓸까 한다. 집단의 그 구성원들은 '상호의 작용에 대한 안정되고 또 포괄성 있는 형태'를 보여주지 않으면 안 된다.[1] 하나의 집단이 성립하는 데는 구성원 수는 몇 명이라도 관계없지만 구성원 2명(또는 1 對 1)의 집단이라고 하는 것이 최저의 한계이고 그 점은 社會關係의 경우와 같은 것이다.

집단의 분류

집단의 형태는 여러 가지로 구별될 수 있다. 예컨대 집단이 갖는 構造의 形式性(formality)의 정도에 따라 집단을 분류할 수 있을 것이다. 고도로 형식적인 집단이란 구성원의 보충, 분류, 구성원의 권리·의무, 회합의 시간·장소 등등 구석구석까지 빠짐없이 확실하게 정해진 규칙을 가진 집단이다. 미국사회에서 하나의 예를 들면 同業組合이라던가 프리 메이슨(free-Masons : 회원간의 우애와 상호부조를 목적으로 하는 친목단체-역자주)과 같은 남성 클럽이 그것이다.

非形式的 集團이란 공동작업을 행하는 집단이거나 사회적인 집회 등을 가리키는데 이것은 위에서 진술한 바와 같은 확실한 규칙을 갖지 않는다. 구성원들의 행위는 개인적인 관계와 현재 도맡아 하고 있는 특정한 과제에 의해서만 규제를 받게 된다. 이들 양극간에 형식적 집단의 특질을 어느 정도는 구비하고 있으나 전혀 갖고 있지 않는 여러 가지 형식적 집단도 있다.

마찬가지로 우리는 비교적 영구적인 것으로부터 단 하루뿐인 時間의 連續性(continuity through time), 역할이 귀속적이냐 획득적이냐에 따라 자동적인 가입과 자주적인 가입으로 나뉜 加入의 樣式(mode of recruitment), 혹은 구성원이 공통의 이해를 가진 재산이 있느냐 없느냐라고 하는 自律的 共同性이라고 하는 것을 포함하고 있는 집단의 특질에 주목할 필요가 있다.

이들 특질은 서로 무관계하지는 않다. 예컨대 그 구성원 전원이 무엇인가

---

1) E. Goffman, Stigma (Englewood Cliffs, N, J : Spectrum Books. 1963) p.23.

가치있는 '資産'(예를 들면 토지, 소, 주요 비품 등)의 이익을 공유하는 共同體的 集團인 경우, 비교적 형식적인 구조와 긴 세월에 걸쳐 고도의 연속성을 갖고 있다. 準形式的 集團이나 형식적 집단은 또 이름이 붙어 있는 것이 많은데 成員權에 따른 권리의 하나는 그 집단의 이름을 쓰거나 집단과 관련된 記章을 붙이는 권리라고 말해도 좋다.

1) 집단의 통합성

집단은 또 그 성원이 서로 어느 정도 連帶感을 갖고 있는가 또 그 집단에 어느 정도 계속해서 소속하고 있느냐 하는 정도에 따라 다르다. 한 집단의 統合性(intergration)의 정도란 집단의 각 부분의 접착 강도를 의미한다.

집단의 통합에 2개의 다른 유형이 있다는 것을 처음 지적한 이는 에밀 뒤르껭(Emile Durkheim)이었다. 그는 그 두 유형을 각각 機械的 連帶(mechanical solidarity)와 有機的 連帶(organic solidarity)라고 불렀다.[2] 기계적 연대란 한 사회집단의 각 부분(分節)의 類似性을 기초로 한 것이다. 결국 집단의 각 부분이 비슷하다고 하는 이유 때문에 함께 붙어 있는 것이 기계적 연대이다. 집단의 구성원이 비슷한 경험과 생각과 감정을 갖고 있고 같은 종류의 것을 행한다. 그리고 이러한 공통의 존재라고 하는 이유로 상호 이해도 성립하는 것이다. 모든 집단이 어느 정도의 기계적인 연대를 갖고 있지 않으면 안 된다. 그렇지 않으면 집단으로서의 기능을 다할 수는 없을 것이다. 그러나 뒤르껭이 지적한 대로 그 分節의 하나하나는 대등하고, 기능적으로는 서로 독립하고 있기 때문에 단지 기계적 연대에 기초하여 만들어진 집단은 와해하기 쉬운 성질을 갖고 있다.

한편, 유기적 연대는 집단의 각 부분간의 차이를 기초로 해서 성립하는 것이다. 그것이 노동분업의 결과로서 생긴다고 하는 것은 각 分節을 불평등한 것으로 함과 동시에 상호 의존적인 것으로도 하기 때문이다. 뒤르껭은 이것을

---

2) E, Dukheim, The Division of Lobor in Society (New York : Free Press. 1947).

신체의 여러 器官에 비유하여 각 기관은 각각 독자적으로 수행해야 하는 임무를 가지고 있는데 다른 기관이 없이는 어떤 기관도 그 책무를 다할 수 없다고 설명하고 있다. 유기적 연대를 보전하는 데는 가치있는 재화와 용역을 집단의 각 分節에 끊임없이 교환하는 것을 필요로 한다.

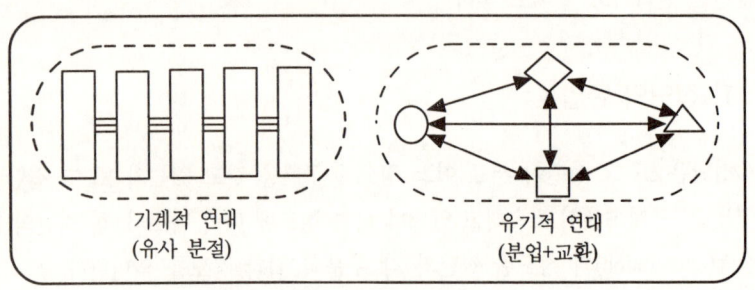

〈도표 5-1〉 내부적 사회통합의 두 가지 유형

어떤 사회집단이고 어느 정도의 유기적 연대 없이는 존속 할 수 없다. 그것은 가령 교환의 필요가 인위적으로 정해져 유지되지 않으면 안 되는 경우에도 마찬가지이다. 뒤르껭이 지적한 바와 같이 性에 의한 노동의 분업이 대부분 객관적으로 반드시 필요한 것은 아니다. 남자라도 취사나 재봉하는 것을 배울 수 있다. 그런데 분업은 남녀를 서로 의존시킴으로써 양성간에 유기적 연대를 증대시키고 이것이 더욱 사회의 통합을 촉진시키는데 힘이 되고 있는 것이다.(〈도표 5-1〉 참조).

상호의존과 상이

어떤 종류의 연대도 집단의 통합에 없어서는 안 되는 것이다. 有機的 連帶는 교환(exchanges)과 차이(differences)가 만들어 내는 것이다. 그리고 유기적 연대는 기계적 유사성에서만 볼 수 있는 어느 정도의 신뢰를 필요로 한다. 게오르그 짐멜(Georg Simmel)은 사회적 갈등까지도 공통의 기초로서 어떤 규칙에 따르는 이해와 동의를 필요로 하는 것이라고 지적하고 있다.[3]

갈등과 협력은 사회적 관계를 지속시키지만 완전한 무관심은 마치 한쪽의 사회적 무관심이 집단을 파괴할 수 있는 것과 마찬가지로 하나의 사회관계도 파괴하여 버리게 된다.

더구나 사회집단의 內的 統合(連帶)과 함께 그 外的 統合의 정도를 연구할 수도 있다. 외적 통합의 정도란 그 집단을 한 부분으로써 포섭하는 보다 큰 다른 사회집단과의 결합 정도를 말한다. 어떤 집단(예, 범죄 집단)의 활동은 오로지 그 집단 구성원의 이익만을 목적으로 하고 있는데, 그에 반해서 고객과 사회전체를 위하여 노력 제공을 하고 있는 집단(예, 감리교회나 해안경비대)도 있다.

그러나 가장 배타적인 집단이라 할지라도 새로운 구성원을 보충하고 활기 넘치는 업무 수행을 유지하기 위해서 외부 세계와 어느 정도의 거래를 할 필요가 있는 것이다. 그리고 전체 사회는 사회내의 집단이 '의견을 같이 하는 어른들'로써 1 對 1로 구성되는 경우에는 그들 下位集團이 어떤 활동을 하고 있는가에 자주 흥미를 가지고 있다.

2) 집단의 기능과 전문화

일정한 인간의 범주와 맺어진 集合的 行動을 위한 준칙은 전쟁을 하는 것으로부터 사랑하는 것까지 혹은 자동차를 제조하는 것으로부터 마리화나를 소비하는 것까지 실로 다양하다. 그러나 이들 목적은 3개의 일반적인 사회적 기능의 예로서 생각하는 편이 유익하다. 우리들의 목표는 각 집단을 그것이 수행하는 일반적 기능에 따라 세분하는 것에 있는 것이 아니라 오히려 가장 단순한 사회집단 이외에는 어떤 집단이건 이 3개의 기능을 모두 어느 정도는 수행해야 한다고 하는 것을 시사하는 데 있다. 3개의 일반적 기능은 다음과 같이 정의할 수가 있다.

   1. 任務遂行 機能 — 물리적, 생물적 혹은 사회적 환경에 대하여 객관적 효과를 가져오려고 하는 집단의 지향이다. 예를 들면, 제품의

---

3) G. Simmel, Conflict and The web of Group Affiliations (New York : Free Press. 1955).

생산, 자원의 개발과 보존, 전쟁과 게임에 이기는 것 등이 있다.
2. 統制的 機能 — 행동규범, 가입규범에 따라서 그 자신의 내부구조의 유지 및 성장을 도모하려는 집단의 지향이다. 예컨대 집단 구성원의 文化化와 예의 범절 및 필요에 따라 유자격자를 신입 구성원으로써 가입시키는 것 등이 있다.
3. 表出的 機能 — 그 구성원의 심리적 욕구를 만족시키려고 하는 집단의 지향이다. 이 욕구에는 임무수행과 통제적 활동에서 개인의 참가로부터 생기는 욕구도 포함된다.

모든 인간 집단이 이들 기능의 하나 혹은 그 이상을 지향하고 있다. 그리고 자세히 조사하여 보면 보통 어떤 집단에도 이들 세 가지 기능의 모두가 어느 정도는 있다는 것을 알게 된다. 확실하게 존재하지 않는 경우에도 암묵적으로는 인정될 것이다. 예를 들면 군대의 각 부대는 각기 사명(확실한 임무수행 기능)을 가지고 있는데, 각 부대의 지휘관은 軍律을 유지할(暗默的 統制的 機能) 필요를 충분히 분별하고 있다. 동시에 부대의 사기가 오를 것이냐 아니냐는 병사의 심리적 욕구의 만족도에 따라 변하게 되므로 우수한 상관이라면 이 일에 상당한 주의를 기울일 것이다(暗默的 表出的 機能). 어떤 활동은 한번에 많은 기능을 수행할 수가 있으나 그러한 제 활동은 집단의 행동계획의 정규 부분으로 되는 일이 많다.

트로브리안드도민의 쿨라환(kula ring)

任務遂行 機能은 보통 명백하지만 경우에 따라서는 다른 기능에 비하여 명백하지 않은 것도 있다. 하나의 고전적인 예는 트로브리안드 섬 사람들의 쿨라環(kula란 현지어로 物件交換의 순환 시스템을 의미한다. 따라서 'kula ring'은 '交易圈'의 뜻이다–역자주)에 대한 말리노프스키(B. Malinowski)의 분석이 그것이다. 트로브리안드 섬 사람들과 멜라네시아의 맛심족(Massim)이 사는 지역의 섬 주민들과는 舷外浮材(outrigger)식 카누를 저어 外海를 몇 마일이고 물품을 날라 섬들 사이에서 폭넓은 교역을 행하고 있다. 그러나 트로브리안드 섬 사람들의 관점에서 보면 이러한 위험한 원양항해를 감히 행하는 것은 유

용한 물품을 생산하거나 혹은 교역 때문만은 아니다. 이 임무수행 기능은 자기의 쿨라 상대자와 무엇인가 가치는 있으나 별로 쓸모없는 물품(목걸이와 팔찌)을 교환하는 과정에서 부수적으로 나타나는데 지나지 않는 것이다. 이들 귀중품은 누구든지 오랫동안 독점하는 것은 용납되지 않고 쿨라환을 만들고 있는 섬들 사이를 타원형의 경로를 따라 돌아가야만 한다. 팔찌와 목걸이는 각각 반대방향으로 회전한다. 말리노프스키는 다음과 같이 진술하고 있다.

> 귀중품의 교환은 일정한 약속에 따라서 행해져야 한다. ……물건을 주는 행위에 수반한 儀禮와 귀중품을 운반하거나 다루거나 할 때의 방식은 그것을 단순한 상품 이외의 것으로 생각하고 있다는 것을 확실하게 보여주고 있다. 사실상 그것은 원주민에게 있어서는 자기에게 威嚴을 주고 자기의 존재를 높여 주는 그 무엇이다. 그러므로 그것은 경의와 애정을 담고 이루어지는 것이다.4)

이 쿨라 거래―말리노프스키는 그것을 英國 王冠寶石의 展覽에 비유하고 있다―의 결과 꽤 많은 富가 만들어져 분배되는 것이다. 그러나 이러한 집단적 노력의 명백한 기능은 쿨라의 상대자 및 그들의 위신과 관계된 심리적 욕구를 만족시키는데 있는 것이다.

많은 집단이 이러한 기능을 각 개인과 각종 下位集團에 할당하면 유용하다는 것을 알 수 있다. 복잡한 사회에서의 임무수행 기능, 통제적 기능 및 표출적 기능은 특히 명료하게 분화되고 있다. 예컨대 직업집단이 주로 특정임무의 완수를 목표로 하고 있는데 대하여 경찰이나 재판소는 사회통제를 전문으로 하고 있다. 표출적 기능의 수행은 정신요법이나 종교·예술 등의 각기 專業·兼業의 전문가들의 손에 위임되기 쉽다. 그런데 대개의 사회에서 가족만은 기능이 전문화되지 않은 채 남아 있지만 이것이야말로 가족이 보편적으로 중요하다고 일컬어지는 이유 중의 하나인 것이다. 그러나 그 가족의 내부에 있어서도 한 쪽 어버이가 임무수행의 역할을 취하고 또 한 쪽의 표출적 목적과

---

4) B. Malinowski, Argonauts of the Western Pacific (New York : Dutton. 1960) pp.510~511.

통제적 목적을 달성하는 역할을 담당한다고 하는 식으로 전문화되어 가는 경향이 얼마쯤 인정된다.

임무수행을 지향하고 있는 소집단에 관한 실험적 연구는 어떤 사람이 임무수행의 방향으로 전문화하면 다른 사람이 사교적, 정서적 지도자가 되는 경향을 볼 수 있다는 것을 되풀이하여 밝히고 있다.5) 같은 의미로 표출적 기능을 우선적으로 하는 집단(예컨대 많은 공동체)은 전문성이 높은 임무수행적 지도력을 요구하는 환경에 부딪쳤을 경우 최종적으로는 어려움에 직면할 것이다.

본 장의 다음 각 절에서는 세계각지의 인간 사회에서 발견되는 사회집단의 다양성에 대하여 살펴보기로 한다. 구성원 보충의 기반(거주, 친족, 직업 등)에 따라서 집단을 분류하고, 각각 집단유형에 대하여 위에서 일반적으로 언급한 集團의 統合性, 形式性, 持續性 및 機能의 여러 가지 특질을 보이는 구체적인 예에 입각하여 설명하기로 한다.

2. 주거집단

대부분의 동물과 같이 인간도 흩어져 살려고 하는 것보다는 무리(群)를 지어 살려는 경향을 띠고 있다. 이 무리를 이루는 경향은 集團 形式의 원인과 결과이기도 하다. 루이스 멈포드(Lewis Mumford)는 도시의 기원을 논할 때 '磁石과 容器'의 은유를 쓰고 있다.6) 그의 생각으로 인간은 우선 地域이 갖고 있는 어떤 바람직한 성질에 따라 어떤 장소로 끌어당긴다. 그리고 사람들이 어느 기간 그 장소에 거주하면 그 장소는 사람들과 그 일을 거의 영구적인 구조물(성벽, 사원, 곡물 창고 등)속에 '수용하게' 된다고 하는 것이다.

확실히 인간은 한 장소에 애착을 느끼게 되는 것이다. 인간은 그 자원을 가장 유용하게 활용하는 방법을 습득하여 자기들이나 선인들이 그 환경 속에서

---

5) Philip E, Slater, 'Role Differentiation in Small Groups' in A. P. Hare, E. Borgatta and R. F. Bales. eds., Small Groups (New York : Knopf. 1955) p.512.
6) L. Mumford, The City in History (New York : Harcourt Brace and World 1961) pp.3~15.

완수한 각종의 改良을 소중히 한다. 그러한 개량으로써는 작은 도로, 전답, 관개수로, 사당, 세속건물 등과 같이 물질적인 것도 있는가 하면, 자비깊은 精靈의 존재에 대한 신앙이나 자기의 선조가 살던 집에 대한 애착심과 같이 비물질적인 것도 있다.

어떤 특정 지역에 모였던 최초의 이유가 무엇이던 사람들이 접근하여 산다고 하는 숨길 수 없는 사실이 機械的 連帶아래 이루어지는 공통의 경험 형태를 발전시키고, 또 有機的 連帶를 이끄는 分業體制를 만들어 내는 것이다. 처음에 인간의 범주는 단지 공간적 경계에 기초하여 규정되었다. 그리고 집단내부의 행동에 대한 적합한 형태를 구체화하는 準則의 발전에 따라 하나의 住居集團(residential group)을 형성하게 되었다.

1) 세대

世帶에는 여러 가지 형태가 있지만 그것들은 다른 加入原理(principles of recruitment)에 의해 만들어졌다. 사회집단은 그 집단의 구성원이 될 자격을 가진 것은 어떤 종류의 인간인가 하는 것을 구체적으로 규정한 가입규칙에 의해 형성되는 것이다. 세대의 경우에 대해서 말하자면 거주권을 얻기 위하여 사람이 소유하지 않으면 안 되는 속성은 일반적으로 親族關係 내지 婚姻關係에 기초를 가지고 있다.

파울 보하난(Paul Bohannan)은 世代를 정의하기를 '同居하면서 하나의 機能的 共同單位를 형성하고 있는 사람들의 집단'이라고 하였다. 그는 세대의 구성원은 '가족을 이루는 경우도 있는가 하면 그렇지 않은 경우도 있다'[7]고 하였다.

미국 사회에서조차 이상적인 중산계층의 세대는 核家族(夫, 妻 및 아이들로 된)에 해당하는데 이 사회에서도 역시 표준에서 逸脫한 형태의 가족은 많이 있다. 또한 핵가족은 결혼한 부부를 중심으로 모여 살면서 祖父母, 父親의 兄弟姉妹, 아이들의 배우자, 심지어는 非親族(친구 혹은 하인)까지 포함하여 미

---

7) P. Bohannan, Social Anthropology (New York : Holt. Rinehart and Winston. 1963) p.86.

국인 세대의 一員을 구성하고 있다.

세대의 형성에 있어서 배우자의 우대가 기초적인 중요함을 그다지 갖지 못한 다른 사회도 있다. 예를 들면 각 세대의 중심이 되는 것은 一群의 姉妹와 그녀(미혼자와 기혼자 모두)의 아이들이었다. 이들 여자의 남편들은 모두 정규적인 세대구성원이라고 하기보다는 손님(guests)이라고 생각되고 있다. 따라서 호피족(Hopi)의 남자는 자기의 자매 집에 있을 때만 참으로 마음 편히 지낼 수 있다. 그는 자기 처의 세대에서 긴장한 나머지 견딜 재간이 없게 된다면 어느 때이고 자기의 자매 집에 휴식을 취하러 가고, 마찬가지로 또 妻家에서 무슨 특별한 儀禮가 행해질 때에도 삼가 자매의 집에 틀어박힌다. 미혼 남자들이 母親의 집에서 잠자는 것은 그저 어렸을 때 뿐이고 6, 7세가 지나면 촌락내의 각지에 있는 형제들이나 친구들과 함께 자는 것이 관습이었다.

그밖에 부친과 자식의 유대가 세대 구성의 중요한 기초로 되어 있는 사회도 있다. 예를 들면 마다카스칼 섬(Madagascar)의 타날라족(Tanala)의 전형적인 세대는 한 사람의 남자(元祖)와 기혼 및 미혼의 아들들과 그들의 아내들로 구성되어 있다. 이러한 세대는 주로 남자들끼리라던가 또는 여자들끼리라고 하는 남녀 한 쪽만의 사이에서 협력하는 것에 높은 가치를 인정하고 또 그것이 경제적으로도 중요한 사회에서 볼 수 있다. 그러나 이러한 형태의 세대가 미국사회 이외의 문화에서만 볼 수 있다는 것으로 생각해서는 안 된다. 3세대 이상의 남자를 가진 세대가 19세기 미국 농촌지역에 있어서 진귀하지 않았다는 것을 지적해 두겠다. 한 나라의 도시나 산업의 발전에 따라 수반되는 가장 일반적인 —결코 보편적이라고는 할 수 없지만—사회변화의 하나는 그러한 확대가족 세대의 붕괴와 그에 대신하는 더욱 이동성이 높은 핵가족집단의 출현이다.

한편 婚姻에 따른 유대를 완전히 무시하고 血緣的 親族만이 동거하는 사회도 있다. 서부아프리카 가나(Ghana)지방의 아샨티족(Ashanti)의 경우가 그렇다. 여기서는 전형적인 세대라고 하면 1명의 老婦人, 그 아들과 딸 및 딸의 자식들까지로 구성되어 있다. 기혼성인들의 배우자는 가까운 자기의 본가인 모친의 친족 세대에 동거한다. 이것은 그런 대로 이치에 알맞은 배치방식인데 현실적으로는 곤란이 따른다. 예컨대 아이들은 모친의 炊事오막집에서 부친의 집으로 음식을 운반하기 위하여 아샨티(Ashanti)村의 거리를 항상 달음질 치고 있으며 부부가 함께 자고 싶다고 생각할 때는 특별한 채비를 필요로 하기 때문이다. 가나의 또 하나의 부족인 탈렌시족(Tallensi)의 경우는 세대의 중심은 수 명의 남자들인데 여기서는 一夫多妻制의 관행이 복잡한 공동생활 단위를 만들어 내고 있다. 전형적인 탈렌시족의 주거는 진흙벽으로 만든 원형으로 연결된 많은 원형건물로 되어 있는데 그 속에는 한 개 혹은 둘 이상의 외양간, 곡식 창고, 새대주의 우두머리의 妻들을 위한 부엌과 침실, 세대주의 혼인한 아들의 처자의 방 및 청년기의 소년들을 위한 별개의 침실 등이 있다. 그리고 탈렌시족의 경우 젊은 남자는 妻를 부친의 집으로 데려갈 권리가 있지만 그가 이 주거집단의 成員權을 부여받을 수 있는 것은 아들로서의 歸屬的 役割에 의한 것이다. 반면에 그의 妻가 이 집단에 가입하는 것은 아들의 妻라고 하는 獲得的 役割에 의한 것이다.

거주율

인류학자는 신혼부부가 어디에 살아야 할 것이냐를 구체적으로 규정한 결혼 후의 居住規定을 표시하는데 많은 용어를 사용한다. 이러한 용어에는 다음과 같은 것이 있다.

居住規定의 諸類型

I. 單處制(unilocal)—부부가 배우자의 친족과 동거하는 경우
  a. 父處制(patrilocal)—부부는 신랑 가족과 동거(예, Tallensi족)
  b. 母處制(matrilocal)—부부는 신부의 가족과 동거(예, hopi족)
  c. 外叔制(avunculocal)—부부는 신랑의 母의 형제와 동거(예, Trobriand 섬사람)
II. 分離居處制(duolocal)—부부는 지금까지와 같이 따로따로 자기의 친족과 동거(예, Ashanti족)
III. 選處制 혹은 兩處制(ambilocal)—부부는 특별한 상황에 따라 배우자의 어느 쪽 친족과 동거(예, 노르웨이의 Lapps족)
IV. 新處制(neolocal)—부부는 어느 쪽의 배우자의 가족으로부터도 떨

어져서 새로운 장소에 거주(예, 현대 아메리카)

 그러나 이들 용어가 충분히 만족할 만한 것은 아니다. 예를 들면 그것들은 이미 확립되어 있는 世帶에 동거하거나 그렇지 않으면 특정 친족집단의 세대 가까이에 살던가 함으로써 兩方居住를 적용하곤 한다. 그리고 '가까이'라고 할 경우는 바로 옆집을 가르키는 일도 있지만 거리는 멀어도 같은 지역사회 속의 어딘가에 있는 집이라면 모두 포함된다고 해도 좋을 것이다. 그러나 이와 같은 결점이 있는데도 불구하고 이들 용어는 비교연구를 위하여 널리 사용되고 있어서 그것들에 대하여 간단히 설명함으로써 독자는 社會의 配置(social arrangements)라고 하는 것이 어떻게 다양할 수 있는가 하는 것을 느낄 수 있을 것이다. 이러한 제 규칙을 여러 가지로 결합한 거주규정도 또한 널리 볼 수 있다. 예컨대 '新郎勞役奉仕'(bride-service : 일반적으로 婚需 혹은 新婦貸(bride-price)라 칭하는 신랑측에서 신부측에 증여하는 관행에 준하는 것으로서 혼인성립의 조건으로 삼는 것-역자주)의 관행이 있는 사회에서는 부부는 처음 몇 년간은 신부의 가족과 동거하고 신랑은 신부의 父의 권위아래 복종한다. 勞役奉仕의 기간이 만료되면 부부는 남편의 가족과 동거하게 된다. 이러한 체계를 '母方-父方居處制'(matri-patrilocal residence)라 불리운다. 초기 — 예를 들면 첫 아기의 출생 때까지 — 에는 부부가 신랑의 가족과 동거하고 후에 부부가 독립 주거를 만든다고 하는 사회도 많다. 이것은 '父方-新居住制'(patri-neolocal)라 칭해도 좋을 것이다. 이 유형은 미국의 어느 사회계층에서나 인정되는 것인데 아마도 일반적으로 생각되고 있는 것보다 훨씬 널리 행해지고 있지 않을까 생각된다.

 父處制의 탈렌시족과 母處制의 Hopi족의 어느 경우이든지 청년 남자를 위한 별개의 침실이 있다는 것을 알아차렸을 것으로 생각된다. 이 유형의 관습은 세계 각지에서 볼 수 있다. 이 관습은 나큐사족(Nyakyusa)과 같은 동아프리카의 어떤 부족에서 가장 고도로 발달한 것이다. 예컨대 나큐샤족의 젊은이들은 실제로 부친의 집으로부터 어느 정도 떨어진 장소에 격리된 마을을 만들어 그곳에 잠을 자기 위한 오두막집을 세운다. 단, 식사는 지금과 같이 집에서 먹고 父親의 밭에서 일하는 점도 다르지 않다. 이 나큐샤족의 사례는 특히 시사하는 바가 많아서 年齡集團의 절에서 다시 고찰하기로 한다.

청년의 집과 그 기능

아프리카의 다른 사회에서는 청년의 집(male domitory)이나 젊은이 村(male settlement)이 사회의 군대교육과 결부되어 그곳에서 생활하는 젊은이들은 그 사회의 전사를 겸하고 있는 경우가 많다. 그들이 격리되어 있는 것은 그들을 가족적 유대로부터 해방되어 어느 때이고 공격이나 방위의 임무에 응할 수 있도록 하기 위한 것이라고 생각된다. 그런데 남성의 집(men's house)의 기능은 종교적 기능이 주가 될 경우도 있고(예 : 뉴기니아), 청년의 집이 주로 경제적 結社인 경우(캘리포니아 북부의 인디언 諸族)도 있다. 주거집단이 유사한 가입원리 위에 만들어져 있는 경우에도 인간의 범주와 결합한 행동준칙을 전적으로 다룰 수도 있다.

젊은이들이 자기 사회의 타인들과 떨어져서 지낸다고 해도 그들이 性的 접촉의 기회를 빼앗긴다는 것은 아니다. 제 4 장에서 기술한대로 30세 정도까지 별개의 캠프에서 지내는 마사이족의 전사들은 그곳에서 연인들의 방문을 받았던 것이다. 중부 인도의 무리아 곤드족(Muria Gond)의 '고툴'(ghotul)이라 불리우는 남성의 숙소에 대한 기술을 全卷에다 할애한 책이 있는데 거기에 서술된 것으로 보아 분명한 것은 이 제도의 목적이 특히 연인끼리였던 소년과 소녀가 후에 결혼하는 것이 금지되었다고 할지라도 남녀를 떼어놓는 데 있는 것이 아니라는 것이다.[8]

한편 현대 이스라엘에서는 여러 개의 집단농장(kibbutzim)에 '男女共同의 寄宿舍'가 설치되고 있는데 이들 집단 농장은 남녀 양성의 평등을 가져와 아이들의 부친으로부터의 독립을 장려하는 것을 의도한 신중한 계획인 것이다. 멜포드 스피로(Malford Spiro)가 진술한 바에 의하면 남녀 양측을 포함한 동년자의 집단이 숙련된 전문가들(간호사나 교사)의 손으로 태어났을 때부터 함께

---

[8] V. Elwin, The Muria and Their Ghotul (Bombay : Oxford University Press. 1947).

길러지는 데 결혼한 부부는 공동체내의 다른 곳에 살고 있어 때때로 자식들의 방문을 받을 뿐이다.

이와 같이 하여 기혼의 여성은 육아라고 하는 일상적인 일에서 해방되어 남성과 대등한 역할을 수행하고 공동체의 경제적, 정치적 업무에 종사할 수 있는 것이다. 이러한 育兒體系가 어떠한 심리적 효과를 갖는가에 대하여 스피로는 그의 저서 『키브츠의 아이들』9) 속에서 밝히고 있다. 그 중 주목해야 할 발견의 하나는 남녀의 친밀한 교제에 대한 어른들의 태도가 지나칠 정도로 관대함에도 불구하고 이러한 집단 속에서 함께 길러진 개인끼리의 결혼(심지어 성적 교섭까지도)은 실질적으로 알려지지 않았다는 점이다.

모중심세대

소위 母中心世帶(matrifocal) — 한 명의 여성과 그 어린 자식들을 중핵으로 하여 성립한 하나의 거주집단 — 이라고 하는 것이 있다. 중심이 되는 여성은 기혼자일수도, 미혼자일 수도 있지만 어느 경우이건 그 아이들의 부친이 되는 남성은 세대의 정규적인 부분을 이루지 않는다.

모중심세대는 대부분의 라틴 아메리카나 미국에서도 다수 볼 수 있는데 주로 도회지역이나 소수 민족집단의 빈곤계층에 많다. 마치 핵가족 세대가 산업사회에서 나타나듯이 母中心世帶는 경제력과 사회력과의 상호 작용에 의하여 만들어져 나온 것이다.

인류학자들은 세대의 구조를 이해하는 데는 단지 전형적인 居住規定이나 世帶構造의 평균을 진술하는 것만으로는 불충분하다(예컨대, 가족원수가 실제로 두사람 반이라고 하는 미국인 가족은 존재하지 않는다)고 하는 것을 점차 알아차리게 되었다. 요즈음 인류학자는 '공동 생활집단의 발달주기'에 의하여 많은 주의를 기울이며, 세대를 시간이라고 하는 관점에서 조사하여 구성상의 전형적인 변화들과 그것을 가져오는 사회 경제적 요인을 파악하려고 노력하고 있다.10) 또한 인류학자들은 어디에 사는가, 누구와 사는가에 대한 개인의 결정에

---

9) M. Spiro, Children of the Kibbutz (Cambridge : Harvard University Press. 1958).

10) J.R. Goody, ed., The Developmental Cycle in Domestic Groups (New York : Cambridge

영향을 주는 世帶形成의 準則을 파악하려고 애쓰고 있다. (제6장 참조)

2) 지역사회의 구조

대부분의 사회에서 세대는 보다 큰, 그리고 보다 포괄적인 주거집단의 地域社會(local community)속에 통합되어 있다. 1년의 대부분을 다른 세대와 단절된 상태로 1세대가 자급 자족하면서 지낸다고 하는 수렵채집민사회가 소수있지만 이와 같은 경우(예를 들면 Eskimo)에도 보통 여러 세대가 모여서 사교적 활동이나 의례적 활동을 행하는 기간이 있다. 지역사회는 반드시 정착할 필요는 없으며 그 구성에 상당한 이동이 있어도 상관없다. 그러나 대부분의 지역사회는 항상 어느 일정한 범위의 領地와 결부되어 있다. 그리고 그 구성원이 변동될지라도 새로운 사람을 구성원에 가입시키거나 지도자의 역할을 맡도록 함으로써 시대를 초월하여 그 同一性을 유지하고 있는 것이다.

한편, 경제적 여러 가지 조건의 혜택을 받아 매우 큰 지역사회가 형성되어 있는 곳에서는 세대와 지역사회의 중간단계로서 近隣集團과 같은 주거집단이 들어오는 것이 있다. 이와 같은 지역사회 내부의 분화는 다만 편의 사항에 지나지 않은 것도 있지만 미개사회에서는 집단을 親族을 기초로하여 만드는 경우가 흔하다. 지역사회가 두 부분으로 나뉘어 각각 서로 보충하는 기능을 수행하고 있는 일도 매우 널리 볼 수 있다. 현대 미국의 지역사회는 철도선로의 바깥쪽과 안쪽이라고 말하는 것같이 사회계층의 경계선에 따라 양분되어 상업지구가 일종의 중립적인 集合地로 되어 있다고 말하는 경향이 있다.

지역사회의 안정화 · 분열 · 병합

동물의 경우에는 이용할 수 있는 모든 자원이 허락하는 한도까지 그 수가 크게 증가하는 경향이 있으나 인간의 경우에는 지역사회의 규모가 커지게 되면 선택할 수 있는 준칙으로서 안정화, 분열, 또는 병합이 있다고 할 수 있다.

University Press. 1958).

이들 대안 중 어느 것을 취할 것인가는 自然力과 文化力의 복잡한 상호작용에 따라 결정된다.

어떤 일정한 환경을 개발할 능력이라고 하는 점에서 인간사회의 사이에는 큰 차이가 있지만 그 食糧源이 野生의 것이건 馴化된 것이건 그것에 대한 인구의 압력이라고 하는 것을 결국 경험하게 된다는 점에서는 어느 사회나 마찬가지다. 현재 이상의 토지 획득을 도저히 바랄 수 없는 태평양의 섬 같은 곳에서는 사회는 安定化의 길을 선택할 것이다. 즉 식량기근이라는 자연의 힘 혹은 산아제한이나 유아살해와 같은 文化的 慣習에 의해서 인구 증가는 억제되는 것이다.

지역사회의 分裂이란 몇 개의 下位集團이 더 많은 자원이 손에 들어올 것 같은 새로운 지역으로 이주하고 그곳에 자기들만의 지역사회를 만들어 내는 것을 의미한다. 이 길을 선택하는 데는 자유롭게 이용할 수 있는 토지나 혹은 정복에 의해서 필요한 것을 손에 넣을 만한 分裂集團의 힘을 전제로 한다. 지역사회의 분열을 초래하는 인구증가는 일종의 연쇄반응을 야기하는 일이 있다. 즉 확대과정에 있는 집단이 인접의 집단에 압력을 넣고 압력을 받은 집단이 순차로 이웃 집단에 압력을 넣지 않을 수 없게 되는 것이다. 분열이 하나의 出系集團의 여러 부분 사이에서 일어날 경우는(후술) 보통 '分節化'(segmentation)라 불리운다.

부족사회와 같은 단순한 사회의 경우 새로 형성된 지역사회는 그들의 母集團에 해당하는 지역사회를 그대로 본떠 小型化한 것이 많다. 그 때문에 옛 지역사회와 새로운 지역사회가 그 기원과 경험을 공유하고 있다고 하는 機械的 連帶에 의하여 맺어질 가능성이 없는 것은 아니다. 그러나 양자를 결합시키기 위한 기능의 특수화가 존재하지 않는 한 同一性의 공유감도 결국 잃어버리고 만다.

그런데 복잡한 사회에서 지역사회간을 결합시키고 있는 유대는 보다 有機的인 성질을 띠고 있다. 식량 생산과 커뮤니케이션(물질의 수송도 포함)의 효과적인 수단의 발전에 따라 제법 상당한 크기로 성장할 수 있는 지역사회도 있다. 평화롭게 혹은 새로운 영토의 정복에 의하여 원래의 집단에 분열이 일어나면 새 지역사회는 상호이익과 필요라고 하는 유대를 통해서 母集團에 해당하는 지역사회와의 결합과 유지를 계속하는 것이다. 이러한 과정을 倂合(aggregation)이라 명명할 수 있다. 成長, 分裂, 그리고 統合이라고 하는 상태가 똑바로 나아갈 경우는 병합과정이 酋長制社會와 國家의 발전으로 이르는 일도 있다.[11]

연구대상으로서의 지역사회

지역사회는 통상 민족학적 조사의 초점이 되는데 그 이유는 적어도 部族社會의 경우 단독으로 조사를 행하는 인류학자의 입장에서 보면 그것이 문화를 전체적으로 연구하기 위하여 취급할 수 있는 최소단위이기 때문이다. 콘라드 아렌스버그(Conrad Arensberg)가 지적하고 있는 바와 같이 지역사회라는 것은 한 사회의 문화를 유지하여 전달하는데 필요한 일체의 요건을 갖추고 있다. '지역사회는 그 사회조직의 범주와 역할이 모습을 나타내는 최소의 단위이다. 그것은 그 지역사회의 유서 깊은 전통을 가진 문화적, 제도적 목록을 현재 시점에서 재현하고 그리고 미래에 전달하는 능력을 가진 최소의 집단인 것이다.'[12]

지역사회의 구조를 조사할 때 민족지학자는 지역사회를 형성하고 있는 집단의 종류, 그들의 집단 속에서 발견되는 인물의 종류, 그것과 이들의 각 범주 내에서의 상호작용이나 각 범주간의 상호작용을 규제하고 있는 행동준칙 등을 주의깊게 조사하려고 한다. 또한 민족지학자들은 각 지역사회간의 관계에 대해서도 연구하지 않으면 안 된다. 이 일은 하나의 보다 큰 체계속에서 각각 어느 특정한 기능을 분담하기에 이르렀던 몇 개의 지역사회간에 交換關係 즉 有機的 連帶가 존재하는 경우에 특히 적합하다.

예를 들면 농민사회는 로버트 레드필드(Robert Redfield)가 규정한 바와 같이 도회지와의 사이에 복잡한 관계를 갖는 몇 개 농촌의 지역사회로 성립되어 있다. 개개의 농민사회가 언뜻 보기에는 部族的, 農耕民 사회와 유사할지라도 역시 농민사회는 도회지와 정치적, 경제적, 문화적 관계를 갖고 있는—부

---

11) M. Fried, The Evolution of Political Society (New York : Random House, 1967) : E. R. Service., ed. Origins of the State and Civilization (New York : Norton, 1975)와 비교.
12) C. Arensberg, 'American Communities.' (American Anthropologist, Vol. 57. 1955) p.1143.

족사회에서는 알려져 있지 않은 관계 — 점에서 그것과는 다른 것이다. 따라서 농민사회를 고립적 단위로서 연구한다면 농민사회가 갖는 가장 중요한 특질을 놓치는 결과가 될 것이다.[13]

3. 친족집단

친족집단의 개념

居住가 집단형성의 첫 번째 원리라고 한다면 親族은 두 번째의 원리이다. 미개사회와 현대사회에서 개인의 歸屬的 役割이나 집단 成員權은 그 사람이 어디서 누구의 자식으로 태어났느냐에 따라서 제한을 받고 혹은 결정되는 것이다. 그러나 각 개인은 계보상으로는 실로 몇 백명의 사람들과의 관계를 갖는 일도 있을 수 있으므로 대부분의 문화가 사회의 구성단위를 이루는 여러 가지 친족집단에 가입을 제한하는 加入準則(rules of recruitment)이라고 하는 것을 제공하고 있다. 규칙은 어떤 계보상의 특성은 인정되지만 다른 특성이 무시되는 선택의 기준을 정한 것이다.

親戚集團의 내부에서는 出系律이 여러 종류이며 친척의 멀고 가까움의 정도를 규정한다. 각 집단과 하위집단은 집단의 활동과 상호작용을 영위하기 위한 行動準則의 장치를 갖고 있다. 그 행동준칙은 보통 집단 구성원간의 경제적·종교적·정치적 협력을 구하는 것이 많다.

그러나 거의 모든 사회에서 친족집단은 혼인규제와 관련되어 있다. 집단의 지속이 확보되는 것은 혼인관계에 의한 것이기 때문이다. 가장 일반적인 가입규칙과 그들 규정에 따라 생기는 집단의 종류를 들면 <도표 5-2>와 같다.

---

13) R. Redfield, Peasant Society and Culture (Chicago : University of Chicago Press, 1956). P. K. Bock de., Peasants in the Modern World (Albuquerque : University of New Mexico Press, 1968)와 비교

加入規則	成員權의 基準	親族集團의 類型
I. 兩系(또는 共系)	집단에서의 소속관계가 양친 및 양친과 핏줄이 있는 남녀쌍방의 性의 친척을 통하여 찾아낸다.	親族
a. 自己中心的	성원의 범위가 각기 자기자신을 기점으로 하여 판명되는한 널리 찾을 수 있다. 구성원범위는 중복된다.	個人的 親族 혹은 '巨大家族'
b. 非自己中心的	각 세대의 어떤 중요인물을 기점으로 해서 널리 찾아낸다.	種族
II. 單系	집단에의 소속관계가 시조와 핏줄이 있는 남녀 어느 쪽이고 한쪽의 性의 친척을 통해서 찾아낸다.	出系集團(同族, 氏族, 胞族, 半族)
a. 父系	부친 및 부친과 핏줄이 있는 남성의 친척을 통하여 집단에의 소속이 자동적으로 결정된다. 성원권이 있는 자와 없는 자가 분명하게 결정되어 있다.	父系同族 등
b. 母系	모친 및 모친과 핏줄이 있는 여성의 친척을 통하여 집단에의 소속이 자동으로 결정된다. 성원권이 있는 자와 없는 자가 정해져 있다.	母系同族
c. 兩系 (또는 '二重 出系')	II. a와 II. b가 결합한 것.	각자는 부계출계집단과 모계출계집단의 兩方에 속한다.
III. 選系 (또는 '多系')	집단에의 소속은 자동적이지 않다. 개인은 부계·모계 어느 쪽의 兩親(直系)의 집단(혹은 또 배우자의 兩親의 집단)에 대해서도 소속의 선택권을 갖는다.	非單系的 出系集團 (氏族)

<도표 5-2> 가입규정과 친족집단의 여러 유형

1) 친족

미국인의 친족조직은 최소 단위인 핵가족에서 갑자기 최대의 범주인 個人的 親戚으로 비약한다. 알려진 친척 가운데에 '가까움'의 정도가 여러 가지 있다는 것은 우리도 인정하고 있지만 이 막연한 기준이 어떤 단위로서 활동하는 경계가 확실한 집단을 형성하는 것 같은 일은 있을 수 없다. 사회 인류학에서 잘 알려져 있는 친족체계와 비교했을 경우 이것은 극히 예외적인 상황인 것이다. 미국의 친족체계는 전문용어를 써서 표현한다면 兩系的 그리고 自己中心的 친족체계(유형 I.a)라고 하는 것이 되는데 그것은 친족의 범위가 계보상의 連繫에 의하여 본인이 알고 있는 한의 방계까지 확대하는 체계이다.

즉 각 개인은 친척 상호간의 연쇄관계를 따져 친척을 연계하는 친척의 性에 관계없이 자기 母親側의 친척 및 父親側의 친척 쌍방에 대하여 자기 자신은 대등한 관계를 갖고 있다고 생각하는 것이다. 父의 兄弟의 子(사촌), 父의 姉妹의 子(고종사촌) 게다가 母의 兄弟姉妹의 子(이종사촌)까지도 같은 친족명칭으로 부르고 전원이 같이 가까운 친척(사촌)이라고 생각하고 있다. 이러한 친척들의 상호행위를 위한 규칙은 계보상의 거리가 멀어짐에 따라 보다 막연하게 되어 의무도 애매하게 된다. 이 때문에 三從兄弟姉妹쯤 되면 면식도 없고 아무런 의무도 느끼지 않는다고 하는 미국인이 많다. 미국인의 개인적 친척을 둘러싸고 다시 그것을 친척의 원으로 에워싸면 일련의 동심원이 된다. 그리고 그 주변의 친척이 되면 그런 사람이 있는지 없는지조차 모르고 기대되는 행동도 모르게 되어 드디어는 소실되고 만다. (도표 5-3 참조)

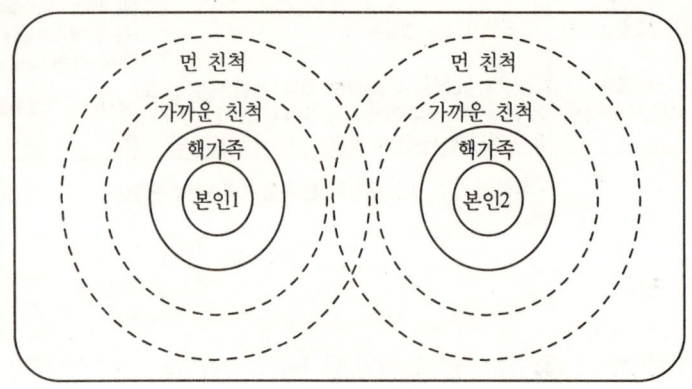

〈도표 5-3〉 두 개의 개인적 친척

이 종류의 兩系 친족집단은 적어도 다음과 같은 두 가지의 상당한 약점을 갖고 있다고 할 수 있다.
(1) 이 친족집단은 경계가 극히 막연하여 가깝다던가 멀다던가 하는 것이기 때문에 어떠한 혈족이던 간에 그것을 집단에서 제외시키는 명백한 방법이라는 것은 존재하지 않는다.
(2) 자기중심적이라는 것에서 친척의 원은 겹치는데 그러나 그들 원이 거의 친척에 있어서 정확히 일치한다는 것같은 일은 없으며 따라서 같은 친척을 공유하는 사람은 극히 소수뿐이다. 각 개인들은 그들의 모든 개인적

친척 관계를 오직 그들의 모든 형제자매와 맺고 있을 뿐이다. 그 밖의 다른 친척들은 적어도 아버지 쪽이던 어머니 쪽이던 어느 한 쪽의 혈족과 다른 관계를 갖게 될 것이다.

兩系 친족집단이 갖는 이러한 약점이 미국인을 괴롭히는 일은 보통의 경우에는 없다. 그것은 미국인의 친족이 집단으로서 기능하는 것은 좀처럼 없기 때문이다. 즉 미국인의 양계친족은 범주는 갖고 있지만, 또 특별한 종류의 친족과 1 對 1的인 상호행위를 위한 준칙도 갖고 있지만 전체로서의 집단에 적합한 行動準則은 극히 조금 밖에 갖고 있지 않다.

미국사회의 일부에서는 친족이 때로는 정기적인 재회의 기회를 갖게 하거나 경조행사의 기회(결혼식, 장례식, 특별한 기념일 등)에 모이게 하는 것을 종종 볼 수 있다. 그러나 이러한 의식적인 행사에 참석하느냐 하지 않느냐를 결정하는 요인으로서는 가까운 관계 즉, 친척뿐만 아니라 살고 있는 장소의 가까움도 똑같은 정도의 비중을 갖고 있다. 친족의 경계가 애매하면 예컨대 결혼식과 같이 손님의 수에 제한을 두는 경우에 곤란케 된다. 왜냐하면 이러한 상황에서는 친족사이에 어색한 감정이 생기기 때문이다.14)

兩系的 출계집단이 규칙적으로 공동생활을 하는데는 누가 집단에 소속하는가 그리고 자기에게 무엇이 기대되는가를 사람들이 정확히 알 수 있도록 보다 더 구조를 강화할 필요가 있다. 앵글로 색슨의 친족은 관계의 깊이 정도에 따라서 특정한 책임을 부과하는 방법에 의하여 행해지고 있다. 예컨대 만약 어떤 사람이 살해되는 경우에는 三從兄弟姉妹까지 ― 그 이상은 포함되지 않는다 ― 의 친족 모두가 血讐(blood feud; 동족과 같이 2개의 구성집단 사이에 적대관계가 있어 한편의 구성원이 다른 편의 구성원으로부터 상해를 입는 경우 집단구성원이 연대하에 행하는 무력에 의한 복수―역자주)에 참가하는 ― 혹은 살인자의 친족이 지불한 배상금에 상응하는 액수만큼의 배당을 받는다 ― 것이 기대되어 있다.

이런 상황아래에서 앵글로인이나 색슨인이 자기와는 다른 먼 친척과의 관

---

14) D. Schneider, American Kinship (Englewood Cliffs. N. J : Prentice Hall, 1968) pp.23~27.

계 정도를 계산하는 데에 매우 뛰어나다는 것은 당연한 일이다. 또 미국의 남아파라치(Southern Appalachian)지방의 유명한 復讐나 시칠리섬 사람의 近親復讐 등은 근친의 동료가 살해되었을 경우 친족 전원이 그에 대해서 보복의 책임을 지는 예로서 가장 잘 알려져 있는 것이다.

양계 친족집단의 구조를 강화하는 방법은 다른 데도 있다. 예컨대 라프란드섬 사람(Lapps : 스칸디나비아북부에 사는 목축민)의 사이에서는 準據의 표준점으로서 형제자매 집단에 크게 역점을 두고 있으며, 매우 윤곽이 분명한 친족을 기초로 한 집단을 형성하고 있다고 로버트 페아슨(Robert Pehrson)은 전해주고 있다.15) 수많은 남성의 형제와 그들의 妻・子들이 그들 집단의 중핵을 형성하고 있으며 다른 사람들은 형제를 중핵으로 하는 집단과 어떤 兩系的 계보관계에 의하여 그 집단과 제휴 관계를 맺고 있다.

地域集團 상호간에는 구성원의 이동이 많이 행해지고 있으며, 남자들은 때때로 妻의 집단이 여분의 남자들을 필요로 하는 경우 그 집단에 가입하는 일도 있다. 이와 같이 라프란드인의 집단은 兩系親族과 共同居住地의 결합을 기초로 하여 성립된다는 것이다.

또 하나의 구조 모형으로서 윌리엄 다벤포트(William Davenport)는 어떤 중요한 개인을 중심으로 하는 개인적 친족의 하나인 直系親族(Stem kindred)이라는 것을 제시하고 있다. 그러한 집단은 분명한 경계를 가질 수 있으며, 그러한 집단의 계속성은 예컨대 장자상속제와 같은 집단의 리더쉽을 계승하는 형태를 통하여 달성될 수 있는 것이다. 그 하나의 예는 아일랜드 농촌에서 찾아 볼 수 있다. 그곳에서는 농토상속권은 한 남자로부터 그의 장남에게 주어진다. 각 세대에서 상속권 보유자는 작은 개인적 친족을 갖고 있지만 그 친족의 범위속에 들어가는 사람은 설령 그 토지에 살지 않는다 해도 확실한 권리와 의무를 갖는 것이다.16)

---

15) R. Pehrson, "Bilateral Kin Groups as a Structural Type" (Journal of East Asiatic Studies, Vol. 61. 1954) pp.199~202.
16) W. Davenport, "Nonunilinear Descent and Descent Groups" (American Anthropologist. Vol. 61. 1959) p.565.

2) 단계 출계집단

單系 出系集團은 어떤 특정의 조상(창시자)에서 시작하여 그 전부가 同性인 많은 직계의 친척을 경유하여 본인까지 이어지는 선이라고 생각하면 틀림없다.(<도표 5-4> 참조)

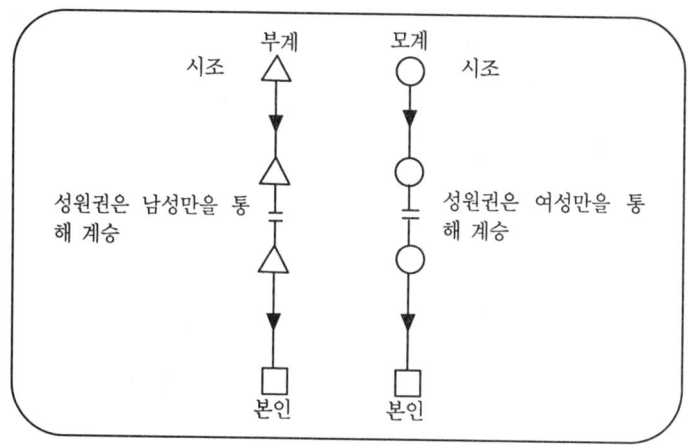

<도표 5-4> 단계출계 집단

兩系 親族의 경우 본인은 남성과 여성의 양쪽을 통해서 다른 구성원과의 관계를 찾는데 반해, 單系 出系集團의 구성원은 어느 쪽이건 한 쪽 性만의 친척과의 연계를 통하여 전달된다. 이러한 차이가 갖는 효과는 매우 광범위하다.

우선 단계 출계집단은 엄격히 경계가 정해진다는 점이다. 본인이 모든 혈연을 자기의 친족이라고 인정할지라도 單系原理는 대다수의 혈연을 그의 출계집단으로부터 제외시킨다는 것이다. 이러한 일치된 제외 때문에 단계출계집단의 구성원의 각자는 집단의 모든 성원과 동일하다. 이것은 어떤 종류의 행동을 일으키기 위하여 출계집단을 동원할 필요가 있을 때는 큰 이점으로 된다. 왜냐하면 각 사람은 하나의 그리고 유일한 하나의 집단에 소속하여 있기 때문이다. 게다가 공동체적인 출계집단이 자산의 계승 내지 유지와 결부되고 있는 경우에는 단계원리가 그 관리의 지속을 가능하게 한다. 잘 알려진 바와 같이 대다수의 사회에서 이러한 단계원리를 활용하고 있다는 사실은 이러한 몇가지 이점에서 설명이 가능하다고 하겠다.

3) 동족

同族(lineage)이란 구성원이 남녀 어느 쪽이건 한 쪽 性의 친척과의 연계를 통하여 서로의 실제적인 계보관계를 찾을 수 있는 하나의 單系 出系集團이다. 예컨대 <도표 5-5>는 하나의 전형적인 母系同族(matrilineage)을 보이는 것인데 이것은 여성의 시조, 그 子息들(남녀 양쪽), 시조의 딸(아들은 제외되고 딸만)의 아이들과 시조의 손녀의 아이들 등으로 되어있다. 시조의 아들(X)는 이 동족의 구성원이지만 X의 妻는 구성원이 아니라는 것, 더욱이 그 아이들도 母의 동족에 소속되므로 그들도 이 동족의 구성원이 아니라는 사실에 주목할 필요가 있다. 모계동족은 남성과 여성으로 구성되었으나 동족에서의 성원권은 여성만을 통하여 전승되는 점에 주의해야 한다. 즉 본인의 아들과 딸들도 역시 이 동족의 구성원이지만 남자 형제들의 아이들은 구성원이 되지 않는다는 점이 그것이다.

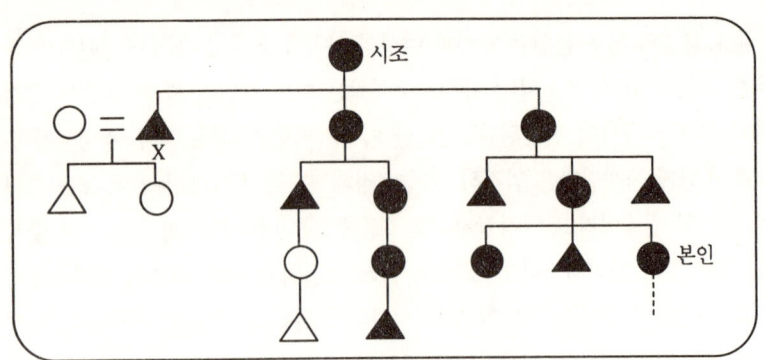

<도표 5-5> 전형적 모계동족(검정색이 구성원임)

부계동족은 출계가 남성을 통해서만 찾을 수 있다는 점에서 모계동족의 反面像이다. <도표 5-6>은 남성의 시조로부터 그 아들들 및 아들의 아들들을 통

하여 말미암은 전형적인 부계동족을 보여주는 것이다. 미국인이라면 그 姓이 어떠한 방식으로 계승되는가 생각해 보면 부계동족의 원리를 이해할 수 있을 것이다.(특히 부인은 결혼할 때 姓이 바뀐다고 하는 관행이 있기 때문에 이것은 약간 복잡하지만) 다시 우리는 남성과 여성 모두 부계동족의 구성원이지만 이런 경우 부계동족의 경우 成員權은 남성의 계통을 통해서만 계승되는 것을 볼 수 있다.

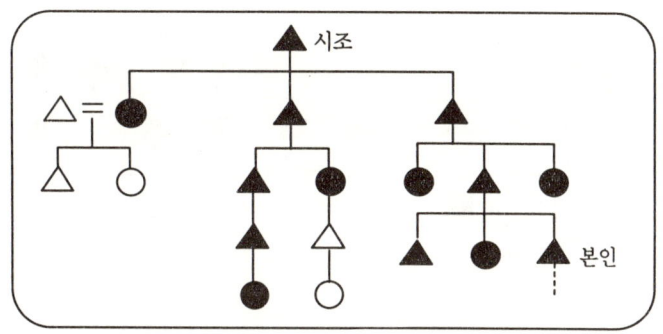

<도표 5-6> 전형적 부계동족(검정색이 구성원임)

단계원리와 본인

<도표 5-7>에 나타난 것은 본인의 형제자매와 같은 세대의 사촌들뿐만 아니라 3세대를 거슬러 올라간 직계의 친척들이다. 양계 친족체계에서는 이 도표에 보이는 모든 사람들은 본인의 친족 구성원이다. 色의 濃淡은 이들 친족 중 어느 것이 본인의 모계동족 구성원이고, 어느 것이 父系同族의 구성원인가를 구별하기 위하여 붙인 것이다. 이 도표에서 알 수 있는 것과 같이 본인과 그 형제자매만이 이들 두 집단의 어느 쪽에도 소속할 수 있다. 色이 없는 많은 도형은 동족의 구성원이 아니라 본인과 같은 세대에서는 본인의 교차사촌 모두가 범주에 들어가는 점을 주의해 주기 바란다.

二重出系의 친족체계 (유형 II.c)의 경우는 모계출계집단과 부계출계집단의 양쪽이 병존한다. 하나가 다른 것 보다 더 중요하다고 할지라도 그리하여 본인과 그 실제 형제자매와는 하나는 모친을 통하여, 또 하나는 부친을 통해서

두 개의 동족에 동시에 속하게 된다. 이 二重出系에 의한 두 친족집단은 양계집단과 같지 않다는 것이 <도표 5-7>을 통해서 알 수 있다. 색이 없는 도형에 나타난 친척은 본인의 어느 쪽 동계집단에도 속하지 않기 때문이다. 이와 같이 단계원리는 그것이 둘 다 적용되는 경우조차 어떤 혈족으로부터 제외되는 경계가 분명한 집단을 형성하는 것이다.

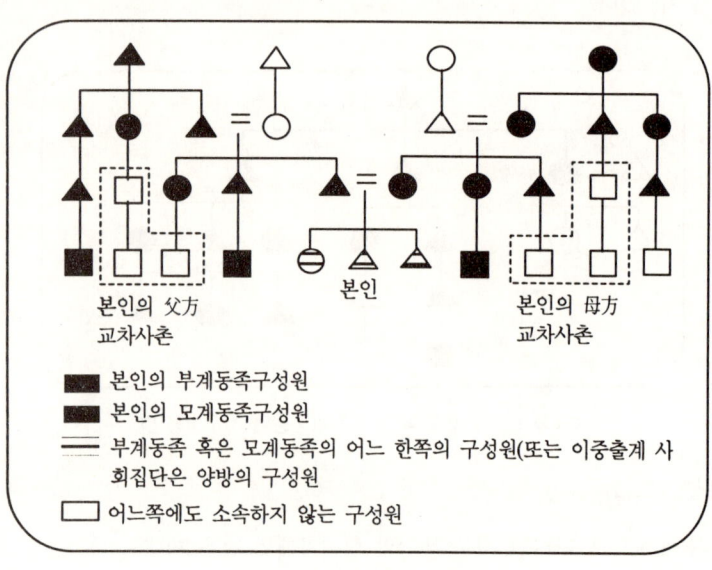

<도표 5-7> 단계출계 원리

單系 出系集團에서의 성원권에 의하여 본인은 어떤 권리와 의무관계를 획득한다. 본인은 보통 자기집단의 동료 구성원에게 재화나 용역의 제공을 구할 수가 있고 반대로 그들도 역시 본인에 대하여 재화나 용역의 제공을 구할 수가 있다. 그러나 그 집단에 속하지 않는 친족에 대해서는 그것이 兩系原理 아래에 친척들을 동등하게 가까운 관계에 있다고 간주할 수 있을지라도 이것을 요구할 수는 없다.

이중출계의 친족체계에서는 본인이 부계동족에서 갖는 권리와 의무는 모계동족에서 갖는 그것과는 전혀 다른 것이다. 예컨대 母親이나 모친의 형제, 기타의 모계친척으로부터는 토지를 상속하고, 한편 父나 부의 형제로부터는 소를 계승하는 것이 그것이다.

이중출계의 친족체계는 특히 수가 많은 것도 아니다. 가장 많이 볼 수 있는 것은 아프리카와 오세아니아이지만 남아시아나 남미로부터 복고된 것도 있다. 겨우 한 종류의 단계 출계집단 밖에 볼 수 없는 사회의 경우에도 본인은 자기 고유의 권리외에 출계집단과의 관계에서 어떤 권리를 갖고 있다. 예컨대 부계동족의 사회에서 본인은 단지 父의 동족의 한 구성원인 동시에 한편으로 母의 부계동족의 구성원(예를 들면 母의 형제자매, 母와 그 형제자매, 그리고 母의 父의 형제의 아이들) 전원과의 사이에도 하나의 표준화된 관계를 갖고 있는 일이 많다. 또 모계제사회에서 보통 본인은 그 父로부터 상속받지 않지만 父의 모계동족의 구성원(예를 들면 父의 자매와 그 아이들, 혹은 父의 형제)으로부터 어떤 은혜를 받을 권리를 갖으며 또 그들에 대하여 어떤 의무를 부담해야 하는 수도 있다.

외숙처제와 교차사촌혼

單系出系라는 개념은 外叔處制(avunculocal residence)라고 하는 거주형태를 이해하는데 도움을 준다. 외숙처제란 본인과 그 신부가 본인의 母의 형제집에 동거하는 거주형태이다. 트로브리안드섬과 같은 모계사회에서는 본인의 母의 형제는 본인의 출계집단의 한 구성원인 성인남자의 친척으로서는 가장 가까운 사람이기 때문에 그 자매의 아들에 대하여 상당한 권위를 갖고 있는 경우가 많다.(<도표 5-8> 참조) 이것 때문에 본인의 父 ― 그는 본인과는 다른 모계동족에 속한다 ― 는 자매의 자식을 상속인으로 하게 되어 성인으로서 父와 동거하게 되는 사람은 父의 實子보다는 바로 이 젊은이인 것이다.17)

---

17) B. Malinowski, Sex and Repression in Savage Society (New York : Meridian Books. 1955).

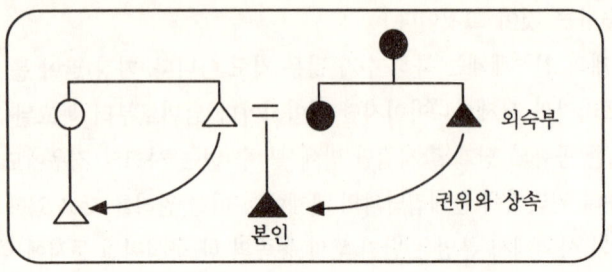

<도표 5-8> 모계제사회에서의 외숙부의 권위

　單系原理는 각 지역에 널리 퍼져 있는 바와 같이 동족내의 혼인을 금지하는 규정과 결합하여 왜 교차사촌 혼인이 보급되고 있는가를 설명해 준다. 이미 살펴본 바와 같이(<도표 5-7>) 본인의 교차사촌은 출계율이 부계, 모계 혹은 중계(duolineal : 二重出系를 가리킴-역자주)의 어떤 경우라도 본인의 단계출계집단의 구성원은 결코 될 수 없다. 그리하여 單系集團이나 族外婚(집단 외의 통혼)의 규정, 그밖에 어떤 혈족과의 통혼의 우선규정 등을 갖는 사회에서는 교차사촌혼이 필연적인 선택일 수 밖에 없는 것이다. 同族의 구성원들은 반드시 동일지역에 사는 것은 아니다. 그리고 출계율과 거주율과는 겹치는 경우가 매우 많다고는 하지만 양자는 일단 별개의 원리로서 파악하는 것이 중요하다. 지역집단을 이루느냐 그렇지 않느냐에 관계없이 동족의 규모에는 대소가 있다. 그 때문에 동족의 인구가 최대한 혹은 최소한에 달한 경우 어떻게 하면 좋은가라는 문제에 봉착하게 된다.
　거주집단의 경우와 마찬가지로 동족집단도 통합하거나 분열하는 경우가 있다. 分節化가 일어나는 경우 그것은 일반적으로 同族의 내부에 잠재하고 있는 계통을 따라 일어난다. 예를 들면 <도표 5-6>에 나타난 바와 같이 부계동족은 대부분 두 개의 부분(계파)으로 분리되는 경향을 띠고 있다. 즉 새로운 동족을 형성하는 시조의 각각의 아들들은 출계가 독립되어 분리되는 것이다. 분열이 일어나면 거주집단이 완전한 분열로 진행되거나 혹은 분열을 통합으로 결합시키는 것과 같이 새로운 동족은 독립된 계파로 나아가거나 혹은 어느 정도의 제휴 관계를 유지할 것이다.

4) 씨족 · 포족 · 반족

계보관계의 기록을 소중하게 기억하고 있는 사회의 경우에도 먼 친척에 해당하는 계보관계를 잃어버리거나 혹은 잊는 날이 언젠가는 찾아온다. 그렇지만 사람들은 각각 출계집단 사이에 오랫동안 지속하고 있는 관계 때문에 자기들을 여전히 친척이라고 생각할 것이다. 이러한 상황에서 아마도 씨족(Clan)이라 불리는 사회집단의 발생이 가능할 것이다. 씨족은 그것이 발견되는 대부분의 사회에서 다음과 같은 특색을 갖고 있다.

1. 씨족은 멀고 그리고 자주 신화적인 선조로부터 남성 또는 여성의 계보를 따라서 출계를 찾는 單系 出系集團이다.
2. 씨족의 구성원들은 정확한 계보를 찾을 수 없고 또 아마 실재하지 않지만 구성원들은 서로 친척이라고 생각하고 있다.
3. 씨족은 族外婚(구성원끼리의 혼인이 금지된)을 실시하며 보통 구성원간의 성교는 近親相姦에 해당한다고 생각한다.
4. 일반적으로 집단의 단위는 씨족명칭, 씨족상징, 그리고 그 씨족을 구성하는 모든 동족에 의해 거행되는 의식 등을 통하여 유지되고 있다.
5. 씨족은 지역적으로 정착한 동족으로 구성되는 일도 있으나 씨족 그 자체는 항상 지역적으로 국한된 집단이라고 할 수 없고 오히려 다른 유형의 거주집단을 가로질러 존재하는 것이다.

어떤 성원권에 대한 의식이 유지되어 있는 한, 씨족은 큰 규모로 확대할 수 있다. 전통적인 중국사회에서는 어떤 씨족—王씨족과 같이—의 구성원이 수 천만에 달하는 경우도 있다. 일정한 동성을 가진 사람은 모두 친척이라고 생각하고 있다. 이와 같은 거대한 부계씨족의 구성원들은 통혼이 금지되고 성원끼리는 완전히 미지의 사이였다고 해도 서로 도와 나가는 것을 의무로 하고 있다. 씨족은 지역집단화하지 않으므로 대단히 중요한 사회적 기능을 수행한다. 즉, 씨족은 거주집단을 가로질러 존재함으로써 그렇지 않으면 엄청나게 많은 수의 지리적 하위집단으로 분열해 버릴지도 모르는 사회를 결합시키는 작용을 하는 것이다.

씨족을 구성하는 각 동족은 상대적으로 대등한 관계를 누릴 수 있다. 각 동족이 서로 대등한 관계에 있다고 생각되는 경우에는 씨족은 상대적으로 뚜렷한 형태를 띠지 않은 경우가 많다. 결국 씨족은 대등한 힘을 가진 몇 개의 단위가 모여서 이루어진 일종의 연합체와 같은 것이어서 각각 단위가 의식적 기능이나 경제적 기능을 갖고 모든 동족의 구성원이 평등하게 참가할 기회를 갖는 것이다. 그런데 어떤 조건아래에서는 씨족의 내부에 신분적인 서열이나 혹은 계층적으로 구분된 동족의 체계가 발달하여 더욱더 사회적 발전에 있어서 중요한 의미를 가져오는 수가 있다.[18]

씨족은 또 종종 몇 개가 모여서 하나의 사회 안에서 대단위로 될 수 있다. 이러한 씨족의 결합체를 일반적으로 胞族(Phratry)이라고 한다. 포족자체는 단계출계집단은 아니나 혼인규제와 관계를 갖고 있다. 즉 포족이 族外婚단위를 이루는—동일 포족의 구성원끼리는 혼인이 행해지지 않는다—사회가 있는가 하면 족내혼 단위를 이루는—동일 포족의 구성원들은 동일 포족에 속하지 않는 상호간에 혼인관계를 맺을 수 있다—사회도 있다.

한 사회 속에서 각 출계집단이 단지 두 개의 중요한 부분으로 분류할 수 있는 경우가 있는데 사회를 양분하고 있는 이들 두 부분을 半族(moiety)이라 한다. <도표 5-9>에서 동족은 14개 씨족으로 편성되고 각 씨족은 5개의 포족과 연계되어 각 포족이 半族으로 나뉘어져 있는 사회를 보여 주고 있다. 이러한 집단의 계층적 분류체계가 사회를 하나의 통합된 전체로 결합시키는 것이다.

---

18) M. Fried, op. cit., pp.185~226.

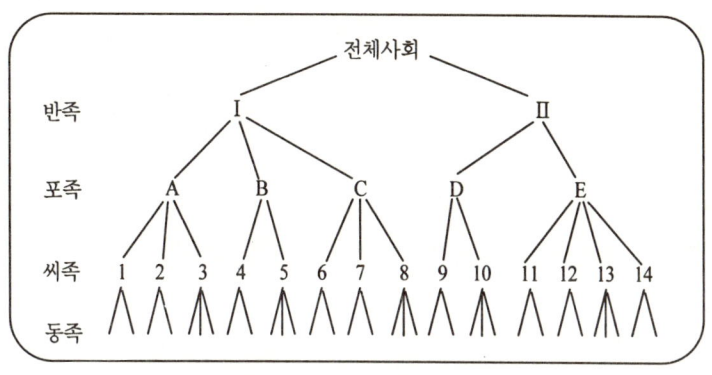

〈도표 5-9〉 씨족사회의 구조

    이와 같이 씨족형태의 사회조직은 친족관계에 기초되어 있어 분명하게 경계가 확실한 동족과 씨족과를 규정하는 단계원리 없이는 성립할 수 없다. 또 혼인규칙이나 경제적 권리 그리고 의례의무도 똑같이 중요하다. 즉 그것은 집단간의 동맹관계를 형성하고 수 세대에 걸쳐 집단을 결속시켜 주기 때문이다.
    단계출계집단의 다양성이야말로 왜 사회적 통합을 가져오는 힘을 가지고 있는가? 또 왜 많은 사회에 그것들이 존재하는 것인가? 하는 것을 설명해준다. 특히 씨족은 모계, 부계를 불문하고 세계 각지의 사회에서 다종다양한 역할을 수행하고 있다. 單系原理에 의하여 규정된 인간의 범주가 있으면 얼마든지 행동규칙을 그 범주와 결합시킬 수 있는 것이다. 어떤 사회(예컨대 나바호족)에서 씨족은 혼인의 규제와 관계가 있으나 심지어 어떤 사회(예 : 이로코이족, 스코트랜드 고지대 사람들, 로마인)에서는 주로 정치적 기능을 갖고 있으며, 또 어떤 곳(예 : 푸에블로 인디언)에서는 혼인규제가 여러 가지 의식 및 경제상의 여러 기능과 결합하고 있다. 또 다른 곳에서는 이 씨족이 갖는 기능은 군사적, 종교적, 경제적 제기능도 갖고 있는 것 같다.
    씨족이 전쟁이나 분쟁에 말려들었을 경우 각 씨족이 하나의 결속된 단위로 간주되고, 우리의 입장에서 보면 닥치는 대로의 방식이라고 생각되는 것 같은 보복이 있다는 것도 극히 당연한 것이다. '생명에는 생명으로'라고 하는 것은 때때로 만약 씨족 A의 어떤 구성원이 씨족 B의 구성원을 살해할 경우 씨족

A의 어떤 구성원이 보복을 받아 살해될 가능성이 있다는 것을 의미한다. 이러한 복수의 형태는 자주행동과 반격행동의 악순환을 초래하게 될 것이다. 그것은 또한 씨족구성원들에게 뜨거운 피가 흐르고 있는 동료구성원에 대하여 책임감을 느끼게 할 만한 효과를 가지고 있다(미국에서 인종상호간 민족상호간의 다툼은 일반적으로 이러한 성질을 갖고 있으며 기타 더욱 순진한 수준인 학교나 대학간의 대항의식에도 그러한 면이 보인다).

토템씨족과 토테미즘

單系 出系집단은 명칭을 갖고 있을 경우도 있고 그렇지 않을 경우도 있다. 결코 보편적이라고는 말할 수 없지만 씨족에게 어떤 종류의 식물이나 동물의 명칭이 붙여져 있는 경우가 매우 많다. 뉴욕의 이로코이(Iroquois) 인디언족에서는 다음과 같은 씨족명칭이 지금도 사용되고 있다. 즉 거북, 늑대, 비버(海狸), 사슴, 뱀장어, 매, 왜가리, 도요새, 곰 등이 그것이다. 이들 씨족—그리고 그 下位집단—의 모두가 늑대 또는 거북이라는 이름의 半族에 속하고 있다. 이들 씨족명칭은 구성원들이 서로의 계보적 연계를 잃어버린 뒤에도 하나의 출계집단으로서의 단위를 유지하는데 도움이 된다. 그런데 사회에 따라서는 씨족명칭이 이것보다도 훨씬 큰 의의를 갖고 있는 경우가 있다. 소위 토템씨족(Totem clan)이라는 것이 그것이다. 토템씨족이란 어떤 자연의 동식물의 이름을 가진 단계출계집단이다. 씨족구성원은 그 특정 동식물이 흔히 출계의 하나라고 하는 어떤 특별한 관계를 갖고 있다고 믿는다. 토템씨족의 모든 구성원은 집단의 궁극적 기원을 실제로 하나의 동물이었다고 하는 신화상의 토템시조까지 거슬러 올라가서 생각하려고 하는 것이다. 이러한 신앙이 아직도 유지되어 있는지 어쩐지는 몰라도 토템씨족의 구성원은 보통 자기집단과 같은 명칭을 가진 동식물에 대해서는 어느 정도의 책임을 공유하고 있다. 예컨대 그 동식물과 결부되어 있는 어떤 의례—다른 씨족의 구성원이라면 필요치 않은 의례—를 거행하는 일을 필요로 할 것이다.

오스트레일리아의 원주민사이에서 토템씨족은 특별히 중요한 의미를 갖고 있다. 원주민들의 식량채집활동은 그들에게 있어 생사가 걸린 문제이기 때문에 각 씨족은 부족전체에 대하여 필요한 식량의 적절한 공급을 확보하기 위하여 각기 특정한 토템에 대한 풍요의례(increase ceremonies)를 거행할 책임을 지고 있다. 각 씨족의 기원은 복잡한 신화와 결부되어 있는데 성년식 때나 풍요의례 때에 거행되는 의례는 보통 신화의 몇 개 부분을 상연하는 것이 포함되어 있었다.

토테미즘(토템씨족이 그들의 神話 및 의례와 결합하는 현상)은 인간 행동의 연구자들을 오랫동안 매혹시켜 왔다. 토템신앙이나 토템관습의 기원을 설명하기 위한 수 많은 설이 나와 있지만 토테미즘에 관한 가장 최근의 연구에서는 사회집단을 분류하기 위하여 사용된 범주와 자연계와의 관계를 강조하고 있다. 예컨대 레비스트로스(C. Lévi-Strauss)는 다음과 같이 진술하였다. '토템 관념은 인간이 자연과 문화사이에서 異種同形的 성질을 표현할 수 있게 하기 위한 규칙을 준비하고 있는 것 같이 생각된다. 여기에는 분명히 언어체계와 유사점이 존재한다. 그 까닭은 언어도 차이점과의 대립을 통하여 의미를 전달할 수 있게 하기 위한 규칙이기 때문이다.'19)

그의 논점은 마치 언어라는 것이 의미를 전달하는 관습적인 규칙에 계통적으로 편입함으로써 선택된 자연의 음성에 여러 특질(유성음/무성음, 전설음/후설음)을 이용하는 것과 같이 토템적 사회체계는 선택된 동식물(거북/늑대, 곰/독수리)사이의 차이점을 사용하여 사회적 관계에 대한 관념을 전하려고 하는 것이다. 그러한 사회의 구성원이 '나는 곰의 일원이다'고 말할 때 그는 자기가 속하는 씨족 구성원의 사회적 특성 (그리고 심리적 또는 신체적 특성), 그리고 어떤 씨족 구성원으로서 다른 집단의 구성원과 관계를 표명하려고 하고 있는 것이다.(제 9장 신앙체계 참조)

---

19) C. Lévi-Strauss, "The Bear and the Barber" (Journal of the Royal Anthropological Institute. Vol. 93. 1963) p.2 및 C. Lévi-Strauss, Totemism (Boston : Beacon Press. 1963).

5) 카스트 제도

토템씨족은 친족집단의 하나인 카스트와 비교, 대조할 수 있다. 카스트는 인도에서 가장 고도로 발달되었다. 카스트는 대규모의 단계출계집단(보통 부계적)이지만 카스트사회는 다음과 같은 특질을 갖고 있다. (1) 族內婚집단이라는 점. (2) 자연의 동식물 보다는 오히려 전통적 직업에 대한 명칭과 결부되어 있다는 점에서 씨족과 다르다. (3) 서로 상하관계에 의한 카스트간의 서열이 있다는 것. 그리고 (4) 복잡한 분업체계속에서 직업의 엄격한 전문적 분화가 만들어낸 카스트 집단간의 상호의존이 있다는 것이 그것이다. 힌두 카스트(Hindu castes)의 族內婚(동일 카스트내의 통혼이 요구되는 것)은 이러한 카스트 집단이 매우 대규모의 것이 아니면 안 된다는 것을 의미한다.

왜냐하면 인도의 대부분 지방에서는 가까운 친척과 혼인이나 같은 지역 집단 안에서의 통혼이 금지되어 있기 때문이다. 자기보다도 카스트의 지위가 얕은 자와 결혼한 부인은 자기 자신과 자기가 속하는 집단의 양쪽에 대하여 불명예를 가져오는 것이 되지만 上位婚(Hypergamy) 관습이 있기 때문에 남자 쪽은 자기 집단보다도 직위가 낮은 카스트의 부인을 편견없이 맞아들일 수 있는 것이다. 그 경우 태어나는 아이는 부친의 카스트에 소속하게 된다. 이 점에서 인도의 카스트는 부계출계집단이라고 생각해도 좋을 것이다. 씨족사회의 경우는 친척과 여성의 교환을 통하여 통합이 달성되는데 카스트사회에 있어서의 유기적 연대는 그와 달리 재화나 용역의 교환에 의해서 산출하지 않으면 안 되는 것이다.

현대 인도의 많은 지방에서 카스트와 직업과의 관련은 무너져 가고 있다. 전통적 체제하에서의 브라만, 상인, 농부, 직공. 이발사, 도예공, 청소부 등의 카스트가 존속되고 있는데, 그들은 각각의 지역사회 속에서 완수해야 할 역할을 갖고 있으며, 각자가 그 권리를 열심히 지켰던 것이다. 복잡한 상호 의존의 체계를 가진 카스트제도는 힌두사회 속에 매우 깊이 침투하여 있어서 다른 종교—그리스도교나 회교—의 신도조차도 이 제도속에 편성되어 버릴 정도였다. 이들 카스트의 개개의 구성원간에는 특수한 관계가 설정되어 있다. 예컨대, 농부는 일년내내 특정한 승려나 이발사의 봉사를 받는 대신 추수기에는 그에 상응한 곡식을 선물로써 증여한다.

카스트의 엄격한 서열은 전통적 인도사회체계에 독특한 모양을 주었다. 이 서열은 '의례상 정결'(ritual purity)에 기초하여 성전이나 전설에 따라 정당화된 것인데 이것이 집단의 신분계층적 서열을 만들어 내어 각종 인간이 그 질서체계속에서 각각 자기의 지위와 특권 및 의무를 가지고 있었던 것이다. 신분계층체계의 정점에는 브라만이 있고 그 아래에 군인, 상인, 농부, 직인의 카스트가 이어져 있으며, 체계의 말단에는 부정한 직업 — 예컨대 피혁업이라든가, 그렇지 않으면 동물의 유해 처리라던가 — 의 이유로 고려할 가치가 없는 집단으로 된 '아웃 카스트(out caste)'가 있다.

이 계층체계는 다른 카스트의 구성원간의 사회적 접촉에 관한 일련의 복잡한 금지 규정에 의하여 유지되고, 또 선한 사람은 더 높은 카스트로 환생할 것을 약속했던 신학에 의하여 도덕적으로 정당화되었다. 개인의 카스트에서의 지위는 출생에 따라 귀속되었다. 신분계층체계 속에서의 상대적 위치를 상승시키는 일은 보다 덜 부정한 생활양식을 받아 들임으로써 모든 카스트에서 가능하였다. 이러한 상승과정을 성취하기까지는 수 세대에 걸친 노력을 필요로 했다. 비록 성공은 드물었지만 그러한 상승과정을 허용함으로써 카스트제도는 어느 정도의 탄력성을 갖게 되었던 것이다.

요컨대 출계집단은 공동행위를 위한 행동준칙과 결부되어 있는 관례적인 친족의 규범이다. 이들의 행동규칙은 겨우 두 세계의 활동(결혼이나 토지에 대한 권리, 경제적 협동 등)만을 규제하는 경우가 있는가 하면, 힌두 카스트의 경우와 같이 개인에게 자기의 위치를 바꿀 기회를 전혀 주지 않고 그 사람의 생활(종교적, 경제적, 사회적)의 모든 영역에 걸쳐서 영향을 미치는 경우도 있다. 사회 내에서 지배적인 위치를 차지하는 출계집단은 일반적으로 집단의 기원을 가르쳐 주고, 또 그 집단이 현재 차지하고 있는 위치에 대한 권리를 설명해 주는 신화나 전설에 의하여 그 상대적 위치나 특권 등을 정당화하려고 시도한다. 그러나 사회집단 상호간의 실제적 관계는 시대와 상황에 따라 변화하는 것이므로 여러 가지 일들이 상태를 정당화시키는데 기여하는 신화를 변화는 상황에 일치하도록 꾸준히 개조하는 것은 그다지 놀라운 것이 아니다.

4. 또래집단과 결사

동일 주거지역 혹은 공통의 出系에 기초하지 않고 어떤 이해관계나 사회적 특질을 공유하고 있는 사람들은 또래라고 칭할 수 있을 것이다. 또래집단(peer group)이라고 하는 말은 어떤 이해관계나 특질을 공유하고 게다가 그 집단의 구성원에 합당한 행동에 대해서 공통의 기대와 더불어 연대감을 발달시켜 온 모든 개인의 범주를 가리키는 것이다.

1) 연령과 성에 의한 집단

性에 의한 노동의 분업은 인간사회에 보편적인 것이며 또 개인의 능력이 연령과 함께 변하는 것은 누구나 인정하고 있다. 이들 두 가지 사실이 문화적으로 다듬어져 남녀의 사회적 경력을 분화시킨다. 비교적 단순사회에서는 연령과 성이 경력을 기초로 한 다른 여러 가지 기준에 의하여 보충 받을지라도 역시 그 중요성은 변하지 않는다. 그러나 여기에서 우리들의 관심은 성의 역할로서가 아니라 어떤 조건 아래 단위로서 활동하는 집단이 어떻게 하여 만들어지고 자율적인 공동체적 기능을 획득하기에 이르렀는가 하는 문제에 있다. 이런 형태의 집단의 한 예가 바로 年輩(age-set)이다.

연배란 같은 시기에 태어나고 혹은 같은 시기에 성년식을 받은 한쪽 性(보통 남자)을 가진 사람의 집단이다. 연배는 북미에서도 알려져 있지만 가장 일반적으로 볼 수 있는 곳이 아프리카이다. 예컨대, 케냐의 유목민인 난디(Nandi)족의 경우에는 모든 남자가 출생과 더불어 하나의 연배에 가입된다. 연배는 같은 시기에 割禮를 시행하는 남자들의 집단이다. 헌팅포트(G. W. B. Huntingford)는 다음과 같이 보고하고 있다.

연배는 모두 7개 조가 있는데 항시 그 중에 어떤 하나는 전사집단이고, 둘은 연소집단, 셋은 노년집단이다. 전사집단은 '실권을 쥐고 있는 집단'이라고 말한다. 이 집단은 그 임기중 모든 군사행동에 대해서 책임을 지고 게다가 어떤 종류의 특권을 갖고 있기 때문에 이 집단은 퇴역할 때까지 약 15년 정도 권력을 쥐고 있다. 퇴역하는 말기에는 15년 동안에 할례를 받은 바로 그 다음 집단이 뒤를 계승한다. ……퇴역군인은 장로가 된다. ……동시에 그 무렵까지는 모두 사망하고 있어야 할 가장 나이 많은 노년집단이 하나의 노년집단으로서 자리를 물려주고 그 명칭은 가장 나이 어린 연소집단에게 양도된다. 각 집단은 이와 같이 순환적인 주기로 기능을 실행하고 그 명칭은 몇 번이고 계속해서 나타나는 것이다.[20]

난디족의 연배는 일련의 연령단계-소년, 청년, 전사, 장로라고 하는 사회적 범주-를 통하여 이동한다. 연배는 군사적 기능과 정치적 기능을 가지고 있다.(<도표 5-10> 참조) 난디족의 여자는 연배를 가지고 있지 않으나 티픽(tipik)이라는 소녀의 단계와 오소틱(osotik)이라 부르는 기혼여성 단계를 통과한다. 하나의 단계에서 다른 단계로의 이행은 결혼을 경계로 하여 행해지는 것이다. 주로 통제적 기능을 가진 또 하나의 연령결사의 형태 ― 레드 호사(Red Xhosa)족의 경우 ― 에 대해서는 제 2장에서 진술했다.

---

20) G. W. B. Huntingford, Nandy Age-sets. in Culture and Societies of Africa. in Simon and Phoebe Ottenberg. eds., (New York : Random House. 1960) p.215

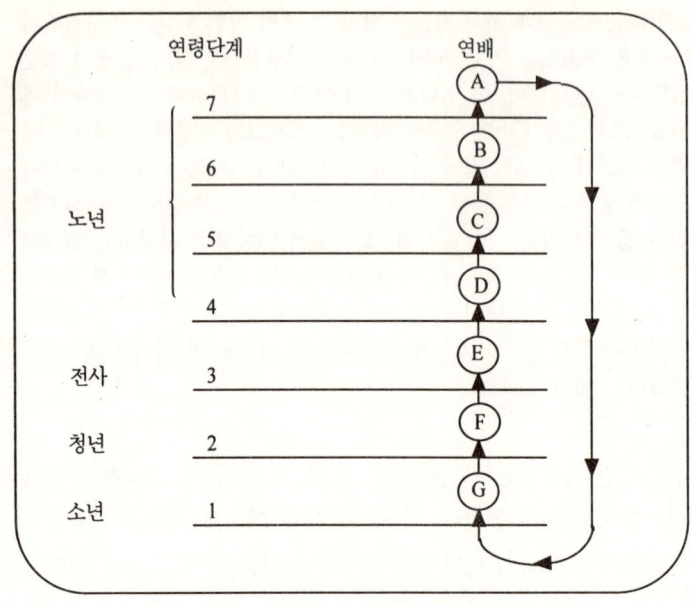

<도표 5-10> 난디족의 연배와 연령단계

연령촌

동아프리카 대부분의 지방에서는 연배가 부족사회의 지역집단 하부조직을 가로질러 퍼져 있고, 각 분절집단을 연결하여 보다 큰 사회로 통합시키는 기능을 수행하고 있다. 그런데 탄자니아의 냐큐사(Nyakyusa)족의 경우는 연령이 지역집단의 기초를 이루고 있기 때문에 年齡村(age-village)이라 하는 것을 형성한다. 10살에서 11살쯤까지 소년들은 양친과 지내고 부친의 소를 지킨다. 그러나 사춘기가 가까워지면 '소몰이를 동생들에게 맡기고 자기들은 죽을 때까지 차지하게 될 토지를 경작하는 일을 시작한다. 이어서 그들은 이미 부친의 집에서 잠자는 것을 마치고 소년들의 연령촌에 동거하게 된다.' 처음에는 몇 명의 어린 소년들이 허술한 오두막에서 함께 잠자리를 같이 하다가 그 후 연령촌이 커지면 훨씬 본격적인 개인용의 집을 지어 최후에는 그곳에 아내를 데려오게 되는 것이다.

연령촌의 초기에 만들어진 개인적인 유대가 매우 중요하다고 하는 이유는 나큐사(Nyakyusa)족의 남자들이 자기들의 同年輩와의 '좋은 교제' 즉 자기 연령집단의 다른 남자들과 함께 먹고 말하는 것을 무엇보다도 소중히 여기기 때문이다. 일정한 기간이 지나면 정식으로 정치적 권한이 젊은 세대의 손에 양도되고 항구적인 촌락지도자(村長)가 선출된다. 즉 "추장촌락의 年長의 少年村에 사는 젊은이들이 결혼하기 시작하여 8년 내지 10년이 경과되면 그들의 아버지들은 그 지역의 정치를 젊은 사람들의 손에 위임한다. 이 권력의 양도는 '첫 등장 혹은 데뷔(coming out)'이라 불리우는 정교한 의식으로 거행된다."

나큐사 사회에서는 사회가 두 개의 대등한 집단으로 분열되는 것이 사회의 성장과 변화의 기본적 메카니즘이다. '첫 등장'의 의식 때 이념적으로 말하면 추장사회는 늙은 추장의 두 年長의 아들의 지배아래 좌우 둘로 분할된다. 동시에 새로 임명된 촌장의 지휘아래 분할된 각 집단에 성인남자의 연령촌이 둘씩 만들어지는데 그 후 머지 않아 각 연령촌에 속하는 형태로 두 개의 少年村이 생기는 것이다. 나큐사사회에서는 '연령과 지역성이 일치하고 있는 셈이지만 한편 父와 자식, 그리고 통상 형제들이 서로 다른 마을에서 만들고 있는 지역집단은 친족관계에 의하여 맺어진다. 그러나 친족은 한 지역의 동일한 집단에서 정주하려 하고 또한 하나의 추장사회에 남아 있으려는 경향을 띠고 있다.21)'

청소년의 갱집단

현대 미국사회에서는 연령과 성이 교육, 직업, 정치 등에 관한 참으로 다양한 역할에 가입하는데 필요한 기준으로 쓰인다. 여성해방운동은 性이라고 하는 기준이 얼마나 광범위하고 또 불합리하게 쓰이고 있는가를 우리들에게 가르쳐주고 있으며 또 그것은 女性이라고 하는 '단순한 규범'(mere category)에 지나지 않는 것이 진짜 사회집단의 기초가 되는 경우가 있다고 하는 예를 보

---

21) M. Wilson, Goog Company (Boston : Beacon Press. 1963) p.19, 22. 33.

여 주었다.

그러나 연령은 여러 가지 집단에의 가입을 위한 다른 기준과 병용은 되어도 그것이 집단형성의 기초조건이 되는 것은 거의 없다. 물론 예외적으로 퇴직연금 생활자들의 자생단체들은 회원자격을 부여하는데 공통적인 연령을 기준으로 하고 있으며, 운전이나 음주 그리고 투표에도 임의적인 연령등급을 규정하고 있는 것이 또한 일반적이다.

그러나 미국사회에서 진짜 연배에 가까운 것은 아마 近隣社會의 소년들의 갱(gang)과 그리고 형태적으로 비슷한 대학의 '후레터니티'(fraternity : 그리스 문자의 알파벳을 이름으로 하는 남자대학생의 우호단체-역자 주)와 '소로리티'(sorority : 여자대학생의 우호단체) 등일 것이다.

근린사회의 청소년 갱은 작은 공동적 집단이지만 그 구성원들은 지역마다 다양한 미국청소년 문화와 일치된 교우관계와 자기표현을 찾아낸다. 갱집단에서는 일치된 복종에 대해 압력이 매우 강하다. 그러나 레드 호사(Red Xhosa)족의 단체가 전체사회의 전통적 가치를 갱집단끼리 서로 가르쳐 주는 것과 달리 청소년의 갱집단은 자주 '어른의 기대와 예의 범절'에 역행하여 운동경기와 性的 경쟁, 빠른 자동차 질주, 마약, 흥분에 정열을 불사른다.[22]

갱집단에 있어서의 위신은 종종 밖의 세계에서 보면 무책임 혹은 위법이라 생각되는 수단에 의해서 획득된다. 확실히 이 특수한 유형의 청소년 문화는 어른의 책임이 강조되고 사회 속에서의 개인의 위치가 좁은 직업분야에서 경쟁관계를 통해 결정되는 미국사회의 지배적 문화유형에 대한 반동이라고 볼 수도 있을 것이다.

갱집단 속에서 개인의 전체적 인성은 중요하며, 다만 토요일 밤만일지라도 자질을 칭찬받을 만한 기회를 얻게 된다. 이러한 청년문화에 대한 성인들의 태도는 적대감(젠장! 빌어먹을 풋내기자식이라는)과 젊은 스타일과 행동의 모방이라는 감정이 혼입된 것이다.

---

22) T. Parsons, "Age and Sex in the Social Structure" in Essays in Sociological Theory Pure and Applied (New York : Free Press. 1949) p.221.

2) 직업집단과 결사

미개사회에서 어떤 특정직업을 전문으로 하는 자의 수는 적지만 항상 結社를 형성하는 것은 아니다. 동업자의 직업이 중요하게 되는 것은 문명사회 특히 산업사회에 있어서 뿐이다. 수공업자 길드, 기업과 전문가의 단체, 노동조합 등은 그러한 기준에 기초하여 결성된 직업집단의 예이다. 그러한 직업집단의 주된 기능은 경제적인 것인데 집단구성원의 공통관심과 연대의 여하에 따라서 어느 정도까지는 사회적, 정치적 기능을 달성할 수도 있다.

인류학자가 연구하는 소규모의 사회에는 어떤 공통된 과제를 서로 돕는 남자와 여자의 집단이 자주 보인다. 그러나 집단의 구성원이 구성원의 가입과 탈퇴에 따라 끊임없이 변화하고 있기 때문에 이와 같은 집단은 자원결사로서 다루는 편이 좋을 것이다. 자원결사(Voluntary association)란 특정의 목적을 달성하기 위하여 임의적 선택의 활동을 함께 하는 사람들의 집단이다. 임의적 집단은 두 가지 방법으로 분류할 수 있다.

(1) 지속의 정도에 의한 분류-일시적인 집단이나 반영구적인 집단.
(2) 중요한 집단의 명시적 기능에 의한 분류-임무수행직, 사회통제적, 혹은 표출적 기능.

일시적 작업집단

전형적인 일시적 임무수행 집단은 작업반이다. 작업집단에 할당되는 일이라고 하는 것은 사회에 따라 차이가 있지만 거의 온갖 종류에 미친다. 즉 사냥, 어로, 자원의 수집, 식량의 준비, 무겁고 부피 큰 것의 운반, 전투, 방위 등이 그것이다. 그러한 집단은 단기간에 특정한 사회적 필요에 따라서 조직되는 것이지만 사회에 따라서는 그들이 최고도로 조직된 집단으로 되어 있는 경우도 많다.

예컨대 그레이트 베이슨(Great Basin) 지방에서 흩어져 생활하는 파이유트(Paiute) 인디언의 가족들은 매년 사냥철이 되면 토끼와 산양의 공동 사냥을 위하여 모였다가 사냥감이 동이 나면 다시 각각 정해진 식량 채집지로 흩어져 가야만 했다. 그러한 집단에의 참가는 자율적인 것같이 보이지만 자세히 분석하여 보면 그것은 아마도 親族이나 地域, 年輩 혹은 기타 어떤 공통의 이해관계와 같은 이전부터 존재한 유대관계를 잘 활용함으로써 가능하다는 것을 알 수 있다.

　이러한 집단의 리더쉽은 해야 할 일이 집단의 구성원 모두에게 이익을 가져다 줄 경우에는 보통 형식적인 것이다. 그러나 만약 이익의 분배가 불평등하게 이루어지면 어떠한 종류의 임무를 수행하기 위한 리더쉽의 발휘가 필요할 것이다. 예를 들면 곡식을 수확할 때의 상호부조와 같은 경우에는 분명한 지시가 거의 없어도 협동집단은 작업에 들어갈 것이다. 그러나 작업반이 특히 큰 몫을 가진 한 사람을 돕게 된다면 보통 그 사람은 작업반의 구성원들에게 성찬을 베풀던가 아니면 무엇인가 다른 방법으로 그 사람에게 보답하여 줄 필요가 있다.

　작업반의 명시적 기능 등은 더욱 중요한 암묵적 기능에 비하면 보잘 것 없다고 할 수도 있다. 예컨대 솔로몬 군도의 슈아이(Siuai)족의 경우를 보자. 자기의 위신을 높이고 싶다고 생각하는 지역의 통치자는 목제악기의 하나인 슬릿공(Slit-gong)의 제조자를 고용하여 마을에서 좀 떨어진 곳에서 그것을 제작시킨다. 슬릿공이 완성되면 통치자는 작업반을 소집하여 남자들의 의식을 행하는 會堂까지 그 무거운 악기를 운반시킨다. 통치자는 일이 끝난 후 작업에 참가했던 사람들에게 선심좋게 음식을 베풀지만 작업반의 규모가 크면 클수록 그 때 통치자가 받는 위신도 크다. 그 슬릿공이 울려 퍼질 때마다 사람들은 그때의 향연을 생각해 내어 공(gong)에서 통치자의 명성이 들려오는 것처럼 얘기하는 것이다.[23]

　특정한 임무수행을 목적으로 만들어진 임의적 집단이 비교적 중요시되는 경우가 있는데, 그것은 한 사회 속에서 정규적 집단이 계속되는 사회적 요구를 만족시킬 수 없는 경우이다. 이러한 일은 특히 문화가 급속한 변화를 겪고 있는 사태에서 일어나기 쉽다. 그러한 사태를 만났을 경우 가족과 지역사회는

---

23) D. Oliver, A Solomon Island Society (Cambrigge : Harvard University press. 1955) pp.379~386.

새로운 조건에 적응할 수 없게 된다.

예를 들면 자급자족 경제를 기반으로 식량생산을 행하고 있던 사회가 국내 혹은 세계시장을 상대로 換金作物을 생산하는데 관련될 경우에는 친족과 지역집단의 범위를 넘어선 생산자의 자생단체가 결성되는 일이 자주 있다. 부족민이 도회지로 이주하면 익숙하지 못한 조건에 신참자가 적응할 수 있도록 그들을 도울 목적으로 자발적인 단체가 결성되는 일이 자주 있다.

이러한 단체가 수행하는 기능은 미국이 대량의 이민을 받아들인 시기에 각종의 민족집단에 의하여 만들어진 이민결사가 완수한 기능과 같다. 그들 결사의 목적은 신참자가 영어를 습득하고 직업을 얻어 미국문화에 적응해 나갈 수 있게 원조하여 주는 것이었다.

표출적 집단과 그 기능

어떤 임의적 집단은 그 구성원에 대하여 성대하게 과시하거나 활동하며 기타의 형태로 자기표현을 할 수 있는 기회를 제공하는 명시적 기능을 가지고 있다. 그러한 집단은 임시적 놀이집단으로부터 더욱 영구적인 조직을 갖춘 체육단체나 예술단체에 이르기까지 다양하다.

그러한 표출적 집단은 임의적인 것이지만 그렇다고 그 이외의 관계가 참가자들 사이에 전혀 존재하지 않는다는 것은 아니다. 저자는 캐나다의 어떤 인디언 보호구역을 조사했을 때 그 곳에서 행해진 어떤 야구시합에서 선수들이 전부 감독과 개인적인 친척관계에 있는 자들로 편성된 팀을 만났던 일이 있다. 그러나 임의 집단의 구성원은 그러한 유대를 반드시 갖고 있지 않으면 안 된다고 하는 것은 아니다.

표출적 집단은 이외의 기능도 갖고 있다. 인류학자는 지금까지 임의적 표출집단의 형성과 구조를 반드시 중시하지는 않았다. 그러한 정보에 대해서 섬세하고 치밀한 보고를 볼 수 있게 된 것은 극히 최근의 일이다. 그러한 집단에 대하여 알려면 찰스 프레이크(Charles Frake)의 필리핀 수바눈(Subanun)족에 관한 연구가 좋은 참고가 된다.

스바눈족의 연회에서는 土産의 맥주를 마시는 일이 중요한 부분을 차지하고 있다. 그 장면을 면밀히 분석한 결과 프레이크는 음주행동 속에 내포된 사람들의 상호행위에 표준적인 단계가 있다는 것을 밝히고, 또 '스바눈족의 맥주연회는 ······대화를 통하여 일상의 교제관계를 벗어나 사회적 관계를 확대할 수 있으며, 또 그 관계를 확정하기도 하고 조종할 수 있는 범위 내에서 하나의 구조화된 場을 제공한다.'[24]는 사실을 증명해 주고 있다. 법률상 다툼도 보통 그러한 비형식적인 집회에서 해결이 되는 것이다.

우호단체와 비밀결사

미국사회에서는 정치적 활동을 위해서는 칵테일 파티와 골프시합과 관련하여 수행되어야 할 표준적인 관습이 있다.

사회통제와 교육은 암묵적 기능일 경우가 많은데 어떤 임의적 집단에서는 사회통제와 교육을 주된 목적으로 한다. 예를 들면 미국으로 온 이주자들이 만든 협동조합적 민족집단은 확고한 임무수행을 목표로 한 집단이라고 전술하였는데 그 임무수행 후에도 그들 중 많은 집단이 쉽게 소멸치 않고 민족의 관습과 언어를 보존하는 확실한 목적을 가진 동호인 집단으로서 계속 남아 미국에서 출생한 세대에 대하여 민족적 문화유산을 존중하는 마음을 전하려고 시도하고 있는 것이다.

미개사회의 경우에 통합성을 가진 임의집단에 가장 가까운 것은 비밀결사이다. 비밀결사(secret societies)는 새로운 구성원을 교화하고 그들에게 그 문화의 어떤 祕傳의 부분을 전수한다. 그리고 그 집단의 신화와 가치를 상징적으로 나타내고 있는 의식을 주기적으로 집행함으로써 그 통제적, 교육적 기능을 수행하는 것이다. 하나의 예를 들면 탄자니아 일대에서 널리 볼 수 있는 비밀결사로 부스웨지(Buswezi)라는 것이 있다.

이 집단의 활동은 儀禮, 精靈憑依, 춤, 질병치료 등을 포함하고 있고 회원은 집단의 비밀을 지키는 것과 함께 서로 돕는 것이 의무로 되어 있다. 새로 회원이 된 자는 여러 해가 지나면 한층 중앙의 동료인 핵심세력 속에 가입할 자격

---

24) C. Frake, "How to Ask for a Drink in Subanun." (American Anthropologist. Vol. 66. No.6 Part. 2, 1964) p.131.

이 있어 거기서 다시 비밀교리를 습득하게 된다.

부스웨지는 서로 독립하고 있는 많은 작은 단위에서 이루어지고 비밀결사의 이념적 목적과 관련된 영역에 대해 해박한 지식과 능력에 기초한 권위를 존중하는 것 이외는 아무런 조직도 갖지 않고 활발히 움직이고 있는 보기 드문 결사의 하나이다. 그 조직이 강력한 것은 비밀결사 이외의 분야에서는 회원의 신분이나 능력을 일체 인정하지 않기 때문이다.[25]

현대미국의 지역사회에서도 여러 가지 종류의 비밀결사와 우호단체(fraternal organization)가 번영하고 있다. 메이슨(Mason)과 엘크스(Elks)(미국의 서민사교단체의 하나)와 같은 집단은 시민의식을 가꾸는 여러 계획과 넓은 범위에 걸친 레크레이션 활동을 실시하는 것이 있고, 또 직업의 이름과 토템의 명칭을 쓰는 일도 있지만 그러한 집단 모두가 갖고 있는 기본적인 기능은 사회적 통합과 관계가 있다. 공공단체와 임의단체가 임무의 수행, 통제 및 표출의 여러 가지 기능을 계속하여 가는 것이 미국 문화에서의 변화의 일반적이 유형이다. 그것은 결국 다원적 기능집단으로서의 가족의 쇠퇴와 관계가 있다.

3) 인류 · 민족집단

복잡한 사회의 내부에서는 人種的 및 下位文化的 차이가 조직화된 사회집단을 형성한다. 이들 차이는 보통 각 하위집단의 다양한 역사의 결과로 해석할 수가 있다. 그들이 생물학적이든 또는 문화적이든 혹은 양자가 혼합된 것이든 간에 인류학적으로 중요한 질문은 다음과 같다. 전체사회 내에서 분리된 사람과 결속된 사람 사이에 기능의 차이는 어떠한가? 인종적 그리고 문화적 기능의 차이가 자동적으로 결속되는 것은 아니다. 즉 그것은 인간 분류의 관습적 방법과 범주에 대한 전통적인 태도에 의존한다.

미국에서는 조상 중에 한 사람이라도 흑인이 混入했다면 보통 흑인으로 분

---

25) H. Cory, "The Buswezi" (American Anthropologist. Vol. 57, 1955) p.925. K. L. Little, 'The Role of the Secret in Cultural Specialization' (American Anthropologist. Vol. 51, 1949) pp.199~212.

류되는데, 하이티(Haiti)에서는 한 사람이라도 백인의 조상이 섞여 있다면 백인으로 분류된다. 한편으로 브라질에서는 여러 人種的 범주를 가르키는 말이 수 십개 있으나 이들 거의가 중복되어 있고 매우 애매한 방식을 취하고 있다. 이러한 범주와 행동준칙의 결합은 어느 것이든지 그들이 기능하는 문화적 배경이라고 하는 시각으로 이해할 수 있지만 순순히 生物學的 관점에서 보면 어느 하나도 의미가 있는 것은 없다.

우리는 최근에 도심지로 새로 이주해 온 사람들이 새로운 조건에 대응하여 나갈 때 서로 원조해 나가기 위하여 자생적인 단체를 결성하는 일을 자주 볼 수 있다. 물론 그 이주가 자발적 의지에 기초하는 것인가 그렇지 않은가 그리고 인종적, 민족적 집단이 새로운 정착지에서 숭배되거나 무시되거나 혹은 경멸되는가 하는 점에 따라서 그러한 단체의 결성방법에는 큰 차이가 생긴다. 그러나 설령 공식적 집단을 발전시키지 않는다 해도 같은 言語(方言)를 쓰고 같은 관습을 실행하는 사람들이 알지 못하는 사람들 속에 있는 경우 스스로의 民族的 同一性을 의식하게 되는 것은 당연한 것이다. 미국에서 민족적 차이가 점차 소실되어 가는 용해단지(melting pot)의 원리가 나타났다. 그러나 그들은 그렇게 하지 않았고 대다수 사람들은 지금 이 목표가 꼭 바람직한지 어떤지는 의문을 던지고 있다.[26]

완전히 붕괴된 민족집단도 많다. 즉 그들의 언어는 더 이상 말하여지지 않으며, 단지 그들의 문화는 박물관 속에 보존되어 있을 뿐이다. 그러나 세계는 반드시 문화적 동질성을 향하여 나아가고 있다던가 그 민족적 특이성을 주장하고 있는 집단이 어찌할 수도 없는 고집쟁이라고 주장하는 것은 잘못일 것이다. 인류학자는 자주 낭만주의적이거나 부족민을 '살아있는 박물관' 속에 보존하길 원하는 자를 비난한다. 그러나 가장 중요한 것은 문화의 다양성이 갖는 적극적 가치에 대한 우리들의 인식이다. 마침 생물학적 적응이 항상 특정한 환경적 상황에 응하여 변화하는 것처럼 문화적 적응도 상대적인 것이다. 즉 너무나 특수화가 지나치게 된 사회(또는 종자)는 환경적 조건이 변화했을

---

[26] J. W. Bennett, ed., The New Ethnicity (Perspectives from Ethnology. St. Paul : West Publishing Company. 1975).

때는 심각한 위험에 노출하게 된다. 민족집단의 다양성이야말로 전체사회로서는 혁신과 창조의 중요한 원천이 되는 것이다.

아메리카 인디언과 같은 소수민족집단은 한 때는 크고 다양했던 원주민群의 잔재자들이다. 현재까지 살아남은 선조들은 16세기부터 오늘까지 유럽인들의 확장과 제국주의 희생이 된 사람들이다. 그 사람들은 스페인, 영국 혹은 미국의 탁월한 군사력 앞에 패하고 종종 노예가 되거나 혹은 이미 그 전통적 문화의 실질적 유지존속을 불가능케 하는 '보호구역'에 밀어 넣어진 것이다.

여기서 제국주의의 죄악, 기업가의 탐욕, 혹은 모든 선교사의 노력이 불행한 결과로 끝났던 것을 회고하자는 게 아니다. 다만 정말로 주목하지 않을 수 없는 것은 이들의 집단 몇 개가 수세기에 걸친 전쟁, 질병, 억류, 그리고 착취에도 꺾이지 않고 오늘까지 살아왔다고 하는 사실이다. 그리고 그 후에 20세기 중기는 많은 피압박 민족간에 있어서의 인종적 자랑의 재각성과 민족적 동일성을 깨우쳐 주는 일—즉 미국에서는 블랙 파워에서 범인디언운동에 이르기까지 또 다른 나라에서는 아프리카민족주의에서 이스라엘에 이르기까지—에 당면하고 있는 것이다.

인류학자가 극히 최근에 민족적 동일성의 결여, 발달, 유지 등의 주된 요인을 이해하기 시작했다. 이들 요인에는 다음과 같은 문제가 포함되어 있다. (1) 각기 다른 생태학적 적응의 유무 (2) 민족집단간의 접촉상황과 교환관계의 성질 (3) 민족적 동질성이 정치적 참여와 아울러 가치있는 사회적 역할에 참가하는 것에 영향을 끼친 방식 등이 그것이다.

민족집단의 연구는 사회변화의 이해와, 개인과 개인이 소속하는 집단과의 관계파악에 있어 특히 중요하다.[27]

5. 사회계층

복잡한 사회는 많은 社會階層으로 계층화되는 경향이 있다. 사회계층이란

---

27) F. Barth, Ethnic Groups and Boundaries (Boston Little, Brown, 1969).

전체사회의 수직적 구분을 말하는데 각 구분의 구성원은 가치 있는 자원과 권좌에 접근하는 것에 따라서 그 위신에 격차를 갖게 된다. 각 계층은 무엇인가 특성을 공유하고 있지만 공동으로 활동하는 일은 거의 없다고 하는 점에서 집단이라기 보다는 範疇라고 말하는 것이 좋다. 즉 계층의 구성원들은 반드시 행위 때문에 準則을 공유한다고는 할 수 없다. 맑스주의 이론은 사회계층의 구성원이 이해관계의 공유를 자각하고 전원일치하여 행동하기 위한 조건을 다룬다.

사회계층의 복잡한 체계는 구세계와 신세계의 고대제국에도 존재한다. 최근의 계층은 出系, 民族的 同一性, 富 및 公式的 敎育에 기초하고 있다. 개인이 어느 계층에서 다른 계층으로 이동해 가는 것은 가능하며 그렇지 않다면 그것은 사회계층이 아니고 카스트제도라고 하는 것이 된다. 그러나 실제로는 사회계층은 극히 고정적인 것으로 되어 가는 경향이 있다.

각 사회계층은 그 독자의 하위문화를 발전시키고 각 계층을 그 일부로 포함시켜 전체 사회체계 내부에서 다른 생활양식에 의하여 특색지워진다.

사회계층과 카스트는 그 상대적 가치에 따라 서열지어진 집단의 예이다. 주요한 구분이 귀족, 평민 및 노예라는 구성으로 되어있는 사회에서 이들 집단을 권력과 위신이라고 하는 평가적 차원에 따라 배열하는데 아무 문제가 없다. 만약 이러한 배치가 있다고 한다면 우리는 각 집단의 규모를 조사하고 또 개인이 어느 집단에서 다른 집단으로 옮길 수가 있느냐 없느냐 즉, 社會的 移動(Social mobility)의 가능성을 연구할 수 있을 것이다.

미국의 사회계층체계를 기술하는 것은 어렵다. 그 이유는 계층 성원권이 사회적, 경제적 및 문화적 여러 요인의 조합에 기초하고 있기 때문이다. 그리고 그것은 전국적으로 보아 그 체계가 꽤 지역차를 나타내기 때문일 것이다. 그러나 미국의 계층체계 연구자의 대부분 학생들은 다음과 같은 특징에 동의하고 있다.

    1. 계층간의 이동, 특히 최상층으로의 이동과 최하층으로부터의 이동은 일반적으로 적다.

2. 가족원은 전부 함께 분류되는 것이 상례이고 핵가족의 지위의 가장 중요한 지표는 남성가장의 직업이다.
3. 오늘날에 있어 사회적 이동을 위한 가장 중요한 길은 公敎育의 조직이다.
4. 인종적·민족적 소수집단의 구성원들의 사회적 이동의 기회는 다른 인종·민족집단의 구성원에 비하여 훨씬 적다.

이러한 특징을 제쳐두고라도 사회계층의 중요성과 그들 자신의 계층을 인정하거나 혹은 보다 상위집단의 가치에 필적할만한 신분계급에 대해서는 상당히 의견 차이가 있다.28) 그러나 사회계층은 모든 복잡한 사회에 있어서 그들 구성원의 행동에 분명히 영향을 미친다.

1) 사회의 집단

이제 슬슬 이러한 질문을 해보려 한다. ― 社會란 무엇이냐 하는 것이다.
첫째로, 사회는 하나의 집단이다. 그것은 구성원을 갖고 있다. 그것은 사람들로 구성되었으며 그 크기는 꽤나 정확성을 갖고 결정할 수 있다. 이러한 특징은 사회와 문화간의 차이를 확실하게 강조할 수 있다. 문화는 집단이 아니기 때문이다. 그리고 구성원을 갖고 있지 않다. 문화는 공유된 範疇와 行動의 準則으로 되어 있다. 이들 범주와 행동의 준칙은 두 사람의 인간에 의하여 공유되고 있거나 혹은 그것이 2백 명의 인간에 의하여 공유된 것이건 그것들이 문화인 것에는 변함이 없다. 더욱이 분리된 사회가 매우 동일한 문화를 갖고 있으며 반면에 하나의 큰 사회 안에서는 많은 下位文化的인 차이가 발견된다는 것도 있을 수 있다.

사회라고 하는 집단 즉 하나의 전체사회 친족집단, 거주집단, 사회계층 등으로 구성되어 있다. 이들 집단의 성질, 크기 및 구성 등과 함께 이들 집단과 맺어져 있는 행동준칙과 집단상호의 관계에 대해서 알고 싶다. 이 집단은 사

---

28) T. Veblen, The Theory of the Leisure Class (New York : Mentor Books, 1953). T. B. Bottomore, Classes in Modern Society (New York : Vintage, 1966).

회의 다양한 집단에게 다양한 문화를 전달하고 분업을 학습시킬 책임이 있는 문화의 전수자이다.

사회인의 역할과 동일성

한 사회의 구성원은 누구나 알고 있어야 할 어떤 것이 있다. 그것은 곧 社會의 役割 屬性이다. 개인이 자기 자신을 확인하기 위하여 쓰는 가장 포괄적인 범주는 일반적으로 그들이 소속된 사회라고 하는 집단이다. 그리고 이 自己確認 여하가 그 사람의 행동에 규칙적이고 중요한 방식으로 영향을 끼치게 될 것이다.

사회의 역할이 얼마만큼 개인의 행동을 좌우하는가는 오직 그 사람이 속한 사회의 동질성과 통합의 정도에 따라 달라진다. 사회라고 하는 집단이 작고 비교적 고립하고 있을 때─로버트 레드필드(Robert Redfield)가 '民俗社會'라고 부른 것─는 집단의 모든 구성원이 그 문화의 대부분을 공유하기 때문에 그들의 행동에서 보이는 많은 규칙성은 그 사회의 역할에서 오는 것이라고 말할 수 있다. 즉 '그는 티위(Tiwi)섬 사람이기 때문에 그처럼 행동한다.'라고 하는 것이 그것이다. 그러나 사회라고 하는 집단이 크고 복잡하며 많은 원천에서 문화적 영향에 노출되어 있는 경우─도시사회(urban society)의 전형적 특질이다─는 사회의 역할속성이 무엇인가를 분명히 하는 것은 더욱 어렵다. 그러나 모든 사회에 있어서 이러한 역할에는 집단 전체의 정당한 정치적 리더쉽에 관한 관습상의 이해가 내포되었다. 그리고, 그것은 분쟁을 해결하거나 결정을 내리거나 여러 가지 활동을 조정하는데 필요한 공통의 행동준칙을 용인하는 것이다.

民俗社會─都市社會의 구분은 양자가 갖는 문화적 특질을 비교하기 위하여 행해지는 사회분류의 한 방법이다. 멕시코 지역사회의 연구에 기초하여 레드필드(Robert Redfield)는 세 종류의 일반적인 차이, 즉 전형적인 민속사회와 비교하면 도시사회는 보다 세속화가 진전되는 것, 보다 개인주의화 되어 있는 것, 그리고 보다 조직의 붕괴가 되어나가고 있는 것을 지적했다. 이 점에 대해서 異論을 주장하는 학자도 있지만 레드필드의 생각은 社會的·文化的 변화를

연구하는데 중요한 뼈대를 제공한다.29)

2) 조직체

복잡한 사회에서 공통된 특질은 많은 조직체 — 수 많은 다른 사회적 직업(careers)을 하나의 체계속에 상대적으로 완비된 社會的 集團 — 가 발달하고 있는 것이다. '조직체'란 용어는 여기서 대규모 사회의 구조 안에서 중요한 역할을 하고 있는 실제의 사회집단(정부, 교회, 군대조직과 같은 것)을 가리킨다. 이런 의미의 조직체는 적어도 반영구적이며, 그 내부조직도 아주 공식적으로 조직되고 보통 階層的 秩序를 구비한 모양을 취하고 있다. 조직체 내부에는 다양한 사회적 역할이 직업 및 권위관계와 연결되어 있다. 형무소라든가, 정신병원이라든가, 군대의 병사 및 수도원과 같은 종류의 조직체는 유력한 연구대상으로 될 수 있는 만큼 각별한 특색을 구비하고 있다. 어빙 고프만(Erving Goffman)은 조직의 유형을 '전체적 조직체'라 부르고, '약간의 기간동안 사회로부터 차단된 많은 유사한 상태에 처한 사람이 일하며 거주하는 장소'라고 정의했다.30)

이러한 비교적 고립된 사회체계는 민족지학자에게 일종의 실험실이 된다. 그들은 전체사회의 문화와 관련없이 다만 그것만을 이해할 목적으로 그러한 조직의 구조와 기능을 연구할 수 있다. 이러한 전체적 조직체가 가진 下位文化를 전체사회의 문화와 비교하기 위하여 연구할 수도 있다. 그러한 연구는 우리가 당연하게 생각하고 있는 範疇와 行動準則을 새로운 시점에서 파악할 수 있는 기회를 준다.

한 사회에서 중요한 조직체는 그 사회 구성원들의 주된 관심과 가치의 증거를 제공한다. 서양 문화사상의 각 시대를 보면 특정 사회 안에 종교제도, 군사제도, 정치제도, 혹은 상업제도의 어느 것인가가 지배적 위치에 대두하고

---

29) R. Redfield, The Folk Culture of Yucatan (Chicage : University of Chicago Press. 1941).
30) E. Goffman, Asylums (Garden City : Anchor Books, 1961) 13장 참조..

있다. 또 각 시대마다 둘 혹은 그 이상의 조직체는 세력균형을 유지하면서 보존된다. 기원후 3~4세기에 있어서는 정치제도와 군사제도가 세력을 다투었다. 중세시대에는 한편으로는 봉건체제 아래서 정치제도가 분산되었던 일도 있어서 교회가 지배적인 위치를 차지하고 있었다. 르네상스시대에는 나라에 따라 시대를 달리해서 출현한 봉건체제를 뒤엎어서 민족국가와 상업제도가 손을 잡고 등장했다.

오늘날에는 거의 모든 국가에 있어서 군사제도, 정치제도, 상업제도의 사이에 균형이 보존된 상태가 엿보인다. 이 상태는 많은 국가가 대립적 이념을 대표하는 巨大勢力과 제휴하고 있기 때문에 매우 복잡한 것으로 되어 있다.

피티림 소로킨(Pitirim A. Sorokin)과 아놀드 토인비(Arnold Toynbee)와 같은 저명한 학자들은 결국 종교제도의 지배하에 되돌아가지나 않을까 예언하고 있다.31) 이 교재는 다른 예언서는 아니지만 현대의 상상력이 풍부한 작가와 시인들은 자주 대개의 사회과학자보다도 훨씬 훌륭한 기지와 정확함을 갖고 장래의 동향을 예상하는 일이 있다는 것을 말해두고자 한다.

이상과 같이 이 장에서는 인류사회에서 발견된 주요한 집단의 종류를 고찰하여 왔다. 특히 친족집단에 중점을 두고 진술했는데 그 이유는 그것들이 미개사회의 대부분의 구조를 설명하는 것임과 동시에 보다 복잡한 사회에 있어서도 중요성을 잃지 않았기 때문이다. 또 우리는 생존에 필요한 최소한도를 넘어선 경제력을 가진 사회에서 다른 종류의 구조를 갖추고 있는 또래집단, 결사 및 조직체의 주요한 유형에 대해서도 언급했다.

요컨대, 사회집단은 문화적으로 선택된 기준에 의해서 규정을 받는 여러 개인의 범주이고 그 범주에는 활동을 위한 준칙과 다른 집단과의 상호작용을 위한 행동준칙이 관련되고 있다. 모든 사회가 당면한 문제는 환경에 대한 적응, 개인의 가입과 문화화, 그리고 집단규범에의 순응 등이다. 사회집단의 기능은 이러한 여러 문제에 대한 반응이라 볼 수 있다. 즉 어느 집단에나 任務遂行, 表出 및 社會統制라는 여러 기능이 명료한 형태이건 혹은 암묵적인 형태이

---

31) P. A. Sorokin, The Crisis of Our Age (New York : Dutton, 1942) : A. Toynbee, A Study of History (London : Oxford University Press. 1934).

건 어느 정도까지는 존재하는 것이다. 사회체계의 인류학적 연구는 사회를 성립시키고 있는 여러 집단과 그 기능의 방법에 대한 기술과 분석을 포함하고 있다.

인간은 본래 사회적 동물이다. 그러나 인간이 살고 있는 사회집단은 자연의 규제를 받음과 더불어 문화에 의한 규제도 받는다. 사회라는 집단의 절반은 임의적인 여러 요인 — 언어, 지리, 역사, 종교 등 — 에 기초한 인류라고 하는 種의 下位部門을 이루는 것이라 하겠다. 그리고 사회의 내부에는 친족관계, 지역관계, 혹은 공통의 이해관계 등 어떤 종류의 속성은 중시하지만 다른 속성은 이것을 무시하는 모습으로 개별적인 下位集團이 형성된다.

집단형성의 원리는 각 사람을 어느 특정의 구체적인 지역사회, 가족, 씨족, 카스트 혹은 또래집단 등으로 나누고 그 대신 다른 집단으로부터 격리되는 것에 의하여 인간의 상호행위와 이해의 범위에 제한을 가하게 된다. 인간이 자기자신에게 무엇이 기대되고 있는가를 아는 것과 서로 의사소통을 할 수 있는 것은 단지 행동의 선택적 한계를 통해서 알 수 있다.

여기서 다시 한번 우리는 인간문화의 파라독스에 직면한다. 즉, 선택이라는 것이 없으면 언어도 사회체계도 있을 수 없다. 그런데 동시에 이 선택에 의해서 인간은 각각 다른 집단 속에서 생활을 하고 다른 말을 하는 것이 되는 것이다. 인간의 언어가 다른 나라의 언어로 번역된다는 것은 모든 인간이 기본적으로는 유사한 존재이기 때문이다. 정말로 이같은 인간성을 공유하고 있는 점이야말로 우리가 人間集團간의 평화와 상호이해에의 희망을 간직하지 않으면 안 된다.

그러나 인류학은 또한 多元性(pluralism)의 가치 즉, 다양한 下位文化를 수반하는 복잡한 사회안에서 민족집단의 공존(co-existence)을 주장한다. 그러한 다양성은 우리들의 사회생활을 풍부하게 해 줄 뿐만 아니라 혁신과 적응적 변화를 위한 재료를 제공하기 때문에 소중한 가치가 있는 것이다.

보충문헌

Roger M. Keesing, Kin Groups and Social Structure. New York : Holt, Rinehart & Winston, 1975.

J. A. Barnes, Three Styles in the Study of Kinship. Berkeley : University of California Press, 1971.

Monica Wilson, Good Company : A Study of Nyakyusa Age-Villages. Boston : Beacon Press, 1963.

Louise Lamphere, To Run after Them. Tucson : University of Arizona Press, 1977.

T. B. Bottomore, Classes in Modern Society. New York : Vintage Books, 1966.

Louis Dumont, Homo Hierarchicus. Chicago : University of Chicago Press, 1970.

제6장 안정과 변화

 지금까지 이 책에서는 한 사회에서 인간 상호간의 행동에 영향을 주는 범주와 행동준칙에 중점을 두어 서술했다. 그러나 사람들은 그냥 앉아서 여러 현상들을 주의 깊게 범주화하여 자기들이 할 일을 계획하는 것은 아니다. 사람들은 행동한다. 즉 그들은 결정을 내리고, 타인의 행동을 예측하며, 技能을 닦고, 유용한 동맹관계를 구하고, 불쾌감을 피하고, 만족을 추구하면서 자기들의 문화가 지닌 여러 가지 규칙을 작동시킨다. 이 장에서는 사회구조가 어떻게 역할하고 또 그것이 어떻게 변화하는가 하는 문제에 관하여 논하고자 한다.

1. 사회조직

사회구조와 사회조직
영국의 사회인류학자 레이먼드 퍼스(Raymond Firth)는 다음과 같이 말했다.

> 사회구조를 관념과 기대의 틀로써만 보는 것은 너무나 현실에서 동떨어져 있다. …… 사회적 표준과 관념의 패턴과 기대의 틀이 다른 영향력에 반응하는 개인의 행위에 의하여 변화하는 방식을 강조하는 것도 또한 중요하다.

퍼스는 '선택과 결정이라는 행위에 의하여 이뤄지는 사회관계의 체계적 질서'를 의미하는 것으로서 '사회조직'이라는 용어를 제시하고 있다.

외관상으로는 가장 엄격하게 보이는 사회구조조차도 그것을 사람들이 많은 선택을 가능케 하는 행동지침으로서 사용할 것을 요구한다. 그러므로 구조와 조직은 모든 사회체계가 갖는 두 측면인 것이다. 그는 이렇게 말하고 있다. '사회구조의 측면에서 발견되는 것은 사회의 연속원리이고 사회조직의 측면에서 발견되는 것은 變異 혹은 변화의 원리이다. ―후자는 상황에 대한 평가와 개인적인 선택을 도입하는 것에 의하여 가능하다.'[1)]

학자 가운데는 개인이 어떤 선택을 할지에 대해 예측할 수 없으므로 우리는 문화의 변화를 과학으로 파악하는 것은 불가능하다고 논리를 펴는 이가 있다. 한편 우리가 개인을 완전히 무시하고 문화현상을 연구하여 모든 사회에 들어맞는 문화 발전의 보편적 법칙을 밝힐 수 있다고 생각하는 사람도 있다.[2)]

문화변동의 요인―개인의 선택

자유의지론 대 문화적 결정론의 문제에 관한 이 책의 입장은 말하자면 양자의 중간에 선다. 문화변동, 그리고 문화적 안정까지도 여기서는 무수한 개인의 선택 결과라고 본다. 선택을 하는 데 있어서 사회의 구성원은 타인들의 기대와 자신의 규범에 순응할 경우와 거기에서 벗어날 경우 초래될 수 있는 결과를 고려한다. 거의 자동적으로 그리고 무의식적으로 하는 선택도 있지만 그 중에서는 많은 사람에게 상의하거나 열심히 조사하거나 또 감정적인 격변을 겪으며 이뤄지는 것도 있다.

우리는 어느 특정한 개인이 주어진 상황에서 무엇을 할지 정확히 예측할 수는 없을지 모르지만 오늘의 행동과학은 집단의 행동을 예측하는 능력을 급속히 높이고 있다. 결국 하나의 집단 내부에 있어서의 개인적 선택의 유형이 변화하는 문화변동의 방향을 결정한다.

인간은 자기만의 목적을 위하여 문화를 이용하지만 그 개인이 바라는 목적 그 자체가 실은 그 문화에 의하여 크게 방향 지워지고 있는 것을 잊어서는

---

1) R. Firth, Elements of Social Organization (London : Watts. 1951) p.31, p.40.
2) L. A. White, The Science of Culture (New York : Grove Press. 1949) pp.121~145.

안 된다. 개인차는 있어도 사람이 추구하는 富와 威信과 안전과 쾌락 등의 종류 및 이들 가치 있는 목표를 추구하는 방법은 그 사회가 가치 있고 옳은 일이라고 간주하는 것에 의하여 결정되는 것이다.(제 10장 참조) 따라서 사회구조와 사회조직을 주의 깊게 조사하면 인간의 행동에 영향을 주는 맥락에 관하여 많은 것을 파악할 수 있을 것이다.

모든 언어와 사회구조는 많은 다른 방도를 제공하고 있다. 그리고 보다 많은 방법을 알고 있을수록 그만큼 그 사람에게 많은 선택의 길이 열려있는 셈이다. 예컨대 언어를 구사하는 힘이 크면 클수록 그 사람의 말은 풍부하고 정확한 것이 될 수 있다. 그러나 다른 선택의 여지가 많이 있으면 있을수록 그만큼 많은 결정이 필요하게 되고, 그러한 결정을 내리는 데는 그 선택들에 대한 평가가 필요하게 된다. 그것을 일일이 한다는 것은 매우 힘겨운 작업이라 할 수 있다. 따라서 언어와 사회구조의 중요한 기능은 이전에 내렸던 결정의 기초 위에 가능한 선택의 수를 한정하는 것이다.

선택과 관련된 표준화된 유형과 제한은 의사 소통을 가능케 하고 개인이 끊임없이 결정을 내리는 필요를 줄여 준다. 인류학적 관점에서는 이러한 행동의 규칙성을 산출하는 범주와 준칙들이 문화를 구성한다. 극단적으로 말해서 이러한 제약의 결과 사람들은 항상 말하고 행동하는데 있어 가장 분명한 것 —즉 말에서의 상투어와 행동에서의 순응—을 할 수 있을 것이다. 그러나 인간의 동기와 경험은 매우 다양해서 그렇게 완벽한 순응은 있을 수 없다. 말과 사회조직은 각각 인간의 목적에 의해 방향 지워진 언어와 사회구조의 표출이다.

2. 예상

역할수행

거미가 거미줄을 치고 새가 둥지를 짓는 경우 이들은 장래의 필요를 예상하여 그렇게 한다. 그렇지만 그러한 예상은 본능에 기초한다. 왜냐하면 행동의 프로그램이 태어날 때부터 동물의 신경계통에 내장되어 있어 그 내적 요인과 환경적 요인과의 결합에 의하여 작용하기 때문이다.

동물도 앞으로 일어날 사건을 예상하여 다양하게 행동하도록 조건 반사될 수 있다. 쥐는 부저가 울린 후 몇 초 후에 상자의 한 쪽에서 전기 쇼크를 받으면 부저 소리와 그 후에 다가오는 전기의 쇼크를 연상시키는데 그 이후에는 부저가 울릴 때에는 언제나 쥐는 쇼크를 예상하는 듯 상자의 안전한 쪽으로 이동하게 된다. 이 현상은 여러 가지로 해석될 수 있다.

우리는 쥐가 벌어지는 일을 의식한다고 생각할 필요는 없다. 인간도 무엇이 자기행동을 통제하고 있는가를 의식하지 못한 채 같은 방식으로 조건 반사될 수 있다. 그러나 인간의 학습에는 확실하게 어떤 일정한 조건 아래에서는 무엇을 할 것인가를 의식하는 것을 포함한다. 인간은 문화, 특히 언어를 갖고 있기 때문에 개인적으로는 경험하지 못했던 일들을 포함하여 많은 종류의 장래의 사건을 예상하기도 하고 그에 대비하기도 할 수가 있다. 인간의 예상은 원래 문화화의 결과인 것이다.

역할수행을 야기하는 조건에는 두 개의 일반적인 유형이 있다. 즉 예정된 것과 예정되어 있지 않은 것이다. 예정된 사건이란 그 사건의 발생이 고정되어 있고 미리 알고 있는 것이다. 휴일, 식사시간, 근무시간, 장날 등이 그렇다. 그러한 사건의 실제 시간설정은 시계와 달력에 의하여 되거나 혹은 숲의 꽃이 필 때 또는 동지와 같은 규칙적인 사건과 관련해서 정해진다. 예정되지 않은 사건이란 언제 일어날지 확실히 예측할 수 없는 것을 말한다. 文化라는 것은 여러 가지 위기에 직면했을 때 취할 행동의 준칙을 제시함으로써 예정되지 않은 사건도 예정된 사건으로 바꾸어 버린다. 그래서 예기하지 않은 사건이라도 각 당사자들이 자기가 어떤 역할을 해야 좋을까 예상할 수 있는 사건들의 일환으로써 취급할 수 있게 여지를 남기고 있는 것이다. 예컨대 殺人은 보통 예정되지 않은 일이지만 그것이 발생하면 그것은 인간이 다음에 취할 많은 범주의 행동에 영향을 미친다. 체로키족(Cherokee)의 경우 사람이 살해되었을 때 그 씨족의 전원이 살인자에 대하여 복수할 책임이 있기 때문에 그런 사태가 발생하면 체로키 사회는 이 목적이 완수되기까지는 완전히 새롭게

재조직된다.3)

예정된 역할수행을 위한 준비는 사회조직의 한 부분이다. 즉, 그것은 사회구조가 특수한 상황에 어떻게 작용하는 가를 예견한다. 역할 수행의 준비는 인원, 자원, 수행의 착수 등 무엇이 준비되고 있는가에 따라 몇 개로 나누어서 생각할 수 있다. 만일 어떤 수행을 실현하려면 이들 여러 요인의 하나 하나를 어느 정도 고려하지 않으면 안 된다.

1) 준비

장래 자기에게 기대되는 사회적 역할에 대한 학습은 文化化 과정에 포함되어 있다. (제 2장 참조) 이런 의미에서 사람은 태어난 순간부터 장래의 役割遂行을 준비하기 시작하고 있는 셈이다. 고도로 전문화된 역할—예컨대 타피라페족의 샤만, 나바호족의 주술사 혹은 미국인 의사—을 위한 준비는 긴 기간에 걸친 노력을 수반한다. 역할기대에의 순응이 널리 확장된 이유의 하나는 어떤 특수화한 역할을 습득하는 데는 실로 많은 시간과 노력을 투입하고 그리고 자존심을 내던져 버려야한다는 데 있다. 오랜 시간 자주 고통을 수반하고 당장의 만족도 포기해야 하는 학습과정을 거치고 나면 그렇게 어렵게 습득한 역할을 포기하는 것은 지극히 어렵다.

역할수행의 예습과 변경

자기 집단의 언어를 습득하는 것은 다른 사회적 역할을 준비하는데 있어서도 빼놓을 수 없는 부분이다. 그리고 가장 전문화된 역할의 경우 일상의 언어에 추가하여 많은 특수한 어휘의 습득을 필요로 한다. 언어가 다른 지역을 돌아다니며 장사를 하는 상인은 교역용 언어 혹은 여러 나라 언어를 습득해야만 하고, 힌두교와 그리스도교의 성직자들은 몇 개의 고대어에 통달해야 한다. 거의 모든 직업집단이 그 독자적인 전문용어를 갖고 있다. 그리고 민족집

---

3) F. Gearing, "The Structural Poses of 18th Century Cherokee Village." (American Anthropologist. vol. 60, 1958) pp.1148~1157.

단에 대한 충성의 일부는 그 지방어를 말할 수 있는 능력으로 이루어진다.

개인의 실습과 집단의 豫行演習도 社會組織이라는 제목아래 다루어질 문제이다. 여기에 구조적인 유형이 구체적 행동으로 적용된다. 인류학자는 제대로 다듬어진 결혼식의 진행상황을 보는 것보다도 그 儀式의 예행연습을 보면서 그때에 주어지는 주의와 조언 등을 듣는 것에서 더 많은 것을 캐낼 수 있다.

예행연습을 보면 사회구조가 요구하는 여러 가지 역할이 특정한 사람들에게 할당되는 모습을 잘 파악할 수 있다. 이것은 전체 사회 내의 분업과 대응한다. 즉 加入의 과정과 社會統制의 과정이 작은 규모에 초점을 맞춘 모습으로 나타난다. 구조가 실제로 작동할 때 어떠한 修正이 가해진다. 즉 역할을 수행함에 있어서 세세한 점들이 구체적 상황—수행자가 갖는 기능, 관계된 자의 수, 이루어지는 여건 등—에 적합하도록 변경이 가해지는 것이다. 1959년의 여름 동안 필자는 아메리카 인디언의 남부 유트족(Ute)의 세 가지의 다른 '太陽의 춤'(Sun Dance)을 보았다(남부 유트족의 태양 춤은 3,4일 계속되는데 그 동안 춤추는 사람은 오두막에 남고 음식을 일체 끊는다). 이들 세 가지 종류의 춤은 그 기본구조는 같은데 세부에서 꽤 차이가 있고 그 대부분이 춤추는데 참가하는 사람과의 경험과 준비에 기인하는 것이었다. 이 세 가지의 춤중 세 번째 춤에서는 민족지학자가 관찰자의 역할에서 벗어나 참가자의 한 사람이 되어야 했는데 이는 춤이 시작되는 시각에 '日出歌'(Sunrise Song)를 알고 있는 정규의 詠誦師가 아무도 나타나지 않았기 때문이다. 또 다른 경우에서는 詠誦師가 쳐서 울리는 큰 북을 가져오지 않아서 태양 춤이 늦게 시작되기도 했다.

자재의 준비와 장소의 설정

수행은 또한 그 일에 필요한 자원의 준비에 의해 예상되는 것이 틀림없다. 예컨대 전세계적으로 사람들이 중요한 사회적 행사를 축하할 때는 대량의 음식물을 소비한다. 만약 한 잔치가 성공하기 위해서는 소비될 요리의 재료가 저축되고 준비되지 않으면 안 된다. 이러한 잔치 그 자체는 사회구조의 중요한 부분이지만 사람들의 행동에 수 일전부터 어느 경우에는 수 개월전부터 영향을 주는 것은 이 행사에 관한 예상이고 이 예상은 사회조직의 일부분이다.

자원의 축적은—예컨대 폴리네시아인의 모친이 가족의 식사를 위하여 빵나무의 열매와 야자수 열매를 모으는 경우와 같이—直接的일 수도 있지만 보다 많은 경우 그것은 아주 間接的이다. 간접적이라 하는 것은 많은 중간적인 단계가 포함되어 있는 것을 의미한다. 예컨대 반투(Bantu)족의 노동자는 아내를 얻을 때 신부대로 사용할 소를 살만한 돈을 저축하려고 구리광산에서 몇 개월이고 몇 년이고 일을 한다.

마찬가지로 자원을 문화적으로 승인된 형태로 조립하는데도 그에 상응하는 시간과 노력이 필요하다. 티위족의 墓를 장식하는 정성들인 목각은 충분한 경험과 여유가 있는 극히 소수의 노인들만이 만들 수 있을 것이다. 그 제작에는 많은 시간과 노력이 요구된다. 바로 이 때문에 티위족의 장례식은 사람이 사망후 몇 개월이나 뒤에 행해지는 것이다.

장소의 준비는 어느 특정한 업무의 수행을 위하여 시간과 공간을 配置(allocation)하고 장소내의 요원과 자원을 配分(distribution)하는 것을 포함한다. 행사를 위한 장소는 혼란과 방해를 최소한으로 막도록 선정되어야 한다. 그러나 일정한 장소를 위해 문화가 규정하는 행동은 다양하다.

라틴 아메리카의 사업가가 한번에 여러 가지 다양한 일을 경영하는 것을 좋아하는 것에 비해, 북아메리카인은 그와 대조적으로 한번에 한 가지 일을 처리하는 유형을 더 좋아한다. 에드워드 홀(Edward Hall)은 다음과 같은 啓示的인 일화를 보고하고 있다.

> 스페인 문화의 유산을 가진 나이든 나의 친구는 '라티노'(Latino)방식에 따라서 사업을 경영하는 것이 통상이었다. 라티노 방식이란 —時에 사무실로 15명까지 사람들이 몰려드는 것을 의미한다. 15분이면 할 수 있는 일도 때에 따라서는 온종일 걸렸다. ……그러나 만약 그가 미국식 방법을 고수하고 있다면 그 재산의 상당한 부분이 파괴될 것이다. 그와의 사업 때문에 온 사람들은 다른 用務로 핑계대거나 서로 세상살이 얘기를 즐기기 위하여 방문한 사람도 있었던 것이다. ……우리로서는 동시에 두 가지 일을 한다는 것은 다소 불성실한 느낌이 든다. 그러나 라틴 아메리카에서는 1명의 남자가 동시에 많은 일을 가지고 와서

어느 한 쪽만 하거나 또는 양쪽 일 사이를 왔다갔다하면서 어느 쪽이 건 조금씩 시간을 내주는 것은 결코 이상하지 않은 일이다.4)

예상과 실제의 행동

설정된 장소에 요원과 자원이 배분되면 準備의 단계에서 實行 그 자체의 단계로 옮겨지게 된다. 만일 준비가 완벽하다면 역할 수행자는 적절히 말하고, 행동하며, 필요한 자원은 모두 즉시 쓰이게 되고 방해나 혼란도 없을 것이다. 그러나 그렇게 완벽하게 작동하는 사회구조라고 하는 것이 도대체 얼마나 있겠는가. 예기치 않은 방해물은 항상 존재하며, 요원과 자원의 준비는 여간해서는 거의 채워질 수 없다. 이상적 구조와 행동면에서의 확고한 표현과의 사이에는 많은 차이가 있는 것이다. 뛰어난 연설가가 강연도중 기침을 자주 한다든지 어떤 연극배우가 공연장에 나타나지 않는 경우가 얼마나 빈번한 일인가? 祝宴을 위한 잔치음식의 준비가 부족하여 곤란한 경우는 자주 있는 일이기도 하고, 태양의 춤 때 북을 잊어버리는 일이 있다는 것도 우리는 알고 있다.

그러나 이러한 사회조직의 불안전함을 지적한다고 해서 여러 가지 표현의 배후에 사회구조가 있는 것까지도 부정하는 것은 아니다. 그것은 다만 문화는 행동에 영향을 주고 있을 뿐 행동을 결정하는 것은 아니므로 계획의 수행을 성공시키기 위해서는 많은 요인을 예상하여야 된다는 것을 말하는 것이다. 이에 대해 죠지 머독(George. P. Murdock)은 다음과 같이 이야기한다.

> 현실생활에 있어서 관찰되는 것과 같이 실제의 社會的 行動과 文化와는 주의 깊게 구별되지 않으면 안 된다. 문화는 행위해야 할 습관과 경향으로 성립되어 있고 행동 그 자체는 아닌 것이다. 비록 실제 행동이 습관에 의하여 대개 결정될지라도 이는 또 개인의 생리적, 감정적 상태, 욕구의 강렬성, 나아가 특별한 외적 환경 등에 의해 영향받는다. 두 상황이 완전히 같지는 않기 때문에 실제의 행동은 그것이 설사 같은 습관에서 비롯된 것이었다 할지라도 꽤나 변화하는 것이다. 문화를 기술한다는 것은 결코 실제의 사회적 행동을 설명하는 것은 아니고 오히려 그 밑바닥에 있는 集合的인 習慣을 再構成하는 것이다.5)

---

4) E. T. Hall, The Silent Language (Garden City : Doubleday. 1959) pp.29~30.

3. 선택과 변화

기대에의 대응

예상에 관한 앞의 논의에서 選擇이라는 요인에 대한 고찰은 일부러 제외해 두었다. 우리는 어느 일정한 행사를 시작하는데 있어서 그것이 예정되었든 그렇지 않든 주어진 역할을 수행하는 자에게 기대되는 행동의 종류는 하나뿐이라고 가정했다. 이러한 제한 안에서 예상은 역할 수행자가 그들의 역할에 대비하는 방법을 포함하고 있다.

실제로 社會構造는 보통 일정한 상황에서 몇 가지의 다른 행동방식을 준비하고 있다. 그리고 각자는 자기에게 제공되고 있는 구조적 가능성 속에서 끊임없이 선택을 해야 한다는 것을 뜻한다. 그러한 선택의 대부분은 보잘 것 없는 것으로써 개인적인 좋아함의 문제에 지나지 않고 사회체계에 대해서는 거의 아무런 영향도 주지 않을 정도이다. 그러나 결국에는 個人的인 選擇의 유형이 社會構造를 變化시키는 것이다. 즉 인간의 사회적 행동에 영향을 끼치는 여러 가지 기대 그것이 그 행동의 영향을 받는다고 하는 것이다. 보통 언제나 침해되고 있는 규칙은—예컨대 헌법에서 금지 규정이 없어진 것 같이—결국 구조로부터 사라져 버릴 것이며, 규칙적으로 되풀이되는 행동유형은 나타나게 된다.

레스토랑에서 점심을 주문할 때 햄버거를 선택하거나 또는 참치 샌드위치로 할 것인지는 거의 별 차이가 없다. 만약 햄버거를 주문하는 사람이 아무도 없다면 그것은 결국 메뉴에서 사라질 것이다. 한편 만약 상당한 수의 사람들이 메뉴에 없는 품목을 구한다고 하면 결국 그 구조에 그것이 첨가될 것이다. 일반적인 인류학적인 예를 더 들어보자.

거주규정이 選處制를 취하고 있는 사회를 상상해 보자. 그곳에서 신혼부부는 신부와 신랑의 어느 쪽 친족과도 동거하는 것이 허용된다. 그런데 어떤 이유로

---

5) G. P. Murdock, "How Culture Changes." in H. Shapiro. ed., Man, Culture and Society (New York : Oxford University Press, 1960) p.249.

父處制를 선택하는 것이 점점 빈번하게 되고 母處制는 어느 쪽의 친족과도 동거하지 않는 경우(獨立居住)와 마찬가지 정도로 드물게 되었다고 가정하자. 어느 시점까지 오면 父處制쪽이 반복하여 선택되는 것이 전체 집단의 기대에 영향을 주게 되고 나아가 이는 父處制가 그 사회의 원칙으로 될 것이다.

그렇게 된 후에는 어떤 이유로 신부측의 친족과 동거하고 싶다고 생각하는 부부는 그것을 선택하는데 있어서는 이전에는 불필요했었는데 이번에는 이 선택을 정당화할 필요가 생기게 될 것이다. 이는 그들이 단지 다른 방법을 선택하려고 한다는 것이 아니라 오히려 기대에 반대되는 행동을 취하려고 했기 때문이다. 같은 방법으로 새로운 다른 대안이 사회구조의 일부분이 될 것이다. 공유되고 있는 기대가 반복적으로 어겨지면 그 결과로서 새로운 유형이 드디어 정당한 것으로서 받아들여지게 되고 때로는 원래의 유형과 대치되는 일까지 있다. 머독은 이점을 가장 분명하게 지적하고 있다.

> 문화의 변화라는 관점에서 보면 ……실제의 행동 또는 관찰된 행동이 가장 중요하다. 사회적 행동이 어떤 방향 속에서 확립된 문화적 관습으로부터 끊임없이 逸脫하고 있는 경우는 언제든지 먼저 최초 사회적 기대 속에서 수정을 초래하고 다음에는 관습, 신앙, 그리고 모든 규칙 속에서 수정되는 결과를 초래한다. 이와 같이 해서 점차 집단의 관습은 바뀌어져 가고 문화는 실제 행동이 갖는 새로운 규범 쪽으로 잘 합치하게 된다.6)

1) 선택결정

우리는 지금 사람들이 자신들에게 열려있는 몇 가지의 構造的 選擇들을 어떻게 결정하는가에 대한 의문점에 봉착한다. 選擇決定에 관하여 다음에 기술하는 것은 두 가지 가정에 입각하고 있다. 즉 (1) 하나 이상의 선택이 실제로 개인에게 있어서 가능할 경우, 그리고 (2) 다른 방법이 가능하다고 하는 것과 그것을 골랐다고 한다면 어떻게 되는 것일까? 라는 것에 관해서 지식이 주어

---

6) Ibid.

진다면 대개의 사람은 올바른 선택을 한다고 하는 것이다. 이것은 선택결정의 합리적인 모델이다. 비록 많은 종류의 선택이 있는 경우에는 적합하지 않을지도 모르지만 만약 올바로 해석된다고 한다면 이는 사회조직을 역동적인 과정으로서 이해하는데 도움이 될 수 있다.

어떤 합리적인 결정을 내릴 필요를 지닌 개인은 우선 이용할 수 있는 몇 가지의 방식을 의식적 혹은 무의식적으로 精査해서 우선 객관적으로 보아서 가능하다고 생각되지 않는 것을 排除하여 나가는 것으로부터 시작한다. 개인이 정사하는 일의 범위는 선택할 수 있는 방법에 대한 개인의 지식에 의하여 한정되는 것이지만 이것은 주로 그 사람의 과거의 경험에 의하여 결정된다.

앞에서 말한 바와 같이 개인이 언어에 숙달되어 있으면 있을수록 선택의 대상은 많아지고 말은 보다 다양성이 풍부하고 또 정확한 것이 된다. 마찬가지로 그 사람이 자기사회의 구조에 관해서 갖고 있는 지식이 많으면 많을수록 그 사람에게 있어 이용할 수 있는 다른 행동방식의 수도 많아진다. 構造的 可能性에 관한 사람들의 인식에는 차이가 있기 때문에 어떤 사람에게는 당연하다고 생각되는 결정이 같은 상황에 놓인 타인에게는 생각되지 않는 경우도 있다.

선택에 대한 이러한 차별적 인식 외에, 선택에 대한 차별적 접근요인은 여전히 남는다. 즉 사람이 다른 방식을 알고 있었다고 해도 어떤 귀속적인 자질과 개인적인 준비의 요소 또는 자원을 결여하고 있기 때문에 단념하지 않으면 안 되는 경우도 있다.

여름 방학중의 아르바이트 사업을 찾고 있던 남자 대학생을 예로 들어보겠다. 그는 신문의 구인 광고란을 읽는 가운데 어떤 일이 스페인어를 말할 수 있는 사람이라든가 자기 차를 갖고 있는 사람이라든가를 조건으로 하고 있다면 일반적 가능성이 없어지게 될지도 모른다. 그것은 멀리 떨어진 도시에서의 일이라든가 응모의 마감 기일이 이미 지났다고 하는 경우에도 해당될 것이다.

또 그 학생이 객관적으로 보아서 많은 기회에 대한 접근의 가능성을 갖고 있다고 가정해도 — 결국 그가 가입에 필요한 역할속성의 모든 것을 갖고 있다고 해도 — 일의 조건과 그가 다른 곳에서 하고 있는 일들이 모순되는 경우는 여전히 선택 가능한 것 중 하나를 선택해야 할 것이다. 극히 조건이 좋은 일이었다고 해도 그것을 취하는 데 학생이라고 하는 역할을 버리지 않을 수 없는 경우에는 그 일을 단념하지 않을 수 없다. 즉 선택결정자는 役割 葛藤 ― 서로 다른 모순되는 기대가 동시에 그의 행동에 영향을 미치는 상태 ― 이 일어나는 가능성을 피하던가, 최소한으로 멈추던지 하려고 시도하는 것이다.

우리들의 대부분은 분명히 양립할 수 없는 역할을 몇 가지 갖고 있는 경우 그것들을 시간적으로 혹은 공간적으로 분리하여 두고 실행에 옮기도록 관리한다. 육군의 사관이 밤에 째즈 연주자를 겸하고 있는 경우가 그 예가 되는데 그는 동료 사관과 부하들에게 자신의 얼굴을 마주치지 않도록 연주 장소를 주의 깊게 고를 것이다.

일부일처제 사회에서의 남편 역할은 단 한 명의 여성과 결혼생활을 할 것이 기대되지만 성공적인 重婚者는 이중생활을 타인이 알지 못하게 자기의 役割遂行을 잘 조정할 수가 있다. 말할 것도 없이 일부다처제 사회에서는 그러한 기만은 쓸모가 없다. 역할갈등과 모순은 이와 같이 어떤 집단의 사회구조와 관계가 있다.

자기가 아는 가능성을 세밀히 조사하여 接近機會의 가능성과 모순되지 않는가 어떤가에 대한 검토에 기초하여 몇 개를 삭제해 버리면 결정자는 다음으로 남은 몇 개의 선택을 評價하는 일에 당면하게 된다. 합리적 평가란 각 선택 대상이 최대의 평가를 받는가 혹은 또 어떤 것이 가장 위험이 적은가를 선정하는 것이다.

가치갈등은 아마 인간의 사회생활에 있어서 피할 수 없는 일이다. 대개의 결정이 한 가지 종류만의 전면적인 추구라기보다는 오히려 가능성이 있는 둘 이상의 종류의 만족 사이의 타협을 나타내고 있는 것이다. 설사 어떤 개인이 한 가지 종류의 만족을 최대한으로 높이는 것에만 전념하는 것이 가능할지라도 결국은 그 자신의 몸이 요구하는 것과 그도 그 일원인 여러 가지 집단이 요구하는 것과의 사이에서 갈등에 직면할 것이다. 그러한 많은 갈등은 사회라는 집단이 가지는 기대와 가족이나 또래 집단 같은 하위문화에 의해 수용되는 다른 기대심리의 소산인 것이다.

非行의 下位文化에 관한 월터 밀러(Walter Miller)의 연구는 또래집단내에서 자기 위신을 최대로 높이려고 하는 젊은이가 어떻게 하여 결국은 그 집단 보다 큰 전체사회의 대표자와의 갈등이 불가피하게 되는가를 분명히 보여주고 있다.7) 마찬가지로 사회의 비인격적, 관료제적 이념과 그 구성원들의 보다 좁은 인격적 혹은 가족적인 충성심과의 사이의 갈등을 밝힌 사회학적 연구는 상당히 많다.

2) 순응과 순응에의 선택

문화적 기대 혹은 하위문화적 기대의 일정한 조합에 따라 행동하는 것으로 결정한 후에도 어떠한 방식으로 그에 따를 것인가라는 점에 관해서는 아직도 많은 자유가 그것을 실행하는 개인에게 남겨져 있다. 대개의 경우 사람은 어느 정도까지 자기의 역할수행의 시기를 정할 자유와 강도를 정할 자유를 갖고 있으며 이 선택적 대안을 자기가 좋아하는 대로 쓸 수도 있다. 이것은 사회구조가 어떤 선택적 대안을 자기가 좋아하는 대로 쓸 수도 있다. 예컨대 투루족(Turu : 탄자니아의 Bantu족의 하나)의 경우 남자는 모두 성인식을 받는 것이 기대되고 있지만 割禮의 시기와 장소는 각자가 고른다. 모든 남자가 결국은 할례를 받는 것이 되지만 형식상으로는 성인식을 받는 것은 자발적 행위로 나타나고 있는 것이다.8)

時期決定權을 개인적 목적을 위하여 이용하는 좋은 예는 티위족(Tiwi)의 결혼제도에서 볼 수 있다. 티위족의 딸들은 어릴 때 훨씬 연상의 남자와 결혼하지만 사춘기를 지나기까지는 자기의 양친과 함께 생활을 계속한다. 그리고 만약 여자가 시집가기 전에 부친이 사망한 경우에는 繼父가 시집가는 시기를 결정할 권리를 꽉 쥠으로써 혹은 그렇게 하겠다고 위협함으로써 대개는 약속한

---

7) W. B. Miller, "Lower Class Culture as a Generating Milieu of Gang Delinqeuncy" (Journal of Social Issues. Vol. 14, 1958) pp.5~19.
8) H. K. Schneider, "Turu Esthetic Concept." (American Anthropologist. Vol.68, 1966) pp.156~160.

신부를 빨리 얻고 싶다고 학수고대하고 있는 남편될 후보로부터 어떤 이득을 획득할 수 있는 것이다.9)

遂行의 强度란 하나의 기대된 행동을 실행으로 옮김에 있어서 양적으로는 별로 결정이 없는 경우에 개인이 어느 정도의 양을 그에 할당하느냐에 관한 것이다. 많은 경우 구조는 행위의 방식을 미리 규정하지만 행위의 결정은 사회조직의 과정(예상과 선택)에 맡겨진다.

교도소나 군대와 같이 전체적으로 사람의 생활을 규율하는 조직체에서는 역할수행의 강도를 묘사하는 정성들여 다듬은 언어가 쓰인다. 이것은 그러한 조직체의 많은 구성원이 스스로 골라서 참가하고 있는 것이 아니기 때문이다. '服役期間', '하는 체 하는 것'(Goldbricking) 및 '滅私奉公'(Gung-ho) 등 같은 용어는 역할수행에 대하여 취할 수 있는 태도를 표명한다. 어빙 고프만(Erving Goffman)이 지적하고 있는 것처럼 이와 같은 조직체는 社會組織 연구를 위한 훌륭한 무대이다. 왜냐하면 그러한 조직체의 구성원들은 실제로는 그만큼 노력을 하지 않고서 열심히 하고 있는 것처럼 보이게 하는 방법을 발전시키기 때문이다. 예컨대 가장 요령 있는 자는 윗사람의 면전에서는 협력하는 척 하며 겉으로 꾸밀 수 있는 자다.10)

만약 개인이 일정한 역할의 기대에 순응할 것을 선택한다면, 그 사람의 자유는 시기와 역할 수행의 강도를 바꾸는데 있어서 상당히 제한 받는다. 그렇지만 역할 요구에 順應한 행동을 취하는 방식에는 적어도 세 가지 方法이 있다.

첫째는 속임수(deception)라는 것이다. 즉 사람은 자기 목적이 현재 하고 있는 역할의 목적과는 정반대인데—혹은 적어도 보통 생각되고 있는 것과는 매우 다른 것이다—자못 매우 열심히 하고 있는 척 하는 모습을 하고 기대에 부응하는 것처럼 보일 수 있다.

극단적인 예를 들면 정원사로 위장하여 일하는 비밀첩보원의 경우이다. 설

---

9) C. W. M. Hart and A. Pilling, The Tiwi of North Australia (New York : Holt. Rinehart and Winston. 1964) pp.9~30.

10) E.Goffman, Asylums (Gardon City, N. Y. : Anchor Books, 1961) pp.1~124.

사 그가 정원사라는 역할을 취한 동기가 꽃이 좋아서 하는 것과는 아무 관계가 없다고 할지라도 그는 정원사로서 신뢰할 수 있는 실력을 보여야만 한다. 그러나 그 역할요건에 대한 그의 표면적인 순응은 거짓 꾸밈이고 그것이 스파이 행위라고 하는 참 목적의 달성에 유용한 한에서만 유지될 것이다. 그 정도로 극단적이지 않은 형태의 거짓 꾸밈의 예는 개인이 정말은 그렇지 않은데 자기는 이러한 종류의 인간이다라고 칭하는 경우에 잘 볼 수 있는데 이런 모양의 거짓 꾸밈은 누구에게나 흔히 있는 일이다.

순응에 대한 두 번째 선택적 행위로서 가능한 것은 거절(negation)이다. 거절이란 개인이 역할과 결부된 기대의 얼마쯤 혹은 전부를 채우는 것을 거절하는 것이다. 거절은 명백한 거부 '흠, 절대 가지 않을 거야!'로부터 어떤 사정 때문에 그것을 할 수 없다고 하는 이유를 상세히 설명한 거부('그래, 나는 다만 16세밖에 되지 못했으니까. 나는 기분이 매우 언짢으니까……')에 이르기까지 많은 형태를 취할 수 있다.

대부분 거절은 결국 그것과 직접관계를 갖는 집단에 의하여 제재를 받는다. 그러나 어떤 것은 사회구조 그 자체 속에서 이루어진다. 그리고 순응에 대한 정당한 선택적 행위라고 간주되는 것도 있다. 우리 사회에서 '稱病役割'(sick role)이 그러한 한 형태이다. 웬일인지 기분이 좋지 않다거나 질병이 심하다고 주장함으로써 그 사람은 그 직업적 역할과 친족적 역할, 기타 역할 등의 통상적인 많은 의무를 거절할 수가 있다. 평원인디언의 경우 소위 여장을 한 샤만(berdache)의 役割(p.107 참조)을 선택한 남자는 사나이로서의 통상의 의무를 벗어날 수 있었다.

샤이안족(Cheyenne)은 그러한 사람들을 '半男半女'(half-men, half-women)라 칭하는데 그것은 두 標準의 役割로부터 오는 각각의 기대가 축소되고 또 결합되는 것을 의미한다. 필립 뉴만(Philip L. Newman)의 '뉴기니아 高地마을에서의 狂氣의 行動'의 분석도 역시 순응에 대한 構造的 選擇의 예를 구체적으로 보여 주고 있다. 구루룸바족(Gururumba)에서는 25세에서 35세까지의 젊은이들이 매우 기묘한 성질의 행동을 공중 앞에서 마음껏 보인다.

이러한 '야성의 男子'는 분명히 신체의 통제력을 잃고 맹렬히 뛰어다니며,

큰 소리로 외치고, 물건을 흩뜨리기도 한다. 그는 귀가 들리지 않는 것 같고 일종의 피진(pidgin)英語와 같은 말밖에 떠들지 못한다. 그는 또 여러 가지 것을 훔치고 정상의 상태로 돌아가기 전에 그것들을 파괴한다. 이 에피소드의 결말은 다음과 같이 묘사되었다.

> 야성이 가라앉은 후 그 난폭자에 대하여 보복되는 일은 없다. 그 남자의 씨족과 마을에서는 아무도 그 진귀한 이야기를 그에게는 말하지 않는다. 그러나 부락민끼리는 그것은 당연히 화제가 된다. 이러한 대화로 미루어볼 때 다음의 것들이 명백하다. …… 촌락민들은 그 남자에 대해 전에 생각했던 것과 같이 그를 평가하지 않는다. 구루룸바족(Gururumba)의 사람들의 사회생활이 그들에게 부과하는 어떤 압박의 성질을 알고 있다. 한 남자가 난동을 부릴 때 사람들은 또 이 특정의 개인은 그러한 압력에 견딜힘이 다른 사람만큼 없다는 것을 알게 되는 것이다. 구체적으로 말하면 그 남자에게 交換去來에 참가해주기 바란다고 말한다. 타인들이 마음을 둔 기대의 정도는 눈에 보이게 감소하고 그에 따라서 그에게 대하는 요구의 정도도 감소한다. 그는 여전히 빚을 지고 있는지도 모르지만 빚을 청산하도록 적극적으로 압박이 가해지지도 않는다.…… 야성의 사나이의 행동의 결과는 이와 같이 社會的 지지를 잃지 않고서도 요구는 감소되는 것이다.11)

'신경쇠약'이 된 미국인과 '야성의 사나이'와 類似點은 상당히 감명을 준다.

3) 혁신

순응에 대한 선택적 행위의 마지막 유형은 革新(Innovation)이다. 개인은 통상의 기대에 따라서 행동할 수 없다. 또한 그렇게 하지 않는 상황이 있는 경우 그러한 상황에 대해서 창조적으로 반응하는 것을 모두 혁신이라고 부를 수 있다. 우리들의 행동은 모든 점에서 정확히 똑같이 반복되는 일은 결코 없으

---

11) Philip L. Newman, "Wild Man Behavior in a New Guinea Highlands Community." (American Anthropologist Vol. 66, 1964) pp.16~17.

므로 어느 의미에서 우리는 항시 혁신을 하고 있다고 할 수 있다. 같은 말의 반복까지도 어떤 音聲上의 변이를 보이는 것이다. 그러나 이러한 종류의 피할 수 없는 自由變異외에도 어떤 종류의 행동을 가장 많은 관습으로부터 가장 적은 것에 이르기까지 관습의 연속선상에 위치 지울 수 있다. 이 연속은 <도표 6-1>에서 보듯이 네 개의 주요부분으로 나눌 수 있다.

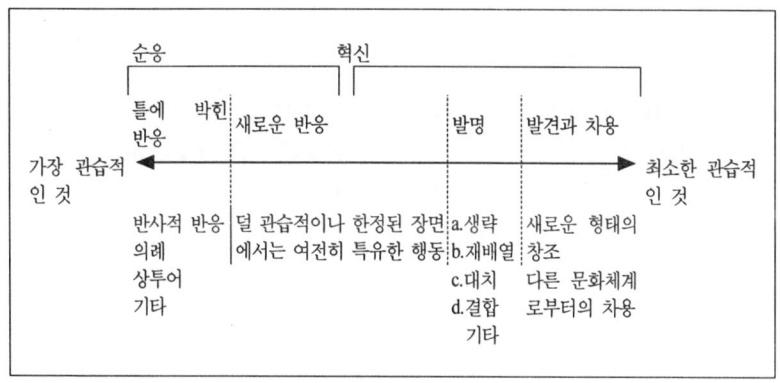

<도표 6-1> 행동가능성의 연속체

知人을 만났을 때 악수를 하거나 '안녕하십니까' 틀에 박힌 反應은 일정한 장면에서 개인이 수행할 수 있는 가장 慣習的인 行動의 예이다. 로마카톨릭교의 미사와 같은 종교적 의식도 극히 틀에 박힌 것이다. 어느 정도의 自由變異는 항상 존재하지만 이러한 장면에서는 사회적 기대에 꼭 맞는 순응은 그 자체가 높이 평가된다. 따라서 言語와 行爲의 일반적 형식은 매우 예측 가능한 것이 보통이다.

<도표 6-1>에 표시한 것같이 새로운 反應이라 함은 흔히 사교적인 장면에서는 특유한 것인데 틀에 박힌 행위보다는 훨씬 덜 예측 가능한 면을 갖고 있다. 이러한 경우에 개인은 共有의 構造가 제공하는 選擇的 行爲의 범위 안에 남아 있으면서 어느 정도의 선택을 행한다. 우리의 일상행위의 대부분은 받아들여질 수 있으나 다소는 새로운 행위의 범주 내에 들어간다. 예컨대 일정한

기회에 자주 우리가 의복을 선택할 때는 표준품목을 새로운 양식에 결합한다.

발명

發明은 文化的 規則에 관해서 우연 혹은 고의의 違反(violation)을 품고 있는 경우가 많다(제Ⅱ부 서론 참조). <도표 6-1>에 열거한 네 가지 유형은 반드시 발명의 종류로서 생각되는 모든 것을 망라하고 있는 것은 아니지만 사회적 규칙을 깨뜨리는 중요한 방법을 시사하려고 한 것이다. 호머 바네트(Homer Barnett)의 『혁신(Innovation)』에 따르면 우리가 발명이라고 생각하는 대부분을 분석해보면 再配列(rearrangement), 한 문화요소와 다른 문화요소의 代置(substitution), 또는 革新者에게는 이미 알려져 있는 문화적 제 요소의 結合(combination)이라고 말할 수 있는 것이다. 즉 전통적인 범주에 대해서 다른 준칙이 적용된 것이다.[12] 종이로 만들어진 의복과 전기치솔 등은 대치와 결합에 의한 발명의 알기 쉬운 예이다.

사회구조의 혁신은 완전히 새로운 역할의 창조라고 하기보다 재래의 역할의 모든 특성의 새로운 결합 혹은 재배열을 의미하는 경우가 많다. 기업의 재편성이라던가 정부기관의 개조라던가는 보통 부사장과 부통령의 수를 늘린다거나 몇 개의 업무를 1인의 감독아래 통합하거나 하는 것을 의미한다. 친족체계의 경우 複婚制에서 單婚制로의 변화와 內婚制에서 外婚制로의 변화는 실제로 새로운 범주는 하나도 만들어 내지 않고 준칙만을 바꾸는 것으로 볼 수 있을지도 모른다.

복잡한 사회에서는 지식이 진보할 때마다 그것을 몸에 익히고 전달하기 위한 새로운 인간의 범주가 필요해진다고 생각한다. 우주비행사와 마취과학자 등은 과학적, 기술적 진보에 호응하여 발전해 온 비교적 새로운 직업적 역할인데 이들 역할의 내용이 새로울지라도 그 특색은 이미 익숙한 군사적, 과학적, 의학적 역할을 모델로 한 것이다.

---

12) H. Barnett, Innovation : The Basis of Cultural Change (New York : McGraw Hill. 1953).

발견

혁신적 행위가운데 가장 확률이 낮은 것이 발견이다. 발견은 꼭 문화적 규칙을 위반하는 것을 의미하는 것만은 아니다. 왜냐하면 발견이라고 하는 것은 극히 어쩌다가 있기 때문에 문화는 그에 관한 규칙을 만들지 않는 것이 많기 때문이다. 예를 들면 라듐의 발견 혹은 해왕성의 발견은 놀라움과 아울러 예상치 못한 것이기는 하지만 '라듐을 발견해서는 안 된다'라고 하는 것 같은 문화적 규칙에 저촉되었다고 하는 것은 아니다. 그러나 발견은 자주 우리의 기대를 크게 재배열할 것을 요구한다. 발명이 지식의 범주와 결부된 준칙의 변경인데 대하여, 발견은 새로운 범주와 준칙의 창조 혹은 그 양쪽을 의미하기 때문이다.

다른 체계에서 새로운 문화요소를 借用하는 것은 본질적으로는 그 문화 내에서 행해지는 발견과 같은 것이다(차용은 아마 文化變動의 가장 일반적인 유형이라 말할 수 있다). 발견과 마찬가지로 차용은 준칙을 도입하게 되는 것이지만 그것은 사회의 조직에 대해서 광범위하게 미치는 영향을 가져오는 일이 많다. 새로운 식용식물, 무기 혹은 정치조직의 형태의 차용과 발견은 연쇄반응을 야기하여 문화의 모든 측면에 영향을 주게 될 것이다.

차용된 모든 요소는 흔히 그것이 새로운 文化體系에 적합시켜 가는 과정에서 형태와 의미의 변화를 수반하는 것이다. 이것은 再解析의 過程이라 칭한다. 허스코비츠(M. J. Herskovits)가 지적한 바와 같이 재해석은 세대와 세대간에서도 행해지고 사회간에서도 행해진다. 즉 옛 형태에 새로운 의미를 부여하고, 차용한 요소를 다른 범주에 적합시키며, 다른 행동준칙과 결부시킨다.

미국제 탁상시계는 뉴기니아에서는 더 말할 나위없는 훌륭한 가슴장식품이 되고, 마야족의 성스러운 옥수수는 네브라스카에서는 돼지의 사료가 되고, 우리 兩親의 젊은 시절의 멋쟁이 의복은 우리에게는 이상한 복장이 되거나 향수적인 '추억'일 뿐이다. 재해석은 끊임없이 행해지고 있는 보편적인 과정이다. 그것은 사회조직의 영역에서 행동의 다양성을 설명하는 것이다.[13]

---

13) M. J. Herskovits, Cultural Dynamics (New York : Knopf. 1964) pp.190~194.

혁신의 진행과정

革新은 구조적 변화의 제일보가 될 수 있다. 그러나 단 한사람의 역할 수행자가 혁신적 행동을 취하는 것과 그와 유사하거나 또는 보충관계에 있는 역할을 수행할 다른 사람에 의하여 그 혁신을 수용하는 것과는 구별되어야만 한다. 우리가 구조적 변화라고 말해도 좋은 것은 어떤 행동의 유형과 신앙이 사회집단 전체에 확장되었을 경우 뿐이다. 종래의 것과 매우 다른 것이 점차 慣習化하고 최후에는 당연한 것으로 되지 않으면 안 된다.

만화가 로버트 오스본(Robert Osborn)이 그린 인물의 얼굴에 코를 생략함으로써 풍자만화의 새로운 유형을 창안했을 때 그는 분명히 혁신자이다. 만약 다른 만화가가 이 혁신적 수법을 채용하지 않는다면 그것은 오스본의 개인적 역할의 특성 — 그 독특한 스타일의 일부분 — 이라고 하는데 그칠 것이고 만화가와 독자에 의해서 공유된 信號關係에는 영향을 받지 않을 것이다. 반면에 금세기 초에 파블로 피카소(Pablo Picasso), 기타의 유럽 예술가들이 그린 인간의 얼굴과 몸의 부분들을 재배열하는 것은 지금에 와서는 입체파 미술의 당연히 기대되는 특성이 되고 서양문화 구조의 일부가 될 것이다.

그리하여 어떤 혁신이 수용되기 위해서는 많은 사람들이 새로운 방법으로 행동하는 것을 선택할 필요가 있다. 혁신은 하나의 다른 선택적 행위양식으로서 종래의 행위양식과 병행하여 존속하는 일도 있고, 이전에 있던 행위의 유형을 대치할 수도 있다. 반면에 급속히 사라지거나 — 일시적 유행이란 이것을 의미한다 — 혹은 점차 그 새로움을 잃고 틀에 박힌 反應과 상투적인 文句 ("전부 먹어치웠다니, 믿어지지 않는다"와 같은 句)의 일부가 되어버리는 수도 있다.

완전히 靜的인 문화체계라고 하는 것은 존재하지 않는다. 미개사회에서는 틀에 박힌 반응들이 그 자체가 목적인 것 같이 매우 존중되는 경향이 있는데 그것들은 다른 인습적 행위들과 밀접한 관계를 갖고 있다. 때문에 그들이 새로운 반응의 유형과 급속히 대치될 것이라는 것은 있을 법하지 않다. 그렇지만 혁신은 부단히 행해지고 있는 것이다. 모든 사회의 인간이 어느 정도의 새로움을 즐기는 것이고, 대부분의 사람은 자기에게 그렇게 하는 것이 이득이 된다고 하는 것이 확실하다면 자기들의 기대를 극히 급속하게 바꿀 수가 있는 것이다. 구조적 변화는 사회조직의 과정(예상과 선택)이 새로운 재료를 제공하는 혁신을 동반하는 경우에 오는 어쩔 수 없는 결과이고 그 새로운 재료에서 중요한 구조적 변화가 발전하는 것도 있다.

4. 적응

돌연변이와 자연도태

앞절에서 서술한 모든 개념과 생물진화에 관한 근대적 合成理論(synthetic theory)과의 사이에는 몇 가지 고의적인 유사점이 있다. 현대진화이론에서는 돌연변이가 새로운 재료를 제공하며, 이로부터 주요한 구조적 변화가 발전될 수 있다고 한다. 돌연변이란 생식작용의 과정에서 일어나는 省略, 代置, 再配列 및 結合에 의한 DNA분자(유전인자)에서의 변화를 말한다.

그러나 社會的 發明과 같이 돌연변이는 變種을 만들어 내지만 그것은 일정한 환경 속에서 도태되는 일도 있는가 하면 그렇지 않은 경우도 있다.

合成理論은 생물진화를 돌연변이에 의하여 만들어진 변종에 작용하는 自然淘汰(natural selection)의 결과라고 설명한다. 자연도태란 긴 과정동안 약한 적응력밖에 갖지 못한 유기체를 個體群에서 제거하여 훌륭한 적응력을 가진 개체만이 살아남고, 그 환경에 적응하는 과정이다. 그 환경에 대한 유기체의 적응력을 감소시키는 것 같은 발생학적 돌연변이는 도태에 의해서 제거되고 반대로 적응력을 증대시키는 돌연변이는 살아남는 것으로 될 것이다. 왜냐하면 이 특질을 유전적으로 계승하는 개체는 집단의 다른 성원보다도 우수한 번식의 가능성을 갖기 때문이다.

따라서 자연도태는 생물학적 발전과 마찬가지로 인류의 문화적 발전에 대해서도 똑같이 들어맞는다. 새로운 도구, 기술 혹은 사회적 혁신 등은 그것을 받아들이는 個體群이 완전히 없어졌다고 한다면 영속할 수 없기 때문이다. 한편으로 그 환경에 대한 어떤 집단의 적응력을 현저히 높이는 혁신은 그 집단을 그렇지 못한 집단보다 유리한 입장에 서게 하리라는 점은 자명한 일이다.

어떤 사회에서 확대와 우세를 가져오는 혁신이 다른 사회에서는 쇠퇴와 경우에 따라서는 멸망까지도 의미할 수도 있다. 인류라고 하는 個體群은 1세대가 못되어 그 생활방식을 크게 바꿀 수가 있는데 그에 대해서 다른 種의 경우는 완만하여 우연히 좌우되기 쉬운 생물학적 진화의 과정만이 그 구조와 행동을 바꾸는 것이다.

문화의 모든 부분이 집단의 물리적, 생물학적 환경에 대해 직접적 연관성을 동일하게 가지지는 않는다. 인간의 적응은 다른 동물의 그것보다 훨씬 더 복잡하다. 즉 적어도 세 개의 단계로 동시적으로 진행하고 게다가 각 단계마다 目標, 過程 및 單位를 달리한다. <도표 6-2>는 이들 3단계의 적응을 요약한 것이다.14) 세 개 단계 중 어떤 것에 대한 적응은 安定 혹은 變化를 가져올 수 있다. 적응이 그칠 때 뒤에 남는 것은 안정이 아니고 죽음이다.

이 章의 나머지 부분에서는 社會的 環境(단계 Ⅱ)에의 적응이라는 문제에 관하여 논하고자 생각한다. 이 문제를 文化變容, 活性化, 交換과 互惠性이라는 각도에서 검토를 할까 한다.

단계 적응해야할 환경	목 표	기초적 과정	관련 단위
Ⅰ.물리적/생물학적 환경 (자연)	최대한의 에너지 이용, 인구 규모의 통제, 적응 가능성	진화(에너지의 확보와 전환) - 생물학적 및 문화적 양면에서	유전적으로 전승된 구조와 행동 문화적으로 전달된 도구와 기술
Ⅱ.사회적 환경 (다른 사람)	사회적 통합 집단의 존속	문화화(가치의 교환: 호혜성) 사회변동(문화 변용)	역할, 집단, 사회적 상호작용의 준칙, 시간·공간의 인식, 사회적 장면
Ⅲ.내면적 환경 (자신)	문화적 응집성 개인적 만족 개인의 동일성	문화의 성장 (상징적 형태의 정교화 - 예술, 종교, 법률)	관념, 세계관, 개인적 구조체계, 미로

<도표 6-2> 인간 적응의 3단계

---

14) C. Meighan, Archaeology : An Introduction (San Francisco : Chandler. 1966) pp.1~8.

1) 문화변용

　상대적으로 고립하고 있던 사회가 보다 크고 강력하며, 또 기술적으로 보다 진보된 사회와 직접적 접촉을 갖는 경우 어떤 사회나 적응과정을 경험하게 되는데 이것을 文化變容(acculturation)이라 말한다. 그 적응적 변화는 보다 적은 집단에서 가장 현저하게 나타나는데 그들의 변화는 부분적인 借用과 修正으로부터 전체적인 문화 하위체계의 실질적 대치에 이르기까지 다양한 것이다.

　믹맥 인디언(Micmac Indians)은 1500년 경 유럽인과 최초의 접촉을 가졌다. 그들이 제일 먼저 접촉한 상대는 현재 노바 스코티아(Nova Scotia) 半島라 불리는 캐나다 동해안 먼 바다의 풍부한 어장을 개척하기 위하여 왔던 행해자들이었다. 양자 사이에서는 인디언이 제공하는 생선류와 모피 그리고 유럽인이 가지고 온 브랜디, 금속제의 도구, 작은 장식물 등과 교환하는 형태로서 간헐적으로 交易이 행해졌다. 1600년까지 프랑스인은 뉴 - 프랑스(동부 캐나다)의 식민지에 모피 무역을 번창시키는 체제를 만들었다.

　그들은 영국 식민지에 대항하여 요새를 쌓고 믹맥족을 자기측으로 끌어 들였다. 프랑스 선교사들도 믹맥족의 로마·카톨릭교에의 개종에 성공했다. 모피무역, 군사적 혁신(특히 총포) 그리고 종교가 여러 가지 점에서 '믹맥'문화를 변화시켰다.

　그럼에도 불구하고 社會的, 技術的, 觀念的 體系에 있어서 이들 변화는 전체 문화의 지속을 돕는 적응이었다고 보아도 좋을지 모른다. 어떤 종족은 강력한 外來者들을 무시하려고도 했지만 곧 절감하게 되었다. 믹맥족은 변화해 가는 사회적, 생태적 조건하에서 하나의 민족으로 살아남기 위해서는 그 생활방법을 하지 않을 수 없었던 것이다. 그러나 기술과 사회구조의 측면에서 適應的 變化를 했음에도 불구하고 그들은 土着言語를 최후까지 고수하고 또 유럽의 종교와 정치상의 원리를 자기들 본래의 신앙과 가치의 측면에서 再解釋하여 잘 버텨냈다.

　400년 이상에 걸친 文化變容이 믹맥족의 동질성의 감각 내지 인디언으로서 살고자 하는 그들의 욕망마저도 파괴해버린 것은 아니다. 질병과 전쟁과 생산력이 낮은 '보호지역'으로 거주가 제한되는 악조건 아래에서도 믹맥족의 인구는 오늘날 6천명을 웃돌고 있다. 이 숫자는 아마 유럽인과 처음 접촉했을 때의 수를 넘고 있다고 생각된다.

남자들은 일할 수 있을 때는 낚시 안내인으로 일하고 벌채와 건설작업에 종사한다. 최근에는 많은 젊은 믹맥인들이 캐나다 동부와 뉴 잉글랜드지방의 여러 도시에 나가서 架橋와 高層建物의 건설 등 건설현장 노무자로 종사한다. 이들 직업에의 적응은 그들 자신들을 유지하기 위하여 다른 부분(가족과 지역사회의 조직)을 지속할 수 있게 하는 하나의 適應的 變化라고 볼 수 있는 것이다. 믹맥족은 선교사와 정부관계자가 그들에게 농업을 시키려고 한 일에 대해서는 강하게 저항했다. 과거에 그들이 행한 선택은 훨씬 구조적 변화를 가져왔다. 그러나 이와 같은 적응은 믹맥족의 사회와 문화에 持續性과 安定性을 준 것도 사실이다.15)

2) 활성화 운동

활성화 운동(revitalization movements)은 사회가 강렬한 압박, 충격—아마도 문화 변용의 결과로써 발생하는—에 직면할 때 발생한다. 그것들은 문외한에게 기인한 것이라고 생각되는 수단에 의해 위기를 극복하려는 사회운동의 하나이다. 급진적이거나 반동적 그리고 명백히 불합리한 요소에도 불구하고 이러한 운동들이 성공적일 때는 놀랄 만큼 짧은 기간에 사회의 전 계열에 중대한 변화를 종종 가져온다는 것이다.

멜라네시아의 積荷崇拜運動(cargo cults)은 아마 가장 잘 알려진 근대적인 活性化 運動의 한 예일 것이다. 이 운동은 사회의 근대화를 지향한 것이고 대부분의 경우 사회구조와 사상에 현저한 변화를 가져왔다. 제2차 세계대전 중 미국의 군사력과 경제력에 조금이라도 노출된 일이 있는 많은 토착민들은 高價

---

15) P. K. Bock, Micmac, In handbook of North American Indians. Vol. 15 (Bruce Trigger, ed. Washington, D. C, : Smith Sonian Institution. 1978.)

의 積荷物을 자기들의 사회에 유인하려고 부두나 활주로를 건설하거나 가르침에 따르는 모든 사람들에게 富를 약속한다고 말한 預言者의 지도아래 呪術的 儀禮를 거행하거나 했던 것이다. 그 추종자들은 자주 幻覺을 보고 미친 듯이 춤추거나 소유물을 파괴하거나 했다. 기대되었던 積荷는 도착되지 않았지만 이와 같은 崇拜는 일반에게 지도자의 유형, 분업, 의례적 행위 등에 있어서의 큰 변화를 가져왔다.

여러 군데서 환상적인 계획은 후에 사회개혁과 경제발전이라고 하는 더욱 실제적인 시도를 가져오게 되었다. 파울라 브라운(Paula Brown)에 의하면 積荷崇拜의 현저한 특징은 '예언자가 꿈 또는 환각, 개인이 초자연적 존재에 접근한다고 하는 신앙, 기적, 실신, 개인의 발작과 많은 사람들이 모여서 행하는 춤'16)등에 있다.

그러나 그녀는 더욱 일반적인 특징으로서 다음과 같은 것을 지적하고 있다.

> 사람들이 사회변화를 가져오기 위한 운동에 참가하기 위해서는 다른 생활에의 욕망을 강하게 지니고 있는 것이 필요하다. 그 욕망의 내용이 매우 다양한 것이어도 상관없다. 그들은(아메리카 인디언의 유령춤과 같이) 과거의 황금시대로 돌아가고 싶다고 원할 수도 있고 현재의 생활수준을 조금이라도 잘 하고 싶다고 희망할 수도 있다(노동운동). 혹은 또 완전한 晩年과 救濟의 千年王國 꿈을 원할 수 이도 있다. 공통적인 멜라네시아 유형의 희망은 유럽인과 동등한 富와 힘을 달성하려는 것에 있다. 이러한 감정은 자주 토착민 자신이 처한 위치에 대한 원한과 결부되고 있다. '백인은 나가라'고 하는 것도 보편적이라고는 말할 수 없지만 하나의 공통된 요소이다. 민족주의도 또한 종종 포함될 수 있다.17)

아메리카 인디언의 유령춤(ghost dance)은 멜라네시아인의 積荷崇拜에 비하면 훨씬 保守的인 것이었다. 그럼에도 불구하고 이것은 '더욱 만족스런 문화

---

16) P. Brown, "Social Change and Social Movements." in A. P. Vayda ed., Peoples and Cultures of The Pacific (Garden City : Natural History Press. 1968) pp.465~485.
17) Ibid., p.474.

를 건설하려고 하는 意圖的, 組織的, 意識的 努力'18)이라고 하는 활성화 운동의 고전적 정의에 포함되는 것이다.

1870년에 이어서 다시 20년 후에 그레이트 베이슨(Great Basin)지방과 평원 인디언(Plains Indian) 여러 부족이 사는 각 지방에 예언자들이 나타나 죽은 사람의 부활을 설법했다. 그들은 백인을 呪術에 의하여 물리칠 수 있고 또 지금은 거의 멸종된 들소가 다시 돌아오도록 기원하는 儀式을 조직했던 것이다.

유령춤은 명백히 백인에 의한 군사적 압박, 식민지 정책, 또 백인들이 인디언의 주요한 식량원이었던 들소를 고의로 살육한 것 등의 위기적 상황에 대한 反應이었다. 1890년 유령춤이 소망한 만큼 결과를 가져오지 못했기 때문에 수 십개에 이르는 인디언 문화가 실질적으로 무너지고 말았다. 그러나 다른 사회에서는 같은 운동이 주목할 만한 성공을 보아 수 천명(혹은 수 백만명)의 사람들을 예언자가 주장하는 개혁과 구제의 神에 귀의시켰던 것이다. 이와 같은 운동의 유사성과 상이성에 대하여 최근 웨스톤 라바르(Weston La Barre)의 『유령춤-종교의 기원』이라는 책에서 흥미있게 밝히고 있다.19)

5. 교환과 호혜성

가치의 교환

사회통합은 주로 한 체계 안의 다양한 부분들 가운데 가치의 교환을 통하여 성취된다. 가치는 대부분 노동의 분업을 통하여 교환된다. 그러나 전문화와 객관적인 상호의존을 결여하고 있는 경우라도 가치의 교환은 호혜성의 原理라고 하는 하나의 보편적인 行動規則으로부터 유래하는 것이다.

앨빈 굴드너(Alvin Gouldner)에 의하면 '집단의 친구로서… 보다는 또 심지

---

18) A. F. C. Wallace, "Revitalizaion Movements." (American Anthropologist, Vol. 58, 1956) p.265.

19) W. La Barre, The Ghost Dance : The Origin of Religion (New York : Delta Books. 1970).

어느 집단 내에 사회적 지위를 차지하기 때문도 아니고 오히려 자기가 먼저 한 행동 때문에 사람들은 서로 의무를 지는 수가 있다.'20)

예컨대 인도의 한 촌락의 사회구조를 기술할 때 인류학자들은 반드시 각 카스트의 연대 및 상호의존관계 뿐만 아니라 상위 카스트의 우두머리와 전문화된 물품과 봉사를 제공하는 개인적 일꾼들과의 특수한 유대관계(jajmani system)도 의존하지 않으면 안 된다.

>노력봉사에 대한 보답으로서 전통적인 일꾼들은 1년에 2회 곡식으로 지불을 받고 때로는 한 구획의 토지에 대한 使用權이 부여되는 일도 있다. 우두머리와 일꾼과의 유대는 世襲的인 것이다. 즉 우두머리는 옛부터의 일꾼을 마음대로 바꿀 수 없고 또 일꾼측에서도 세습적인 일꾼 이외의 자가 카스트에서 추방될 두려움을 감수하면서까지 우두머리의 전통적 작업에 손을 내밀 수는 없다. 마찬가지로 전통적인 일꾼도 자기의 카스트의 허가 없이 우두머리를 바꿀 수가 없다.21)

호혜의 규범

이 체계에서는 모든 사회에서와 같이 사람들은 '2개의 상호 관련된 최소한의 요구 즉 (1) 사람들은 자기를 도와준 사람들을 당연히 도와주어야 한다. 또 (2) 사람들은 자기를 도와준 사람들에서 손해를 주는 것 같은 일을 해서는 안 된다고'22) 하는 要求에 의해서 이루어진다고 하는 일반 원칙에 끌려 행동한다.

---

20) A. Gouldner, "The Norm of Reciprocity : A Preliminary Statement." (American Sociological Review. Vol. 25, 1960) pp.170~171.
21) B. Cohn, "The Changing Status of A Depressed Caste." in M. Marriott. ed., Village India (Chicago : University of Chicago Press. 1955) p.56.
22) Gouldner, op. cit., p.171.

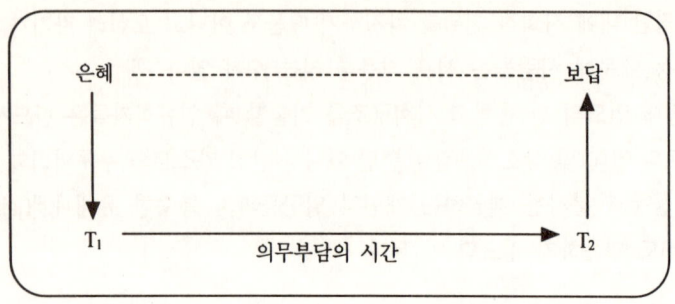

<도표 6-3> 호혜의 시간적 결과

이 호혜성의 규범은 매우 일반적이고 막연한 것이기 때문에 도리어 구체적인 규칙이 없어도 행동을 규제할 수가 있다. 설사 어느 일정한 장면에서 상대가 어떤 종류의 인간인가를 몰라도 역시 두 사람은 서로 호혜의 규범에 따를 수가 있는 것이다.

> 막연한 상태에서 이 규범은 특별한 거래에 관해서 무한히 적용될 수 있다. 예컨대 특정한 지위에 기초한 의무들에 의하여 달리 규제할 수 없을지는 모르나 여러 가지 거래에 있어 이 규범은 탄력적인 도덕적 제재가 된다. 이 점에서 이 규범은 이동적인 사회구조의 갈라진 틈으로 흘러들어 갈 수 있는 일종의 합성수지 주입기이고 또한 어떤 목적으로나 쓸 수 있는 道德的 接着劑로서도 쓰이는 것이다.23)

선물을 받거나 勞役의 제공을 받은 측은 이전에 아무 관계가 없었을 경우에는 새로운 사회관계가 생길 것이고 관계가 있는 경우에는 사회적 관계를 強化하게 된다. 굴드너 역시 이 규범이 갖는 時間的 結果에 대해 지적하고 있다. (<도표 6-3> 참조)

호혜의 규범으로 보아 은혜를 받은 자는 은혜를 준 자와의 관계를 깨뜨리거나 그들에 대해서 적의를 나타내지는 않을 것이다. 한편, 은혜를 준 자도 보답을 기대하는한 그와 같이 하지도 않을 것이다. 선물이나 勞役은 義務라는 社會的 時間을 시작케 한다.

---

23) Ibid., p.175.

그것은 이중의 의미에서 호혜의 규범에 의하여 지배되는 시간이다. 첫째, 행위자는 상당한 보답을 할 수 있도록 그 사이에 자원을 축적하고, 움직이고, 정리하고 혹은 지정하거나 한다. 둘째, 그것은 은혜를 부여해 준 사람에게 상처를 입혀서는 안 된다고 하는 규칙에 의하여 지배되는 기간이다. 따라서 이것은 사람들이 그 은인에 대해서 감사의 뜻을 표명하고 혹은 적어도 은인과 友好關係를 보전하도록 道德的으로 강요되는 기간이다.24)

1 대 1의 계약

죠지 포스터(George Foster)에 의하면 멕시코의 친·춘·찬(Tzintzuntzan) 마을에서는 마을 사람들은 동료나 또는 손위 사람들과 많은 交換關係(1 對 1의 계약)를 이루려고 하는데 그것은 자기가 사는 '불안한 세계' 속에서 최대한의 안정감을 얻고자 하기 때문이다. 또한 이 제도에서는 다음과 같은 것이 요구된다.

두 사람 사이의 貸借의 공제잔액이 완전히 零이 되는 것 같은 일이 결코 있어서는 안 된다. 만약 그와 같은 일이 있게 된다면 그것은 전체의 관계를 위기에 몰아 넣게 될 것이다. 만약 전부의 債權과 債務가 어느 시점에서 그만 균형이 맞게 되는 경우가 있다면 契約은 취소되기 때문이다. …… 1 對 1의 계약이 효과가 있는 것은 짝진 사람끼리 어느 시점에서 서로 어느 편이 어떤가가 확실치 않기 때문이다. 긴 時間에 걸쳐서 거의 같은 量의 物品과 勞役이 어떤 방향이라도 흐르고 있다는 것을 알고 있는 한 그들은 자기들의 관계가 확실하다고 인정하는 것이다.25)

1 對 1 계약은 선택과 호혜의 양쪽에 관련된 사회조직의 일면이다. 왜냐하면, "친·춘·찬 마을의 親族近隣關係, 代父母 정신 등의 공식적 사회제도는

---

24) Ibid., p.174.
25) G. Foster. "The Dyadic Contract : A Model for the Social Structure for a Mexican Peasant Village." (American Anthropologist. Vol. 63, 1961) p.1185.

개인에 대하여 그가 이용할 수 있는 이상의 친구가 될 수 있는 사람들을 다수 준비해 주기 때문이다. …… 호혜를 통해서 이행되는 1 對 1의 계약관계를 맺는 것에 의하여 개인은 자기의 실제의 행동을 유형화하는 것이다."26)

어떤 사회에서는 의무관계가 오랫동안 지속되기를 바라는 경우가 있는데 그런 사회에서는 負債를 너무나 열심히 반환하려고 한 것은 도리어 예의를 모른다고 받아들일 두려움이 있다. 예컨대 뉴욕州의 세네카 인디언(Seneca Indians)의 경우 선물을 받고서 너무 재빨리 보답을 하고 싶어하는 사람은 은혜를 모르는 자라고 한다. 미국의 많은 小商人의 경우에도 마찬가지 태도가 나타난다. 分割로 물건을 사는 사람은 債權者에 대해서 의무가 생겼다고 느끼기 때문에 같은 상점에서 그 후에도 더욱 사기 쉽다. 그에 대해서 분할납부를 피하는 사람을 信用貸付系는 현금매입 부랑자라고 비방하는 것이다.

호혜의 통합적 기능

다른 어떤 문화적 규칙과 마찬가지로 호혜성이라는 보편적 규범은 행동을 결정한다고 하는 것보다도 행동에 영향을 준다. 즉 개인이 자기의 형편에 따라서 그것을 위반하거나 이용할 수 있는 것이다. 이러한 것들로부터 우리가 결국 뇌물이라고 칭하는 것은 우리들이 승인하지 않는 의무관계를 만들어 낸 선물에 지나지 않는다는 것이다. 그러나 뇌물을 받은 쪽이 보답을 하지 않으면 안 된다는 의무감을 느끼지 않는다면 뇌물을 준 효과가 없는 것이다.

두 사람 사이 또는 두 집단사이의 호혜가 깨졌을 때 증오의 감정이 생기는 일이 많다. 한쪽이 의무를 보답하는데 실패하거나 그것을 거부한다거나 하는 경우에 그렇다. 그러나 호혜의 규범은 또 상대가 도저히 보답할 수 없는 선물 — 혹은 보존조차 할 수 없는 선물, 예컨대 속담속의 흰 코끼리와 같은 것 — 을 보내는 수단에 의해 상대에게 욕을 보이는데 이용될 가능성도 있다.

一般原理는 다음과 같이 수정이 필요하게 된다. 즉, 하나의 조직의 각 부분간의 財貨와 用役의 交換은 그 去來의 당사자들에 의해 교환된 가치량이 거의

---

26) Ibid., pp.1188~1189.

동등하다고 느꼈을 경우에만 社會的 統合을 가져오는 것이다.

교환의 양이 정확히 동등하다고 관계가 끊긴다고 하여 극히 불균등한 교환을 행한다면 감정을 남기기 쉽다. A가 B에 대해서 B로부터 받기보다는 많이 준다고 하는 불균등 교환에서는 A가 자기는 먹이가 되었다고 생각하는 경우 적의를 느낄 것이다. 그러나 B도 자기는 욕을 보게 되었다고 생각하는 경우 적의를 느낄 것이다.27)

요컨대 동등한 재화 또는 용역의 교환은 개인의 사이만이 아니고 집단 사이의 통합도 가져오는 것이다. 近親相姦禁忌(incest taboo)는 社會的 統合의 하나의 근원을 이루고 있다고 지적하는 학자가 많으나 그것은 모든 사회에 있어서 그 이유는 다르지만 여성이 귀중하다고 생각되고 있기 때문이다. 또 近親相姦禁忌 때문에 남자나 여성들은 결혼상대를 자기의 직계가족 밖에서 구하지 않을 수 없다. 이 금기는 생물학적 및 사회적 결과가 극히 이치에 맞는데서 보편적으로 인정되게 되었던 것이다. 마찬가지로 세계에서 찾아볼 수 있는 외혼제와 혼인의 우선규정 등 여러 가지 규정도 同族과 氏族 혹은 지역상호간에서의 여성의 균형된 교환을 확실히 보증함으로써 사회적 통합을 촉진하는 것이라고 할 수 있다.

클로드 레비스트로스(Clauéde Lévi-Strauss)는 엄격한 內婚制의 규칙이 주요한 사회집단간의 女性의 交換을 방해하고 있는 인도와 같은 카스트 사회에서는 그에 대신하여 집단의 직업상의 전문화가 재화와 용역을 끊임없이 교환할 것을 요구함으로써 社會的 統合을 만들어내고 있다고 지적하고 있다.28)

여성을 교환하는 대신에 다른 종류의 귀중품을 그와 같은 양만큼 줌으로써 수 많은 社會的 單位間에 결합되는 사회도 많다. 두 명의 남자가 서로의 자매와 결혼하는 것은 완전히 直接的 交換形式인데 이밖에 여성이 한쪽을 향하여 나아가고 반대로 貴重品이 반대방향으로 간다고 하는 식의 間接的 交換에 의

---

27) C. Hyman. "The Dysfunctionality of Unrequited Giving." (Human Organization. Vol. 25, 1966) pp.42~45.
28) C. Lévi-Strauss, "The Bear and The Barber." (Journal of the Royal Anthropological Institute. Vol. 93, 1963).

하여 많은 집단이 통합되는 수도 있다(<도표 6-4> 참조).

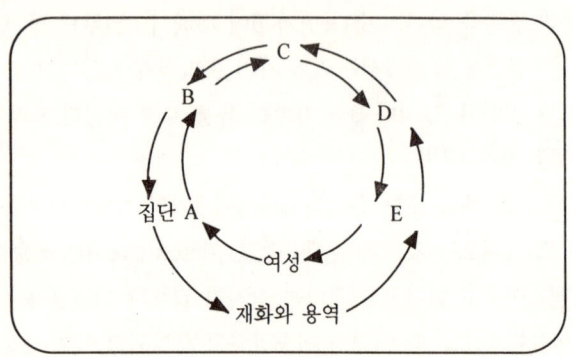

<도표 6-4> 교환에 의한 통합

민족국가의 차원에서는 대외무역에 의한 물품의 교환이 국제적 통합의 중요한 수단이 된다. 이 차원에서도 女性交換의 역사적 중요성을 과소평가해서는 안 된다. 즉 왕족의 결혼은 협력을 확보하는 수단이었고 또 그와 똑같이 왕족의 이혼은 적대관계를 가져왔던 것이다(영국왕 헨리 5세, 헨리 8세의 경우를 비교할 것).

또 많은 아프리카의 봉건국가에서 통치자는 매우 많은 수의 妻를 갖고 있는데 그 妻들은 보통 왕국 각 지구의 貴族出身이다. 그녀들은 이렇게 하여 귀족들의 충성을 증명하기 위한 人質의 기능을 다하고 있다고 하는 측면도 있다.

마지막으로 레비스트로스가 밝힌 바와 같이 말과 기타의 중요한 상징도 또한 일종의 價値이다. 따라서 메시지의 교환은 모든 종류의 사회조직의 統合에 불가결의 역할을 한다.[29] 어느 두 사람의 경우에 그들의 얘기가 맞지 않는다거나 쓰는 말이 다르다거나 할 경우 그것은 협력적 활동이 곤란하거나 혹은 불가능하다는 것을 의미한다. 메시지의 자유교환은 원활한 상호작용을 가능케 한다. 왜냐하면 우리가 다른 사람의 행동에 관해서 신뢰하는데 충분한 기

---

29) G. Lévi-Sstrauss, "Social Structure." in A. L. Kroeber. ed., Anthropology Today (Chicago : University of Chicago Press. 1953) pp.524~525.

대를 걸 수 있는 것은 정보의 옳은 흐름이 있기 때문이다.

한 조직의 각 부분간의 의사소통이 두절된 경우—그것이 가족 내이건 기업 내이건 혹은 세계의 국가들 사이이건—그 조직의 統合度가 저하하여 敵意가 생길 가능성이 있다. 독재자들은 사회 심리학자들이 실험적으로 검증했듯이 이러한 원리를 일찍부터 알아차리고 있었다. 즉 하나의 사회 조직내의 정보의 흐름을 규제하는 자는 전체 조직을 규제하는 것이다.

지금까지 개인이 목적을 달성하고 그 만족을 최대로 높이기 위하여 문화를 어떻게 작용시키는가 라는 것에 관하여 고찰해 왔다. 결국 모든 사회에 있어서 인간은 자기의 사회구조의 틀 안에서 행동하는 것, 즉 그 요구를 豫想하여 구조적으로 허용되는 범위에서 선택을 행하고, 그 수행 방식을 修正하여 다소 새로운 반응 방식을 革新하고, 호혜성의 규범에 의하여 안내된 교환을 포함한 여러 가지 수단을 통하여 그 사회적 환경에 적응하는 것을 보아왔다.

이것들은 社會組織이 갖는 주요원리이다. 役割, 集團, 場面 및 그들 각 範疇와 결부된 표준적 行動準則이라고 하는 여러 개념을 써서 사회구조를 단지 靜的으로 기술하는 것에 비하면 이와 같은 원리에서 우리가 얻을 수 있는 사회 조직의 작용하는 모습은 훨씬 力動的인 것이다. 선택이 일상화하면 그것은 결국 구조를 변화시킨다. 그러나 그 선택을 가능케 하고 그리고 有意味하게 하는 것은 공유되어 있는 構造 그 자체라는 사실을 잊어서 안 된다.

보충문헌

Ivan A. Brady and Barry L. Isaac, eds., A Reader in Culture Change, 2vols. Cambridge : Schenkman Publishing Company, 1975.

Clifford Geertz, Agricultural Involution. Berkeley : University of California Press, 1971.

George M. Foster, Tzintzuntzan. Boston : Little, Brown, 1967.

Jeremy A. Sabloff and C. C. Lamberg-Karlovsky, eds. The Rise and Fall of Civilizaions. Menlo Park : Cummings Publishing Company, 1974.

Julian H. Steward, Theory of Culture Change. Urbana : University of Illinois Press, 1955.

제Ⅲ부 기술체계

　인간이 처해 있는 물리적 환경이나 또는 생물학적 환경속에서 물질적인 변화를 가져올 수 있게끔 하는 문화의 측면을 기술체계(technological system)라고 부른다. 그것은 사회구성원이 사용하는 道具·技術·技能 등에 구체적으로 나타나는 학습받은 範疇와 행동을 위한 準則으로 구성되어 있다. 기술 체계는 한 집단의 사회 체계와 밀접한 관계를 갖고 있다.
　왜냐하면 기술은 그 자체만으로는 작동하지 않기 때문에 기술과 사회 구조의 변화는 함께 진행된다. 인간사회의 생존을 가능케 하는 기술과 기능은 특정한 범주의 사람들에게만 공유되거나 이용되어서는 안 된다. 기술은 문화적으로 규정된 상황아래에서 진행되는 것이 기대된다. 어떤 인간 집단이 가지고 있는 기술적 능력은 또한 그 사회의 크기와 사회 구조를 제한한다. 복잡한 기계 기술이라든가 과학적 의료기술을 가지고 근대 산업사회에서 살고 있는 미국 사람들이나 혹은 다른 나라 사람들은 이러한 혜택을 당연한 것으로 받아들이는 경향이 강하며, 그러한 기술 발전이 인류 문화의 역사에 있어서 극히 최근에야 이루어진 것임을 깨닫지 못하고 있다.
　미개인의 기술 체계에 대한 연구는 우리가 과거에 대하여 지고 있는 빚 뿐만 아니라 현재 얼마나 유리한 생활을 보내고 있는가를 올바르게 평가할 수 있는 가치있는 시각을 제공해 준다. 후술하는 바와 같이 미개인의 기술 체계는 주변에 있는 재료만을 사용하여 사람들이 곤란하고 위험한 환경 조건에 적응할 수 있도록 하였다는 점에서 대단히 주목할 만한 가치가 있다. 더욱이 우리가 가지고 있는 복잡한 문명이란 것도 그 대부분은 이름도 알지 못하는 원시 시대의 조상들이 이루어 놓은 것에 토대를 두고 있다. 여기에 대해 브라운(Ina C. Brown)은 다음과 같이 잘 설명하고 있다.

　　미국의 시민인 우리들은 자칫하면 우리 나라가 自力으로 성공한 나라일 뿐만 아니라 다른 나라에게 무엇을 베푸는 데 있어서 지나치게 관대하다고 생각하기 쉽다. 그러나 실제로 우리들은 다른 나라 사람들에게 대단히 많은 빚을 지고 있다. 우리가 식용으로 쓰는 식물이나 동물, 우리가 사용하는 문자, 세계의 소식을 가져다주는 신문이나 인쇄물, 우리의 기술 문명의 근저를 이루고 있는 기초적인 발명들, 심지어는 우리의 윤리적 가치 및 종교적 관념들조차 다른 시대 사람들이나 다른 나라 사람들에 의하여 발견, 발명, 개발되거나 혹은 창출되어진 것이다.1)

다음 각 장에서는 미개 민족이 다양한 환경에서 살아남기 위하여 발전시켜 온 도구·기술·기능 가운데에서 중요한 것을 중심으로 언급할까 한다. 그리고 특정한 기술의 개발에 의하여 어떠한 종류의 환경적 적응이 가능하게 되었는가와 그러한 적응에 따라 나타나는 사고 구조라든가 사회 구조의 형태에 관해서도 알아보기로 한다.

---

1) I. C. Brown, Understanding Other Cultrues (Englewood Cliffs, N, J. : Prentice-Hall, 1963) p.136.

제7장 인간과 도구

　加工品이란 것은 인간이 심사 숙고하여 사용하여 오거나 혹은 사용하기 위하여 손질을 가해 온 물질적 환경의 모든 부분을 말한다. 따라서 도구는 일종의 가공품의 하나이다. 도구란 물질적 세계에 작용하는 인간의 능력을 증대시키기 위하여 사용되는 일체의 가공품을 말한다. 이것은 대단히 광범위한 정의이지만 손도끼로부터 레이저 광선까지 혹은 점토로 만든 항아리로부터 우주 캡슐에 이르기까지 모든 것을 포괄하기 위해서는 광범위한 정의가 필요하다. 왜냐하면 이것들은 모두 인간이 만들어 낸 기술의 일부분이기 때문이다.

　도구는 유용한 것이다. 왜냐하면 인간의 신체 구조는 자기가 수행해야만 하는 모든 일에 대하여 동등한 능력을 가지고 있지 않기 때문이다. 도구가 가지고 있는 적응 기능을 이해하기 위해서는 도구, 그리고 도구에 의해서 만족되어지는 인간의 필요를 관련시켜서 보아야만 된다. 도구의 적응기능이란 것은 도구를 사용하는 인간 집단의 생존을 가능케 하는 데 공헌하는 것이다.

　많은 가공품은 인간 집단의 물질적 생존과 하등의 직접적인 관련은 없다. 예술 작품·스포츠용구·깃발·보석 등과 유사한 종류의 사물은 환경에의 적응을 돕는다기 보다는 사회적 통합이나 문화적 결합을 증진시키는 것이다.(<도표 6-3> 참조). 그러한 사물은 당연히 물리적 세계를 지배하고 있는 법칙과 합치되는 것이지만 도구는 아니다. 왜냐하면 그러한 사물의 물리적 세계에 대한 작용은 그 기본적 기능에 비교해 볼 때 우연적인 것이기 때문이다.

1. 체온을 조절하는 도구

인간의 신체는 다른 동물의 신체와 같이 상당히 좁은 체온 범위 내에서만 활동할 수 있다. 이러한 사실은 가장 직접적인 도구의 필요성을 느끼게 한다. 다른 포유동물과 마찬가지로 인간은 온혈 동물이다. 인간은 자신의 체온을 조절하기 위해서 많은 生理的 機制들을 가지고 있다. 그러나 그러한 기제는 인간이 살고 있는 많은 환경의 경우에 살아가기에 충분하다고 말할 수 없다. 인간은 원래 열대성 동물 — 영장류 — 이므로 온대 지방이나 북극권에서는 어떤 종류의 도구의 도움을 받아야만 살 수 있다. 체온 조절의 발전은 현생 인류보다도 훨씬 오래 되었다. 왜냐하면 호모 이렉투스(북경원인)는 불의 통제법을 알고 있었기 때문이다. 5만년 전에 현생인류(네안데르탈인)의 조상들은 후기 홍적세의 빙하기에 살면서 극한의 조건에서 살아가고 있었다(p.21~24 참조). 모든 동물은 자연적으로 형성된 주거지를 이용한다. 따라서 초기의 인류가 동굴에서 살았던 것은 놀랄 만한 일이 못된다. 오늘날에도 수 천의 사람들이 동굴에서 살고 있다. 그러나 불이 없는 동굴은 쾌적한 주거지는 아니다. 그리고 그러한 생활은 건강에 좋은 점보다는 나쁜 점이 더 많다. 예를 들면 습기가 많다든가 맹수가 쳐들어 오는 일이 많다. 한편 불은 열대 지방에서 연기를 피워 곤충을 쫓는데 중요하다. 따라서 불의 정복은 인간이 자신의 환경을 통제하는 법을 배우는 데 최초의 그리고 가장 중요한 제일보였다고 말할 수 있다.

1) 주거

주거 또한 환경 조건을 통제하고 나아가 인간의 신체 온도를 조절하기 위한 도구이다. 열대 지방에서의 주거는 태양열과 비로부터의 보호를 우선적 기능으로 한다. 그것은 손쉽게 구할 수 있는 재료만을 사용하여 대단히 정교하게 만들어진다. 다릴 포드(C. Daryll Forde)는 말레이반도의 수렵 채집민인 셰망(Semang)족에 의해서 만들어진 주거지를 다음과 같이 묘사하고 있다.

> 셋 또는 네 개의 말뚝을 일렬로 땅에 박는다. 또한 이 말뚝을 중앙의 정돈된 공간위에 경사지게 하고 지주나 땅에 잘 고정된 식물 줄기로 된 끈으로 튼튼하게 말뚝을 지탱한다. 이 경사진 말뚝의 외각 부분을 제일 밑에서부터 위까지 수평으로 매우 세밀하게 이엉을 입힌다. 여기에 사용되는 잎은 등나무 잎으로 사용되는데 각 잎줄기는 앞의 主脈부분에서 이중으로 잎을 겹치는데 이것은 이엉의 구조를 튼튼하게 하기 위한 것이다. 이러한 경사진 이엉구조는 매우 유용한 것이며 날씨의 변화에 따라 그 각도를 확대하거나 축소시킬 수 있다. 폭풍우의 날씨에는 보다 많은 풀잎을 외측 부분에다가 쌓아 두며, 여러 가지 지주에 의해 단단하게 위치를 유지시킬 수 있게 한다. 이러한 주거지 아래에 지상에서 어느 정도 떨어진 위치에 침상이나 의자를 설치 지상에서 올라오는 습기나 또는 지면의 식물로부터 거주인들을 보호하는 것이다.[1]

이 간단한 달개집은 셰망족의 필요에 꼭 들어맞는다. 이 작은 집은 본질적으로는 태양 광선을 차단하고 물을 떨어뜨리는 지붕 그 이상의 것은 아니다. 그러나 그것은 그 위치나 두께를 적당히 변화시켜 시원한 바람을 맞이하는데 있어 될 수 있는 한 방해가 되지 않게 하면서 그러한 기능을 수행하고 있다. 그리고 단일벽에 사용되는 나뭇잎은 보온력이 대단히 낮고 태양의 복사열을 吸收하는 것이 아니라 반사한다. 마침내 이 주거지는 셰망족 영토내의 어느 곳에서나 쉽게 손에 넣을 수 있는 재료를 사용하여 빠른 기간내에 건설될 수가 있는데 이 점이 셰망족과 같은 유목 민족에게 있어 중요한 특질이다.

열대 지방 전역을 통하여 볼 때 극도로 높은 혹서, 온도, 게다가 간헐적으로 내리는 豪雨 등이 주요한 기후 풍토상의 문제가 되는데 이 지역에서 주거로서의 주요한 요소는 방수 능력이 있는 지붕이다. 보통 이 지붕과 짝을 맞추어 마루를 높게 한다든가 벽을 보온역이 낮은 것으로 하기도 하는데 재료는 모두 그 지방의 것이 사용된다. 짚방석은 매우 일반적으로 사용된다. 이유인 즉 습기가 많은 날씨에 이러한 섬유질은 습기의 침투를 막을 뿐만 아니라, 乾期

---

[1] C. Daryll, Forde, Habitat, Economy and Society (New York : Dutton, 1963) pp.13~14.

에 있어서 공기의 유통을 가능케 하는 역할을 하는 것이다.

특별히 꾸밈없는 설비는 나이제리아의 고원지역으로부터 전달되었는데 둥근 모양의 진흙지붕은 나무 말뚝 위에 얹혀 있고 또한 두 번째 초가 지붕은 말뚝 위에 지어져 있다. 초가 지붕의 방수 작용은 진흙 지붕의 열 흡수 작용과 결합되어 있으며 미국 남서부와 같이 뜨겁고 건조한 지역에서는 낮과 밤에는 기온이 아주 낮아 극심한 기온 차이를 줄이는 것이 적응하는 문제이다.

그러므로 이러한 기온에 적응하는 방법으로써 높은 열을 방출할 수 있는 물질로써 진흙이나 돌을 사용한다. 이러한 재료는 주간에는 열을 흡수하여 보존하였다가 일몰이 되면 열을 방출하여 주거지 내부를 따뜻하게 유지시켜 준다. 돌이나 진흙, 그리고 진흙으로 된 벽돌을 재료로 해서 만들어진 주거 형태는 빛을 투영하는 공간을 적게 하여 공간의 온도를 항상 정상적으로 유지하는데 도움을 준다. 이러한 주거지를 만들기 위해서는 많은 시간과 노력이 필요하기 때문에 이러한 구조를 사용하는 집단은 정착을 필요로 하였던 것이다.

온대나 亞北極 지방의 환경에 거주하는 유목 민족들은 일종의 천막을 주거 형태로 사용하였다. 이러한 직접적인 이유는 환경적인 제약으로 주거지를 만들 재료를 구할 수가 없었기 때문이다. 건축 공학자들이 하나의 긴장 구조물(a tension structure)이라고 부르는 이 천막은 최소한의 건축재료를 사용하여 최대한의 공간을 둘 수 있기 때문에 수시로 이동을 해야만 하는 유목 민족에게 매우 운반성을 지닌 장점 있는 재료였다. 북동부의 인디언들은 보통 그들의 원추형 또는 반구형의 오두막(wigwams)을 덮는데 자작나무 껍질을 사용하는데 반해, 평원의 인디언들은 원추형 천막집(tipi)을 덮는데 물소 가죽을 이용한다. 반면에 중앙 아시아의 초원지대에 살고 있는 유목민들은 훌륭한 절연체의 성질을 띤 털로 짠 융단제품을 천막의 덮개로써 사용하고 있다.

예를 들면 칼묵족(Kalmuk : 중국 서부로부터 볼가강 하류지역에 거주하는 몽고족의 일종-역자주)과 카작족(kazak)의 유르트(yurt)라는 천막은 연약한 버들가지로 만들어 쉽게 접을 수 있는 격자 모양의 구조물로서 구성되었다. 이것은 하나의 원형 형태로서 조립하는데 우산모양의 틀에다 넓고 큰 천을 덮고 말총으로 만든 밧줄로 단단히 묶어 놓은 것이다. 또 마루는 융단을 깔고

문틀사이에는 장막을 둘러쳤다. 이와 같이 쉽게 이동할 수 있게 만든 이러한 천막은 그들 유목민들의 거주에 잘 적응하도록 만들어진 것이다.

　원시 주거형태의 가장 현저한 보기는 아마도 에스키모인이 눈으로 만든 이 글루(igloo)를 들 수 있다. 흔히 원시 부족의 건축 자재나 연료로 사용된 목재는 에스키모인에게는 거의 쓸모가 없는 것이다. 이글루는 다음과 같이 만들어진다.

　　보통 동물의 뼈나 상아로 만든 칼을 사용하여 훌륭하게 결정된 얼음 덩이로부터 자른 눈 블록을……나선형으로 놓고 위로 올라 갈수록 안으로 경사진 모양으로 외부에서의 어떠한 발판이나 비계도 없이 돔(dome)구조로 쌓아 간다. 각 눈 블록은 쌓을 장소에 적당한 규격으로 매우 정교하게 잘라지며 다음 과정을 위한 확실한 기초 토대를 제공해 준다. 마지막 건축의 중요한 블록이 외부에서 적절한 위치에 놓여지게 된다. 각 블록 사이의 갈라진 틈은 주위의 눈으로 채워지며, 그리하여 기초적인 이 구조물의 응집력은 더욱더 견고해지는 데 그 까닭은 구조물의 내부에서 녹은 수분은 그 즉시 단단한 얼음으로 변화되기 때문이다……몇몇 지역에서는 심줄과 같은 굵은 끈으로 묶은 가죽으로 천정의 주실과 일직선이 되게 하고 심줄은 빗장과 돔의 벽면을 통하여 고정한다. 그러면 가죽과 돔의 천장 사이에 넓은 공간이 형성되는 것이다. 그 결과 내면과 지붕의 공기 구멍에서 들어오는 영하 10도 내지 20도를 능가하는 온도에도 에스키모의 이글루는 결코 녹아들지 않으며 계속 유지될 수 있는 것이다. 즉 천정과 내벽 사이에는 항상 차가운 공기가 흐르고 있기 때문이다.2)

　이러한 이글루의 훌륭한 성능은 그 형태와 사용되는 재료에서 기인하는 것이다. 유선형의 반구 모양의 구조물은 추운 겨울에 강풍을 최대한 막아줄 뿐 아니라 추위에 노출되는 공간을 최소화시키는 것이다. 입체 기하학적 측면에서 볼 때 돔(dome)은 주어진 영역을 가장 넓게 둘러쌓을 수 있는 구조 형태이며 또한 단순히 방사열 하나만으로도 난방을 할 수 있기 때문이다. 결빙된 눈

---

2) Ibid., pp.117~120

(dry snow : 고체눈-역자주)을 재료로써 쓸 만한 가치가 없을 것 같지만 북극 지방에서는 최고의 뛰어난 주거 재료의 하나인 것이다. 즉 그 벽은 최고로 적절하게 외부를 차단시키는 특성을 가졌을 뿐 아니라 얼음으로 겉칠을 하여 윤기를 낼 때 벽 내부는 복사열을 반사하는 역할을 하는 것이다. 간단히 말해서 이글루는 눈바람을 막는 최고급 방어물일 뿐만 아니라 그 속에 거주하는 사람들이나 열을 보호하는데 있어 가장 이상적인 주거지인 것이다.[3]

이러한 설계상의 요인에 덧붙여 둘 것은 이글루는 의지할 만한 복사열의 원료를 필요로 하며, 북극 지방에서는 연료를 위한 목재는 쓸모가 없다는 점이다. 그리하여 에스키모인들은 환경에 적응하기 위하여 단순하면서도 필수적인 장치로서 기름램프에 의존하고 있는 것이다. 이것은 얇은 돌로 만들어진 접시 모양인데 이끼로 된 심지를 가지고 있다. 이 심지는 북극 지방에서 유일하게 구할 수 있는 물개나 고래로부터 추출한 기름을 태울 수 있게 만든 장치인 것이다. 그리하여 조그마한 이글루의 중앙에 설치된 유일한 기름램프 하나가 이글루 내부를 따뜻하게 하는데 필요한 모든 열을 공급하는 것이다.

2) 의복

불이나 주거지와 마찬가지로 의복도 사람의 체온을 유지시켜 주는 역할을 한다. 옷의 형태는 스타일에 따라 영향을 받는 것이 사실이지만 그러나 재료는 주로 적응 요인에 의해 좌우되는 것이다. 예를 들면 북서해안의 인디언들은 그 지역의 높은 습도와 항해생활에 알맞은 복장으로 적절하게 적응하고 있다. 그들은 아주 세련되게 짜여진 바구니 형태의 방수모자와 삼나무 껍질로 만든 옷을 걸치고 있다. 빨간 삼나무 껍질로 된 옷은 찢어진 원추 모양으로 비나 물을 방지하는 외투역할을 하며 노란색의 삼나무 껍질로 만든 겉옷은 온기를 주기 위한 것이다. 또 다른 복장은 염소나 개의 머리털로 만들어진 것도 있다. 나무껍질로 만들어진 의복은 오로지 습기가 높은 지역에서만 사용

---

[3] J. Fitch, and D. Branch, "Primitive Architecture and Climate." (Scientific American 203(6), 1960) pp.134~144.

가능한 데 그 까닭은 다른 지역에서는 이러한 제품은 쉽게 유연성을 잃게 되고 부서지기 때문이다. 남 아메리카나 태평양 지역에서는 나무 껍질로 만든 옷은 긴 줄로 만들어져서 사람의 신체 주위를 싸는 것이다. 이러한 지역에서는 풀잎으로 만든 치마가 만들어져 남녀 모두가 입고 다니는 경우도 있다.

포유동물의 털은 자연적인 보온 물질일 뿐 만 아니라 인간의 진화과정 속에서 사라진 피부의 털을 보충하는 것으로 쉽게 사용되어 왔다. 이러한 동물의 털을 사용하여 방적하거나 직조하는 기술은 대부분 가축을 기르고 있는 집단에서 쉽게 볼 수가 있다. 이와 비슷하게 목화나 아마, 삼과 같은 식물 섬유를 광범위하게 사용하는 지역은 주로 농업을 하는 정착사회에서 제한적으로 나타나는 경향이 있다. 북극 지방에서 의복의 주요한 적응기능은 사람의 신체를 보호하는 것이며 인간의 신체에서 발산하는 자연적인 열을 보존하는 것이다. 에스키모인들의 의복은 탄복할 정도로 이러한 역할에 적합하다고 할 수 있다. 몇몇 지역에서는 순록 가죽으로 매우 정교하게 만들어진다.

> 에스키모인의 복장은 볼 품 없는 외투는 아니다. 그것은 조심스럽게 재단되고 남자와 여자를 위해 각각의 기존 틀에 맞추어 만들어진다. 수분이나 습기를 방지하기 위해 동물의 내장으로 된 방수복이 만들어진다. 이러한 의복 만들기는 여자들에 의해서 이루어진다. 그것은 심줄로 된 실로 아주 정교하게 꿰매었고 또 대칭적인 색상 조각으로 가장자리를 아름답게 장식하였다. 해안가에서 생활하는 봄 기간 동안에는 계속적으로 눈부시게 빛나는 눈과 얼음으로부터 눈을 보호하기 위해 에스키모인들은 상아로 된 보안경을 착용하는 것이다.[4]

위의 인용구는 우리에게 두 가지 중요한 점을 나타내 주고 있다. 첫째로 온도를 조절하는 특성으로서 의복의 기능은 시력 보호나 습기 또는 곤충으로부터 보호하는 다른 기능과 결코 분리될 수 없다는 것이다. 두 번째로 적응기능—때때로 반대적인 경우도 있다—은 겸손한 관념이 전통적인 미적 가치와 결합되어 있다는 것이다. 이러한 장식은 그 의복의 효과나 유용성에 거의 기

---

4) C. Daryll, op.cit., p.121.

여하는 바가 없다. 그리고 관례 및 예법의 기준과 매력—이 두가지는 관례적이며 가변성이 있는 요소이다—은 그 복장을 입고 있는 사람들을 불편하게 할 때도 있는 것이다. 그러므로 도구의 기술적인 기능을 분석할 때 외적, 물리적 세계에서 고려해야 하며 가능한 한 보충적인 비도구적인 기능의 면을 분리하여야 한다. 결국 의복의 다양한 범주는 그 의복을 착용하고 있는 특별한 개인의 범주와 상관 관계가 있으며(예를 들면 의사의 흰 까운, 미망인의 베일), 또 사회 구조의 체계와 조직적으로 연관되어 있는 것이다.

아마 환경에 대한 적응의 가장 현저한 예는 우리 자신의 문화로부터 끌어낼 수 있다. 왜냐하면 지금 20세기의 우리는 완전히 새로운 환경으로 움직여 가고 있다. 즉 우주로 또는 해양의 심연을 향한 움직임이 바로 그것이다. 우주 비행사나 심해 잠수부들은 이러한 환경으로 들어갈 때 그들은 극단의 추위, 열, 압력, 그리고 방사열과 같은 인간이 이전에 결코 겪지 못한 환경과 접하게 되는 것이다. 그러므로 적절하게 온도가 유지되는 모선으로부터 벗어나게 되면, 그들은 이러한 위험으로부터 그들 자신을 보호해야만 하는 것이다. 온도 및 산소와 같은 요소를 공급할 수 있도록 특수 물질로 만들어진 통합장치의 우주복은 곰가죽 옷을 입은 후 인류의 의복에 있어서 주요한 진보를 나타내 주는 것이다.

2. 식량과 물의 필요

물은 어떤 형태로든지 섭취되어져야 하며, 그렇지 않을 경우 생명은 지속될 수 없다. 물의 공급과 관련해서 한 집단이 직면하는 중요한 문제들을 보면 수자원을 탐색하고 유용한 양을 퍼올려 저장하거나 운반하는 것이다.

수자원을 찾는 유일한 '도구'는 전반적으로 넓게 퍼져 있으나 전적으로 거의 효과가 없는 점지팡이(diving rod : 주로 지하수나 광맥을 찾는데 사용되는 도구-역자주)이다. 물의 원천을 찾는데 수렵 채집사회의 집단 구성원은 그 지역에 대한 익숙한 지식과 그 지역의 식물과 동물군의 특징에 주로 의지한다. 심지어 극한적인 건조 지역에서 마실 물을 찾는 문제는 도구보다는 보다 기술적인 문제로 해결한다. 즉 水源이나 수분을 함유한 식물을 추적하거나 혹은 습기를 감지할 수 있는 예민한 감각 등에 의존하는 것이다. 건조 지역의 주민들이 적응하는 또 다른 능력은 갈증을 견디는 능력으로서 이러한 능력은 똑같은 환경에서 생명을 포기하려는 경향이 많은 다른 사람들보다 유리하게 만든다.

일단 수자원이 발견되면 마실 물을 퍼올리는 도구가 필요하게 될 것이다. 에스키모인들은 활석(滑石)으로 된 사발에다가 눈을 녹인다. 부쉬맨의 경우에는 긴 빨대 — 이 빨대는 어느 곳이나 가지고 다닐 수 있는 속이 텅 빈 갈대로 사용한다 — 를 파 낸 나무 틈 사이로 끼어 넣는다. 양자의 경우에 있어서 도구의 사용은 단순하다. 그럼에도 불구하고 그것은 필수적인 것이다. 건조 지역의 유목 민족에게 있어서 물의 저장과 이동은 매우 중요한 문제이다. 많은 수렵민들은 장구통배·통발·동물 가죽으로 만든 수통을 사용하며, 이러한 도구들은 돌칼이나 긁개로 만들어졌으며 뼈나 상아로 만들어진 바늘로 꿰맨 것이다. 항아리는 무겁고 또한 깨지기 쉬운 탓으로 거의 알려지지 않았으며 비실용적이었다. 그러나 짐 나르는 짐승을 소유하고 있는 유목민들은 항아리를 사용하였으며, 칼라하리사막의 부쉬맨들은 물을 운반하기 위해 타조알을 사용하였다.

항아리나 금속용기가 부족한 많은 민족들은 물을 끓이는데 '燒石'(stone-boiling : 용기에 물과 음식을 넣은 다음 뜨겁게 달군 돌로써 데워 음식을 조리하는 방법 — 역자주)방식을 사용하였다. 이러한 방식은 예를 들면 바구니 가죽, 나무가죽, 목재와 같이 직접 불에 접촉할 수 없는 저장 용기에 주로 사용되었다. 우선 돌을 불에 달구어서 물통에 집어 넣어 그 달궈진 돌의 열이 용기를 태우지 않고 물을 데우는 것이다. 유럽과의 접촉이 있기 전의 믹맥(Micmac) 인디언들은 이러한 방식에 의해 솥과 같이 굉장히 큰 텅 빈 통나무 속에 있는 물의 온도를 높였던 것이다. 대규모의 정착사회를 이루는 환경에서는 음료수를 주거지로 운반하여야 했는데 종종 먼거리를 왕래해야만 했다. 농업에 필요한 강수량이 충분하지 않을 경우 많은 양의 물을 저장하여야 하며 또한 경작지로 운반되어야 한다. 우물을 파거나 댐을 건설하고, 관개 수로를 건설하는 것은 발전된 기술과 대규모의 협동 작업을 수행할 수 있는 사회 구조를 필요로 한다. 중국·중동·중앙 아메리카에서의 초기문명은 그러한 관개 사업과 관련하여 발생하였다는 주장이 있었다.[5]

1) 식량채집의 도구

끊임없이 이동하면서도 수렵채집민은 그들의 환경에서 필요한 음식물을 구하는 놀라운 일들을 해 왔다. 다시 말해 주변 지역에 익숙한 지식과 그 지역에서의 동·식물의 역할을 잘 알고 있기 때문에 이들 집단은 생존을 계속할 수 있었던 것이다. 식량 채집자 중에서 식물 채집은 거의 모두 여성들의 일이었다. 그러한 작업은 대개 掘棒(digging stick : 미국의 인디언들의 원시 농업에 쓴 뾰족한 땅 파는 막대기-역자주)의 도움으로 수행되었다. 이것은 단순히 기다란 나무 막대기로서 끝을 뾰족하게 하였다. 대부분 그 끝은 습기를 막기 위해 불에 달구어지는 경우도 있다. 이러한 굴봉은 다목적 도구로서 먹을 수 있는 뿌리를 캐는 꼬챙이로, 토양을 푸석푸석하게 분쇄시키는 찌르기로, 그리고 토지에서 식물을 추출하는데 필요한 지렛대로서 다양하게 사용되는 도구이다. 훼벨(E. A. Hobel)에 따르면 샤이안(Cheyenne) 인디언족은 이러한 연장에 대하여 다음과 같이 믿고 있다.

> (연장은) 위대한 마술력에 의해 주어진 것으로 믿고 있으며, 태양춤 (sun dance : 서부 평원 지방의 북미토인이 하지때에 태양을 숭배하여 추는 종교춤-역자주)의 의식 장비에 묘사되고 있다. 왜냐하면 태양춤은 위대한 마법의 성스러운 면을 가지고 있기 때문이다. 샤이언의 굴봉은 두 가지 형태를 띠고 있다. 짧은 막대기는 한 쪽에 손잡이같은 마디를 가지고 있어 파는 일꾼이 양 무릎을 구부렸을 때 복부의 압력으로 원하는 뿌리밑으로 밀어 넣어진다. 다른 하나는 길이가 매우 긴 것인데 그것은 쇠지레(지렛대의 일종)로 보통 이용되고 있다. 날카로운 양끝은

---

5) K. Wittfogel, Oriental Despotism (New Haven : Yale University Press, 1957).

불로 달구어져 있다.6)

굴봉은 채집하는 사람들에게 단단히 뿌리를 캘 수 있도록 해주며 큰 나무망치나 맷돌과 같이 빻거나 가는데 쓰는 도구는 보통 단단하고 먹을 수 없는 껍질 속에 있는 영양가가 풍부한 열매의 낟알을 얻을 수 있게 해준다. 샤이안 여성들의 가장 기본적인 가재 도구는 큰 돌망치이다. 그것은 보통 계란 모양으로 강가에 있는 돌인데, 짧은 쪽은 홈이 패였으며 유연성이 있는 실버들 가지로 고정시키고 녹색의 생가죽으로 단단하게 동여맸다. 그것이 마르게 되면 생가죽은 오그라들어 바이스(작은 공작물을 틀로 된 아가리에 물려 고정시키는 공구-역자주)처럼 손잡이가 있는 돌망치를 잡을 수 있다. 돌망치로써 부족의 여인네들은 연료를 부수고 천막(tipi)의 말뚝을 박으며 수우프속에 넣고 요리할 큰 뼈를 뭉개는 일을 한다. 조금 작은 손도끼로써 여인들은 산벗나무를 으깨고 마른 고기들을 찧는 일을 한다.7)

고고학자들이 선사시대의 도구에서 많은 가능한 기능들에 관하여 어떤 아이디어를 얻는 것과 마찬가지로 민족지학자도 그것에 대하여 설명을 해주고 있다. 맷돌은 세계의 대부분의 지역에서 폭넓게 나타나는 자급자족하는 생계 경제의 전형적인 모습으로서 열매의 수집이나 곡물 타작에 있어 필수 불가결한 역할을 하고 있다. 맷돌은 지금으로부터 약 만년 전의 구대륙이나 신대륙에서 발견된 고고학적 기록에 이미 나타나고 있다.

이러한 사실이 동 지중해의 사람들과 중앙 멕시코의 사람들이 이 시대에 벌써 서로 교통을 하였다는 것을 반드시 암시하는 것은 아니지만, 빙하기가 끝남에 따라 세계의 각 지역에 떨어져 있던 사람들이 야생 열매속에서 발견되는 음식 에너지를 얻는 방법을 알게 되었다는 점이다. 결국 그러한 실험은 궁극적으로 농업의 발전을 야기케 하였다. 식물 채집자들에게 있어서 또다른 특색있는 도구는 열매를 따는 기구이다. 이것은 노(櫓)의 형태를 한 도구로서 식물의 열매를 깨서 용기속에 넣는데 사용되는 것이다. 북미 인디언의 하나인

---

6) H. E. Adamson, The Cheyennes (New York : Holt, Rinenart and Winston, 1960) p.59.
7) M. E. Adamson : Ibid., pp.61~62.

파이유트족(Paiute)은 원추형의 광주리와 연결하여 사용하는데, 풀이나 소나무의 열매를 추수할 때 사용한다. 5대호 지방에 있어서는 많은 부족이 야생적으로 자라나는 쌀을 수확하는 데도 유사한 열매 깨는 도구가 사용된다. 즉 한 사람이 습지를 향해 카누를 저어 가면서 벼가 자라는 곳으로 가면, 또 다른 사람은 카누 밑바닥으로 벼의 줄기를 구부려 열매가 떨어지도록 사용하는 것이다.

도토리를 식용으로 사용하기 위해 캘리포니아의 인디언들은 아주 독창적인 방법을 사용함으로써 식품 가공과정에서 도구를 사용하는 방법을 잘 보여주고 있다. 캘리포니아의 중부지역은 참나무들이 풍부하며 그 열매의 연간 수확량은 생존에 필요한 만큼 충분하다. 그러나 많은 영양분을 가지고 있는 이것을 식용으로 사용하는데 단지 하나의 문제는 이 나무의 열매가 먹을 수 없는 타닌산(tannic acid)을 많이 포함하고 있다는 것이다. 그러나 이러한 타닌산을 제거하는데 사용해 온 방법은 간단하다. 뿐만 아니라 남는 분량을 보관까지 가능하게 되었다. 두 개의 돌멩이로 도토리 열매의 껍질을 부순 후 알맹이는 절구와 절구공이로 빻는다.

굵은 알맹이가 미세하게 빻아지면, 여과 과정에 필요한 물을 쉽게 공급할 수 있는 개울 둑으로 가져간다. 일반적으로 대부분의 경우 굵은 가루는 직접 움푹 파인 여울속의 모래위에 놓여지거나 또는 이러한 목적으로 사용하기 위해 준비해 온 웅덩이에 쏟아 붓는다. 그러나 남 캘리포니아에서는 굵은 가루를 구멍이 송송 뚫린 광주리에 넣어 사용한다. 그 다음 개울에서 물을 길어다가 계속 해서 붓게 되는데 이러한 방법은 코오피를 뚝뚝 떨어지게 하는 방식과 유사하다. 때때로 아주 세밀하게 짠 광주리속에 담겨진 물을 뜨겁게 하기 위해 달구어진 물을 사용하는 경우도 있다. 왜냐하면 뜨거운 물은 타닌산을 아주 쉽게 분해하기 때문이다. 그러나 너무 뜨거운 경우 영양분이 많이 손실되는 데 특히 지방질이 많이 손상된다. 차가운 물은 그 과정을 오랫동안 지속하지만 영양분의 손실을 없게 해준다. 이러한 여과 작업은 타닌 산의 쓴맛이 제거될 때까지 계속된다. 이와같은 과정을 거쳐 도토리 가루로 음식을 준비하는 것이다.[8]

도토리는 또한 미국의 북동부 지방에서도 음식으로 사용되고 있다. 그러나 여기서는 화학적인 과정이 사용된다. 즉 타닌산을 제거하기 위해 열매의 알맹이를 잿물이 첨가된 따뜻한 물에 끓인다. 이후 그 알맹이는 건조되어 구워진 후 저장된다.

인간 신체는 작은 주머니를 갖추고 있지 않기 때문에 씨나 뿌리·열매를 수확하는 경우 강하고 가벼운 운반 도구나 저장 용기가 필요하다. 그러한 운반 도구는 맷돌과 같이 약 10,000년 이상은 되지 않았을 것이다. 미국 남서부의 건조한 기후 지역에서 그러한 몇몇의 예가 보존되고 있다. 그리고 근대에 이르러서는 열매 채집에 대한 민족지학자들의 연구는 선사 시대의 형태를 이해하는데 보탬이 된다. 여인들에 의하여 짜여져 사용된 짐광주리는 매우 필요한 도구임에 틀림없다. 그물로 된 가방은 일반적으로 보다 부피가 큰 물건을 운반하는데 사용되었다. 텀블린(tumpline)은 앞이마로부터 등으로 멜빵의 줄을 거는 운반도구로서 짐꾼의 등에 부과된 짐의 무게를 분산시키는 역할을 하는 것이다. 식량은 가공되어서 광주리나 동물의 가죽으로 만든 가방 또는 뚜껑이 있는 구덩이, 그리고 몇몇 경우에는 항아리에 보관된다.

2) 수렵과 어업도구

수렵과 관련되는 적응상의 여러 가지 문제는 수자원이나 식물성 식량을 획득하는 여러 문제와 유사하다. 그러나 동물이 있는 곳을 찾아 내고 죽이는 문제에서는 매우 다른 형태를 취하고 있다. 인간의 신체 그 자체는 효과적인 사냥을 하기에는 너무 느리고 서툴다고 할 수 있다. 그러나 효과적인 도구나 사회적으로 전승되어 온 기술을 가진 인간은 매우 기술적이고 효율적인 사냥을 할 수 있다.

곤봉이나 창은 가장 오래된 무기임에 틀림없다. 왜냐하면 모두 잘 알려진

---

8) H. E. Driver, and W. C. Massey, Comparative Studies of North American Indian (Transactions of the American Philosophical Society. 97(2), 1957) p.235.

인간 집단들은 간단하게 뭉개고 찌를 수 있는 약간의 도구들을 소유하고 있기 때문이다. 아주 오래된 창의 개량은 보통 아즈텍(Aztec)인들이 아틀-아틀(Atl-Atl)이라고 불렀던 투창기(spear-thrower)이다. 이러한 투창기는 인간의 팔의 한계를 확장시키는 역할을 함으로써 보조적인 수단을 제공하고 그리하여 창이 목표물에 도달할 수 있는 힘을 배가시켜 주는 것이다. 투창기를 사용함으로써 보통사람은 투창 선수와 같이 그 무기를 던지는 법을 알 수 있고 또 가까운 거리에서 굉장한 힘을 가지고 목표물을 향해 던지는 법도 배우게 된다. 이러한 단순한 창으로부터 또 다른 개량은 분리된 창끝(separate points : 초기는 돌로, 후에는 금속을 사용했음)과 분리될 수 있는 창두(detachable heads : 에스키모의 작살과 같은 것)를 내포하고 있다.

단순한 활은 하나의 곡선으로 된 나무 조각에다가 강한 섬유질이나 또는 동물의 힘줄을 활대의 외면에다가 붙들어 매게 됨으로써 개선되었는데 우리는 이것을 건지활(sinew-backed bow)이라고 부른다. 목재가 부족하거나 강력하면서도 작은 활이 필요한 경우 합성궁(合成弓)을 사용하는데 이것은 여러 종류의 뼈나 나무 그리고 뿔로 만들어진다. 에스키모인들의 활은 보통 세 부분으로 된 나무를 조립하여 만들거나 순록의 뿔을 튼튼한 줄로써 묶고 또 활의 외면에다 힘줄의 가닥을 묶어 더 한층 강화시킨다. 활을 사용한 최초의 고고학적 증거는 약 10,000년 또는 12,000년 전의 암각화로부터 나왔다.

최초의 화살은 의심할 것 없이 단순하였고, 최초의 분리된 화살촉은 단순한 돌파편에 불과 하였다. 그것들은 아주 얇게 찌를 수 있는 도구로 급속히 발전하게 되었으며 다른 어떤 창끝보다도 더 가볍고 얇게 되었다. 부쉬맨들은 이 얇고 날카로운 화살에다가 무서운 독약을 바름으로써 기린을 포함한 커다란 포유류 동물을 사냥할 수 있게 되었다.

몇몇 원시림에 사는 수렵 부족들은 입으로 불어서 사용하는 화살(blow-gun : 吹矢)을 사용하였다. 이것은 속이 빈 긴 막대기속에 화살을 넣어 강력한 사냥수의 호흡에 의하여 추진되는 것이다. 말레이시아 셰망족(Semang)의 이웃에 있는 사카이족(Sakai)은 규모가 작은 종류의 수렵에서 독약을 묻혀 대나무로 만든 화살을 불어서 사용하였다. 또 아마존 유역의 지바로 인디언족(Jivaro indians)은 불어서 내쏘는 화살로 사냥하는 데 아주 숙련된 수렵민이다. 그들의 화살은 보통 10피트 내지 15피트까지 나가고 원숭이나 조류를 사냥하기 위해 45야드에서 독묻은 화살을 발사한다.

가장 단순하게 동물을 잡는 덫은 함정이다. 지상에 깊게 파 놓은 구덩이에다가 나무 잎사귀나 가지를 덮어 시각적으로 은폐시킬 뿐만 아니라 오직 무겁거나 덩치가 큰 동물만이 빠져들도록 유도하는 것이다. 더욱이 몇몇 지역에서는 날카로운 말뚝을 함정의 밑바닥에 세워 놓아 떨어지는 짐승을 찔러 죽게 한다. 원시적인 사냥꾼들에게 사용되는 또 다른 기구는 올가미로서 함정에 빠진 동물을 보호하기 위한 여러 다른 고안물과 결합해서 사용된다. 예를 들면 올가미는 굽어진 묘목의 꼭대기에 부착하여 동물이 걸려들면 굽어진 묘목이 튕기면서 그 동물을 공중에 매달리게 하는 것이다.

우리로 된 함정은 대나무를 쉽게 구할 수 있는 아프리카와 동남 아시아에서 사용된다. 어살(漁箭 : weir)은 일종의 '물은 빠져나가지만 물고기를 가두는 데 유효한 방벽'이다. 어살은 보통 개울에 설치하는데 몇몇 경우에는 썰물일 경우 고기가 빠져나가지 못하도록 갯벌에 설치한다. 사용되는 재료는 주로 나무이나 북극에서는 몇몇 어살은 돌로 만들어지는 경우도 있다.9)

고기잡는 창이나 낚시질 그리고 고기잡는 갈퀴의 사용은 북미의 토착 원주민에게 잘 알려져 있다. 독약가루를 사용해서 물고기를 잡는 방법은 남 아메리카에서 매우 발달되어 있다. 이 지역에서는 무려 백종 이상의 식물이 물고기를 죽이거나 마비시키는데 사용된다. 지바로족(Jivaro)의 예를 들어보자.

> 만일 큰 강 옆에 거주하는 인디언이라면 그들은 물고기를 잡는 몇 가지의 방법을 사용한다. 예를 들면 만일 수심이 낮다면 둑을 만들고 바바스코 관목(barbasco shrub)으로부터 추출한 독즙을 댐의 상류에 뿌린다. 그 독액이 물속에서 섞여지면 물고기들은 마비된 상태로 표면에 뜨게 되고 그 다음 마을의 일꾼들이 줍는 것이다. 때로 물고기는 조잡한 함정, 그물이나 창으로 잡을 때도 있다.10)

---

9) Ibid., p.203.
10) E. R. Service, Profiles in Ethnology (New York : Harper & Row. 1978) p.205.

식량 채집은 조직된 집단과 관계되어 있다. 구석기시대 후기까지 거슬러 올라가 나타난 고고학적 증거에 의하면 협동적인 동물몰이의 모습이 나타나고 있는데 군집적인 동물떼를 협동작업으로 둘러싼 후 언덕이나 물속으로 밀어 넣어 사냥꾼들이 기다렸다가 창을 던져 잡는 것이다. 미국 평원 지대에서는 말을 사용하기 전에는 들소들의 무리를 매복된 사람들에게까지 몰이하는데 불이 사용되었다. 중앙 아프리카의 피그미족(Pygmies)은 협동으로 사냥을 실시하였는데 여자들과 아이들은 굉장히 넓은 지역에서 그물로 몰이를 하여 창을 던질 준비를 하고 있는 남자들에게로 접근시키는 것이다.

홍적세 말기 이래로 그들은 후각의 한계를 보완시킬 목적으로 개를 사용하여 왔다. 개는 인간이 길들인 최초의 동물이며, 생존 투쟁에 있어 도구로서의 기능을 하였다. 양, 염소, 돼지는 개 다음으로 길들인 동물에 속한다. 그러나 이들 동물은 도구로서 길들이기보다는 식량이나 가죽을 얻기 위한 것이었다. 낙타나 황소, 말들을 길들인 것은 그 후 수 천년이 지난 뒤였다. 또한 이들은 이용할 수 있는 장비나 기술이 발전됨으로써 에너지의 원천으로서 사용되게 되었다.

3. 수송수단 : 물건운반

가장 오래되고 아직도 일반적으로 사용되는 수송수단은 도보이다. 그리고 이러한 과정에서 가장 오래된 문화적 개선물은 길과 신발이라고 할 수 있겠다. 한 때 길은 실제로 그 길을 사용하는 사람들의 행동에 영향을 줄 뿐만 아니라 그들의 행동의 통로 구실을 하였다. 이러한 길은 도구로서 생각되지 않았다. 반대로 그것은 사용하기 위해 지속적으로 변경되어 물리적 환경의 한 부분으로서 우리가 규정한 것으로 이해될 수 있을 것이다. 이러한 작은 도로는 평탄한 통로로서 여기를 통하여 사람들과 짐을 운반할 수 있다. 이러한 통로의 성격은 사용하는 수레의 유형과 대응해서 변화되지 않으면 안 된다. 인도로서는 10톤의 트럭이 다니기에는 부적당하기 때문이다. 그러나 현대의 기술자들은 새로운 도로의 경로를 계획하는데 있어 매우 유용한 자료로써 원시시대의 좁은 도로들을 발견하는 경우가 있는데 그 까닭은 원시 주민들은 가장 빠르고 편리한 경로를 알고 있기 때문이다.

대부분의 사람들은 일상적인 작업을 할 때 맨발로 다녔다. 그러나 몇몇 지역에서는 신발이 매우 적절하게 사용되었다. 에스키모인들의 모피로 안을 덴 장화나 아메리카 인디언의 모카신(moccasins : 북아메리카 원주민의 뒷축없는 신-역자주)은 중요한 보호 장비임에 틀림없다. 가장 적응력이 뛰어난 신발의 한 보기는 눈속에서 신는 눈신발(snow shoes)이다. 많은 추운 지역에서 사람들은 그들의 겨울 기간동안 겨울 집 속에서 구속될 수 밖에 없었으나 눈신발이 발명된 뒤부터 계절적인 굴레로부터 벗어나게 되어 그들의 겨울 생활 양식은 일대 전환을 이루게 되었다.11)

가장 단순한 눈신발은 나무로 만든 널빤지나 발바닥에 부착된 나무껍질이라고 할 수 있을 것이다. 신세계에서는 이러한 고안물이 그물 눈신발로 발전되었는데 즉, 목재나 가죽 또는 밧줄을 가로대어 짠 계란모양의 형태를 취하고 있다. 스키는 B.C 약 2,000년쯤에 구대륙에서 발명되었는데 그것은 대부분의 눈신발을 대신하게 되었다.

눈신발이나 스키는 하중을 보다 넓은 부분으로 분산시켜 사람이 눈속에 빠지는 것을 방지한다. 썰매는 물건을 운반하는 역할을 한다. 세 가지 형태의 썰매가 북부 지방의 주민들에 의해 발달되어 왔다. 첫 번째는 보트 모양을 한 속이 빈 나무 홈통의 형태로서 홈통의 양쪽은 두꺼운 판자로 위를 확장시켜 놓았다. 두 번째는 두꺼운 판자로 된 썰매로서 북 아메리카의 토보건(toboggan : 바닥이 평평한 썰매의 일종-역자주)이 여기에 속한다. 세 번째는 달리는 썰매로서 그것의 가장 단순한 형태는 두 개의 스키를 연결시킨 형태이다. 첫 번째, 두 번째는 눈신발과 같이 부드러운 눈에 적응하기 위한 것이고, 세 번째 형태는 얼음 위를 달리는데 사용하기 위한 것이다.

---

11) K. Birket-Smith, The Paths of Culture (Madison : University of wisconsin press, 1965) p.215.

건조한 지역에 잘 적응하기 위한 썰매는 미국에서 트르보이(travois)로 잘 알려진 미끄럼 썰매이다. 이 장비는 지상에서 끌리는 두 개의 막대기를 중앙에서 연결시킨 장비이다. 이 썰매는 평원 인디언(Plains Indians)에 의해 사용되는데 그 구조물은 북미 토인들의 천막집인 티피(tipi)의 막대기로 만들어져 처음에는 개들이 끌었고 나중에는 말들이 끌게 되었다.

버켓 스미스(Birket Smith)는 이 미끄럼 썰매가 마차의 선구적 형태로서 "대다수의 원시적인 마차는 단순히 미끄러지는 마차에다가 바퀴를 단 것에 불과하기 때문이다."라고 생각하고 있다. 바퀴를 부착시킨 2륜 마차의 역사는 기껏해야 약 6,000년이 되었을 뿐이다. 원시적인 주민들에게 4륜 마차가 거의 사용되지 않은 이유는 길들여진 짐승과 여기에 어울리는 적당한 도로가 필요하기 때문이다.

수상교통에 사용되는 보트라는 개념을 우리는 여기서 언급해 볼까 한다. 보트에는 4가지 기본적인 형태가 있다. 즉 뗏목(raft), 카누(canoe), 2중선(double boat) 그리고 판자선(plank boat)이 그것이다. 각각의 유형은 여러 가지 형태로 나타나고 있는데 사용하는 목적과 만들어지는 재료에 따라 다르다.

수상교통의 가장 오랜 운반 수단은 나무의 홈통을 판 것이다. 거의 19세기까지만 하더라도 오스트레일리아의 원주민들은 다른 수상교통을 가지고 있지 않았다. 즉 그들이 사용하는 것은 나무통에 누워 그것을 손으로 저어 나아가는 것이었다. 뗏목은 근본적으로 이러한 나무통을 하나로 묶은 것과 다름없다. 이와 같은 뗏목은 전 세계적으로 사용된 것으로 보인다. 당시 거의 알려지지 않은 돛의 부재속에 뗏목의 효과는 비교적 얕고 파도가 적은 물에서 가능한 것으로 긴 막대기로써 추진하거나 조절되었다.

카누는 3가지 종류로 나눌 수 있는데 그 각각은 통나무배(dugits), 나무껍질로 된 카누(bark canoes), 가죽으로 된 배(skin-boats)로 나누어진다. 통나무배는 나무 속을 파내버린 것으로 일반적으로 불을 사용해서 나무 속을 긁어낸다. 뗏목과 같이 통나무배는 양측을 높이기 위해 널빤지를 붙여서 사용한다. 단순한 통나무배는 균형 감각이 없을 뿐 아니라 사용하는데 많은 기술적인 것을 요한다. 그럼에도 불구하고 그것은 전 세계적으로 발견되며 1인용에서부터 수 십명이 노를 저을 수 있고 많은 화물을 실을 수 있는 60피이트 이상의 거대한 배까지 다양하다.

나무 껍질로 된 카누(bark canoe)는 먼 거리의 화물을 운반하는데 적당하다. 왜냐하면 보트의 무게에 비하여 비교적 넓은 荷積面을 가지고 있기 때문이다. 이러한 선박은 남·북 아메리카 대륙 뿐만 아니라 아프리카, 오스트레일리아까지 넓게 퍼져 있다. 동북 아메리카 대륙에서는 확장된 운하체계가 자작나무 카누와 연계되어 빠르고 긴 범위의 교통을 가능케 하고 있다. 가죽으로 된 보트의 한 예를 우리는 에스키모의 카야크(kayak)에서 볼 수 있는데 이것은 강이나 호수의 여름철 어업에 사용한다. 이 보트는 물개 가죽을 나무나 고래뼈의 강력한 구조물에 단단하게 묶은 것이다. 선상은 사냥을 할 수 있는 계란형의 구멍을 제외하고는 모두 덮어씌운 것이다. 카야크는 비교적 속도가 빠를 뿐만 아니라 단지 이중의 노로써 추진되지만 매우 항해에 적합하다.

그린랜드의 에스키모인들은 이러한 방수되는 가죽옷을 배의 구멍에다 묶어 둠으로써 배가 뒤집어 졌을 때 물에 젖지 않고 쉽게 바로 설 수 있는 것이다. 에스키모인은 또한 우미약(umiak : 나무틀에 바다표범의 가죽을 팽팽하게 쳐서 만든 에스키모의 배-역자주)이라는 여러 명을 태울 수 있는 가죽으로 덮은 배를 가지고 있는데 이것은 여행과 고래잡이를 위해 사용한다.

모든 이러한 가벼운 배들은 노에 의해 추진된다. 비록 몇몇의 경우 특히 우미약의 경우 때때로 돛에 의해 추진되는 경우도 있다. 돛은 기계적인 동력원 없이 장거리 해상 여행을 하는데 필수적인 것이다.

배의 안정성과 용량을 증가하기 위해서는 두 개의 보트를 하나로 연결하는 것이다. 이러한 두 개의 보트로 된 것은 단순한 카누의 한 쌍을 횡으로 막대기를 놓아 그 위를 평평하게 승강단을 만들어 사용할 수 있게 한 것이다. 이러한 종류의 한 변형된 형태가 舷外浮材 카누(outrigger canoe : 뱃전이 툭 불거져 나오고 돛의 밑끝을 묶어 전복을 방지-역자주)인데 이것은 가벼운 목재를 카누에다 연결하여 본체의 보트와 평행하여 물의 표면에 뜨게 하는 것이다. 폴리네시아인(Polynesians)이나 태평양의 다른 원주민들은 이러한 유형의 보트를 사용하여 긴 항해를 하는 것이다.

판자식으로 된 보트는 배의 크기에 제한이 거의 없다. 반경식 골격(半硬式 : semirigid frame)을 덮어 씌운 갑판으로 된 이 배는 안정성과 많은 양의 물자를 운반할 수 있다. 판자식 보트는 돛과 방향타로 구성되어 있는 것으로 18세기를 통하여 선박건조에 있어서 중요한 구성 요소였다. 그러나 얼마 되지 않아 증기기관의 발달로 수상교통의 혁명이 일어났다.

4. 커뮤니케이션 : 의사 소통

모든 인간은 그들 종족의 다른 사람들과 사회적인 접촉을 필요로 하는 생물학적 근거를 가지고 있다.[12] 촉각 자극(접촉을 통하여 이뤄진 커뮤니케이션의 원초적 형태)을 박탈당한 유아는 정상적인 발육이 저하되고 결국 죽게 된다. 생명의 초기에 있어 접촉자극은 육체적인 것이며 정서적인 면을 가지고 있다. 따뜻한 애정을 가진 어머니(또는 어머니의 대리적인)가 자녀와 항상 서로간의 커뮤니케이션을 갖는 것은 자녀들의 건강한 성장을 위해 필수 불가결한 것이다. 성인 또한 혼자 독방에 감금되어 오랫동안 감각적인 접촉과 자극을 빼앗아간다면 정신적·육체적인 장애를 일으키게 된다.

그러한 사실에 대해서는 에릭 베른(Eric Berne)이 다음과 같이 말한 것을 주목해야 할 것이다. "무관심으로 인한 정서적 및 감각적 자극 박탈상태는 결국 퇴화와 죽음으로 인도할 것이라는 사실은 생물학적 연쇄가 자명하게 말해 주고 있다. 이런 의미에서 자극에 굶주린 사람은 음식에 굶주린 사람과 마찬가지로 인간 유기체의 생존에 밀접한 관계가 있다고 할 수 있다.[13]"

文化化의 과정을 통하여 각 개인은 유아기에 경험했던 육체적인 밀착에의 욕망을 단념하도록 강제당한다. "육체적 접촉에 대한 갈망이 줄어들지 않고 남아 있을지라도 가장 단순하게 알았다는 뜻으로 고개를 끄덕거려 어느 정도

---

12) A. Montagu, Touching : The Human Significance of The Skin (New York : Harper & Row. 1972.)

13) E. Berne, Games People play (New York : Grove press, 1964) p.14.

목적에 합치될 때까지는 더욱 정교하고 심지어 상징적이기까지한 손놀림의 형태"를 대신케 한다.14) 사회적인 의사소통을 증가하기 위해 인간이 고안한 도구는 이러한 필요에 대한 반응인 것이다.

물론 우리가 사용하는 말 이외의 다른 커뮤니케이션의 형태가 있다. 즉 우리는 적어도 다섯 개의 감각을 통하여 정보를 받는다. 그러나 정보를 전달하는 것은 주로 시각과 청각의 자극에 의한 것이다. 인간의 의사소통 체계의 중요한 수단으로서의 말은 중요한 도구의 하나이다. 우리는 말을 통하여 그들 환경에서 일어나는 객관적 변화를 전달하는 것이다. 복잡한 의사를 전달할 수 있고 또 저장할 수 있는 종족이나 집단은 그것을 갖지 않은 종족이나 집단보다 한 가지 선택적인 유리함을 가지고 있다. 직접적으로 말을 할 수 없을 경우 정보를 저장하고 전달하는 도구로써 또 다른 커뮤니케이션의 형태가 있다. 신호언어나 북으로 신호하는 것, 수기(手旗)신호, 그리고 文字 등은 모두 말을 대신하는 것들이다.

아프리카, 중남부의 아메리카 및 태평양지역에서는 의례나 대인관계의 장소 그리고 더욱 더 상당한 거리가 떨어진 지역간의 통신을 전달하기 위하여 드럼이나 징, 호각 등이 사용된다. 비록 독점적인 경우는 아니지만 몇몇 특수한 집단은 음색언어 즉 음의 높낮이의 차를 음소(音素)로 사용하는 언어학적 체계를 가지고 있는 경우도 있다. 드럼과 징에 의한 전달은 말할 전달물의 선택적 성격을 가지고 나타내는 것이다. 이론상 ─ 실제는 결코 그렇지 않다 ─ 어떠한 전달물도 이러한 체계로서 전달이 가능하다. 그러나 사실 단순히 특수한 법칙아래 제한된 수의 메시지를 전달할 수 있는 것도 사실이다(예를 들면 "한 명은 육지로, 한 명은 바다로"와 같다). 세계의 여러 곳에서 악기가 신호를 전달하는 도구로써 사용되는데 여기에 속하는 악기로는 호루라기・뿔・피리・활・드럼・징 그리고 마림바(marimba; 실로폰의 일종) 등이 있다.

모든 이러한 종류의 수단은 전달문을 공간을 통하여 전달하는 것이다. 그러한 정보를 오랫동안 보존하기 위해서는 다른 고안물이 사용되어야 한다. 가장

---

14) Ibid., p.14.

단순한 예는 흔적을 남기는 방법 또는 도로의 분기점이 나타날 것이라는 것을 지시하는 것과 같이 일반화하는 방식에 의한 것이다. 단순한 그림으로 된 상징이나 기호를 바위나 나무껍질 또는 은신처에 했을 경우 그것은 매우 제한적인 통신을 목적으로 사용하는 것이다. 시합에서 득점을 표시하거나 예정된 행사의 시간을 표시하는데 사용하는 부목(符木 : tally sticks) 또한 이러한 범주에 속하는 것이다. 페루(Peru) 인디언이 사용했던 키푸(quipu)라는 결승문자(結繩文字 : knot record)는 일련의 여러 가지 색깔로 맨 매듭의 형태로써 정보—주로 숫적인—를 보존하고 있다.

금세기의 정보혁명 이전에서 볼 때 문자는 정보의 저장과 전달을 위해 발명된 가장 놀라운 도구중의 하나였다. 이러한 문자는 말을 항구적이고 시각적인 형태로 전환시킬 뿐만 아니라 정보를 저장하는 기능까지 하고 있는 것이다. 크뢰버(A. L. Kroeber)는 문자의 발달과정을 3단계로 분류하였다.

> 첫 번째 단계는 사물이나 행동의 모습을 사용하는 것으로 각 물체의 특징과 추상화를 통해 형상화시킨 상징물에 기인하는 것이다. 이것은 상형 또는 표의문자의 방식으로 사용하는 것이다.
> 두 번째 단계에는 소리의 표시가 시작된다. 그러나 이것은 그림이나 그림의 단축 및 생략을 통해서 이루어진 것이다. 즉 그림과 표의 문자가 음성적인 가치를 나타내는 그림과 병존해서 계속 사용되는 것이다. 이 단계를 혼합 내지 전환단계 혹은 수수께끼 그림(rebus)단계라고 부를 수 있을 것이다.
> 세 번째 단계가 음성학적 단계이다. 이 단계에서는 상징이 사용되는데 그들의 기원이 무엇이었던간에 더 이상 사물이나 관념을 표시하지 않고 단지 소리에 대한 기호로서, 즉 말, 음절 혹은 요소적인 문자음 등의 표시로써 나타난다.[15]

알파벳은 세 번째 단계의 문자체계이다. 그 기호는 말하는 언어(음소)의 중요한 음과 합치된다. 알파벳에 의한 문자는 간결한 형태로써 말의 핵심적인

---

15) A. L. Kroeber, Anthropology (New York : Harcourt, Brace, 1948) p.510.

요소를 시각적으로 나타내는 것을 가능하게 한다. 그러므로 알파벳은 복잡한 사회에서 적응력이 뛰어나 많은 양의 정보를 저장하고 전달하는 것을 가능하게 하는 것이다.

크뢰버에 따르면 "현재 지구상의 거의 모든 지역에서 사용되고 있는 알파벳 체계 — 로마어·그리이스어·히브리어·아라비아어·인도어 기타 사멸된 많은 언어와 함께 — 는 모두 단일한 기원에서 나온 것이다."16) 이러한 최초의 알파벳은 차용되고 재해석되어 발명의 전과정(생략·대치·결합 등)을 거쳐 다시 차용되었던 것이다. 이러한 과정은 또한 문화의 전파와 변화의 한 예로서의 역할도 하는 것이다.

물자와 사람 그리고 정보교류의 현대적인 발전은 인류 역사상 최초로 전세계적인 규모의 교류망을 가능케 하였다. 사회집단이라는 것은 어느 정도까지 그 구성원간에 안정된 통신체계의 형태가 존재하는 것에 의하여 규정되기 때문에 이러한 발전은 궁극적으로 집단과 집단, 국가와 국가간을 분리하고 있는 종래의 문화적 경계를 무너뜨릴 수 있을 것이다.

하나의 지구촌은 지금 가능할 수 있다. 그렇다고 해서 그러한 지구촌이 필연적으로 나타날 것이라는 의미는 아니다. 왜냐하면 그러한 통일을 반대하는 강력한 사회적인 힘 또한 존재하기 때문이다. 이러한 사회적인 힘을 그 자체가 문화화의 과정이라고는 결코 말할 수 없다. 이러한 과정은 비교적 적은 집단 경계 안에서 발생하기 때문이다. 각 아동은 특정의 가족이나 지역사회의 배경 속에서 특수한 문화·언어적인 규칙을 학습하지 않으면 안 되기 때문이다. 이것은 아동들의 기본적인 사회적 및 정서적 충성심이 필연적으로 작은 집단과 그 지방 특유의 전통에 따르게 되는 것을 의미한다. 이러한 국소주의적인 충성심은 그 뒤 보다 커다란 집단으로 확대됨으로써 어느 정도 약해지고 보다 큰 충성심으로 대신할 수 있다. 그러나 결코 완전히 없어지지 않고 의식적이든 무의식적이든 계속해서 우리의 행동을 규제하게 되는 것이다(맺음말 참조).

---

16) Ibid., p.514.

대중매체와 고속적인 수송을 위한 근대적인 방법은 인간 집단을 하나로 결합시키는 역할을 수행하는 중요한 요소일 것이다. 그리하여 인간은 서로를 인식하고 상호간의 의존을 증가시키게 되는 것이다. 오로지 인간은 서로간의 통신 교류에 의해서만 부드러운 상호작용과 진실로 적응력있는 행동을 가능케 하는 範疇와 行動準則을 서로 공유할 수 있게 될 것이다. 단, 하나의 오해가 인류 전체의 파괴로 인도될 수 있는 시대에는 워싱톤과 모스크바간의 핫라인(hot line)이 인간 생존의 필수 불가결한 도구로서 보는 것이 결코 과장된 것만은 아닐 것이다.

보 충 문 헌

Robert Spier, From the Hand of Man : Primitive and Preindustrial Technologies. Boston : Houghton Mifflin, 1970.
Elman R. Service, Profiles in Ethnology, 3d ed. New York : Harper & Row 1978.
Philip Slater. Earthwalk, New York : Bantam, 1975.
Lewis Mumford, The city in History, New York : Harcourt Brace & world. 1961.
John H. Bodley, Victims of progress, Menlo Park : Cummings, 1975.

제8장 기술과 기능

인간과 기술

技術이란 일정한 목적을 달성하기 위해 믿고 있는 행동 준칙이다. 몇몇 기술은 인간 신체 이외의 도구를 사용할 것을 필요로 한다. 만일 못 하나를 박고자 한다면 우선 망치를 들고 자기 손을 다치지 않게 주의하면서 못 대가리를 박아야 할 것이다. 즉 내가 서툴게 못을 박는 것과 전문적인 목수가 하는 것과의 차이는 일반적으로 技能의 문제이다. 기능이란 일정한 기술을 효과적이고 용이하게 적용하는 능력을 의미한다. 한 사람이 하나의 기술을 알 수도 있고 또 모를 수도 있다. 그러나 똑같은 기술에 관한 지식을 공유하고 있는 사람들도 그러한 기술을 사용하는 기능의 정도는 여러 가지로 다르다고 할 수 있다.

기술은 도구를 제작하는 방법에 관한 지식을 포함하고 있기 때문에 도구보다도 기초적인 것이다. 만일 모든 도구가 내일 증발된다면 무질서가 올 것이지만 그러나 문명을 궁극적으로 다시 건설할 수가 있다. 반대로 우리가 알고 있는 모든 기술적인 지식이 갑자기 사라진다면 우리 인류는 기술이 재발명되기 전에 아마도 사라질 것이다.

技能이라는 요소는 비록 기술체계와 관련된 토론에서 종종 무시되었지만 역시 중요한 것이다. 기능은 말할 것도 없이 기술적인 지식을 기초로 하여 발전될 수 있는 것이다. 우리는 다음의 예에서 그러한 면을 잘 알 수 있을 것이다. 여기 어떤 언어에 대한 문법과 사전을 편찬한 언어학자가 그 언어를 사용하는 원주민과 의사소통을 할 경우 비록 양자는 언어체계에 대한 동등한 지식을 가지고 있다손치더라도 그 토착어를 유창하게 사용하기 위해서는 오랜 시간 — 심지어는 영원히 — 이 걸릴 것이다. 즉 그 지식을 효과적으로 그리고 용이하게 적용할 수 있을 때까지는 매우 오랜 시간이 걸릴 것이다. 그것은 목공이나 체육, 심지어는 과학의 경우에서와 같이 모든 기술에도 똑같이 적용할 수 있다.

정의상 기술이란 어떤 목표를 가지고 있는데 예를 들면 난방, 식량채집, 환자치료, 카누건조 등을 지향하고 있다. 사람들이 기술을 사용하는 이유는 그들이 바라는 목적을 얻게 해 준다고 믿기 때문이다. 때때로 그들은 실수를 저지를 때도 있는데 즉 기술이 잘 적용되지 않고 목적에 부적당한 경우도 있다. 예컨대, 어떤 사람들은 그들의 마을로부터 전염병을 제거하기 위해 공중에 총을 쏜다. 그러나 이러한 방법은 전염병에 전혀 영향을 주지 않는다. 또 이와는 달리 어떤 선택된 기술이 효과가 있을 경우도 있지만 그 기술을 사용하는 자가 효과적으로 이용하는 능력이 부족한 경우도 있다. 두 개의 나무 막대기를 비벼서 불을 피울 수 있지만, 그러나 어떤 사람은 필요한 기술을 발견하는 동안에 얼어 죽는 경우도 있을 것이다.

다양한 사회의 구성원들은 어떤 특수한 목적을 각각 다르게 평가하는 경우도 있다. 예를 들면 어떤 부류에 속하는 사람들은 옥수수를 이상적인 식량으로 생각하고, 또 다른 집단의 사람들은 도토리나 타로(taro : 토란의 일종)나 들소고기를 이상적인 식량으로 생각한다. 그러나 이러한 특수한 목적말고도 모든 사회가 추구하며 여러 문화가 가지고 있는 기술을 통하여 좋은 건강과 충분한 음식을 얻고자 하는 일반적인 목적을 가지고 있다. 우리가 여기서 토론하고자 하는 기술의 4가지 부류에는 에너지를 이용하는 법, 식량을 획득하는 법, 병을 치료하는 법 그리고 유용한 물건을 만드는 법 등이 있다.

1. 에너지를 이용하는 기술

1) 완력과 축력

모든 사회는 에너지를 유용하고 보다 효과적인 방법으로 전환하는 능력과 에너지의 양 및 종류에 따라 매우 다양한 모습을 나타내고 있다. 인간 근육의 힘, 완력(腕力)은 사회적인 목적을 수행하기 위해 사용한 가장 오래되고 아직도 널리 사용하는 에너지원에 속하는 것이다. 근육의 힘을 가지고 인간은 밀고, 당기고, 들어 올리고, 운반하는 등의 역할을 수행한다. 이러한 활동의 효과는 관습과 다양한 도구를 사용하여 증대되었지만, 에너지의 실제적 산출량은 거의 불변하다. 그것은 레슬리 화이트(Leslie A. White)의 '문화 진화에 대한 기본 법칙'에 따르면 다음과 같다.

> 다른 요인들이 일정하다면 문화는 1년 간 사용하는 에너지의 양이 증가함에 따라 혹은 에너지를 움직이는 도구의 효율이 증가함에 따라 진화하는 것이다. 아마 양자의 요인이 동시적인 과정 속에서 증가할 수도 있다. …그러나 도구나 에너지의 요인이 똑같은 무게와 중요성을 갖는다는 것을 의미하는 것은 아니다. 즉 에너지 요인이 더 중요하며 기초적인 요소이다. 즉 에너지는 주 운동력(prime mover)이며 적극적인 動因이다. 도구란 단지 이러한 에너지원을 사용하는 데 이용되는 수단에 지나지 않는다. 에너지원은 무한정하게 증가할 수가 있지만 도구의 효능은 오로지 제한된 범위 이외는 증가하지 않는다. 즉 이러한 한계에 이르면 도구의 효율을 더욱 높이고 이용되는 에너지의 양적 증가의 부족을 보충할 수는 없다. …… 그리고 에너지의 증가는 도구의 개선을 촉진함으로써 근본적으로 문화화의 과정으로 나아가게 하고 또한 발전하게 하는 것은 그것이 곧 에너지라는 것을 알 수 있을 것이다.[1]

불을 제외해 놓고 볼 때 인간 근육의 힘을 보충하는 데 사용된 최초의 에너지원은 다른 동물의 근육의 힘을 빌리는 것이다. 길들여진 가축의 근육 힘(畜

---

[1] L.A.White, The Science of Culture (New York : Grove press, 1949) pp.368~376.

力)은 도구로써 적용할 수 있다. 이러한 에너지의 사용은 또한 다른 도구의 발명 및 발견을 필요로 한다. 예를 들면 마구(馬具) 즉 봇줄, 멍에, 어깨띠 그리고 고삐 등이 그것이다. 또한 동물들을 다루고 길들이는 기술 또한 개발되어야 한다. 일단 中繼的 技術(mediating technology)이 개발되면 동물의 힘은 다방면에 걸쳐 발달을 가능하게 한다. 수송 속도는 급속도로 빨라지고 물을 퍼올리는 따분하고 단조로운 작업은 동물에게 넘겨진다. 동물들은 쟁기나 마차를 끌고 곡식 밟기 또는 무거운 짐을 들어올리는 일을 하는데 이용된다. 각각의 이러한 발명들은 문화 발전의 많은 가능성을 제시하고, 또한 각각의 사례에 있어 새로운 기술의 장점은 거기에 사용되는 비용과 균형을 유지해야 한다. 예를 들면 수레 따위를 끌거나 짐을 나르는 짐승들은 자발적으로 자기들의 배를 채우는 것이 아니라 인간이 사료를 먹여 주어야 한다. 그러므로 여분의 식량을 가진 집단만이 동물의 힘을 효과적으로 사용할 수 있는 것이다.

식물은 광합성을 통하여 태양 에너지를 받아 그것을 사람들이 음식으로 섭취하여 신체 내에서 사용되고, 외적으로는 연료로써 사용될 수 있는 형태로 변환시킨다. 가스나 바람 및 수자원과 같은 유동적인 에너지는 도구의 도움 없이는 사용할 수 없다. 풍차나 물레방아는 이러한 기체나 유체 에너지원을 붙잡아 동력으로 전환시키는 도구로써 사용되었는데 그것은 마치 배의 돛대와 같은 것이다.

전기 에너지는 자연의 상태에서는 주로 번개의 형태로써 발생한다. 그러나 수력 발전기와 같이 다른 여러 에너지를 전기적 에너지로 전환시킬 수 있는 장치가 발명된 것은 100년도 채 안 된다. 미래에는 핵에너지 그리고 조력(潮力)뿐만 아니라 태양 광선을 직접 전기로 전환시키는 변화가 일어날 것이다. 그러나 현재는 과거와 마찬가지로 우리는 대부분 나무나 화석 연료 속에 저장된 에너지에 주로 의존하고 있다.

2) 발화기술

기초적인 발화기술은 간단하다. 그러나 그것은 기능을 요구한다. 두 개의 막대기가 충분히 건조되어 매우 적절한 방법으로 문지른다면 불을 발생시킬 수 있을 것이다. 두 손으로 막대기를 잡고 비비면서 막대기의 다른 한쪽은 부싯깃(tinder)판의 홈에 밀착시킨다면 불꽃을 발생시킬 수가 있다. 이와 같은 과정은 활송곳(bow-drill)이란 것을 사용하여 불의 생성을 촉진시킬 수 있다. 즉 막대기에다가 활의 줄이 지나가는 고리를 파서 활의 줄이 지나감에 따라 활줄의 직선운동을 왕복운동으로 전환시켜 막대기의 끝과 판의 홈과의 마찰에 의해 불을 발생시키는 것이다. 불쟁기(fire plow)는 홈이 있는 널판과 막대기로 구성되어 있다. 이것이 홈 사이를 왔다갔다하면 주위의 부싯깃에 불이 붙는 것이다. 근대적인 성냥은 실제로 이러한 장치의 화학적인 변화의 과정인 것이다. 불 피스톤(fire piston)은 폐쇄되어 단단히 꼭 맞는 피스톤 안의 나무로 된 실린더로 구성되어 있으며 피스톤에 한 번의 충격을 주면 실린더 속의 공기가 압축되어 저부(低部)에 있는 부싯깃(즉 火口)이 점화될 수 있을 만큼 충분한 온도가 올라 점화되는 것으로, 인도차이나 반도나 인도네시아의 지역에서 발견된다. 부딪쳐서 얻는 불(strike a light)의 장치는 두 물체를 부딪쳐 불을 피울 수 있게 하는 것이다.

돌을 부딪치는 것은 최초에 연장을 만드는 사람들에게 우연히 발견된 것으로 보인다. 왜냐하면 부싯돌(flint)은 구석기 사람들에 의해 가장 잘 사용된 재료중의 하나였기 때문이다. 대부분의 지역에서는 부싯돌과 강철의 조합물이 초기의 재료를 대체시켜 왔다. 즉 그것이 오늘날 담뱃불을 피우는 라이터로 사용된 것이다. 몇몇 인간 집단은 어떠한 불을 만드는 기술을 결코 소유하지 않았다. 이에 대해 알란 홈버어그(Allan Holmberg)는 다음과 같이 보고하고 있다.

    불을 만드는 법은 볼리비아의 동부에 있는 시리오노족(Siriono)에게 있어서 이제는 잊어버린 기술 중의 하나이다. 나보다 나이 많은 자료제공자에 따르면 불(tata)은 두 손 사이에 막대기를 비벼 만들어져 사용되었다고 전한다. 그러나 나 자신 결코 그러한 방식으로 불을 만드는 법을 보지 못했다. 불은 야자나무의 육수화(a spadix of a palm : 肉穗花)로 만들어진 燃木(즉 불씨 : a brand)의 형태로 한 야영지에서 다른 야영지로 이동된다. 이러한 스펀지와 같은 목재는 불을 오랜 시간 보존 할 수가 있다. 큰 무리(band : 사회집단의 일종 – 역자주)가 이동할 경우 각 확대가족에서는 적어도 한 명의 여성은 불을 보존, 운반하는 역할을 하고 있다. 나는 한 손으로 불씨를 들고 다른 한 손으로 헤엄치면서 냇가를 건너는 여인을 본 적이 있다.2)

발화 기술에 대한 지식과 그것을 응용하는 기능은 말할 것도 없이 인류의 생존에 있어 매우 중요한 것임에 틀림없다. 거의 몇몇 소수 민족만이 이러한 기능을 소유하지 않았는데 시리오노족(Siriono), 안다만섬 사람들(Andaman Islanders) 그리고 몇몇 아프리카 피그미 집단(Pygmy groups)이 여기에 속한다. 그러나 이들 집단도 그들이 그러한 기술을 잊어버렸다는 것은 우연에 가까운 것이다. 이러한 일이 일어나는 것은 이들 집단의 주민들이 불을 계속해서 새로 피우는 것보다 그것을 보존하는 것을 더 좋아하기 때문이다.

3) 연료혁명

불을 유지 지탱한다는 일은 만족스러운 연료에 대한 인식과 준비가 있어야 하며 그것을 통제하고 적용할 수 있는 기술 또한 필요하다. 불은 직접적으로 열과 빛 그리고 요리하는 데 사용될 수 있다. 또한 불을 다른 용도로 사용하기 위해 보조적인 도구나 기술이 필요하다. 뜨거운 돌로 음식을 익히는 것(stone-boiling : 燒石)(p.221 참조)은 가장 널리 사용되는 기술이다. 구덩이 속에서 음식을 굽는 방법 또한 가장 오래된 음식 만드는 기술로 보여진다. 건조 및 훈제 기술은 그들의 계절적인 잉여 생산물을 춘궁기에 사용하기 위해 보존이 필요한 수렵 및 어로집단에서 특별히 사용되었다. 연소되지 않은 도자기나 금속 용기의 발명으로 불은 보다 더 유용하게 사용되고 있다.

그리하여 화석 연료의 발견과 이용은 우리의 근대적인 산업사회를 가능하게 하였다. 화이트(White)의 말을 다시 인용하면,

---

2) A.Holmberg, Nomads of the Long Bow (Garden city, N Y. : Anchor Books 1969) p.11

거대한 양의 석탄, 석유, 천연가스의 개발과 함께 문화발전을 가능하게 하는 엄청난 양의 에너지 증가는 빠른 속도로 영향을 끼쳤다. 연료혁명의 결과는 일반적으로 볼 때 농업혁명의 결과와 매우 유사한 것이다. 인구 증가보다 넓은 범위의 정치적인 단위 확대, 대도시의 출현, 부의 축적, 예술과 과학의 급속적 발전과 같은 간단히 말해 전체로서의 급속적이고 확대되는 문화적인 진보가 일어난 것이다.3)

우리가 살고 있는 금세기에 인간 집단은 이른바 원자핵이라는 새롭고 초강력적인 형태의 에너지를 개발하는 데 성공하였다. 이러한 에너지원의 개발이 보다 큰 새로운 문화의 진보를 창출할 것인지 아니면 인류의 종말을 의미하는 것인지는 앞으로 두고 볼 일이다. 그러나 우리를 불길하게 하는 점은 원자에너지의 파괴적인 사용 기술이 평화적인 목적으로 사용하는 기술보다 훨씬 빠르게 발전되어 왔다는 것이다.

4) 영적 에너지

이 장에서 우리가 영적 에너지(spiritural energy)에 관하여 서술을 하지 않는다면 만족스럽다고 할 수 없을 것이다. 즉 이 영적 에너지란 근대적인 물리학에서 발견된 이외의 에너지 형태를 말하는 것이다. 비록 대부분의 인류 집단은 그들 신앙의 나머지와 초자연적인 것을 구별할 수는 없지만 초자연적인 신앙을 가지고 있다. (제IV부 서론 참조) 따라서 많은 기술 속에는 영적인 에너지를 이용하는 기술을 포함하고 있다. 그러한 기술은 기원(祈願), 희생물(供犧), 점복(占卜), 의례(儀禮), 부적(符籍)이나 주물(呪物) 또는 물신(物神)까지도 포함하고 있다. 초자연적인 현상을 통제하는 보다 적극적인 시도는 주술에 대해 언급하는 것이다. 예를 들면 모든 알려진 세계에서 어떤 구술 신앙형식(Verbal Formulas)이 각 개인이나 사물, 미래의 사건에 대하여 영향을 끼친다는 신앙을 우리는 발견할 수 있다.

---
3) L.A.White, op.cit., pp.373~374.

제임스 프레이저 경(Sir James Frazer)은 정신적인 기술을 두 가지 형태로 구별하였다.4) 模倣呪術(imitative magic)은 그들이 바라는 목표를 묘사하거나 또는 몸짓을 섞어 가며 이야기하는 것으로 구성되어 있는데, 예를 들면 사냥꾼들이 사냥을 시작하기 전 그들의 사냥감을 그린 그림을 향해 화살을 쏘는 행위와 같은 것이다. 感染呪術(contagious magic)은 ― 가령 머리카락이나 손톱과 같은 ― 어떤 사람의 신체 부분 또는 그 사람(음식이나 옷)과 관계가 깊은 재료를 연결하는 것이다. 이러한 재료는 특별한 형태로 어떤 사람에게 영향을 줄 수 있는 의식의 절차 속에 나타나는 것으로 예컨대 죽일 필요가 있을 경우나, 병을 치료할 경우, 또는 여인의 사랑을 얻고자 하는 경우의 주술로서 사용된다. 주술적 처치를 할 때 사용되는 여러 가지 소도구가 가진 특성(힘, 속도, 아름다움 등)이 환자를 낫게 한다는 신앙으로 사용되곤 하였다.

대부분의 사회에서는 靈的 기술과 非靈的 기술은 한데 뒤얽혀 있다. 말리노프스키가 지적한 바와 같이 인간은 자신의 육체적 노력의 결과가 불확실한 경우에는 언제든지 육체적 노력에다 정신적 기술을 첨가하려는 경향을 가지고 있다.5) 예를 들면 트로브리안드 섬(Trobriand Islands)의 원예사는 단지 주술을 행한 후 신경을 쓰지 않고 그의 곡식이 자랄 것을 기다리지만은 않는다. 그는 식물을 심고, 경작하고, 추수를 해야 할 뿐 아니라 채원(菜園)에서의 수확은 그가 통제할 수 없는 어떤 힘의 영향을 또한 받는다는 것을 잘 알고 있다. 이와 똑같이 트로브리안드 섬의 항해자도 또한 넓은 바다로 항해를 나갈 때 그의 배와 기능의 한계를 인정한다. 풍어를 기원하는 주문과 카누, 그리고 교역에 관한 주술이 중요시되는 까닭이 바로 여기에 있다.

불확실한 것이나 두려움이 인간의 생활 속으로 들어오는 경우에 반드시 정신적 기술은 융성한다. 인류학자들은 기술의 前提를 비판하는 것보다는 기술이 사회 속에서 행한 역할을 이해하는 데 더욱 중요성을 느끼고 있다. 그러한 기능이 심리적인 것 ― 두려움을 완화하고 개인적인 자신감을 증대시키는 것

---

4) J.Frazer, The Golden Bough (Abridged edition, N. Y. : Macmillan, 1953) pp.12~52.
5) B.Malinowski, Magic, Science and Religion(Robert Redifield, ed., Garden city, N.Y : Anchor Books, 1955) pp.79~87.

― 이든지 사회적인 것 ― 집단노력을 협조시키던가 사회적 통합을 촉진시키는 것 ― 이든지 간에 모든 인간집단 사회는 약간 그러한 신앙과 방법을 발전시켜 왔다는 것은 움직일 수 없는 사실이다. 그리고 이러한 활동 속에 사용된 여러 가지 상징물을 주의 깊게 살필 수 있다면 거의 무의식적으로 상호 교환되는 복잡한 사회적 의미를 알게 될 것이다.

2. 식량획득의 기술 : 생계

1) 식량채집

오늘날 세계 여러 민족 중에서 식량 채집만으로 생활하고 있는 민족은 얼마 되지 않는다. 그러나 약 10,000년 전만 하여도 모든 인류는 이러한 생활방식으로 삶을 영위하였으며 어떠한 다른 수단을 가지고 있지 않았다(그 당시의 지구상의 전 인구는 오늘날의 뉴욕시의 인구보다도 적었다). 식량 채집 기술이 고대에 사용되었다고 해서 그것이 매우 단순하다는 것을 의미하는 것은 아니다. 야생의 음식물을 채집하고 사용하는 방법은 상당한 지식과 기능을 요하는 것이다. 예를 들면 오스트레일리아의 티위족(Tiwi)의 경우 여성들은 아침 일찍 주로 식물성 채소나 애벌레 그리고 먹을 수 있는 것은 무엇이든지 찾기 위해 온종일 등에는 아기를 업고 광주리를 들고 주거지에서 벗어나 각 방향으로 흩어진다. 그런 동안 늙은 여인은 식량 획득기술과 식물성 음식을 준비하는 법을 매우 잘 알고 있기 때문에 그들은 젊은 여인들을 감독하는 것이다.

이러한 이유로 해서 남자들이 늙은 과부와 결혼을 선호하는 데 더욱이 많은 젊은 여인들을 소유하고 있는 남자들까지도 늙은 과부와 결혼하기를 좋아하는 것이다. 남편은 성적 생활에서 만족을 얻기 위해서는 젊은 여인들이 더 좋았을 것이지만 좋은 음식을 잘 먹기 위해서는 집안을 운영하는 관리인이 더 필요하기 때문이다.[6]

남자들에 의한 사냥과 여자들에 의한 야생 식물의 채집형태는 전 세계적인 수렵 채집집단에서 공통적으로 나타나고 있다. 남아프리카의 부쉬맨(Bushmen)과 같이 지금도 존재하는 집단을 연구한 최근의 결과에 의하면 여자들의 기술이 남자들의 그것에 비하여 극적인 면에서 떨어질지라도 집단의 음식물에 대한 공헌도라는 점에서 말한다면 남자들보다는 여자들이 보다 더 중요하다고 지적하고 있다.[7]

수렵 채집민의 생계를 위한 기술은 유용한 식물이나 동물에 관한 범주와 그리고 사냥계획, 포획, 음식의 조리 및 소비 등을 하기 위한 준칙으로 구성되어 있다. 그러므로 한 집단이 남자들에 의한 수렵에 의존한다면 그 집단의 사냥꾼은 그 지방의 지형이나 독특한 동물 집단에 대해서 익숙해야 하는 것은 필수적인 것이다. 이러한 과정에서 도구는 매우 중요하다. 그러나 사냥꾼의 지식과 기능이 더 중요한 것이다. 식량 채집자들은 그들이 자연에서 발견한 것을 단지 가져오는 것으로 만족하지는 않는다. 그러한 집단은 모두 물리적이고 정신적인 기술을 통해서 그들의 식량 공급을 확보하고 또한 확장해야만 한다. 예를 들면 오웬스 계곡(Owens Valley)의 파이우트 인디언족(Paiute Indians)은 재배하는 식물을 가지고 있지 않으나 야생 식물의 생장을 촉진하기 위하여 어느 정도 관개까지 실시하고 있다. 다른 채집 집단에서는 수확 때까지 좋아하는 야생 식물이 성장하도록 울타리를 치며 다른 동물의 침입을 막아 준다.

수렵민은 일반적으로 초자연적 수호자가 鳥獸類같은 사냥감을 지배한다고 믿어 이런 수호신이 분노한다면 원하는 사냥감을 주지 않는다고 믿고 있었다. 이러한 초자연적 동물신은 신화 속에 여러 종류의 모습으로 나타나며 그들은 또한 인간의 형태로 변할 수가 있는 것으로 그려져 있다. 이 존재에 대한 위배 행위로써 여러 가지 것이 있을 수 있다. 예를 들면 음식을 낭비한다든지, 부적

---

6) C.W.M.Hart and A.Pilling, The Tiwi of North Australia (N.Y : Holt, Rinehart and Winston, 1960) p.33.

7) R. Lee and I. De Vore, eds., Man The Hunter (Chicage : Aldine publishing company, 1968) 참조.

당한 말이나 행동을 한다든지 '그의(수렵민의)' 동물의 피나 뼈를 잘못 다루던 가 하는 것이다. 다행히 대부분의 경우 적절한 의례를 통하여 신의 분노가 진정될 수 있다고 본다. 불확실한 요인에 많이 의존하는 사냥꾼은 그들의 성공률의 감소를 이러한 초자연적인 변덕의 결과라고 믿고 있는 것이다.

동물신·토테미즘 그리고 그와 유사한 신앙은 인간과 동물은 대부분의 미국인들이 생각한 것 이상으로 몹시 가까운 관계이고 보다 대등한 존재라고 생각하는 통합적 세계관의 일종인 것이다.

2) 풍요의례

많은 수렵민들은 또 풍요의례에도 참석하는데 이러한 의례기술은 사냥감과 다른 야생 식량의 지속적인 공급을 확인하려는 의도에서이다. 오스트레일리아의 원주민 사이에서는 복잡한 풍요의례가 부족의 많은 의례의 중심 부분을 차지하고 있다. 아룬타족(Arunta)의 각 토템 집단은 그들의 토템숭배 동물의 번식을 도모할 목적으로 성대한 의례를 개최한다. 이러한 의식이 보통 개최되는 것은 특정한 토템 숭배의 동물이나 식물이 열매나 종자를 맺을 때 또는 어린 새끼를 생산하는 시기에 이뤄진다. 각 집단의 의식형태는 세부적으로는 매우 다양한 형태를 취하고 있다. 그러나 다음과 같은 여러 가지 특징은 어느 경우에도 공통적으로 보인다.

1. 의식의 중심은 토템 동·식물의 수적인 증가를 돕는 특별하고도 아주 세부적인 의례의 수행이라는 것.
2. 인카타(inkata : 지역집단의 토템사당에서 시중드는 사람)는 성찬식으로써 적은 양의 동식물을 먹지 않으면 안 된다는 것.
3. 그리하여 계속해서 집단의 다른 사람들도 그것을 조금씩 의례적으로 먹는다는 것.
4. 이러한 의식이 끝나면 다른 참석자들 — 단 그들은 비밀의식에는 참석하지 않는다 — 은 그 토템 동·식물에 대한 의식과 잔치에 참여한다는 것.[8]

어떤 집단이 어떤 동·식물이나 어떤 사항 그리고 물체에 접촉하고 그것을 먹는 것을 기피하도록 요구하는 경우 그러한 요구를 우리는 타부(taboo)라고 한다. 오스트레일리아의 몇몇 사회에서는 개인이 속하는 집단의 토템 동물은 그 구성원에 의해 완전히 타부시되고 있다. 즉 구성원은 그것을 죽일 수도 있고 생포할 수도 있지만, 그 종(種)이 절멸되지 않도록 하기 위해서 결코 먹을 수는 없다. 여기서 우리가 발견하는 것은 노동의 특별한 분업형태인데 이러한 타부법칙의 결과로서 여러 종족 집단의 다양한 토템숭배자들이 다른 토템을 숭배하는 집단과 음식을 교환하게 된다는 것이다. 이것은 마치 外婚制의 규칙이 여성의 교환을 강제하는 것과 같은 것이다.

3) 식량생산

약 10,000년 전부터 세계의 다양한 지역에서 인류는 식물을 재배하고 또한 동물을 길들이기 시작하였다. 식량 채집에서 식량 생산으로의 전환은 매우 점진적인 것이었다. 식량 생산이 아주 높은 효율을 나타내기까지는 야생의 식량이 보충물로써 풍요한 역할을 하였다. 이러한 전환은 새로운 도구의 발명보다는 새로운 지식의 영향이 컸다. 즉 식량 채집민들이 사용하는 조잡한 낫이나 도끼, 맷돌은 새로운 경제체제에 쉽게 적용되었지만, 새로운 동물을 하나 하나 길들이는 것은 실용적 지식의 승리였으며 수 백년에 걸친 실험의 결과로부터 나온 것이다. 비록 고대의 품종이 현대적 기술에 의해 크게 개선되었다고 할지라도 지난 2,000년 동안 새롭게 馴化된(domesticated) 중요한 작물이 아니라고 하는 사실에서 볼 때 우리는 그들에게 찬사를 보낼 필요가 있다.

4) 원시적 농업 : 누(耨)농경

구대륙이나 신대륙에서 몇 개의 독립적인 농경 발전의 중심지가 있었다. 밀

---

8) E. R. Service, Profiles in Ethnology (3rd ed, New York : Harper & Row, 1978) pp.27~28.

이나 보리를 기초로 한 파종법의 전통은 중동에서 기원하여 이집트, 유럽 및 서남 아시아로 퍼졌다. 쌀을 중심으로 한 파종법의 전통은 추측컨대 동남 아시아에서 전 사방으로 퍼져 나간 것 같다. 신세계에서의 옥수수 재배기술은 중부 아메리카에서 기원한 것이다. 또한 남아메리카에서는 塊根類의 재배는 명확하게 한 독립적인 중심지가 있는데 여기에서는 식물의 재생 기술이 발달하였다. 즉, 새로운 식물의 재배를 종자로부터 보다는 전지(剪枝)하는 것으로부터 시작되었다.

누경(耨耕) 또는 초농경(鍬農耕 : hoe cultivation 혹은 horticulture)의 중요한 기술은 씨나 전지를 고른다거나 토양을 준비하고 이식이나 경작 및 추수 등을 포함하고 있다. 사용되는 구체적 기술은 작물의 종류와 토양조건, 지세, 강우량에 따라 여러 가지가 있지만 꽤 널리 퍼져 사용되는 형태가 있다.

누경농업에서 火田耕作 기술은 주로 적도 지역에서 발견된다.9) 충분히 성장한 식물은 절단하여 건조시키고 즉시 태워버린다. 이와 같이 하면 밭(火田)은 청소되고 동시에 비옥해진다. 왜냐하면 탄 식물의 재가 중요한 토양의 영양을 공급하고 연속적으로 몇 년 동안 상당한 양의 수확을 가능하게끔 하기 때문이다. 로버트 레드필드(Robert Redfield)는 찬콤(Chan kom)의 마야족(Maya)의 촌락에서 옥수수 경작을 위한 토지의 하나로 '밀파'(milpa)를 준비하는 것에 대하여 다음과 같이 서술하고 있다.

    유칸탄 반도 일대에서 사용되고 있는 강철로 된 작은 도끼를 이용해서 관목은 베어진다. 몇몇의 큰 거목을 제외하고는 모든 관목은 베어지는데 "큰 거목을 남겨두는 이유는 적절한 그림자가 건기기간 동안 옥수수의 생장에 좋은 영향을 끼칠 뿐만 아니라 그 거목을 태웠을 때 너무 많은 재가 만들어지기 때문이다." 작은 나무들은 뿌리 채로 큰 나무들은 지상에서 1~2피트 조금 올려서 잘라진다. …… 새로운 옥수수 재배를 위한 경작지(milpa)를 만들기 위한 대부분의 관목의 제거는 가을이나 초겨울에 이루어진다. 경작지가 다 태워지기까지는 약3개월의 시

---

9) W.M.S. Russell, "The Slash-and-Burn Technique" (Natural History Magazine, Mach., 1968) 참조.

간이 지나간다. …… 이러한 경작지의 전소작업은 어느 정도 하나의 의식적인 것이며, 주술사와 같은 사람의 유화적인 의례를 수반하는 것이다. 이러한 전소작업은 바람이 남쪽이나 동쪽으로 불 때 이루어진다. 두 세 사람이 건조한 관목에다 불을 붙이고 몇 사람은 동쪽으로 몇 사람은 남쪽으로 간다. 횃불을 사용하여 여러 군데 간격을 두어 붙인 후 호각을 불면서 바람을 오라고 주문하는 것이다.[10]

雨期가 시작되면 경작자는 굴봉을 사용하여 거의 1m 간격으로 판 약 3인치 깊이의 구멍에다 옥수수씨와 콩을 섞어서 파묻는다. 그밖에 갈고리모양의 칼로 잡목이나 잡초를 제거하고 잘 익은 식물을 동물의 습격으로부터 보호하는 것 이외에는 별다른 주의를 기울이지 않는다.

물리적 기술과 영적 기술

유사한 형태의 경작이 전 세계적으로 발견되고 있다. 또한 이러한 일에는 항상 물리적 기술과 영적인 기술이 혼합되어 있다. 트로브리안드 섬 주민(Trobriand Islander)들은 "하나 하나에 주문을 수반한 일련의 복잡하고 정교한 儀禮로 구성된 菜園呪術의 전체적 체계가 있다. 채원에서의 모든 경작 활동을 할 때에 적절한 의례를 올리지 않으면 안 된다.[11] 이들의 주식은 얌(yam : 마과에 속하는 蔓生식물. 동남아시아, 오스트레일리아 등지의 고온 다습지역에서 식용으로 재배 - 역자주)이며 몇 개의 종류가 재배된다. 주술사의 요구에 응하여 얌은 지표면 겉을 방황할 수 있다고 믿고 있다. 만일 그렇지 않다면 분명히 유사한 경작지(菜園)에서 다르게 자란 것을 어떻게 설명할 수 있을까? 그러므로 그들은 다양한 주문으로 그들의 얌이 깊게 뿌리를 박을 수 있도록 도와주고 제위치를 차지할 수 있게 하는 것이다. 잘라서 말린 관목을 태우는 일은 채원을 경작하는데 있어 중요한 단계이기 때문에 찬콤(Chan Kom)의 마야족과 같이 소각작업에는 영적인 기술이 수반된다.

---

10) R. Redfield and A. Villa Rojas, Cham Kom : A Maya Village (Chicago : University of Chicago Press. 1962) pp.43~44.
11) B.Malnowski, op.cit., p.192.

건조한 코코넛 잎사귀 다발의 둘레에 먼저 기도를 올린 약간의 풀을 한 장의 바나나 잎으로 포장하여 둔다. …… 이것은 경작지에 불을 붙이기 위한 점화봉이다. 오전에 …… 그 점화봉은 의식 없이 점화되어— 밀랍성냥에 의해 점화되는 것은 민족지학지에 의해 만들어진 개념이다— 모든 사람들은 바람을 거슬러서 올라가 불을 붙여 사방을 화염에 뒤덮이게 한다. 어떤 어린이들이 이 소각작업을 보고 있었으나 어떤 타부 (taboo)도 전혀 문제되지 않았다. 그러나 이웃 촌락에서는 …… 토워시 (towosi: 채원 마술사)는 몇몇 소녀들이 멀리서 이러한 소각작업을 수행하는 광경을 보았기 때문에 매우 화를 내었다. 그리고 나는 이 의식이 그 마을에서는 여자들에게 금기라는 것을 듣게 되었다.12)

많은 누경 농민들은 시비, 윤작, 계단경작, 관개와 같은 집약 농경기술을 알고 있다. 그러나 충분한 토지이용이 가능한 곳에서는 화전경작과 같은 粗放耕作技術을 선호하고 있다. 후자는 아직까지 경작되지 않은 토지나 혹은 숲이 무성하게 우거진 토지로 끊임없이 이동해 가는 농경 방법이다. 새로운 장소는 마구 베어 깨끗이 하지 않으면 안 되고 이전 부락으로부터 어느 정도 떨어져 있으나 초창기에는 생산력이 높고 더욱이 준비가 비교적 용이하기 때문에 집 근처에 있어도 아주 피폐하여 잡초만 무성한 경지에 비하여 새로운 경작지가 그래도 매력적인 것이다.

그런데 집약 농경기술과 조방농경기술은 여러 가지 형태로 혼합되어 있다. 예를 들면 서아프리카 지역에서 主穀(기장이나 옥수수)은 이동가능한 작은 지역에 심지만, 바나나 같은 것은 상설의 農園에서 수확하는 것이 그 한 예이다. 여하튼 적정한 토지와 필요한 기술만 있으면 누경 농업체제도 간단한 도구나 단지 에너지의 유일한 원천으로서의 인간 근육을 사용하여 생산성을 높은 수준으로 끌어 올릴 수 있다.

---

12) Ibid., pp.194~195.

목축 : 동아프리카의 목우체계

이른바 목축(pastoralism)이라 불리는 생계 형태는 오로지 구세계에서만 발견되었는데 그 까닭은 아메리카 대륙의 토착적인 소수의 가축화한 동물로써 이러한 특수한 생활 방식을 지탱할 수가 없기 때문이다. 목축민은 당연히 유목민이고 계절에 따라 물과 목초를 구하기 위하여 가축 떼를 이동시킨다. 목축에는 북시베리아 지방의 순록 목축에서 아라비아의 낙타 목축에 이르기까지 여러 형태가 있다. 그러나 여기에서 필자는 중요하면서도 또 연구가 잘된 동아프리카의 牧牛體系에 국한하여 설명할까 한다. 왜냐하면 동아프리카에서는 소에 수반하여 나타나는 커다란 이해 관계가 文化의 '中心的이고 통합적인 힘'을 제시해 주고 있기 때문이다.

  소가 사람의 지위를 결정한다. 바히마족(Bahima)의 경우 추장은 일정한 지역에 대한 지배권보다는 일정한 수의 소에 대한 지배권을 부여받는다. 줄루족(Zulu)에 있어서 개인의 지위는 그 모친의 결혼식 때에 건네주는 소의 혈통에 의해 결정된다. 바일라족(Ba-ila)에 있어서 황소를 가진 남자는 애완용처럼 황소를 다루고 그의 집에서 같이 자며 자기 이름으로 소를 부른다. 또 주인이 죽으면 황소가죽으로 그의 수의를 만들고 고기는 장례식을 위한 향연에 쓰인다.

이 지방의 언어 또한 소의 중요성을 잘 나타내고 있다. 예를 들어 에반스 프리차드(Evans-Pritchard)에 따르면 약 40개의 각기 다른 단어가 암소나 숫소의 특별한 색깔을 지칭하는 데 사용된다. 이 지역에 살고있는 사람들의 詩的 상상력은 소에 대한 언급으로 가득차 있다.[13]

  마사이족(Massai)은 이 지역의 전형적인 집단의 하나다. 비록 지금은 전쟁과 질병에 의해 대폭 감소되었지만 이들 집단은 이전부터 넓은 지역을 마음대로 활보하면서 다른 목축 주민들을 습격, 소를 획득하였고 피혁과 우유 제품을 채소 및 식량과 교환하였다. 마사이 족은 소수의

---

13) M.J.Herskovits, Cultural Dynamics (New York : Knopt, 1964) pp.104~105.

양과 염소를 가지고 있었지만 그러나 소가 마사이족에게는 가장 중요한 가축이다. 그리고 예전에는 거의 모든 가족은 상당한 양의 가축을 가지고 있었다. …… 대부분의 숫송아지는 태어나자마자 거세시키고 그리고 가축 떼를 크게 부풀리며 지불이나 선물·향연을 위해 가죽이나 고기를 사용하기 위해 사육된다. 반대로 암소의 경우 그들이 죽었을 경우에는 먹어도 좋지만 결코 산 채로 도살되지 않는다. 실제로 이들 암소들은 최대한의 주의와 커다란 애정을 들여 취급된다. 각각 그들의 개인적인 이름을 가지고 있고 목동은 그 속에서 가장 인기 있는 소를 가지고 있다.14)

거의 모든 목축민들은 농경 기술을 알고 있다. 그러나 그들은 그 뛰어난 유목적인 생활 양식을 고수하고 있다. 목축민과 농경민이 접촉하는 지역의 경우 목축민이 일반적으로 정치적인 지배력을 행사하는데 그 까닭은 목축업을 하는 사람의 우세한 군사적 공격력 때문이다. 이집트와 로마 그리고 중국의 제국이 정복된 것은 결국 기마 유목민의 물결 때문이었다. 아프리카 전 대륙을 통한 계층화된 사회에서 농경민은 목축의 배경을 가지고 있는 귀족 계급에 의해 지배받았다. 또한 이러한 지역에서는 혼합경제의 모습도 나타나고 있는데 남자들은 목축을 하고 여자들은 농경의 책임을 부담하고 있다.

고기와 가죽 밖에 활용하지 않는 민족에게 가축은 사육된 조수(鳥獸)처럼 사냥감 이외의 것은 아니다. 낙농 기술을 일체 사용하지 않는 목축민도 많고 더욱이 동물의 털을 사용하거나 짐을 운반하기 위해서 또는 승용에 이용하지 않는 민족이 더 많다. 그러나 동물의 이용법이야말로 가장 경제적인 이용법이라고 말할 수 있다. 왜냐하면 그것은 동물을 죽이지 않고도 충족되기 때문이다.

집약농업 : 여(黎)농경

누경농업에 반대되는 것으로 진정한 형태의 농업은 가축이 쟁기를 끌 수 있게 되었을 때 일어났다. 모든 인간의 생계 형태에 있어 농업은 가장 큰 생산의 잠재력을 가지고 있다. 포드(Forde)가 관찰한 바에 의하면 다음과 같다.

---

14) C.D.Forde, Habitat, Economy and Society (New York : Dutton, 1963) p.295.

쟁기를 사용한 농경은 거의 모든 곳에서 쟁기 그 자체 사용이상의 상당한 지식 및 장비와 관계 있다. 이것은 물을 들어 올리는 장치 … 거름의 규칙적인 사용 …… 輪作 및 곡류의 재배로 인한 황폐화된 토양의 질소 성분을 복원하는 기능을 가진 콩과식물에 대한 가치인식 등이 포함되고 있다. 익은 곡물은 가축으로 밟아서 또는 목재로 된 썰매를 끌어서 타작되어진다. 이러한 지식이나 기타 농경의 실제에서의 세부적인 것은 낮은 수준의 농경민에게서 거의 알려지지 않은 것이다.[15]

이러한 집약적 농경기술은 고정된 경작지로부터 다량의 농산물을 지속적으로 생산할 수 있었기 때문에 농부들은 강력하고 영구한 기구, 예를 들면 울타리, 저장 창고, 주거 그리고 무엇보다도 중요한 관개 체계를 건설하는데 시간과 노동력을 투여할 시간을 가지게 되었다. 쟁기 및 그와 관련된 기술을 사용하여 적절하게 비옥한 토양과 강우량을 가진 지역에서는 잉여 생산물을 얻게 되었다. 이러한 잉여 생산은 다른 식량 획득의 형태보다도 다방면에 걸친 분업의 확대를 가능하게 하였다. 야금술의 발전이 농업 기구의 발달에 응용됨으로써 식량 생산은 더욱 높아지고 인구의 상당한 비율이 — 비록 20%를 거의 넘지 않지만 — 식량 획득 활동에 직접 참가하는 것을 해방시킬 수 있게 되었다. 기술 공예는 거기에 종사하는 전문가의 손에 맡기게 되었고 그 결과 기술의 효율화와 제품의 품질을 향상시킬 수 있게 되었다. 모든 복합사회(Complex Societies)는 집약적인 농업을 하기 시작하였고, 모든 구세계의 문명은 모두 농업적인 기초를 가지게 되었던 것이다.

---

15) Ibid., p.391.

3. 질병 치료의 기술 : 의술

1) 질병과 치료

의술은 하나의 응용과학이다. 즉 의술은 인간 신체와 질병의 원인에 관한 지식과 신앙을 배경으로 한 실제적인 여러 기술로 구성되어 있다. 이러한 지식은 한계가 있고 혹은 그러한 신앙이 불확실하다면 그것으로부터 연유한 의학적 기술은 효과가 있을 수도 있고 없을 수도 있을 것이다. 예를 들어 放血(blood-letting : 정맥을 절개하고 피를 뽑는 것 - 역자주)이 어떠한 병을 치료하는데 표준적인 치료법이라면 사람들은 치료 후 일반적으로 좋아진 것을 느낄 것이다. 왜냐하면 이것은 심리적 과정과 생리적인 과정이 서로 복잡한 형태로 관계되어 있기 때문이다. 그러므로 여기서 토착 원주민 祈禱師들이 사용하는 기능을 단지 미신으로 간주하는 것은 현명하지 못하다.

더욱이 원시 미개 사회에서 환자를 치료하는 사람들은 거의 언제나 서구 의학이 실증적으로 유효성을 발견하여 그 결과 채택하게 된 물질들을 빈번하게 사용하기 때문이다. 아스피린이나 염산키니네는 이러한 물질로써 매우 잘 알려져 있다. 그리하여 대규모 제약회사는 전 세계를 통해 이용되는 민간 치료술을 찾기 위해 많은 양의 자금을 사용하고 있다.

어떤 질병을 치료하는 기술의 일반적인 공식은 다음과 같이 말할 수 있을 것이다.

```
질병 X는           치료 Y를
(範疇)             (準則)           요구한다.
```

이러한 공식은 의학적인 치료행동에는 두 개의 중요한 국면이 있다는 것을 나타낸다. 즉(1) 질병의 範疇를 결정하는 診斷 및 (2) 行動의 準則을 실행으로 옮기는 治療 ─ 즉 병든 사람을 건강하게 회복시키거나 또는 적어도 증상을 누그러뜨리려는 기술의 2가지이다. 진단된 질병의 요인과 원인에 대한 치료자의 이해에 기초하여 예컨대 바이러스, 기생충, 독극물, 심리적 장애, 마법사의 저주 등에 의하여 발병하였는가에 대한 원인을 찾음으로써 치료는 이뤄진다. 일반적으로 말하면 치료 활동은 그 질병의 원인이 되었다고 믿는 사람이나 사물의 영향을 피하기도 하고, 제거하기도 하며 또한 무가치하게 하기 위하여 시도하는 것이다.

2) 진단의 민속성

질병의 진단은 民俗分類法과 관계되는 데 주로 질병의 범주, 그것을 판단하기 위한 여러 속성으로 구성되어 있다. 예를 들어 미국의 민속문화에 의하면 감기는 코막힘, 두통, 가벼운 열 등의 증상으로 분류한다. 그러나 열이 매우 높고 다른 여러 불편한 증상을 수반하는 경우에는 독감의 범주로 분류한다.[16] 찰스 프레이크(Charles Frake)는 필리핀 남부의 수바눈족(Subanun)이 행하고 있는 진단 과정에 대하여 뛰어난 분석을 보여주고 있다.

> 수바눈 족의 질병 진단은 '병의 상태'에 대한 여러 형태의 증상을 유사성과 차이점을 비교하여 판단하는 과정인데 그것은 그 문화에 의하여 규정되고 또한 언어적으로 표시된 범주 속에 새로운 증상을 위치지우는 것이다. …… 독특한 단일어의 표시를 가진 진단의 범주가 132 종류가 있다. 그러므로 수바눈족은 많은 수에 달하는 자신들의 질병의 종류를 표시하는 독특한 명칭을 하나 하나 기계적으로 외우지 않으면 안 된다. 그리하여 실제로 수바눈족 사람들은 모두 대단히 많은 질병에 관한 어휘의 사용법을 습득하여 훌륭한 능력을 발휘하는 것이다. ……
> 이것은 또한 매우 편리하기 때문이다.[17]

---

16) R.G. D'Andrade, A Propositional Analysis of U.S American Beliefs about Illness, In Meaning in Anthropology. K. H. Basso and H. A. Selby. eds. (Albuguerque : University of New Mexico press. 1976) 참조.

17) C.O.Frake, "The Diagnosis of Disease among The Subanun of Mindanao." (American

어느 한 문화 안에서 나타나는 질병의 각 범주는 서로 다른 문화의 그것과 독립적인 것은 아니다. 즉 그들은 여러 개의 대립적인 수준의 범주로 분류되고 있다. 예를 들어 수바눈족이 상처를 가리킬 때 사용하는 일반적 범주는 사마드(samad)인데 이러한 용어는 피부병을 가리키는 누카(nuka)와 대립된다. 그러나 후자의 범주 속에서 몇몇의 보다 구체적인 수준의 말이 포함되는데 '발진(發疹)'을 의미하는 푸구(pugu), '만연성 옴(蔓延性 疥癬)'을 뜻하는 부가이스(bugais)등이 그것이다. 그리고 또 이 범주에는 '종기(腫氣)'를 의미하는 벨두트(beldut)와 같이 그 자체에 많은 구체적인 병명을 가지고 있는 중간적 범주들도 포함되고 있다.

수바눈족이 알고 있는 질병의 대부분은 口頭로 설명함으로써 진단된다. 만일 환자가 어떤 이유로 왜 병에 걸리게 되었는가를 알고자 하면 '무당'인 벨리안(belian : 靈媒)과 상의해야 하는데 그는 정보를 얻기 위해 또 치료법을 얻기 위해 신과 의사소통을 하는 사람이다.

나바호족(Navaho)도 여러 가지 유형의 점장이들을 가지고 있다. 그 중의 한 사람은 손을 흔들어 점을 친다. 그는 병을 진단하기 위해 꽃가루를 그의 팔에 뿌리고 네 가지 종류의 구슬을 펼치면서 괴물 질라(gila)에게 기도를 드린다. 그때 그는 노래를 부르기 시작한다. "손을 떨면서 점장이가 노래를 부르기 시작하자마자 그의 손과 팔이 격정적으로 떨기 시작한다. 어떤 경우에는 노래를 부르기 전에 떨기 시작하는 경우도 있다. 흔들 때 손의 동작이 찾고자 하는 정보(치료법)을 제공하는 것이다."[18] 나바호족의 점은 환자를 위해 수행되어야 할 주문(curing chant)을 제시해 주는 것이다.

일정한 사회에서 왜 특정한 종류의 치료법만이 사용되고 다른 종류의 치료법은 사용되지 않을까? 이러한 문제에 대한 해답은 그 사회의 신앙체계에서 찾아야 한다(제9장 참조). 예를 들면 대부분의 미국 의사들은 질병에 관한 병

Anthropologist, V. 63, 1961) pp.114~116.
18) C. Kluckhohn and D. Leighton, The Navaho(Cambridge : Harvard University press. 1946) p.148.

원균 이론에 대한 소양을 가지고 있다. 그들은 어떤 범주의 전염병은 박테리아에서 기인되므로 페니실린으로 괴멸될 수 있다고 믿고 있다. 따라서 그들의 치료준칙은 환자에게 적당한 양의 페니실린을 주사하는 것이다. 기술은 신앙체계로부터 기인하는 것이다. 이 경우에는 박테리아가 전염병의 動因이고 페니실린이 효과적인 박테리아 항생제라고 하는 신앙이다. 이것은 물론 왜 수많은 의사들이 결코 효과도 없는 바이러스의 감염에 페니실린을 주사하는가는 결코 설명할 수 없다.

만약 마술이나 바이러스·영혼상실·핵 방사능·악령빙의(惡靈憑依 : 귀신들림)와 같은 신앙을 가진 문화에서는 병의 이러한 원인을 다루는 기술을 가지게 될 것이며 그 기술은 이러한 원인이 어떻게 작용하는 것인가에 대한 문화적인 기대에 기초한다. 예를 들면 나바호(Navaho) 인디언족은 타부의 위반이나 곰, 뱀, 번개, 적의 망령과의 접촉에 의해 병이 발생한다고 믿고 있다. 그러나 질병은 병든 사람과 초자연적인 영적 세계간의 부조화의 증상으로 간주한다. 그리하여 나바호족은 접촉성 전염병(naatniih)과 그리고 그 보다도 일반적인 범주인 신체의 고통(tah hooneesgai)으로 구별한다. 또 그들은 다음과 같이 믿고 있다.

모든 병은 그것이 정신적이든 육체적이든 초자연적인 원인을 가지고 있다. 생리학적 과정에서 병의 원인을 찾는 일은 나바호인들의 생각과는 거리가 먼 것이다. 병의 원인, 신체 상태나 재산의 손실, 불길한 일의 지속적인 발생 등과 같은 불행은 금기로 삼았던 어떤 부분을 우연적으로나 또는 의도적으로 위배했거나 유령과의 접촉 또는 마술의 활동에 기인해서 일어나는 것에서 그 원인을 찾아야 할 것이다. 논리적인 면에서 볼 때 이러한 것은 질병이나 상처와 같은 문제보다는 그 병의 원인적인 면을 다루는 것이 치료라고 보는 것이다. 그러므로 초자연적 존재를 달래 주어야 한다. 초자연적인 존재의 가시적인 공격 징후가 나타난다면 그것을 제거하여야 한다. 또는 환자는 초자연적 존재나 초자연적 수단에 의해 공격받았으므로 정상적인 상태로 돌아오기 위해 환자와 초자연적 존재와의 관계를 더욱 회복시켜 주어야 한다는 일반적인 기초 원리 아래 치료되어야 한다. 모든 치료를 위한 儀式의 궁극

적인 목적은 이러한 초자연적 존재와의 관계를 회복시키는 것이다.19)

3) 미개사회의 치료법

그러나 이것은 왜 미개사회의 치료술이 종종 성공을 거둘 수 있는가를 결코 설명할 수는 없다. 어떻게 비과학적인 의료 행위가 질병을 치료할 수 있으며 혹은 黑魔術(black magic : 악마의 힘을 빌리는 것)이 질병과 죽음의 원인이라는 것을 가능하다고 할 수 있겠는가? 무엇보다도 먼저 우리는 사람이 병에 걸리면 그들을 안심시킬 수 있는 어떤 일이 행해지기를 바란다는 것을 알아야 한다. 환자를 안심시키기 위해서는 의학적으로 적절한 처방이 행해져야 하는 것과 마찬가지로 다른 어떤 것이 행해져야 하는 것이 또한 중요한 것이다. 심지어 우리가 살고 있는 사회에서조차 초조한 환자에게 僞藥(placebo : 정신적 효과를 얻기 위해 환자에게 주는 약리효과가 없는 약—역자주)을 투여함으로써 분명한 치료의 효과를 보는 내과의사들이 있다. 사탕 정제나 염수 주사는 일반적으로 사용되는 위약들이다.

제롬 프랭크(Jerome D. Frank)의 지적에 의하면 의사가 인식하고 있든지 혹은 그렇지 않든 최근까지도 대부분의 처방된 약은 "약학적으로 효과없는" 것이며, "별 의미 없이 위약에 의존함에도 불구하고 의사들은 환자를 잘 고치는 평판이 좋은 의사로서 명성을 떨치며 이러한 처방은 일반적으로 효과가 있다고 느끼게 하는 것이다."라고 지적하였다. 최근의 연구에 의하면 위약은 소화성 궤양·사마귀·정신 장애와 같은 질병에 효과가 있는 것으로 나타났다.20)

그런데 어떻게 하여 위약은 치료를 가능하게 하는 것일까? 우리 사회의 의사들은 위약을 처방할 경우 환자가 의사에게 기대하는 것 — 의사의 역할수행을 행하고 있다는 것 — 이다. 이러한 행동은 환자의 기대를 높이고 그들의 두려움을 가라앉게 하는 것이다. 위약은 의사나 약에 대한 강한 호감을 가진 환자에게 아주 효과적이다. "위약에 호의적 반응을 나타내는 경향은 지나칠 정

---

19) Ibid., pp.132~133.
20) J. D. Frank, Persuasion and Healing (New York : Schocken, 1963) p.66.

도로 사람에게 속기 쉬운 징후에 있다기보다는 사회적으로 규정된 역할 속에 있는 타인을 얼마나 쉽게 받아들이느냐에 있는 것이다."21)

이러한 치료법에는 적어도 암시와 사회적 지지라는 두 가지 요인이 관련되어 있다. "이러한 알약이나 기도 및 부적은 당신을 도울 수 있다"라는 암시는 모든 치료자에게 힘의 중요한 한 부분이다. 환자가 진정으로 믿기만 한다면 한층 그 효과는 크다. 信心에 의거하여 질병을 치료하는 사람이 많이 성공하고 있는 것처럼 보이는 것도 이러한 요인에 의한 것이라는 것을 알 수 있다. 암시의 방법 여하에 따라 때때로 약품이 통상의 효과와는 정반대의 효과까지 나타나게 할 수 있다.

원시 미개사회와 같이 특히 샤먼(shamans)이나 치료자(呪醫)들이 그들의 환자에 대한 신임을 얻거나 또는 그들의 힘이 날쌘 손재주와 확신에 가득 찬 주장으로 지지될 수 있는 곳에서는 질병을 치료하는데 암시가 이룩한 역할은 절대적인 것이라고 생각된다.

사회적인 지지 또한 치료에 있어 중요한 역할을 수행한다. 거의 모든 사회에서 병든 사람은 사회구조 속에서 특별한 위치 ― 병자라는 역할 ― 를 차지하여 특별한 배려를 받게 된다. 그러므로 심각한 병인 경우 일반적으로 환자를 편안하게 하기 위해 어느 한 사회 집단이 동원되는 결과가 된다. 나바호족에 있어서 환자는 9일간의 낮과 밤 동안 지속되는 쾌유를 기원하는 儀式 기간 중에 중앙에 위치하여 사람들의 집중을 받는다. 이러한 의식동안 환자는 자존심이 성장한다. 왜냐하면 詠誦師(singer) ― 높은 威信과 위대한 경험을 가진 노인 ― 가 환자의 회복 가능성에 대한 확신을 주고 있는 동안 친족들이 모여 범한 죄를 속죄하도록 격려하고 儀式을 돕기 때문이다.

끝으로 질병을 치료하는 몇몇 기술은 환자에게 고통과 적어도 불쾌감을 준다. 서양의 심리학자들은 많은 정신·신체·의학적 질병이 個人의 징벌에의 욕구에 의하여 일어나는 경우가 많다는 결론에 이르고 있다. 고통이란 무의식인 죄책감에 대한 속죄를 의미하는 것이다. 이러한 징벌에의 욕구를 만족시켜

---

21) Ibid., p.70.

간접적으로 환자를 그 징후로부터 구하기 위해 고통과 굴욕적인 수치심을 자극하는 처치를 하는 것이 가능할 수 있다. 아마도 다수의 원시 미개사회의 의료 기술 속에는 그러한 심리적 기제에 의하여 정신 의학에서의 충격요법이 명확하게 효과를 발휘하고 있다고 생각된다.

의료인류학

과학적 의술의 우수성은 인간의 생리와 질병의 성질에 관한 보다 입증할 만한 타당성이 있는 신앙에 기인하는 것이다. 서구 문화는 방대한 분량에 이르는 지식을 축적하여 왔으며 또 의학 잡지나 학교, 회의 그리고 병원 등을 사용하여 이러한 지식을 기록하고 평가하며, 교수하여 응용하는 꼼꼼한 방법으로 발전시켜 왔다. 그러나 이러한 기술은 값비쌀 뿐만 아니라 비용 또한 단지 돈에 국한되는 것은 아니다. 즉 그러한 기술은 역시 많은 손실이 있어 왔다. 원시 미개사회에서 치료 효과를 발휘하는 유용성의 하나는 치료자가 환자와 환자를 괴롭힐 것 같은 것, 예를 들면 질병이 경제적인 문제 때문인가, 가족의 갈등에 의해 촉진되었는가 하는 지식 — 즉 상세한 개인적 지식에 의존한다는 것이다. 과학적인 의술에 있어서 의사는 환자를 증상 또는 번호로서 밖에 알지 못하고 의사와 환자와의 관계도 치료 외에는 비인격적이다. 그리하여 병원은 대부분 우수하다고 할지라도 환자들이 필요로 하는 사회적인 온정과 지지를 빼앗아 가버리는 전체적인 조직체가 되어 버렸다.

의료인류학이라는 새로운 분야는 비서구 사회의 치료술과 서구사회의 여러 조직체(예를 들면 병원, 정신요양원, 결핵요양원 등)를 연구 대상으로 하여 그 기술이 그것을 필요로 하는 사람에 대하여 어떻게 쓸모가 있는가 혹은 없는가를 해명하려고 하는 것이다. 여기에 인류학이 수행해야 할 역할이 있다. 즉 인류학자는 우리 사회를 포함해서 모든 사회에 있어 의학적인 치료법의 적극적인 면과 소극적인 면을 찾아 낼 수 있고 보다 효과적인 치료의 기술을 찾는데 도움을 줄 수 있다. 의료 인류학자들은 또 의사양성, 영양상태, 노인가정 또 다른 사회의 과학적 의료법의 도입에 대한 저항 문제와 같은 다양한 주제도 연구해 왔다. 그러한 연구는 사람에 대한 것뿐만 아니라 인류학 이론

의 발전에 대해서도 중대한 영향을 끼쳤던 것이다.[22]

4. 물건을 제작하는 기술 : 공예기술

인간이 만든 사물의 대부분의 범주는 그러한 가공품을 만들기 위한 준칙 즉, 技術과 관련을 맺고 있다. 이러한 공예기술은 실제적인 지식과 초자연적 신앙의 혼합이다. 여기에 덧붙여 습득된 技能은 더욱 중요하다. 심지어 우리 자신의 문명까지도 많은 技能과 技術 — 예를 들면 훌륭한 바이올린의 가공이나 스테인드 글라스 창문과 같은 — 은 거의 사라져 버렸다. 원시 미개인들이 사용하는 다양한 기술에 대한 조사에 의하면 직조, 도자기 제조, 카누의 건조 그리고 야금술 등은 자연을 훼손하거나 오염시키지 않고 그들의 요구를 충족시키는 데 많은 원시 미개문화의 순수성을 보여주고 있다.

1) 광주리와 직물의 제조

직조(weaving)의 기술은 아주 오래전부터 있었던 기술임에 틀림없다. 왜냐하면 어떤 종류의 직물은 모든 사회에서 발견되기 때문이다. 매우 적은 양의 도구를 사용하는 볼리비아의 시리오노족(Siriono)도 야자수 잎으로 만든 두 가지 종류의 광주리를 가지고 있으며 식물의 줄기나 나무 껍질로 만든 섬유를 직조하여 그물 침대, 아기 멜빵, 활시위 그리고 화살을 만드는데 사용하고 있다.[23] 광주리는 수렵 채집민에게는 운반용기로서 널리 사용되었다. 예를 들면 오스트레일리아의 원주민들은 별로 정교하지는 않지만 몇 개의 광주리를 소유하고 있다. 일반적으로 광주리를 만드는 것은 여성의 일이었다. 왜냐하면 식량채집은 일반적으로 여성들이 하는 일이기 때문에 광주리 제조는 여성과

---

22) L. Nader and T.W. Maretzki, eds. "Cultural Illness and Health" (American Anthropological Association, Anthropological Studies, No. 9. 1973) 참조.

23) A. Holmberg, op.cit., p.11.

밀접한 관계가 있는 것으로 보인다.

캘리포니아 남부에서 광주리 제조는 감아올리는 직조법이라는 기술에 의해서 만들어진다. 이러한 기술은 어떤 재료(날줄)를 보다 유연하고 탄력성이 있는 다른 재료(씨줄)에다 회전하면서 감아 올라감으로써 직경이 넓어지는 나선형 동그라미를 형성해 나가는 것이다. 캘리포니아의 북쪽에 있어서는 이러한 코일링 직조는 다른 기술과 연결되어 있다. 가령 북부 캘리포니아의 포모족(Pomo)이나 마이두족(Maidu)의 광주리 만드는 기술은 거의 완벽한 수준에 이르고 있다. 이러한 기술을 습득한 숙련공은 수 십 가지의 재료와 기술을 사용하여 제조하고 장식하는 것이다. 그렇기 때문에 이러한 기술의 정교함은 '완벽한 기술의 미적 가치'를 존중하고 있다는 것을 말한다. 프란츠 보아스(Franz Boas)는 이에 대해 다음과 같이 적고 있다.

> 技巧 즉 기술적 과정에 대한 완전한 통제력은 …… 동작이 자동적으로 규칙성을 유지하고 있다는 것을 의미한다. 나선형의 광주리를 제조하는 광주리 제조자는 코일을 제작할 때 그 직경이 가능한 한 균일하도록 섬유를 취급한다. 직조할 때 코일을 붙잡고 있는 왼손의 동작과 그 코일을 묶기 위해 섬유를 잡아당기는 오른손의 동작이 자동적으로 통제되어 그물코의 간격과 당기는 힘이 절대적으로 일정하게 되어 그 결과 광주리의 표면이 부드럽고 둥글게 되어 그물코가 완전히 규칙적인 형태를 보여준다. 이와 똑같은 예가 꼬인 실로 짠 바구니를 만드는 데서도 관찰된다. 숙련된 전문가의 손에 의해 직물의 씨줄을 당기는데 너무나도 균일하게 이루어져 날줄의 비틀림이 일어나지 않으며 꼬인 씨줄 또한 규칙적으로 배열된 環狀이 되게 된다. 자동적인 통제 기술이 조금이라도 부족하다면 형태는 불규칙적인 것이 될 것이다.[24]

공예가는 자신의 기능이 실제로 어떻게 사용되고 있는가를 정확히 인식하고 있는 경우는 드물다. 그녀(공예가)는 직조에 필요한 재료의 선택과 준비를 할 때 자신이 사용하는 기준에 대해서 언급할 수는 있다. 그리고 직조에 관한 구체적 기술은 말로 설명하기도 하고 가시적으로 다른 사람에게 전달할 수도

---

24) F. Boas, Primitive Art (New York : Dover, 1955) p.20.

있다. 그러나 기능을 연마하는 것은 또 다른 문제인 것이다.

사실 직조(weaving)는 두 가지 실이 사용되는 데 그것을 날줄과 씨줄을 직각으로 서로를 교차하는 것이다. 이른바 平織(simple weaving)은 씨줄을 날줄의 상하로 교대로 통과시키는 방법이며, 보다 복잡한 직조형태는—이것은 광주리 만드는데 사용된다—날줄이 두 개 이상의 씨줄 사이를 상하로 통과하는 綾織(twiling)이 있다. 이외에도 직조기(loom)—날줄을 팽팽하게 당기고 완성할 때까지 씨줄의 왕복동작을 되풀이 할 수 있도록 한 장치—의 도입에 따라 여러 가지 변형된 직조 형태가 가능하게 되었고 생산의 속도도 향상되었다. 직조의 개량은 잉앗대(heddle rod)와 북(shuttle)등이 사용된 것을 들 수 있다. 잉앗대는 잉아(heddle)를 함께 들어 올리기 위하여 날줄에 부착된 틀이며 북은 날줄을 상하 둘로 나누어 씨줄을 통과시키는 장치이다. 유럽, 아프리카 그리고 아시아의 일부 지역에서는 2개의 기둥을 지면에 세우고 거기에 1개의 횡목을 연결시켜 많은 날줄을 수직으로 붙들어 매어 늘어뜨린 수직형 직조기가 사용되고 있다.

반면에 남아시아 및 동남 아시아에서는 수평형 직조기가 오랫동안 주류를 차지하였다. 수평형 직조기의 변형의 하나인 腰帶式 직조기는 직조공의 허리 주위를 빙 두른 가죽띠에 의해 날줄이 수평으로 팽팽하게 잡아당기도록 한 직조기의 하나이다. 이러한 형식의 직조기는 태평양 군도의 여러 지역에 널리 보급되었지만 인도네시아나 칼럼버스 이전의 남부 아메리카에서도 이러한 요대식 직조기가 사용되고 있었다는 것은 태평양을 횡단하여 사람들과의 교류가 있었다는 증거를 말해주는 것이다.

2) 토기의 제조

토기 제조는 직조 기술보다 훨씬 역사가 짧은 공예 기술이다. 가장 오래된 토기는 아마 8,000년경 이전에 近東지방에서 발견된 것이다. 그러나 토기 제조 기술은 빠른 속도로 구대륙과 신대륙에 퍼졌다. 이러한 공예기술은 농경이 실시된 곳은 어디에서나 발견되고 또 일부의 식량 채집민 사이에서도 보이고 있다. 토기는 유목 민족이나 이동성이 높은 사회에는 적절치가 않다. 그러나 정착촌이나 잉여 생산물이 있는 사회에서는 매우 유용한 것이다.

감아 올리는 법은 신대륙 전역과 구대륙의 순수한 농업 지역에서 발견되는 기본적인 토기 제조기술이다. 이것은 광주리를 만들 때 사용하는 기술의 하나인 감아 올리는 법과 유사하다. 이에 대해 보아스(Boas)는 다음과 같이 묘사하고 있다.

> 길고 둥근 粘土로 된 띠를 밑바닥에서부터 나선형으로 쌓아올린다. 띠 모양의 점토를 지속적으로 회전하면서 나선형으로 쌓아 올리면 결국 항아리가 만들어진다. 완벽한 통제력을 가진 기술을 사용하여 위에서 내려다본 횡단면이 완전한 둥근 원이 되도록 마무리되고 표면은 매끈한 彎曲을 이루게 된다. 기능이 미숙하면 좌우 對稱性이 손상되고 彎曲의 원활 함도 상실케 된다. 표면과 형태에 관한 기교와 규칙성은 여기에서도 또한 서로 밀접한 관계를 맺고 있는 것이다.25)

감아 올리는 방법으로 만든 토기는 여러 가지 방법으로 마무리된다. 외부는 조개 껍질로 긁어 매끈하게 하고 돌로 연마하여 광택을 내기도 하며 그대로 아무런 손도 대지 않는 경우도 있다. 또 점토띠를 일그러뜨리거나 긴 주걱으로 매끈매끈하게 하고 도안을 찍거나 그리고 그 위에 다 엷은 점토액을 입히는 등 여러 가지 장식을 할 수도 있다.

토기는 가장 다양하고 내구성이 있는 물건 중의 하나이기 때문에 고고학자들은 매우 세밀하게 그것의 제조 과정을 연구한다. 그들은 연대나 역사적 분포, 과거 문화와의 접촉 등을 발견하기 위하여 재료·기술·형식·장식 그리고 굽는 기술에 관한 지식을 사용하여 토기나 토기파편을 감정한다.

녹로(potter's wheel)는 구대륙의 농업 지역에서 발전되었다. 즉 그것은 實物의 바퀴(車)에서 유래된 것이다. 초기의 형태는 陶工의 손과 발로 돌렸다. 후대에 오면 다른 에너지를 사용하였다. 이 녹로의 주요한 장점은 대칭적이고 규격화된 토기를 급속도로 제조할 수 있다는 것이다. 녹로가 도입된 대부분의

---

25) Ibid., p.21.

지역에서 토기 제조는 일반적으로 여성의 역할로 행하여지던 것이 주로 소수의 남성 전문 職人의 기능으로 변하게 되었다.

장식과 굽기 과정으로 토기는 완성된다. 토기는 주의 깊게 건조되지 않으면 안 된다. 왜냐하면 수분이 지나치게 많으면 굽는 과정에서 깨어지기 쉽기 때문이다. 토기를 제작하는 데는 점토질을 陶質로 변화시키고 습기가 생겨도 점토로 되돌아가지 않도록 하기 위하여 섭씨 400도(화씨 약 750)이상의 열을 가하지 않으면 안 된다. 반대로 열을 너무 많이 가하면 점토가 녹아 버리거나 사용할 때 깨지기 쉽다. 토기를 굽는 과정은 점토용기를 露天의 불로 굽든지 밀폐된 가마에서 굽든지 하나의 세밀한 과정이다.

3) 카누 건조

카누제조도 또한 매우 정교한 공예의 하나이다. 카누가 파손되기라도 하면 중대한 결과를 초래하기 때문에 건조하는 전 과정은 의례를 수반하는 것이 보통이다. 트로브리안드(Trobriand)의 섬사람들은 遠洋航海用 카누(masawa라고 함)를 만들 때는 두 가지 중요한 작업단계와 세 가지 다른 주술체계를 포함하고 있다. 작업의 첫 번째 단계는,

> (카누의)각 구성요소들이 준비된다. 큰 나무로 통나무를 만들고 파낸 후 기초적인 통나무 배를 만든다. 그 다음 두꺼운 널빤지, 기둥, 막대기 등을 준비한다. ……이 단계는 오랜 시간이 소요되는 데 보통 2개월에서 6개월 정도 걸린다. 또 다른 일이 여유가 있을 때나 기분이 날 때도 때때로 만드는 경우가 있다. 여기에 수반되는 呪文이나 의례는 토크웨이(tokway)라는 주술과 날으는 카누주기가 있다. 이와 같은 첫 번째 단계에서는 뱃머리의 이물장식도 또한 만들어진다. 이것은 때때로 배를 만드는 사람이나 어떤 경우에 있어서는 조선공이 만들지 못할 경우에는 또 다른 전문가에 의해서 만들어지는 경우도 있다.
> 두 번째 단계는 집약적인 공동노동에 의해서 이루어진다. 보통 이 단계는 짧은 시간에 이루어진다. ……전 공동체가 열심히 참가하는 이 단계에서의 실질적인 노동은 약 3일 내지 5일이 소요된다. 이러한 작업

은 널빤지와 뱃머리 장식을 결합하는 작업으로 구성되어 있다. ……그리하여 그들 양자를 동여매는 것이다. 그 다음 현외부재(outrigger : 舷外浮材 : 카누의 뱃전 밖에 나온 안전용 부재-역자주)를 결합하여 동여매고 누수 방지를 한다. 그리고 도료를 바르기도 한다. 항해를 하는데 필요한 돛(帆)이 이 단계에서 만들어진다. ……카누건조의 두 번째 단계는 쿨라 마술(kula magic)을 수반하며, 카누에 대한 일련의 액막이 의식(exorcisms)이 이루어진다. …… 와유고(wayugo)라는 특별히 질긴 덩굴로 카누를 묶을 때 날으는 카누주술(flying canoe magic)에 해당하는 가장 중요한 의례를 행하게 된다.26)

토크웨이(tokway) 주술은 어떤 배를 만들기 위해 선택된 나무에 살고 있는 악령에게 呪文을 외우는 것이다. 즉 나무를 자르기 전에 나무로부터 그를 쫓는 과정이다. 날으는 카누주술은 신화적인 어떤 주기와 관계가 있고 카누에게 고속력으로 달리는 성능을 부여하는 것이다. 그것은 또한 항해하는 사람들에게 있어 중요한 위험으로 간주되는 '날으는 마녀(flying witches)'와 같이 무시무시한 악령으로부터 몸을 보호하는 것이다. 쿨라 주술(kula magic)은 주로 안전하고 성공적인 교역항해를 보장해 주는데 그것은 부분적으로 카누를 만들고 장식할 때 시행된다. 주술은 카누를 만드는 모든 단계에 관계되고 어떤 주문이 생략될지라도 다른 주문이 시행되지 않으면 안 된다. 트로브리안드 섬주민들은 선박 건조에 있어 기술적인 측면과 주술적인 측면을 분리하지 않는다.

말리노프스키(Malinowski)에 따르면 "주술사는 어떤 높은 지위에 있는 司祭가 엄숙한 의례를 수행하고 있다는 인상보다는 어떤 전문적인 기술자가 특별히 중요한 작업의 부분을 담당하고 있다는 인상을 주고 있다"27)고 서술하고 있다.

대부분 원양 항해의 불확실성 때문에 선박 건조나 항해 및 초자연적인 것이 서로 결합되고 있다고 설명할 수 있다. 이러한 결합 관계는 근대사회에서도 지속되고 있다. 대부분의 현대 어촌에서는 선박에 대한 연례적인 축제가

---

26) B. Malinowski, Argonauts of the Western Pacific (N. Y : Dutton, 1961) pp.125~126.
27) Ibid., p.142.

있고 지중해 지방의 전역에서는 악령을 제거하기 위해 커다란 눈을 배에다 그린다. 그럼에도 불구하고 대부분의 원시 항해자들은 놀라운 기술과 항해 지식을 가지고 있다.28)

4) 야금술

인간이 최초로 금속을 사용하기 시작한 때는 금속을 두들겨 펼 수 있는 돌로 생각하였다. 천연의 금괴나 자연 그대로 구리 조각은 — 그러한 금속은 자연에서 비교적 순수한 형태로 나타난다 — 열을 가하지 않고 상온에서 두드리기만 해도 유용한 형태나 장식의 형태로 변할 수 있게 된다. 그리고 이러한 기술은 광석으로부터 금속을 제련하는 기술을 가지고 있지 않은 많은 민족도 알고 있었지만 어떤 지역에서는 천연의 금속에 대한 그러한 경험이 본격적인 야금술의 발달을 촉진하게 되었다. 토기제조와 마찬가지로 야금술은 고열에 의하여 금속 성분의 화학적인 변화를 일으키게 한다. 이러한 과정은 상당한 기술적 지식과 불의 정확한 통제를 필요로 한다.

구리는 약 6,000년 전 근동지방에서부터 시작하여 인류가 많이 사용한 최초의 금속이다. 구리는 이 지역에서 천연 그대로의 형태로 알려졌고, 약간의 동광석은 화장품으로 사용되었다. 이러한 광석은 낮은 온도에서 금속으로 환원된다. 이러한 환원기술은 우연에 의해 발견된 것으로 보여진다. 아마 어떤 이집트의 품위 있는 부인이 그녀의 화장품 상자를 어느 바람 부는 날 밤 불에 너무 가까이 놓아 알게 되었을 수도 있다. 여하튼 구리를 만드는 기술은 근동지방에서 발달되었고 모든 사방으로 퍼졌다. B.C 약 3,000년경에 이르러 두 가지 새로운 기술이 발달하였다. 즉 鍛鍊法과 合金法이 그것이다.

구리를 망치로 때리면 아주 부서지기가 쉽다. 그러나 단련기술로 구리를 다시 부드럽게 할 수 있다. 구리를 달구기 위해서는 구리가 백열화할 때까지 열을 가하고 차가운 물 속에 갑자기 집어넣는다. 합금이라는 것은 두, 서너 개의

---

28) T. Gladwin, East is a Big Bird : Navigation and Logic on Puluwat Atoll (Cambridge : Harvard University Press, 1970) 참조.

금속 또는 비금속을 혼합하는 것이다. 구리와 주석을 혼합하면 청동이 된다. 이러한 합금은 금속 성분이 단독으로 있을 때보다도 훨씬 강하다.

청동기 시대는 근동지역에서 약 1,000년 간 지속되었다. 청동을 만드는 기술은 예술작품·무기·개인 장신구·농업기구 등을 만든 훌륭한 공예기술에 잘 나타나 있다. 세련된 기술 중에는 鑄物法이라는 것이 있다. 이러한 기술은 실용 제품을 제조하는데 속도를 단축시키고 또 규격화하는데 크게 기여하였다. 그리하여 용해된 금속은 뚜껑이 없는 鑄型에 넣고 울퉁불퉁한 요철(凹凸) 부분은 망치로 두드리기도 하고 연마하여 작업을 마치게 된다. 수메리안족(Sumerians)은 특수한 주조기술을 발전시켰다. 蠟型法이 그것이다.

  이러한 기술로 물건을 주조할 때 우선 장인은 주조될 형태의 점토로 된 心型을 만든다. 이러한 心型이 건조되면 그는 그 틀에다가 밀랍을 입혀 그 밀랍으로 型을 다듬어 주조하는 과정에서 재현하고자 하는 세부를 조각한다. 마지막으로 心型에 밀랍을 칠한 그 모형을 粘土皮로 싸서 전체를 불에다 굽는다. 그러면 밀랍은 녹아 나오고 녹은 금속이 침투할 수 있는 공간이 생긴다. 금속이 고체화되면 바깥 점토는 깨어지고 안의 心型은 파내어진다. 그리하여 중심이 텅 빈 주조된 금속만 남겨지는 것이다. 이러한 기술은 정밀한 금속 가공이나 제품이 하나밖에 없는 물건을 주조하기 위한 것이었기 때문에 개선되지 않은 채로 지금까지 사용되고 있다. 그것은 작은 청동상을 주조하는 우리시대의 예술가들에 의해 아직도 사용되고 있다.[29]

철기시대는 근동에서 기원 전 1,500년경에 시작되었지만 다른 지방에서는 훨씬 늦게 시작되었다. 초기에 철은 너무 드물어 작은 장식품으로만 사용되었다. 실제적인 면에서 철광석은 동광석보다 풍부하다. 그러나 철광석에서 철을 정제하는 기술은 구리를 뽑아 내는 그것과는 매우 다르다. 구리를 만드는데 쓰는 기술을 곧바로 철을 만드는데 사용하게 되면 엄청난 재난을 가지고 온다. 왜냐하면 담금질된 철은 격렬한 폭발을 수반한다. 즉 주철을 담금질하기

---

[29] R. Linton, The Tree of Culture(N. Y. : Knopf. 1955) p.106.

위해 이러한 기술을 사용하면 금속을 부드럽게 하는 대신 단단하게 한다. 이러한 과정은 기술적으로 단련법이라고 알려져 있다.

철을 만드는데 사용되는 근본적인 기술은 두 가지가 필요하다. 즉 인내와 강력한 熱源이다. 열은 강제 통풍장치를 가진 용광로에서 제공할 수 있으며 그것으로써 철광석을 塊鐵로 전환시킨다. 이 회색의 스펀지같이 뭉실뭉실한 괴철은 작은 방울의 결정을 제거하기 위해 인내를 가지고 망치로 두드리지 않으면 안 된다. 청동과 같은 강도를 부여하기 위해서 철은 높은 열을 가하면서 계속 망치로 두드리지 않으면 안 된다. 실제로 철은 제련 기술이 개선되고 야금술사들이 낮은 품질의 강철을 개발하는 법을 알기 전에는 대부분의 영역에서 청동보다 열등한 재질의 금속이었다. 강철은 적은 양의 탄소를 포함한 철이기 때문에 금속을 단단하게 하여 작업상 부서짐이 없이 형성시킬 수 있을 뿐만 아니라 날카롭게 할 수 있는 것이다.

강철을 만드는 기술은 남부 인도에서 개발되었다. 이 지역의 일부 집단에서는 아직도 이와 같이 간단한 기술을 사용하고 있다. 즉 "이 지방에서 채굴한 광석으로부터 얻을 수 있는 비교적 불순물이 없는 연철 부스러기를 풀과 함께 粘土製 용기에 넣어 봉하고 그 전체를 木炭 용광로에 넣어 열을 가한다. 풀은 연소하여 거의 순수한 탄소가 되어 융해된 철과 결합하여 강철을 생성한다."30) 는 것이 그것이다.

도구나 용기를 절단하는데 금속이 사용된 것은 매우 최근의 일이다. 심지어 현대의 미국 문화에서조차 목재가공, 바구니 세공, 도기제작과 같은 기술은 우리들이 생각하고 있는 것 이상으로 훨씬 중요한 것이다. 마지막으로 여기서 강조하고 싶은 것이 있다. 우리는 종종 신문, 방송을 통하여 약간의 멜라네시안이나 남아메리카인, 아프리카 부족들이 "아직도 석기시대에 살고 있다."라는 이야기를 듣고 그러한 '뒤떨어진' 민족들이 하룻밤 사이에 20세기로 전환하려고 할 때에 여러 가지 어려운 경험을 하고 있다고 이야기하는 것도 듣는다. 그러나 '문명화된' 이 책의 독자들이 철광석을 구별할 수 있고 녹일 수 있

---

30) Ibid., p.109.

는 방법을 알고 있는가? 주석과 구리를 정확한 비율로서 혼합하여 청동을 만들 수 있는 방법을 알고 있는가? 아니면 다른 문제 즉 도기나 광주리 세공, 부싯돌과 같은 훌륭한 물건을 만들 수 있는가?

우리들의 문화를 완성한 것에 대해 자랑하는 것은 다행한 일이다. 그러나 우리들이 기술적으로 우수한 것을 소유할 수 있는 것은 우리의 문화 — 사회적으로 공유되고 전달되는 지식과 신앙·기대 — 의 덕택이라는 것을 인식하지 않으면 안 된다. 더욱이 우리 사회가 야금술사와 기술자의 기능이나 지식을 가지고 있지 않다면 석기시대의 사람들보다도 더 무력하게 되었을 것이다. 그러나 다행히도 이러한 미개인이 우리들보다 수 천년 이상 뒤떨어져 있었던 것은 아니다. 왜냐하면 최고로 복잡한 문화유형을 얻기도 하고 혹은 잃기도 하는데 필요한 시간은 한 세대도 걸리지 않기 때문이다. 만일 이것이 사실이 아니라면 우리가 현재 알고 있는 이 모든 것을 알 수 있는 사람은 하나도 있을 수 없게 될 것이다.

보 충 문 헌

Charles B.Heiser, Jr., Seed to Civilization. San francisco : W.H.Freeman, 1973.
Horacio Fabrega, Jr., Disease and Social Behavior. Cambridge : M.I.T.press, 1974.
Thomas Gladwin, East is a Big Bird. Cambridge : Harvard University press, 1970.
Ralph Linton, The Tree of Culture, New York : knopf, 1955.
Leslie A. White, The science of culture. New York : Grove, 1958.

제IV부 관념체계

관념(ideology)이란 말은 보통 정치적, 경제적 여러 문제에 관계되는 明示的 信念의 체계를 지칭하는 말이다. 더욱이 이 말은 좀 소극적인 뜻을 담고 있다. 즉, 우리의 적(敵)은 현실에 관한 관점을 왜곡하는 관념을 갖고 있지만 자기 자신의 정치적 혹은 경제적 관점은 여러 '사실'에 관한 편견없는 정당한 평가에 기초하고 있다고 말하는 경우가 그것이다.

그렇지만 이하 각 장에서는 이 말을 좀 더 넓게 감정적이고 보다 중립적인 의미로 사용하고자 한다. 즉, 관념이란 하나의 사회집단의 성원들이 공유하는 다소 체계화된 신앙과 가치를 의미한다. 어느 사회에나 관념은 있다. 다만 그것이 어느 정도 명시적인가 혹은 체계적인가 하는 점에서, 개인에 따라서 혹은 집단에 따라서 커다란 차이가 있을 뿐이다.

관념은 무엇이고 무엇이어야 하는가에 대한 개념을 모두 포함한다. 우리들은 분석의 편의상 이와 같은 개념상의 구별을 하지만 인간의 실제적 사고에서 그들은 긴밀하게 관련되어 있다. 사실과 가치는 서로 배타적으로 정확히 분리될 수 있는 것이 아니다. 실제로 어느 사건이나 인간도 대단히 복합적이어서 가령 동일한 사실이라 할지라도 그 사실 속에 포함되어 있는 여러 요소 중 어떤 것을 선택하느냐에 따라 정반대의 설명이 간단하게 성립된다. 동일한 현상과 사실로 간주되는 경우에도 선택과 강조에 따라서 커다란 관념의 차이가 생기는 것이다.

이와 같은 것을 모두 고려해야 하기 때문에 많은 사회학자들이 관념체계를 연구하기 싫어하는지도 모른다. 그러나 관념은 문화의 다른 측면보다 더 추상적이거나 주관적인 것은 아니다. 언어나 사회체계나 또는 기술체계조차도 모두 행동으로부터 추론해야 하는 공유된 관념으로 이루어진다.

형태소, 사회적 역할, 기술을 눈으로 보았다고 하는 사람은 없다. 이러한 범주와 이들에 연관된 행동준칙은 — 문법적으로 혹은 적절성에 있어서 — 그것이 올바른지에 대해서 현지인의 판단에 도움을 받으면서 유사한 형태를 끈질기게 비교함으로써 민족지학자가 발견해야 하는 것이다. 같은 의미로 관념체계도— 언어행동을 포함— 사회적 행동에서 추론하고 현지인의 분명한 가치판단으로 보충해야 하는 것이다. 관념의 체계화와 그 정확한 전달에 진전을 가져다 준 것은 아마도 문자의 발명과 식자층 엘리트의 출현이다. 그들은 사회의 口傳을 즉 여러 가지 방법으로 표준화하고 정교화하고 또한 성문화했다. 이것을 우리가 文明이라 부르는 비교적 최근의 사회적 발전이 가지는 특징의 하나이다. 로버트 레드필드(Robert Redfield)에 의하면,

> 문명에는 내성적 사고를 하는 소수가 갖는 大傳統이 있고 또한 내성적 사고를 전혀 하지 않는 다수가 갖는 小傳統이 있다. 대전통은 학교 또는 사원에서 배양되고 소전통은 촌락사회의 문자를 모르는 사람들의 생활 속에서 저절로 생겨나 보존되었다. 철학자나 신학자, 교양있는 인간의 전통은 의식적으로 배양되고 전달되는 전통이지만, 소전통은 대부분 당연시되는 것으로 이것을 세밀히 음미한다든지 혹은 세련시키거나 개량하기 위하여 숙고의 대상이 되는 일은 없었던 것이다.[1]

최근 대중매체와 도구 그리고 기술이 발전되기 전까지 두 전통은 사회계층과 더불어 물리적 거리에 의해서도 상호 분리되어 있었다.[2] 대전통은 도시에서 형성된 반면, 소전통은 그 주변의 농촌 지역사회에서 뿌리를 내리고 있었다. 그러나 두 전통은 상호의존하고 있다.

다수의 사람들에 의한 전통적인 구전 민담의 여러 요소에서 위대한 서사시가 나타났다. 서사시는 여러 번 계속 농민에게로 되돌아가 수정을 가하여 지방의 문화에 통합되었다. 구약성서의 윤리는 부락민에게 생겨 철학자, 신학자들의 사색의 주제로 원용된 후 농촌사회로 되돌아갔던 것이다. 대전통과 소전통은 구별되면서도 서로 유입되기도 하고 유출되기도 하는 사고와 행동의 두 조류라고 생각할 수 있다. 그렇지만 식자층 엘리트가 존재하지 않는 곳에서도 구전 가운데에서 고도의 체계화가 이뤄질 수 있었다. 폴 라딘(Paul Radin)은 그의 저서 『철학자로서

---

1) R. Redfield, Society and Culture (Chicago : University of Chicago Press, 1956) pp.41~42.
2) L. E. Stover, The Cultural Ecology of Chinese Civilization (New York : Mentor Books, 1974) 참조.

의 원시인』에서 어느 사회에서든지 전통에 반성을 가하고 그 전통을 구성하는 각 부분간의 관계를 어떤 형태로든지 일관성 있게 하려는 사람이 꼭 있기 마련이라고 주장한다. 라딘은 이러한 원시사회의 철학자들이 추상적인 문제에 관심을 가졌음을 증명하는 자료들을 많이 모으고 있다.3) 그러나 이러한 개인적 노력의 결과가 아무리 훌륭하다 하더라도 한 가지 분명한 사실은 원시이든 문명이든 모든 사회에서 대부분의 인간은 극히 막연한 관념만으로도 잘 지내고 있다는 것이다. 이것은 보통 인간은 신념이나 가치관을 갖고 있지 않다는 의미가 아니다. 그저 사람들은 그들의 관념을 분명히 한다든지 혹은 논리적인 일관성을 기할 필요가 거의 없다는 것 뿐이다.

실제 체계화의 움직임이 나타나는 것은 주로 갈등의 시대이고 현상을 방어한다든가 또한 그 반대로 현상의 모순을 밝히고 그 타파를 요구하는 경우이다. 이것은 서양의 과학문명과 같은 고도의 지적 전통에 대해서도 똑같이 말할 수 있다. 토마스 쿤(Thomas S. Kuhn)이 지적한 바와 같이 '평상의 과학'은 수수께끼를 푸는 것과 비슷하다.4) 과학이 평상의 상태에 있는 동안에 과학자들은 거의 이론적 논의를 하지 않고 쿤이 範例라고 부르는 표준화된 개념과 방법에 따라서 연구한다. 전통적인 이론이나 방법이나 개념이 진정으로 의문시되거나 방어되는 것은 이 範例에서 모순적인 자료나 설명이 되지 않는 자료가 자꾸 나올 때 뿐이다. 각 사회는 자기의 관념을 유일하고 타당한 세계관으로 생각한다. 역사학은 우리 자신의 전통에서 일어났던 변화를 보여주지만 변화 없이 지속되는 것은 보여주지 않는 경우가 많다. 역사가 자신도 그것을 당연시하기 때문이다. 공간적으로나 시간적으로 보다 넓은 범위를 갖는 인류학은 집중적인 비교에 의해서 무엇이 보편적이고 무엇이 특수한지 또는 관습적인지 가르쳐 주고 있으며 또한 관념, 기술 언어, 사회구조 등이 어떤 식으로 상호 작용하여 살아있는 문화를 창출하여 변화시키는지를 이해하도록 돕는다.

---

3) P. Radin, Primitive Man as Philosopher (enalrged edition, New York : Dover, 1957).
4) T. Kuhn, The Structure of Scientific Revolutions (Chicago : Phoenix Books, 1965) p.90.

제 9 장 신앙체계

신앙체계는 역사적으로 발전하고 사회적으로 전승되어온 모든 종류의 관념을 포함한다. 이 관념들 중 어떤 것은 비교적 분명하다(가령 지구는 평평하고 고정되어 있다든지 태양은 매일 동쪽에서 서쪽으로 움직인다는 것). 반면 어떤 것은 관찰로부터 더욱 정밀하게 추론한 것에 기초한다(호모 사피엔스는 생명의 낮은 형태로부터 진화했다든지, 인간사에 관심이 많은 여러 부류의 영적 존재가 있다는 것).

그러나 일정한 문화에서 우주의 본질 및 그 안에서 인간의 위치에 관한 관념은 비교적 일관성 있는 형태를 띠는 경향이 있다. 동질적이고 잘 통합된 문화란 그러한 믿음들이 모두 일관성 있고 서로를 강화시켜 주는 문화이다. 그렇게 잘 통합된 문화는 있다 해도 극히 적다. 사실 완벽하게 통합된 신앙체계는 매우 불안정하다. 왜냐하면 어느 한 부분에서의 변화가 곧 문화 전체에 직접 충격을 주기 때문이다. 그러나 문화들은 저마다 내적인 統合性을 지향하는 경향이 있다.

세상은 어떤 것인가? 어떻게 해서 이렇게 형성되었는가? 우리와 세상의 관계는 무엇인가? 모든 문화는 그런 질문에 암묵적이거나 명시적인 해답을 제시한다. 한 사회가 존속하려면 객관적 해답이 없는 그 질문에 답을 내려야 한다. 각 사회의 관념의 핵심적인 기능은 나는 누구이고 무엇을 해야 하는가? 라는 지극히 개인적인 의문에 대해 답을 구하는 것을 돕는데 있다. 개인의 同一性 感覺이란 대부분 그 사람의 사회적 전통에 의하여 부여되는 재료로 구성되는 것이다.

1. 우주관

우주관(cosmology)이란 우주의 기원, 구조, 운명 등에 관한 신앙을 포함한 관념체계의 한 부분이다. 어떤 사회도 얼마만큼은 그런 관념을 갖고 있으며 그러한 관념은 그 사회의 전통의 다른 부분과 같이 문화화의 과정을 통해 각 세대에 전달 되어간다. 대개 인간은 자기 사회의 우주관을 언어나 기술처럼 받아들이는 경향이 있다. 그것은 사회적으로 규정된 시·공간적 지향과 더불어 자기 동일성 감각을 주기 때문이다. 문화가 대립적 사상을 포용하고 있는 사회에서도 개인이 어떠한 신앙을 선택하는가는 여러 신앙에 관한 객관적인 평가에 의한다기보다 자기의 사회적 위치(집단에 가입)에 의하여 방향이 지워지는 경우가 많다.

무문자 사회에서 볼 수 있는 우주관은 종종 創世神話의 형태로 표현되지만 그것은 과거에 여러 가지 일어난 일들을 계열적으로 서로 관련시킴으로써 세계의 현재상태를 설명한다. 매우 넓게 퍼져있는 관념의 하나는 지구는 홍수로 완전히 뒤덮혀 있었는데 전설상의 인물이 어느 특수한 행위로 육지를 출현시켰다는 것이다. 아시아나 북아메리카에서 이 관념은 潛水神話의 형태로 나타나고 있다. 이 신화에서는

> 그 문화의 영웅이 동물들을 차례 차례로 태고의 바다 또는 홍수 안에 쳐넣어 육지를 만들 진흙이나 모래를 조금 집어오도록 했다. 차례 차례로 뛰어 들어간 동물은 모두 실패했지만 마지막 동물이 성공하여 손톱에 약간의 모래와 진흙을 묻히고 반쯤 죽은 상태로 수면에 떠올랐다. 그리고서 그 모래 또는 진흙을 수면에 놓으니 마법처럼 넓어지면서 지금과 같은 세계가 되었다고 한다.[1]

---

1) E, Wheeler-Voegelin, "Earth-Diver," M. Leach, ed., In Standard Dictionary of Folklore, Mythology and Legend, Vol. 1. (New York : Funk and Wagnalls, 1949), p. 334. A. Dundes, "Eartho-Diver : Creation of the Mythopoeic Male," (American Anthropologist, Vol. 64, 1962), pp.1032~1051.

또 하나 널리 퍼져 있는 이야기에서는 어떤 지하세계로부터 마법의 '세계의 나무(world tree)'를 타고 올라온 인간의 선조가 출현했다고 설명하고 있다. 그러한 신화의 한 예로서 뉴멕시코의 푸에블로(Pueblo) 인디언의 캐레산어(Keresan-speaking)를 쓰는 부족의 신화가 있다.

푸에블로 인디언의 세계는 최초에 창조된 것이 아니었다. 그것은 훨씬 옛날부터 이곳 저곳에 있었다. 다만 처음의 세계는 지금과 조금 달랐던 것이다. 지구는 사각으로 평평하였다. 결국 그것은 네 구석과 중앙부를 갖고 있었다. 지표의 밑에는 네 가지의 수면 층이 있고 그 각각이 하나의 세계로 되어 있었다. 가장 밑에 있는 세계는 흰 세계이었다. 그 위에는 붉은 세계가 있고 또 그 위에는 푸른 세계가 있었다. 푸른 세계 위에는 결국 우리들이 오늘날 살고 있는 노란 세계가 있었다. 처음 사람들은 땅속 깊숙이 흰 세계에서 그의 어머니 리야티쿠(Lyatiku)와 같이 살고 있었다. 마침내 그들의 모습이 나타날 때 이 세계로 올라올 수 있었다.

리야티쿠는 커다란 상록수로 확대되어 사람들이 그 줄기와 가지를 타고 다음 세계까지 매달려 오를 수 있게 했다. 사람들은 붉은 세계까지 올라가 거기서 4년간 산다. 그러면 푸른 세계로 오를 때가 된다. 다시 리야티쿠는 나무를 위의 세계까지 닿도록 크게 했는데 그때 그녀는 누구에게 명하여 딱딱한 표면에 구멍을 뚫어 나무와 사람들이 통과할 수 있게 했다. 드디어 이 세계에 오를 준비가 되었다. 리야티쿠는 바드거(Badgar)에게 명하여 딱딱한 지각에 구멍을 뚫도록 했다. ……바드거는 밖을 보았다. "여기는 대단히 아름답습니다. 어디에나 비구름이 있습니다."라고 바드거가 리야티쿠에게 말했다. 거기에서 리야티쿠는 사람들이 그 세계에 올라가 모습을 드러내어도 지장이 없다고 판단을 내렸다. 리야티쿠는 더 낮은 세계에서 병 고치는 주술사들의 결사를 창조한 바 있고 그들에게 그들의 제단과 의례를 주었다. 이들 결사는—돌, 불, 거인 또는 카피나(Kapina)라는 이름이 붙은 의사들이—사람들과 더불어 나타났다. 사실은 악령도 조금 있어서 그들도 같이 밖으로 나올 수 있게 되었지만…… 그때에는 아무도 느끼지 못했다.

사람들은 쉬파프(shipap)라고 부르는 북쪽의 어느 장소에 나타났다. 매사가 새롭고 '원래 상태 그대로'였다. 땅바닥이 걷기에는 약했기 때문에 리야티쿠는 산에 사는 사자로 하여금 그 마술 같은 힘으로 지면을 굳게 했다. 리야티쿠는 사람들에게 너희들은 남으로 이동할 것이라고 했다. 그녀는 이렇게 말했다. "우리는 너희들과 함께 가지 않는다. 우리들은 흰 세계의 집으로 되돌아가지만 나의 영은 언제나 너희들과 함께 있다. 너희들은 나에게 기도하라. 그러면 나는 언제든지 너희들을 도우리라." 그녀가 가기 전에 한 남자에게 자기의 뒤를 따르도록 했다. 그녀는 그 남자에게 한 톨의 옥수수를 주면서 말했다. "이것을 가져가라. 이 옥수수는 나의 마음이다. 너희들은 이것을 먹으며 살아갈 수 있을 것이다. 그것은 내 가슴에서 나오는 젖과 같은 것이다."

리야티쿠는 아래 방향의 세계로 되돌아갔고 사람들은 남쪽으로 떠났다. 그들은 어느 곳에 머물러 거기서 푸에블로 마을을 세웠다. 그들은 그것을 카쉬카취루티야(Kashikatchrutiya) 즉 '흰 집(white house)'이라 불렀다. 그들은 여기서 오랫동안 살았다.2)

이 출현신화는 흥미로운 특징을 많이 갖고 있다. 가령 마력을 갖는 숫자 4 라든지 색채의 상징성이 모두 푸에블로 인디언 신화나 의례에서 많이 등장한다. 여러 가지의 문화적 특징의 기원이 이야기에서 설명되고 있음이 주목된다. 가령 여러 가지의 呪醫結社, 악령, 옥수수나무 등이 그러하다. 우주관은 세계가 어떤 것인가를 말하는 것과 더불어 중요한 사회제도의 기원을 설명하는 이중의 기능을 갖는 경우가 많다.

1) 우주관을 가진 관념·신앙

모든 우주관이 반드시 출현 신화 혹은 천지창조의 이야기를 포함한다고 할 수 없다. 그레이트 레이크스(Great Lakes)지방의 오지브와(Ojibwa) 인디언의 경우는 가령 종교적 이야기의 등장인물은 "아득한 옛날부터 존재해 온 것으로 간주된다. 출생에 의한 발생의 관념이라든지 변천에 의한 일시적 또는 영구적 형태의 변화라고 하는 관념은 있지만, 분명한 형태의 창조란 관념은 없다."3) 모든 우주관은 세계가 되었는가 라는 관념과 세계에 살고 있다고 믿어

---

2) L. A. White, "The Word of the Keresan Pueblo Indians," in S. Diamond, ed., Culture in History (New York : Columbia University Press, 1960) pp.54~55.

지는 여러 가지 존재들의 범주에 관한 관념을 포함한다. 무문자 사회에서 그러한 신앙은 구전의 신화와 전설을 통해 집성되어 전달된다. 가령 다음의 신화는 서아프리카의 다호메이족(Dahomey)의 것인데 조물주 마우리사(Mawu-Lisa)는 주요한 신들을 낳고 각각의 신에게 기능을 부여한다.

마우(Mawu)는 남자이면서 여자이기 때문에 임신하게 된다. 최초로 출생한 것은 쌍둥이(남과 여)였다. 두 번째로 태어난 것은 소(So) 또는 소구보(Sogbo)였다. 그는 아버지와 닮은 형태 즉 남녀 한 몸이었다. 세 번째로 생긴 것도 쌍둥이인데 남자는 아그베(Agbe)라고 하고 여자는 나에테(Naete)라 했다. 네 번째 태어난 것은 아게(Age)라는 남자였다. 다섯 번째는 구(Gu)라 하는데 역시 남자였다. 구(鐵의 신)는 동체뿐이었다. 머리가 없었다. 머리 대신에 커다란 검이 목에서 나오는 것이 보였다. 그의 동체는 돌로 되어 있었다. 여섯 번째로 생긴 것은 실체적 존재가 아니고 죠(Djo) 즉, 공기였다. 공기는 인간을 창조하는 데 필요한 것이었다. 일곱 번째로 생긴 것은 레그바(Legba)였다. 마우는 레그바(마술사)가 막내이기 때문에 자기가 가장 귀여워하는 자식이라고 말했다.

어느 날 마우 리사는 왕국을 분할하기 위해 아이들을 모두 모이게 했다. 가장 나이 많은 쌍둥이에게는 모든 재산을 주고 지상에 내려가 살라고 하였다. 그녀는 지상이 그들의 것이라고 말했다.

마우는 소그보에게 그가 아빠와 남녀일체이므로 하늘에 남으라고 했다. 아그베에게는 모든 동물과 새의 지배권을 주어 수렵민으로서 산림 속에 살도록 했다.

구에 대해서는 마우는 그가 자기의 힘이니 그에게 다른 사람처럼 머리를 주지 않았던 것이라고 말했다. 구의 덕분에 지상은 언제나 야생의 숲으로 남아 있지 않을 것이다. 인간들에게 행복하게 지내도록 가르치는 것이 구의 역할이었다.

마우는 죠에게 지상과 천상 사이의 공간에서 살도록 했다. 인간의 수명은 죠에게 맡겨졌다. 죠의 덕택으로 그의 형제들은 모습을 보이지 않았다. 공기인 그가 그의 형제들을 가려서 보이지 않게 했기 때문이다.

마우는 아이들에게 이런 것들을 말한 후 가장 나이 많은 쌍둥이에게

---

3) A. I. Hallowell, "Ojibwa Ontology, Behavior and World View," in Diamond, op. cit., p.27.

지상에서 사용할 수 있는 말을 부여하고 천상의 말에 대한 기억을 가져가 버렸다. 그녀는 소그보에게 그가 말할 수 있는 언어를 주고 부모가 사용했던 말의 기억을 그에게서 빼앗았다. 똑 같은 조치가 아그베와 나에테에게 그리고 구에 대해서도 행하였다. 그러나 죠에게는 남자의 언어를 주었다.

그런데 그녀는 레그바에게 말했다. "너는 나의 가장 어린 아들이다. 나는 너를 언제나 내 곁에 있게 하겠다. 네가 할 일은 너의 형제들이 다스리는 왕국을 남김 없이 방문하고 어떤 일이 일어나고 있는지에 대해서 나에게 보고하는 일이다."라고 말했다. 그래서 레그바의 형제들이 외운 말을 전부 외우고 또 마우가 말한 언어를 전부 알고 있었다. 레그바는 마우를 위한 통역자였다. 만약 형제들의 누군가가 말하고 싶을 때에는 레그바에게 말을 전해 달라고 의뢰하지 않을 수 없었다. 아무도 마우 리사에게 그의 언어로 말할 수 없었기 때문이다. 그래서 레그바는 어디에서든지 나타나는 것이다.

보둔(vodun:사제)의 집 앞에서도 레그바를 볼 수 있을 것이다. 왜냐하면 모든 존재 즉 사람들이나 신들도 큰 신(God)에게 접근하려면 먼저 레그바에게 이야기해야 하기 때문이다.[4]

口傳 그 자체는 종종 몇 개의 이야기 범주로 분류되고 그 사이에 어떤 이야기가 다른 이야기보다 중요하다고 하여 서열이 매겨진다. 가령 다호메이족의 경우 노인들은 '단순한 이야기'인 헤호(heho)는 말하려 하지 않는다. 그들은 전설상의 역사를 의미하는 '후에노호(hwenoho)'라고 부르는 종류의 이야기 외에는 관심이 없다. 헤호는 밤에만 이야기되지만 후에 노호는 낮에도 이야기된다. 신성한 신화—위에서 언급한 창세 이야기같은—는 점장이나 사제들이 주로 이야기한다.

2) 문화의 유형과 우주관

우주의 본질에 관해 공유되는 신앙은 사회 안에 깊이 침투해 있는 사람들

---

[4] M. J Herskovits and F. Herskovits, Dahomean Narrative : A Cross-Cultural Analysis (Evanston : Northwestern University Press, 1985) pp.125~126.

의 태도를 파악하는 데 중요한 실마리가 된다. 수호신 또는 악령에 관한 신앙, 우주는 무한하다든지 또는 유한하다든지 하는 신앙, 진보의 필요성이라든지 재앙의 불가피성에 관한 신앙, 이들 모두가 우주에서 인간의 위치에 관한 태도의 다양함을 보여준다. 기독교 사도들이 세상은 곧 파멸되리라고 믿었음을 인식하지 않고서 그리스도교의 기원을 이해할 수 없다. 어떤 문화의 형태도 그 우주관과 연관되어 있는 것이다. 안토니 리드(Anthony Leeds)는 베네주엘라 남부의 야루로(Yaruro) 인디언을 연구한 결과 야루로족의 사회구조에 그들의 동질적 세계관이 명료하게 일치하고 있는 것을 발견했다.

야루로족은 단순한 원시 농경민인데 수렵과 채집도 조금 하고 있다. 성별에 기초한 강한 분업과 재산의 구분 외에는 사회적 혹은 경제적 차별이란 것이 거의 없다. 야루로족의 각 촌락은 몇 개의 혈연 가족들로 구성되어 있고 각 마을에 대표자가 있기는 하나 그 권위는 적다.

경제상의 일, 사회적인 일 또는 종교상의 일에 대해서조차도 개인에게는 커다란 선택의 자유가 있다. 각 촌락은 가까운 촌락과는 별개의 자립적인 생활 근거지를 가지고 있고 이로 인해 외부사회와의 관계는 어느 정도까지 선택에 기초하고 있으며, 각각 독자적이다. 마을 수준을 넘어서는 정치 단위는 없다. 이러한 상황은 우주관 속에 반영되어 있다.

> 야루로족에 의하면 이 우주의 태초에 사람은 물론 신조차도 존재하지 않았다. 거기에는 동심원 모양을 띠고 단단하며 청색의 둥근 지붕의 천체 세 개가 있을 뿐이었다. 그 밑은 평탄하고 넓은 모래의 대평원이 있었다. 그리고 그 밑에는 차고 어두운 평탄한 지하의 세계가 있었다. 이들 세계를 넘어서는 것은 전혀 없었고 지금도 그러하다. 그 당시 이미 그 위에 있는 둥근 지붕들 사이에는 천둥신(Thunder : 雷神)이 살고 있었다. 태양과 그의 아내인 달과 아들인 별들은 아래쪽에 있는 두 하늘의 둥근 지붕 사이에서 운행하고 있다.
> 이 우주의 안에 자연 발생적으로 최초의 신이 탄생했다. 우리 모두의 할머니에 해당하는 여신 쿠만(Kuman)은 서방의 토지에 계시다가 대평원에서 스스로 동료 신들의 나라와 야루로족의 나라를 따로 만들었다. 여신은 인간들을 만들었다. 여신은 남자와 여자에게 공예를 가르쳐주

고 사회의 질서를 정했다.

야루로족은 우주의 각 부분이 엄격하게 분리되어 있다고 생각하지 않는다. 오히려 각 세계 사이에는 끊임없이 교류가 이루어지고 있다고 생각한다. 바로 야루로족의 각 가구와 각 동네가 서로 연결되어 있듯이 신들은 친족관계와 왕래에 의해서 서로 연결되고 또 사람들과도 연결되어 있다고 믿고 있다.

 사람들과 신들의 연결, 이 세상과 저 세상의 교류, 우주의 모습 그 자체, 이들 모두는 '자연'과 '초자연'을 별개 범주의 현상으로서 분리하여 취급할 수 없다는 것을 잘 보여주고 있다. 우주와 사회와 인간은 야루로족의 사고에서 하나의 체계를 이루고 있다.

두 세계가 교류하는 기본적 양식은 통헤(tonghé)라 불리우며 그것은 밤새도록 행해지는 종교의례인데, 이것이 행해지는 사이에 부락의 어느 샤만이 어떤 세상을 방문하고 다음에 신이 그의 육체를 통하여 부락을 방문한다.

 인간과 신의 접촉이 직접적이라고 하는 것은 역시 우주와 사회와 인간의 통일성을 강조하는 것이다. 이 통일 속에 남자의 영역과 여자의 영역이 분명하게 구별된다. 이들 분명한 협조적인 구분은 저 세상에서도 이 세상과 똑같이 또 종교에서도 사회경제적 생활에서와 똑같이 가구를 통해서 연결되어 있는 것이다.5)

이러한 우주관은 죽음에 대한 신앙을 포함하고 있으며 그리고 대부분의 우주관은 사후 세계에 대한 어떤 개념을 포함하고 있다. 야루로족에게 있어서 죽은 자는 멀리 떨어져 있는 것이 아니다. 죽은 자들은 살아있는 친척들을 돕고 충고를 계속하고 있다. 통헤(tonghé)의 행사가 계속하고 있는 동안 죽은 자들은 샤만의 육체를 빌어 친척들과 이야기하고 사람들에게 평화와 평등을 명령한다. 죽은 자들은 무엇을 강요하거나 벌을 가하지 않고 또한 생존자들에

---

 5) A. Leeds, "The Ideology of the Yaruro Indians in Relation to Socio-Economic Organization," (Anthropologica, Vol. 9, 1960) pp.1~10.

의해 움직이지도 않는다.

3) 망령에 대한 공포와 조상 숭배

나바호족(Navaho)의 경우 죽은 자의 망령을 지극히 두려워하여 죽음과 연결된 것은 무엇이든지 애써 피하려고 한다. 전통적 관습으로서 만약 나바호의 호간(hogan : 진흙으로 만든 주거 – 역자주)에 죽은 자가 나타나면 그 집은 버려지든지 파괴된다. 나바호족의 환자가 입원 중인 병원에서 사람이 죽었던 사실을 안다면 그 병원에서 도망쳐 버리고 말 것이라고 흔히 말한다. 나바호족의 사람들에게 죽은 자와 교섭하고 싶은 마음은 아예 없는 것이다. 실제 그들 의례의 대부분은 망령을 쫓아버리는 것이나 그렇지 않으면 망령과 접촉했기 때문에 일어났다고 믿고 있는 병을 고치는 것에 치중해서 고안된다.

트로브리안드(Trobriand) 섬 사람들은 죽은 악령 발로마(baloma : 亡靈)에 대한 사람들의 태도는 말리노프스키가 관찰했듯이 극히 양립적인 것이었다. 즉 한편으로 발로마는 언젠가 별개의 인간의 육체에 재생한다고 믿고 있고 그러기 때문에 죽은 망령이 죽은 자의 섬으로부터 부락으로 돌아오는 추수잔치 때에 대접을 받는다. 그러나 다른 한편 코시(Kosi)라고 불리우는 망령의 또 다른 측면이 "죽은 뒤 부락 가까이 오든지 뜰, 해변, 물이 고인 곳처럼 그가 살아있는 동안 언제나 나타난 장소에 잠깐 위험하게 존재한다는 신앙도 있다. …… 사람들은 코시를 만나는 것을 몹시 두려워하고 경계하지만 그렇다고 하여 그들이 마음 속에서 진심으로 코시를 두려워하는 것은 아니다. 코시에게 상처를 당하였다는 사람도 없으며 또한 죽었다는 사람도 발견되지 않는다."[6] 이 두 가지 믿음은 나란히 존재하지만 트로브리안드 섬 사람들은 보통 그것을 조화시키려 하지 않는다.

조상숭배는 동양 혹은 아프리카의 많은 사회에서 볼 수 있는데 보통 단계출계집단을 가진 사회에서 나타난다. 각 종족은 그 시조가 되는 조상들을 숭

---

[6] B. Malinowski, Magic, Science and Religion (Garden City : Anchor Books, 1955) pp.150~151.

배하며 종족의 구성원을 곤란하게 하는 병이라든지 재난을 가끔 조상숭배를 소홀히 한 탓이라고 종종 믿는다. 씨족의 경우 창시자이기도 한 조상은 전설적일 수도 있지만 공통의 핏줄이라는 믿음과 숭배에의 참여는 흩어진 여러 집단들을 통합시키는 데 기여한다.

4) 죽음에 관한 신앙

구체적인 내용이 어떤 것이든 신앙체계는 일반적으로 살아 남는 자에게 죽음에 직면하여 해야 할 일을 준비시켜 주고 유족의 슬픔을 사회적으로 승인되는 행동으로 연결시켜 준다. 의례화된 울음이나 장례의 절차는 대개의 사회에서 나타난다. 거의 대부분의 죽음이 마술의 소행이라고 믿는 사회도 많으며 그러한 사회에서는 죽음에 반응하는 방법은 당연히 그런 짓을 저지른 사람을 색출해서 징벌하는 것이다. 戰死는 그를 죽인 집단(반드시 개인이 아닐지라도)에 대해 복수를 요구한다.[7] 죽음에 대한 개인적 태도는 사회적 관념으로부터 강하게 영향을 받는다. 죽은 사람과 그 친지들은 부활이나 저승에서의 행복한 삶을 믿음으로써 위로 받는다. 가령 크로우(Crow) 인디언의 경우 개인적 용맹성에 대한 칭송과 장수에 대한 경멸은 그 사회의 기본적인 이상이었다.

전사들 사이에는 뚜렷한 금욕주의의 발전이 보이고 대부분의 남자가 죽음을 두려워하지 않았다. '죽고 싶어하는 미친 개'라는 이름으로 알려진 전사단은 보통 1년 이내에 그 소원을 성취할 만큼 무모한 맹세를 했다. 물론 그냥 죽는 것이 아니라 적에게 커다란 타격을 가한 뒤 쓰러지는 것이다. 어떤 幻想歌를 번역하면 다음과 같은 의미가 있다. "천지는 영원하다. 노인은 가난하다. 죽음을 두려워하지 말라." 로위(Lowie)는 이 노래에 표현된 감정을 "크로우족의 가장 뚜렷한 특징의 하나로 다음과 같은 믿음을 들 수 있다. 즉, 죽을 운명에 있는 사람은 위대한 자연의 현상처럼 영원히 사는 것을 기대할 수 없다. 나이가 많은 것은 나쁜 것이라는 생각으로 스스로를 위로하면서 젊을 때 죽

---

7) P. Ariès, Western Attitudes Toward Death from the Middle Ages to the Present (Baltimore : Johns Hopkins University press, 1974) 참조.

는 것을 꾀하도록 하라"8)고 설명한다.

대부분의 사회에서 종교는 경험 및 행위의 범주로부터 분리되지 않는다. 오히려 생활의 여러 부분에는 종교적 차원이 있어서 서양식으로 자연과 초자연을 대비시키는 것은 그러한 사회를 이해하는 데 도움이 되지 않는다. 도로시 리(Dorothy Lee)의 말을 들어보자.

> 특정사회의 세계관은 우주와 인간 자신과의 관계 즉 우리들 사회의 이원론적 논법을 사용해서 말하면 인간과 비인간, 유기체와 비유기체, 종교적인 것과 세속적인 것 등에 관한 그 사회의 관념을 포함하고 있다.
> 그것은 생명의 유지에 인간이 담당하는 역할과 자연의 힘에 대한 인간의 견해를 나타내는 것이다. 책임과 창의에 대한 인간의 태도라는 것은 자연을 어떻게 파악하는가 즉, 자연은 신이 지배하고 있다고 보는가, 신과 인간과의 대등한 협조에 의해서 규정되어 있다고 보는가, 혹은 인간 그리고 거의 모든 신과도 무관하게 영원한 평형을 유지하고 있다고 보는가 등의 자연관과 관련된다. 인간이 행동하는 방법, 죄책감, 성취감, 개성 등은 우주 속에서의 자기 위치를 어떤 방식으로 생각하느냐에 좌우된다.9)

인간은 어디에서든 자연계를 이해하고 질서지우며 그리고 가치를 부여하려고 시도한다. 미국사회의 문화에 대해서 말하면 과학이 그 임무의 대부분을 전통적으로 이어왔지만 신화와 의례의 사회적 기능은 '신자가 세계의 질서와 그것에 대한 자기들의 관계를 이해하는 점에서 의미의 일관성 있는 유형'10)을 창조하는 것이라는 점을 우리는 이해할 수 있다.

---

8) R. H. Lowie, The Crow Indians (New York : Holt, Rinehart and Winston, 1956) p.330.
9) D. Lee, Freedom and Culture (Englewood Cliffs, N. J. : Prentice-Hall, 1959) p.170.
10) G. Lienhardt, Social Anthropology (London : Oxford University press, 1966) p.133.
　V. Turner, The Ritual process (Chicago : Aldine. 1969) 비교.

2. 권위의 개념

사회적 權威의 문제는 아주 간단하게 말하면 추종자들이 왜 지도자를 따르는가 하는 것이다. 즉 타인의 행동을 지배하는 몇몇 개인이 있다고 할 때 도대체 무엇이 그들로 하여금 그렇게 하도록 허락하는가?

거의 모든 사회체계는 긍정적 혹은 부정적 제재(상 혹은 벌)를 대부분 마련하고 있고 거기에 사람들이 복종하도록 적용된다. 예를 들면 이익(토지, 돈, 위신 등)을 기대하고 혹은 벌받는 것이 두려워서 추종자는 명령을 따르는 지 모른다. 군대 조직에서 명령에 복종하지 않는 자에 대해서는 분명한 처벌 규정이 정해져 있고 더 나아가 명령에 충실히 따르는데 대한 보상(진급, 휴가, 훈장 등)이 충분히 숙지되어 있다.

그러나 제재— 혹은 제재를 가할 수 있는 협박— 는 사회 통제의 수단으로서 중요한 것이지만 복종을 확실하게 만드는 데 충분한 것은 못된다. 역사를 돌이켜보면 어떤 시기에도 이념적인 이유에서 권위에 대한 반항을 시도한 사람이 있었다. 특히 지도자의 권위의 정당성을 사람들이 인정하지 않게 된 경우에는 그와 같은 반항이 두드러진다. 사회관계가 성립되기 위해서는 항상 당사자 쌍방이 각각의 역할에 따르는 권리와 의무를 지켜 행동하는 것이 필요하다.

그러나 지도자와 추종자의 관계는 互惠性의 규범과 대조적으로 항상 권위의 어떤 非對稱性을 포함한다. 권위관계가 부단한 갈등없이 존재하기 위해서는 추종자는 지도자가 결정을 내리고 행동을 명령하는 권위를 인정해야 한다.

정치철학자들은 사람에 대한 정당한 권위를 갖는 사람이 하나도 없다고 여겨지는 사회를 상상해 왔다. 무정부가 바람직한가에 대해서는 — 혹은 가능한가에 대해서조차 — 여러 견해가 있어 왔다. 민족지학에서도 대립적인 증거들이 제시되었다. 가령, 누어족(Nuer)은 '질서있는 무정부(ordered anatchy)' 상태에서 살고 있다는 보고가 있다. 그들은 추장도 법정도 기타 어떤 종류의 중앙집권화된 정부 기관도 갖고 있지 않지만 同族 분파간의 대립의 균형을 유지함으로써 훌륭하게 질서를 이루고 협력 관계도 확보하고 있다. 다툼이 있으면 어떤 종교적인 직위에 있는 사람(표범가죽 추장)의 조정에 의해서 중재되는 것이 통례이다. 그런데 그 누어족에도 베네주엘라의 야루로족(Yaruro)이나 캐나다의 크리족(Cree)처럼 완전한 평등의 관념이 거의 실현된 보다 몇몇 단순한 수렵 채집민집단과 비교해 보면 권위관계가 훨씬 더 분화되어 있다고 말할 수 있다. 캐나다 북극에 사는 대부분의 인디언족은 '극단적인 평등주의'의 유형을 특징으로 하고 있지만 그들은 일시적 권위를 제외하면 일체의 권위를 거부하기 때문에 대규모의 협력이 실질적으로 불가능하다.[11]

피터 가드너(Peter. M. Gardner)는 그와 비슷한 생활의 유형을 남부 인도의 팔리안 족(Paliyans)에서도 볼 수 있다고 말한다. 이 사회는 극단적인 평등주의와 극단적인 개인주의를 드러낸다. 팔리안족 사회구조의 주된 특징을 가드너는 대칭적 존경이라고 부른다. 그래서 "사람은 공격(따라서 경쟁)과 의존(따라서 협력) 모두 피해야 한다." 이러한 유형은 팔리안 문화의 다음 여러 영역에서 구체적으로 나타나고 있다.

   1. 사회화
팔리안족의 아이들은 처음에 응석을 부리지만 좀 자라면 부친으로부터 최소한의 감독도 받게 되고 곧 자립적이고 자기 의지적이 된다.
   2. 비협력적 행동
최대 협력 집단은 핵가족이지만 이 경우에도 공유는 최소한도에 그친다. 결혼생활은 불안정하고 일생 결혼하지 않는 사람도 많다. 마을의 구성원들은 끊임없이 바뀐다. "마을의 생활과 결합된 자율적 공동체적 기능은 하나도 없다. …… 위기가 닥쳤을 때도 민주적이든 지도자의 통솔에 기초하든 그 어느 것에 의해서도 사람들이 결합하는 정형화된 방법이 전혀 존재하지 않는다." 자급자족이 전원에게 기대된다. "이 점에서 실패한다는 것은 타인의 권리를 방해하는 것이다." 팔리안족 사람들은 "타인과 감정적으로 깊이 교제하지 못하고 실제 목적을 위하여 단결하는 것도 마찬가지로 꺼린다."
   3. 경쟁의 회피
팔리안 족의 이상은 비폭력이다. "노골적으로 공격은 피하는 것이

---

11) P. K. Bock, The Micmac Indians of Restigouche (Ottawa : National Museum of Canada, Bulletin 213, 1966) pp.65~71.

제일 원칙으로 생각된다." 게임에서의 경쟁조차 금지되고 있다. "사회적・경제적 차이는 최소한으로 억제되거나 완전히 제거되어야 한다. 팔리안족의 사람은 타인으로부터 자기를 분리시키는 어떤 것도 받아들인다." 어떤 형태의 불공평이든 엄격히 금지된다. 타인의 지위를 깔본다든지 헐뜯는 일이 일체 있어서는 안 된다.

4. 사회 통제

어떤 개인이나 집단도 다툼을 해결하는 권력을 부여받지 못했다. 그러나 비공식적인 해결책은 많이 있다. 증오의 감정이 폭발하는 것을 피하기 위하여 음주는 금지되어 있고 긴장은 환상 속에서 완화된다. "어쩔 수 없이 마찰이 야기될 경우에는 연장자가 끼어 들어 싸우는 당사자들에게 말을 걸어 농담을 하고 그들의 기분을 위로한다.…… 위로부터의 권위를 가지지 않고 친구처럼 노력하는 것이다. 이것은 명령을 내린다든지 중재한다든지 혹은 보다 분별있는 행동을 취하도록 권유하는 권한조차 갖고 있지 않음을 의미한다."

다툼의 조정이 어려운 경우 이용되는 수단은 당사자를 분리시키는 일이다. 부부는 최초의 큰 싸움 뒤에 별거하는 일이 많다. 이 때문에 '連續婚'(serial marriages)이 일반적이다. 중대한 위기에 처하여 무엇인가 결정을 내려야 하는 경우는 어떤 사람이 '귀신이 들린' 상태가 되어 신들이 그 사람들의 말을 통해서 이야기한다. 이처럼 필요한 권위는 '대칭적 역할과 자기 의뢰성이라는 순수하게 인간적인 유형'을 파괴하지 않고 행사될 수 있다.

5. 관 념

개인주의는 일상생활의 지식과 신앙의 영역에서조차 나타난다. 가령, 정보 제공자들 사이에는 식물의 분류 방법에 대해 종종 대립적 의견을 드러낸다든지 또 그들은 "노래나 기도, 의례 등을 반복하는 능력 또는 욕망 중 어느 것이 부족하다." 결국 그들은 정설이라든지 전통적 해석에 특별한 가치를 인정하지 않았다. "정형화된 지식의 체계나 교육도 존재하지 않았다. …… 팔리안족의 사람들은 언제나 말이 적고 40세 정도되면 거의 말을 하지 않고 지내게 된다. 떠들어대고 말 많은 사람은 비정상이라고 여겨지고 종종 무례하다고 비난받는다. 잡담도 실제로는 존재하지 않는다."[12]

---

12) P. Gardner, "Symmetric Respect and Memorate Knowledge : The Structure and Ecology of Individualistic Culture," (Southwestern Journal of Anthropology, Vol.22, 1966) pp.389~415.

팔리안족의 신앙체계 내부에 고도의 다양성이 있는 것은 팔리안 사회 체제에 의사소통과 협력이 결여된 것이 원인이자 결과이다. 공통의 범주와 행동 준칙의 공유는 사회적 상호작용을 원활히 하는데 불가결한 것이다. 그러나 또한 그러한 문화의 공유란 것은 빈번하게 상호 작용함으로써 발생되는 것이 확실하다. 사람들이 서로 자유로이 의사소통할 때 공통적인 혹은 적어도 상호 보완적인 기대를 공유하게 된다. 그러나 집단내부 또는 집단간의 의사소통이 도중에 깨진 경우에 사람들의 흥미와 신앙은 분열되기 쉬우며 협력은 대단히 어렵게 된다. 이 과정은 가족으로부터 나라에 이르기까지 모든 종류의 집단관계에서 볼 수 있다.

인류학자가 조사한 소규모 사회의 대부분은 비교적 동질적인 공통의 신앙을 핵으로 하여 성립되어 있으며 그것에 첨가하여 양적으로는 일정하지는 않지만 특수의 전문적 역할을 맡은 담당자가 전달하는 專門的 혹은 祕傳的 지식을 갖고 있음을 알 수 있다. (<도표 9-1> 참조)

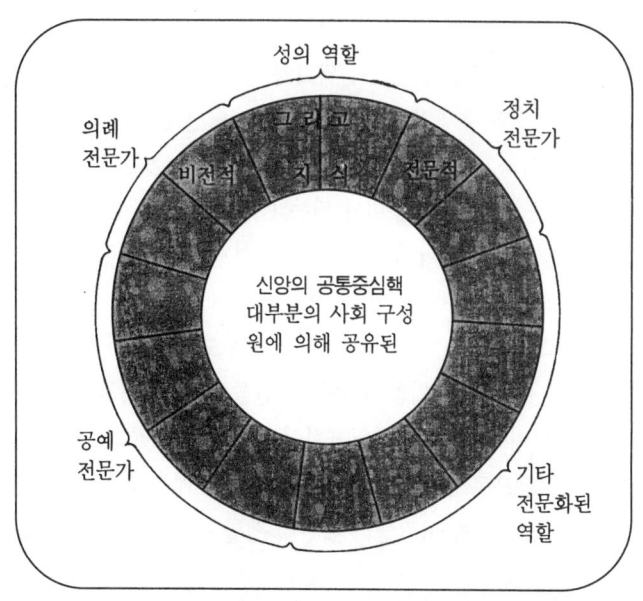

<도표 9-1> 전형적인 민속사회의 문화구조

제9장 신앙체계 291

이런 종류의 문화적 구조는 공유와 상호작용을 통해 사회의 통합을 촉진하는 한편 전문화된 새로운 역할을 부과함으로써 문화의 발전을 허용한다. 그러나 정확히 어떤 종류의 지식이 전문가의 손에 맡겨지는가 그리고 이들 전문가의 후계자는 어떻게 보충되는가는 사회마다 다르다.

1) 부족사회의 카리스마적 지도자의 권위와 역할

더글라스 올리버(Douglas L. Oliver)는 그의 책 『솔로몬 섬』[13)에서 "숲속에 살며 농경과 돼지의 사육을 하고 있는 사회인" 시와이족(Siuai)에 관해서 기술하고 있다. 거기에는 무미(mumis)라고 불리우는 원주민 지도자들의 부류가 있다. 무미(mumi)의 역할은 그 사람의 업적에 의해서 획득된다. 무미는 정치체계의 어떤 역할을 담당한 사람이 아니다. 무미는 명성(포쿠 : Poku)과 권력을 개인적 노력에 의해서 획득하지만 그 주된 방법은 부를 축적하여 그 부를 자기의 친족들에 대한 의무를 이행하는 과정에서 또는 서로 앞다투어 행하는 잔치를 후하게 베푸는 과정에서 획득되는 것이다.

시와이족의 남자들 모두가 무미가 되고자 하는 것은 아니다. 그들이 무미가 되기 위해서는 일정한 유형의 성격과 더불어 대단한 근면과 희생이 필요하다는 것을 모두 인식하고 있다. 어느 원주민의 말대로 "그는 앉으면 잠을 청한다."[14) 富만으로는 한 남자가 무미가 되는데 불충분하다. 부는 위신을 상징하는 물건, 가령 항상 사람들이 모이는 커다란 회관, 많은 슬릿공(slit-gongs : 銅鑼), 주술적인 격문, 오래 사람들의 기억에 남은 잔치 등으로 환원되어야 한다. 유력한 무미는 그 출세의 과정에서 회관을 세우고 슬릿공을 그 회관에 비치하곤 한다. 혹은 오히려 자기를 위하여 회관을 세워 슬릿공을 넣기도 한다. 그렇게 하기 위하여 그는 자기 지역사회의 남자들을 조직하고 명령대로 움직이게 하고, 그 보상으로서 맛있는 음식을 대접하는데 그러한 행위가 그의 이름을 높혀 준다. 시와이족 사람들의 매일의 생활 수준에는 큰 차가 없지만 부

---

13) D. Oliver, A Solomon Island Society (Cambridge : Harvard University Press, 1955).
14) Ibid., p.396.

자이면서도 물자를 제공하지 않는다든지 장례때 기부하기를 꺼리는 인색한 남자는 멸시되며 절대로 지도자가 될 수 없다.

무미가 행사하는 권위는 다음과 같은 여러 활동, 즉 농업생산과 잔치를 위한 돼지의 사육, 건물의 건축과 교역의 대상이 되는 물품의 제조, 조개화폐의 조달, 물품의 순환과 축적 및 소비, 그 위에 음악 그리고 각종의 공예를 포함하는 예술활동 등에 자극을 준다. 이와 같이 이 사회의 '정치적' 리더쉽은 의례적 혹은 경제적인 여러 문제에서도 중요한 의미를 갖는다.

무미 그 자신은 초자연적 특성이라고 하는 것을 일체 갖추고 있지 않지만 주민들은 그가 무서운 악령(호로모룬 : horomorun)을 지배하고 있다고 믿는다. 이 악령은 무미의 회관에 살면서 무미의 재산과 생명을 지켜준다고 여겨진다. 이 부족에는 마귀를 부리는 사람이 많이 있지만 호로모룬이 가장 힘이 세다고 믿어지고 있으며 제물을 많이 주고 제사를 지내어 기쁘게 해야한다. 무미가 보다 많은 잔치를 베풀수록 "그의 회관에 사는 악령에게 즉 크기에 있어서나 노여움에 있어서나 그리고 재산뿐만 아니라 소유자의 개인에 대한 충성심이 점차 증대되는 악령에게 그만큼 많은 음식물을 제공하는 셈이 된다."15) 시와이족들이 이 악령에게 나타내는 존경과 외경은 지도자에 대한 그들의 태도를 반영한다. 이렇듯 호로모룬은 무미의 권위에 대해서 초자연적인 제재를 주는 셈이다.

대부분의 부족사회에서 리더쉽의 정치적, 경제적 또는 종교적 기능은 분리되지 않는다. 그의 신분이 무엇이든지간에 지도자는 사회집단 전체의 이익을 위해 타인의 행동을 지휘한다. 그는 존속과 변화 모두의 원천이다. 그는 결정을 내리는 사람, 즉 사회조직의 결정자이다. 그의 선택은 사회구조에 의해서 제약받지만 자기가 내린 결정 속에 개인적 요소를 필연적으로 가지고 들어가 사회구조에 영향을 미친다. (제6장 참조)

---

15) Ibid., p.379.

2) 신분계층제 사회의 권위

위에서 기술한 것과 아주 대조적인 권위개념이 우간다의 소가족(Soga)에서 발견된다. 영국의 식민통치가 행해지기 전에 소가족은 15개의 작은 왕국으로 분할되어 왕국마다 한 사람의 왕이 통치하고 있었다. 왕족의 젊은 구성원들은 왕국안에서 흩어져 여러 부락을 지배하고 있었다. 이들 왕자들은 왕의 권위에 대해서 하나의 위협이 되었다. 왕위 계승 문제를 둘러싸고 종종 내란이 발생 했는데 이는 왕족의 내부에 분명한 상하의 서열을 정하는 규칙이 없었기 때문이다. 그러나 왕국의 안정을 유지하는 중요한 힘은 귀족/평민의 가신관계였다. 왕의 행정적 책임을 맡은 사람들은 지배자의 사적인 충성으로 얽혀 있는 평민이었다. 이들 신하들은 왕자들과 달리 세습적으로 계승되는 위계를 갖지 않았기 때문에 왕위에 대한 정당한 주장권은 없었지만 그들은 통치자의 권력을 견제했다. 즉 "왕의 정치권력이 관습에 의해서 정해진 범위를 이탈하여 폭주하는 경우에 그들은 결속하여 경쟁 상대방의 왕자를 지지하여 왕을 추방하는 것이었다." 소가사회의 왕과 왕자의 위계질서는 유럽의 중세 말기 봉건제도와 유사하다.

  정점에는 세습의 지배자가 있다. 그는 최고의 권위자이고 왕국통일의 중심적 상징이었다. 그 바로 밑에 있는 왕자들은 마을이나 여러 마을을 묶은 지역을 통괄하고, 그의 힘을 견제하기 위해 왕의 행정관인 평민의 역할 대행자들이 왕의 이름으로 기타의 마을들을 모아 다스린다. 사회의 넓은 저변층을 형성하고 있는 것은 자율적인 부계집단으로 조직되어 있는 평민신분의 농경민사회였다. 평민과 왕족, 친족과 친족, 귀족과 신하 등이 매우 개인적인 권리, 의무의 관계로 결합되어 있었다. 하위자는 상위자에 대하여 공납에 의해서 경제적인 지지를 다하고 전쟁때에는 군사적 지지를 하며 사법과 행정의 권위를 인정하고 개인적으로 충성을 다하는 의무를 부담하고 있다. 그 대신 하위자는 상위자로부터 온정주의적인 보호와 원조를 받고 있다.[16]

---

16) L. Fallers, "The Predicament of the Modern African Chief : An Instance from Uganda." (American Anthropologist, Vol. 57, 1955) pp.296~298.

리요드 활러스(Llyod Fallers)는 친족관계와 개인적 충성심에 바탕을 둔 이 리더쉽이 영국 식민지 행정과 어떻게 갈등을 일으켰는지에 대해 기술하고 있다. 1892년 영국은 우간다를 정복하고 그 후 자연히 관료제적 공무원제도를 확립했는데 그 체제하에서의 승진은 객관적 능력을 기초로 이뤄졌다. 1930년에는 추장에 대한 공납이 금지되었다. 글을 쓰고 읽는 능력, 교육 등이 점점 권위있는 지위에 나아가기 위한 기초 조건이 되었다. 처음에는 기독교 학교들을 독점하고 있는 왕족과 지방 추장의 자제들이 공무원의 지위를 획득하는 데 유리한 입장에 있었다. 그러나 교육이 널리 보급되면서 관리등용의 기회는 다른 사람들에게도 확대되어 갔다.

세습적 지도자에서 관료적 지도자에로의 이행은 아주 부드럽게 이루어졌다. 그러나 그것에 의하여 전통적인 관념이 없어지지는 않았다. 그것은 새로운 신앙이나 가치와 공존하는 형태로 존속하고 그것들과 거듭 갈등을 일으켰다. 최대의 모순은 한편으로 친족관계상의 의무와 개인적 충성심을 요구하는 전통적 규범이 있고 다른 한편에는 공평무사한 봉사를 요구하는 관료제적 규범이 있는 것이었다. 소가 사회의 대부분의 사람들이 전통적 관념과 관료제적 관념 모두를 받아들이고 있고 사람들이 모순되는 요구를 따르게 되는 만큼 추장들에게 불의의 사고가 빈번하다는 것은 놀랄 일이 못된다.

어느 규범에 따르든 그들은 필연적으로 다른 한 쪽의 규범을 범하는 것이 된다. 활러스는 이것이 소가 사회가 대립하는 파벌로 분열하는 것에 비하면 아직은 낫다고 생각하고 있지만 그러나 모순적인 요구는 권위있는 입장의 사람들을 심각한 궁지에 빠뜨린다. "체제와의 충돌을 피하려 애쓰면서 그 직위에 남아있는 추장들은 그것이 훌륭하게 성취된다 해도 그것은 상당한 정신적 희생의 댓가를 치러야 한다."17)

---

17) Ibid, p.303.

3. 재산의 개념

재산은 하나의 보편적 문화요소이다. 그러나 재산의 구체적 개념은 각 사회마다 그리고 한 사회 내에서도 다양하다. 이 다양성은 사람들이 인정하는 재산의 범주에서도 또 각 범주와 결합된 행동의 준칙에서도 마찬가지로 나타난다. 어느 사회에서는 사유재산으로 되어 있는 것이 다른 사회에서는 공공재산으로 되어 있고 혹은 그 반대인 경우도 있다. 또한 '사유재산'이라는 의미도 다양하다. 어느 사회에서는 대단히 가치 있는 물건조차 특정의 관계에 있는 친족원이라면 그것을 허가 없이 취하거나 사용해도 좋은 경우가 있다. 가령 폴리네시아와 남아프리카에서는 "남자들은 자기 외삼촌과 허물없이 지내는 것이 허용되고 그의 물건 중 갖고 싶은 것은 무엇이든 취해도 좋다."[18]

1) 사용권과 처분권

사용권과 처분권을 구별하는 것은 중요하다. 어떤 사회는 어느 집단이나 특정의 개인에 대하여 어떤 종류의 재산을 사용하는 배타적인 권리를 인정하면서도 그들이 적당한 때 그 재산을 처분하는 권리에 대해서는 제한하는 경우가 있다. 대체로 문자없는 사회에서는 부족의 토지 소유권이 얼핏 보면 통치자에 속하는 것 같이 보이지만 사실은 공공의 신탁재산과 같은 것이다. 아프리카의 많은 지방에서는 통치자의 소유권이 상징적인 것이어서 끊임없이 재분배되고 집단 구성원들이 토지를 자유롭게 이용해 왔던 것이다. 요컨대 토지에 대한 권리를 외부인에게 팔아 넘긴다는 관념이 전통적 사상에서는 아예 존재하지 않았다.

수렵채집민의 경우 특정 어장이라든가 과실을 따는 큰 숲 등이 특정의 단체나 가족에 의해서 관리된다 하더라도 일반적으로 자기부족의 영역 내에서

---

[18] A. R. Radcliffe-Brown, Structure and Function in Primitive Society (New York : Free Press, 1952) p.16.

는 자유롭게 다닐 수 있다. 일정한 토지에 대한 개인 소유권으로 볼 수 있는 것은 보통 부드러운 모피를 갖는 동물을 덫으로 잡았다든지 환금작물(가령 고무와 같은 물건)을 채집하든지 하는 것, 자급자족적인 생산활동을 보조하는 수단이 된 경우 혹은 그것을 취하여 대신한 경우 뿐이다. 수렵채집민에게 중요한 것은 땅 그 자체가 아니고 오히려 거기에서 나오는 산물이다. 이와 같이 아프리카라든지 아시아의 목축민도 부족의 영역 내의 토지사용에는 거의 제한을 받지 않는 것 같다. 단, 수원지(특히 샘)는 보통 특정 가족이 관리했다. 허스코비츠(Herskovits)는 다음과 같이 기술하고 있다.

> 목축지가 개인 소유로 되어 있는 경우는 매우 드물며⋯ 집단소유로 되어 있는 경우가 훨씬 많다. 또 보유지에 제한이 있는 경우에도 경계선이 애매하고 목초가 계절에 따라 성질이 다르면 거의 방목민에게 이용될 수 있는 커다란 토지자원이 된다. 그러나 그 결과로서 그 목초지가 갖고 있을지도 모를 희소가치가 낮아질 것임에 틀림없다. 이는 모든 가축이 충분히 먹을 수 있는 토지가 있기 때문에 어느 가축 무리가 어디에 방목되는가에 대해서는 점점 무관심해진다는 말이 된다.[19]

2) 원시농경민의 토지보유

토지보유에 관한 신앙과 관습이 훨씬 다양한 것은 원시농경민(Horti-cultural peoples)의 경우이다. 토지가 풍부한 경우에는 숲을 베고 그 땅에 식물을 재배하는 사람은 누구든지 거기에서 나오는 산물을 소유할 권리가 있다. 그러나 토지와 물이 부족한 경우 혹은 관개나 언덕을 밭으로 만드는 노력의 투입이 필요한 경우에는 보유의 개념이 훨씬 복잡하다. 이러한 조건에서 각자는 사회에 의하여 정당하다고 여겨지는 기준에 의하여 토지에 대한 권리를 주장해야 한다.

씨족, 동족, 지역공동사회 등 공동체적 집단은 부족의 영역 내에서 생산력이 있는 모든 토지를 관리하고 있는 경우가 많다. 여기에서 개인은 집단의 구

---

19) M. J. Herskovits, Economic Anthropology (New York : Knopf 1952) p.349.

성원이 되든지 혹은 그 집단과 어떤 관계를 맺음으로써만 사용권을 획득할 수 있다. 가령 공동체적 집단인 모계사회에서 남자는 자기 자신의(즉 자기 모친의) 혈통의 토지에 대한 어느 정도의 권리를 주장할 수 있다. 또한 남자는 가령 그 자신은 부친측의 모계동족의 구성원이 아니더라도 그 출계집단이 관리하는 토지에 대해서 어떤 청구권을 갖고 있다. 호피족 가운데 결혼한 남자는 보통 처의 가정이 그 씨족으로부터 나누어 받은 밭을 경작한다. 필요 이상으로 많은 토지를 갖고 있는 단계 출계집단은 양자를 들여와 구성원을 늘린다.

3) 단일사회에서의 토지보유

단일사회 내에서 토지보유 방식의 유형이 몇 가지 있는 경우는 별로 진기한 것이 아니다. 말리노프스키의 자료에 의하면 트로브리안드 섬에서는 상이한 토지의 범주가 있는 세 가지 것을 알 수 있다. 그것은 (1) 부락의 용지 (2) 아직 벌채 되지 않은 숲 (3) 작은 경지의 구획이다. 이 중 제 1과 제 3 범주의 토지에는 제한이 가해지지만 제 2범주의 토지에 대해서는 부락 사람이면 누구든지 동등한 권리를 갖는다. 경지는 소구획으로 분할되고 개인 또는 팀으로 편성하여 각 구획을 경작한다.[20] 그 외에 트로브리안드 섬에서는 경지의 각 구획 및 거기에서 나오는 생산물에 대한 권리를 갖는 사람이 적어도 9가지 범주로 나뉠 수 있다. 그것은 구획의 추장과 촌장 — 그들은 산물의 몇 개를 공물로 받음, 농원주술사, 지역의 하위씨족 족장, 씨족의 족장, 전체로서의 부락 공동체 — 모든 주변의 토지에 대한 어떤 종류의 권리를 유보하고 있는 실제로 그 토지를 경작하는 사람 그리고 최후로 경작자의 자매 — 수확시에 중여물의 형식으로 많은 생산물을 받는 — 등이다.

지주-소작 관계는 주로 소작인의 토지보유권이 어느 정도 보장되는가 또 지주에게 공납되는 양이 어느 정도인가에 따라 다양한 형태를 취하게 된다.

---

20) Ibid., p.351.

대부분의 부족사회에서는 자기가 개간한 토지의 사용권은 상당히 보장되고 있지만 지주에게 지불되는 소작료는 토지의 상징적 소유자인 통치자에 대하여 바치는 공물과 구별하기가 어렵다. 부재지주의 유한계급이 진정한 의미에서 소작인을 착취하는 것은 '문명'의 발전과 맥을 같이 한다.21)

소유권을 둘러싼 분쟁은 모든 인간사회에서 나타난다. 집단내부에서는 훔친다는 행위가 거의 없는 사회에서조차도 재산에 대한 권리의 주장에는 중복과 대립이 있어서 분쟁이 불가피하다. 그러한 분쟁을 해결하는 것이 법체계의 기능 중의 하나이다. 법체계는 분쟁을 어떻게 해결하면 좋은가에 대해서 사람들이 공유하는 관념과 기대로 성립되지만 그것에는 분쟁의 범주와 그것들을 처리하기 위한 준칙을 포함한다. 그 준칙은 자력에 의한 해결과 여론이 갖는 무형의 제재에서부터 법정, 공판, 투옥과 같은 정규의 법적 제도에 이르기까지 넓은 범위에 걸쳐 있다.

4) 부족재산의 보호와 범죄자 처벌

대부분의 미개사회에서 중대한 범죄자와 상습범에 대한 징벌규정이 있지만 보통은 다투고 있는 당사자간의 화해가 훨씬 중시된다. 권리의 주장이 대립할 경우 타협이 이뤄지고 한 쪽 당사자가 손해를 입은 것이 분명한 경우에는 가해자는 변상하도록 권고받는다. 피해자는 대개 보복하고 싶은 충동을 느끼지만 많은 부족의 법체계는 그러한 충동을 눌러 분쟁의 확대를 막고 또한 가해자의 보상과 피해자의 명예회복을 통해 사회적 균형을 되찾으려 한다. 존 비티(John Beattie)는 우간다의 분요로족(Bunyoro)에서는 분쟁이 '이웃 법정(neighborhood courts)'에 의하여 해결되고 있는 것을 기술하고 있다. 기본유형은 언제나 같다고 그는 말한다.

---

21) E. Feder, The Rape of the Peasantry : Latin America's Landholding System (Garden city : Anchor Books, 1971).
　L. E. Stover, The Cultural Ecology of Chinese Civlization (New York : Mentor Books, 1974).

분쟁의 당사자들이 진술을 마치고 만약 증인이 있으면 그 증언을 들은 다음 모인 이웃 사람들은 사안에 대하여 이야기하고 보통 만장일치의 결정에 도달한다. 그리고 나서 그들은 죄상이 명백히 된 쪽의 당사자에 대하여 정해진 날짜에 피해자에게 술과 고기를 갖다주도록 지시한다. 명령받은 사람이 만약 그 판결을 수용한다면 그에 따른다.……그리고 그 뒤 잔치가 열리고 당사자 쌍방과 그 재판에 관여한 이웃사람들이 참석한다. 그것으로 분쟁이 끝난 것이므로 다시 그것을 문제삼아서는 안 된다.……이러한 부락재판의 주된 목표는 좋은 관계를 회복하는 것이지 범죄자를 벌하는 것이 아니다.……술과 고기는 벌금이 아니다. 그 목적은 벌을 부여한다기보다 관계를 바로 잡는 데 있다.[22]

마찬가지로 샤이안(Cheyenne) 인디언 사이에는 — 살인을 제외하면 — 가장 중대한 범죄는 매년 행하여지는 공동의 들소 사냥이 시작되기 전에 개인이 마음대로 수렵하는 것이었다. 단 한 사람의 수렵인이 "수천 마리의 들소 무리를 모두 쫓아 버려 부족전체의 수렵을 망칠 수가 있다. 이를 막기 위한 규칙은 명백했다. 결국 활동을 엄하게 지켜보고 위반자가 있으면 즉시 엄한 벌을 가하는 것이었다." 그런데도 감히 무서운 죄를 저지르는 자가 있을 때 범죄자를 처리하는 궁극적 목적은 죄를 범한 자에게 명예를 회복시키는 일이었다. 아담슨 호벨(E. A. Hobel)은 그 전형적인 사례를 다음과 같이 보고하고 있다.

모든 수렵인이 방호복을 입은 전사들과 같이 대열을 지어 명령을 기다리고 있었다.…… 그때 그 대열이 들소가 있는 방호용 밭이랑에 다 가왔을 때 두 남자가 들소의 무리 가운데 말을 타고 들어가는 것이 보였다. 두목의 지시를 받은 전사들은 그들에게 말에서 내리도록 명령했다. 전사들은 그 지점에 달하자 먼저 두 수렵인이 탄 말을 죽였다. 모든 전사는 위반자에게 매질을 했다. 두 사람의 총도 부수었다. 잡힌 남자들은 잠깐동안 샤이안 족과 공동생활을 한 어느 다코타족(Dakota)의 아들들이었다. 아버지는 아들에게 이렇게 말했다. "자, 너희들은 당치도

---

22) J. Beattie, Bunyoro: An African Kingdom (New York: Holt, Rinehart and Wingston, 1960) pp.68~69.

않는 일을 저질러 명령이 내려진 것이다. 너희들은 그 부족의 법을 따르지 않았다. 너희들은 혼자서 제멋대로 밖으로 나가 다른 사람들의 수렵의 기회를 빼앗았다." 전사단의 두목이 훈계했다. 소년들은 변명하지 않았기 때문에 두목들의 노여움이 가라앉았다. 그래서 두목들은 말도 무기도 없이 곤경에 빠진 두 위반자를 특별히 배려하도록 부하에게 일렀다. "부하들아, 너희들은 어떻게 하고 싶으냐?" 두 사람의 부하가 말을 주자고 제의했다. 또 다른 한 사람은 2개의 총을 주었다. 다른 사람이 같이 말했다. "좋다!"23)

물론 억제하려는 설득이나, 화해의 시도가 효력이 없는 경우도 많다. 그러나 아무튼 모든 인간사회에서는 정당한 재산권에 관한 무엇인가의 관념이 있고 그에 기초해서 분쟁을 해결하며 사회적 균형을 회복시키려는 것은 변함없다.

5) 재산으로서의 인간

사회마다 각종의 인간을 재산으로 여기며 취급하는 정도는 다양하다. 모든 사회에서 개인은 자신의 신체와 자기를 직접 둘러싼 개인적 공간에 관해서는 어느 정도 배타적 권리를 갖고 있다. 따라서 살인이나 강도는 어떤 사회에서도 범죄로 생각되고 있지만 그러한 범죄를 재산권의 침해라고 보는 사회도 많다. 공동체적 집단은 모두 그 구성원에 관하여 공통의 이해관계를 갖고 있기 때문이다. 우리들은 씨족에 의한 복수가 이 원리의 한 예인 것을 이미 기술하였다. 그러나 또 그러한 집단에 구성원이 살해되었다든지 손상을 입은 경우에는 그것에 대하여 보상을 받아들이는 것도 일반적이다.

아프리카의 많은 지역에서는 살인자가 속하는 종족은 보복을 피하기 위하여 일정한 수의 말(馬)을 피해자의 가족에게 지불하는데 그 말의 수는 살해된 사람의 사회적 중요성에 정확히 비례한다. 개인의 신체에 손상을 준다든지 개인의 명예를 훼손시킨 경우 그 손해에 대하여 보상하는 것도 많은 미개사회

---

23) E. A. Hoebel, The Cheyennes (New York : Holt, Rinehart and Winston, 1960) pp.53~54.

에서 볼 수 있다. 가령 캘리포니아주 북부의 유록(Yurok) 인디언의 경우 모욕한다든지 구타한다든지 특히 피를 보는 상해를 입혔을 때에는 반드시 조개화폐, 기타 귀중품을 가지고 그것을 보상해야 한다. 아주 옛날 바이킹들 사이에서는 이러한 지불 방법이 일반적이었다.

집단상호간의 관계에서 남자들은 동맹을 위해 교환되는 '귀중품'으로 여성을 이용한다(제5장 참조). 여성이 교환의 대상으로서 최고의 가치를 지니기 때문에 일반적으로 아내를 주는 쪽은 아내를 받는 쪽보다 우위라고 생각한다. 이것은 특히 부계제 사회의 경우에 그러하다. 부계제 사회에서는 각 외혼제 출계집단은 다른 출계집단으로부터 받은 여성이 분만한 자녀에 대한 권리를 획득함으로써만 스스로를 지속시킨다. 신부대(bride-wealth)가 지불되는 것은 여성이 갖는 생식능력을 그녀의 공동체적 집단에서—그 여성 자신으로부터가 아니다—사들이기 때문이라고 생각하는 것이 보통이다. 부부가 이혼해도 아이들이 아버지의 집단 속에 남는다면 신부대를 반환할 필요가 없는 사회에서는 틀림없이 그러한 경우이다.

그 외에도 신부대의 지불이 혼인 관계의 안정장치로서의 기능을 다하고 있는 경우가 있다. 신부대가 일단 며느리의 공동 집단의 구성원들에게 분배되면 그들 모두가 그 혼인에 이해관계를 갖게 되기 때문이다. 즉 반환을 피하려고 한다는 말이다. 신부대를 주고 받는 사회에서는 대개의 경우 그 여성이 분만한 아이들의 정당성과 사회적 지위는 결혼시에 지불된 신부대의 양과 종류에 의해서 정해진다. 그래서 여성은 자기를 '구매'할 때의 상황을 과장하는 경우가 많다. 여성은 대단히 특별한 종류의 재산이다.

허스코비츠가 주장한 바와 같이 그것은 생계경제(subsistence economy)의 일부라고 말하기보다는 '위세 경제'(prestige economy)의 일부라고 해야 한다. 여성들은 말(馬)이라든지 의례상의 귀중품과 같이 다른 '위신을 갖는 선물'로만 교환 될 수 있다. 그리고 구매되는 물건은 사람 그 자체가 아니고 오히려 그 사람이 갖는 생식적, 성적, 가사적 능력에 관계되는 어떤 한정된 권리이다. 그와 비슷하게 우리 사회에서도 어느 남자가 자기 아내의 '애정을 가로채 아내의 가정적 서비스'를 빼앗았다 하여 남편이 그 남자를 상대로 고소하는 것이

―그리하여 금전상의 보상을 받는 것 ― 오늘날 가능하다.

6) 노예소유권

진정한 노예제란 미개사회에서도 드물지만 그 경우에도 주인은 ― 구매, 채권, 포획 등에 의해서 ― 노예의 인격에 대한 한정된 권리만을 획득할 뿐이었다. 많은 지역에서 여자 노예의 아들은 자유의 몸으로 태어난다. 동아프리카의 랑고족(Lango)의 경우

> 노예소유권은 매우 한정되어 있어서……노예의 운명은 자유인 그것과 거의 구별할 수 없는 정도였다. 통상의 댓가만 지불되면 노예신분의 소녀도 그 소유주에 의해서 결혼이 허용되었다. 그 소유주가 그녀의 친아버지 대신 역할을 하였다. 노예신분의 소녀에게 단 하나 불리한 조건은 남편과의 사이가 좋지 않을 때 도움을 요청할 가족이 없다는 것이다. 남자 노예들은 보통 그 소유주 양자가 된다. 그들은 랑고족의 부인을 아내로 하며 하등의 차별도 받지 않는다.24)

경제적 잉여를 만들어 내는 수단을 갖지 않는 사회에서는 노예제가 이득이 되지 않았다. 바깥에 노예시장 ― '문명이 발달한' 나라들 ― 이 없는 한 노예의 주된 용도는 주인의 가정에서 일을 시키는 정도였다. 그러기 때문에 노예소유에는 어떤 위세가치가 있었는지도 모르지만 대개의 경우 노예는 자신이 소비하는 이상으로 생산하는 일이 별로 없었다. 그러나 허스코비츠에 따르면

> 노예획득 방법과 노예에게 요구되는 일의 내용에 상관없이 노예가 갖는 재산으로서의 지위가 그들 재산의 지위속에 상당한 정도까지 침투해 있었다. 그 결과 자유로운 사용과 무한의 처분권에 대해서는 언제나 어떤 제한이 수반되었다. 또한 많은 사회에서 이것은 결국 노예를 재산이라는 범주에서 벗어나게 한다. 혹은 적어도 다른 형태의 재산과는 분명히 별도로 취급되게 한다.25)

---

24) M. J. Herskovits, op. cit., p.385.

7) 미개사회의 경제체계

미개사회의 경제체계에서 집단내부 및 집단간의 재산권, 공예의 전문화, 집단 안에서 또는 집단간의 교환 그리고 최후로 자원의 소비라고 하는 것은 모두 사회생활의 다른 여러 측면 — 친족, 리더쉽, 종교, 기타 — 과 밀접히 결합되어 있다. 우리들이 경제라고 생각하는 것 — 시장, 통화, 은행 등 — 의 특색은 대부분 미개사회에서는 산발적으로밖에 나타나지 않는다. 전형적인 미개사회에서는 전문화가 제한되어 있어서 생산은 자기가 사용하기 위해, 축적은 재분배를 위하여, 교환은 위신을 얻기 위해 이뤄진다. 소규모 농경민의 경우에 중요한 물품은 보통 공동체의 공동재산이다. 자원들이 썩기 쉽기 때문에 그리고 운반이 가능하고 내구성이 있는 '가치의 그릇'인 화폐가 없기 때문에 부의 축적이 어렵다.

나아가 많은 문화는 '축적된 자원은 사회적 목적을 위하여 이용된다.'는 것을 보장하는 평준화 기제(leveling mechanism)를 내포하고 있다. 맨닝 나쉬(Manning Nash)가 요약했듯이

> 평준화 기제는 축적된 자원 또는 자본을 반드시 경제적인 것도 아니며 생산적인 것도 아닌 회로를 통해 소비하려는 방법이다. 어느 사회에서나 어떤 형태의 평준화 기제는 개인 혹은 특정 사회집단의 富의 증대를 억제하는 데 중요한 역할을 한다. 평준화 기제는 여러 가지 형태를 취한다. 가령 친척이나 동거자에게 강제적으로 대여한다든지, 경제적으로 성공한 뒤에는 반드시 잔치를 베푼다든지, 북서 해양지방 인디언의 포틀라치(potlatch)처럼 대량의 가치있는 물품을 파괴하여 소비에 힘쓴다든지, 중미지방처럼 관리로서 혹은 종교적으로 높은 지위에 있는 사람은 의례상 당연히 특별한 부담을 진다든지, 평원 인디언처럼 말과 물품을 버리다든지 하는 것 등이다. 소규모 경제는 대개 기술적 진보에 대한 재투자를 억제하여 부를 분산시키는 방법으로 경제에 기초한 계급분화가 고정되는 것을 막고 있는 것이다.[26]

---

25) Ibid., p.387.
26) M. Nash, Primitive and Peasant Economic System (San Francisso : Chandler, 1966)

이러한 관습이 제 3세계의 경제발전에 중요한 장애가 되고 있는 경우가 많다. 토착사회 체계의 근본적인 붕괴를 수반하지 않은 채 이들을 없앨 수 없다.

4. 에이도스(Eidos) - 신앙의 통합원리

에이도스라는 말은 그레고리 베잇슨(Gregory Bateson)이 하나의 신앙체계에 일관성을 부여한 일반적 원리를 나타낸 말로 이용했다.27) 하나의 사상을 구성하는 여러 가지 신앙은 아무렇게나 선택되는 것이 아니다. 신앙은 가령 목적이 애매하다든지 해결되지 않은 모순점이 있다 하여도 전체로서 의미있는 하나의 통합된 형태에 적합하다. 그 일관성이란 신앙체계의 근저에 있는 명시적인 또는 암묵적인 전제라고 할 수 있을 것이다. 가령 우리의 문화에서 정당한 법적 수속에 대한 믿음은 "인간은 죄가 입증되기 전에는 무죄라고 여겨진다."라는 전제에서 비롯된다. 미국인 생활의 다른 영역에서도 똑같이 전제가 되어야 행동한다고 설명할 수 있다. 가령 코라 듀보아(Cora DuBois)는 미국 중산층 문화에 대부분의 근저가 되고 있는 네 가지 기본적 전제가 있다고 주장한다. 즉 "(1) 우주는 기계론적으로 인식될 수 있다. (2) 인간은 우주의 주인공이다. (3) 인간은 모두 평등하다. (4) 인간은 완전무결할 수 있다."28)

종종 신앙체계의 전제가 그 신앙을 갖고 있는 사람 자신에 의해서 분명하게 연결되지는 않는다. 그것을 발견해 내는 것이 인류학자의 임무이다. 클라크혼(Clyde Kluckhohn)이 설명한 바와 같이 한 민족의 암묵적 철학이란 대부분 '관찰된 사상과 행동의 형태 속에 있는 일관성에 기초하는 추론'으로 형성되는 것이다. 다년간에 걸친 민족지적, 언어학적 연구에서 클라크혼은 그 근저에 깔려 있는 전제에 의해서 나바호(Navaho) 인디언의 암묵적 철학을 나타

---

pp.35~36.
27) G. Bateson, Naven (2nd ed., Stanford, Stanford University Press, 1958).
28) C. Dubois, "The Dominant Value Profile of American Culture," (American Anthropologist, Vol. 57, 1955), p.1233.

내고 또한 그가 나바호형 사유방식을 특색지우고 있다고 생각하는 '사고의 법칙'을 보여주려 했다. 다음은 클라크혼이 설명한 나바호형 사유방식의 기본적 전제이다.

1. 우주는 질서를 갖고 있다.―모든 사건은 원인이 있고 서로 관계되어 있다.
   a. 지식은 힘이다.
   b. 탐구의 기본목적은 조화를 구하는 데 있다.
   c. 조화는 질서 정연한 절차에 의하여 이뤄질 수 있다.
   d. 인간의 경우 무질서의 댓가는 병이다.
2. 우주는 인격화되기 쉬운 성질이 있다.
   a. 인과관계는 인격화된 말을 써서 발견할 수 있다.
3. 우주에는 위험이 가득하다.
   ⋮
7. 인간관계는 가족적 개인주의를 전제로 하고 있다.
8. 행위자 혹은 신분보다도 우발사건이 가장 우선된다.[29]

1) 가족적 개인주의

클라크혼은 사회적 행위에 대한 그 영향을 해명하기 위하여 이러한 사항의 각각에 대하여 상세히 고찰하고 있다. 가령 일곱 번째의 가족적 개인주의는 다음과 같이 설명한다.

> 나바호족은 특히 푸에블로 등 기타의 공동체적 성격이 강한 집단과 비교해 볼 때 확실히 개인주의적이다. 의식에 관계되는 지식은 개인적으로 획득된다. 또 그것에 대한 사례도 개인적으로 행하여진다. 가축

---

29) C. Kluckhohn, "The Philosophy of the Navaho Indians." M. Fried ed., In Readings in Anthropology, Vol. 2 (New York : Crowell. 1968) p.427.

중의 어떤 종류의 동물은 특정한 개인에게 속한다. 어떤 종류의 의식에
는 그 사람 독자의 방식이 꽤 많이 인정되기도 한다. 그러나 이것은 미
국 문화가 갖는 낭만주의적 개인주의와 분명히 다르다. 미국 백인문화
에 동화되지 않은 나바호족으로서 자기의 친척들과의 관계가 망가져
도 상관 없다고 할 정도로 자기를 자립적 인간이라고 생각하고 있는
사람은 없다. ……나바호족의 인간은 자기의 세계에 대한 자기인식을
묘사할 경우 가족생활이야말로 개인상호 관계의 중심이라고 주장한다.
그는 무엇보다도 먼저 부락공동체의 일원이라든가 혹은 부족의 일원
이라고 생각하지 않는다.…… 자기가 가장 충성을 다하는 대상은 자기
자신도 아니며 추상적 존재인 사회도 아니다. 오히려 그 충성 감정은
자기 혈연의 친족과 씨족의 친척들에게로 친족의 범위가 넓어짐에 따
라서 자연히 희박하게 되는 성질의 것이다.

이러한 기본전제에 덧붙여 클라크혼은 그 전제에서 결론을 도출해낼 때에
나바호족이 이용하고 생각하였던 네 가지 일반적 사고법칙에 대하여 기술하
고 있다. 그것들은 다음과 같다.
 (a) 비슷한 것은 같은 힘을 갖는다.(예 : 독수리는 빨리 날 수 있다. 따라서
    인간도 독수리의 털 날개를 조금만이라도 갖는다면 빨리 달리 수 있다.)
 (b) 부분은 전체를 대표한다.(예 : 마술사는 희생자 본인을 대하는 것과 똑
    같은 정도로 효과적으로 머리와 오이나 박 등의 조각을 활용할 수 있다.)
 (c) 을이 갑 뒤에 일어났기 때문에 갑이 을의 원인이다.(시간적 발생에 의하
    여 인과율을 설명하려고 하는 것. 예 : 풀은 이미 금기가 엄격히 지켜지는
    옛날처럼 자라지 않는다. 그러므로 초목이 자라지 않는 것은 규정을 소홀
    히 지키기 때문이다.)
 (d) 모든 주관적 경험은 감각의 경험과 상호연관성을 보여주어야 한다.(나
    바호에서는 '마술사가 나를 쫓고 있는 것을 안다'고 말하는 것 만으로는
    충분하지 않다. 마술사의 발자취가 나타났다든가 이상한 일로 오두막의
    지붕에서 오물이 내려온다는 등의 일이 있어야 한다. 모든 해석이 실제의
    감각에 호소할 수 있는 증거로 뒷받침되어야 한다.…)[30]

---

30) Ibid., pp.678~686.

이러한 설명의 방법—사고와 신앙의 통합원리를 기술하는 것—은 광범위한 관찰사실을 요약한다는 점에서 도움이 된다. 또한 다른 사회의 통합 원리에 대한 서술과 비교 대조할 수도 있다. 나바호족의 가족적 개인주의에 관한 클라크혼의 기술은 또 에드워드 반휠드(Edward Banfield)가 남부 이탈리아 농민사회의 경제적, 정치적 행동을 설명하기 위하여 제시한 전제와 비교해 볼 만하다.

반휠드는 초도덕적가족중심주의(amoralfamilism)라고 하는 개념을 붙여 그것을 개인은 "핵가족의 물질적인 안전의 이익증대를 최대한 고려해야 한다. 타인도 모두 나와 같이 하리라는 것을 염두에 두라"[31]라는 믿음이라고 정의하고 있다. 몬테그라노(Montegrano)라고 불리우는 부락의 사람들은 실로 이 규칙에 따르는 듯 행동한다고 그는 주장한다. 이런 의미에서 초도덕적 가족주의라는 전제는 외부인도 부락 사람의 광범위한 행동을 파악하기 쉽고 또 예측까지 할 수 있게 해주는 일반원리이다.

이 전제에서 반휠드는 부락의 사회생활의 중요한 측면과 논리적으로 어김없이 부합하는 갖가지의 함축성을 끌어내고 있다. 가령 사람들이 철저한 가족중심주의의 전제를 용인하는 사회에서는 핵가족 밖에서의 행동은 하등 도덕적 구속도 갖지 않는다고 반휠드는 기술하고 있다. 따라서 자기의 사적 이익이 되지 않는 한 누구도 집단이나 지역사회의 이익에 기여하려고 하지 않는다. 왜냐하면 곧 물질적 이득이 획득되는 희망만이 공공의 문제에 사람들을 참가시키는 인정된 동기가 되기 때문이다. 공공의 문제에 관심을 갖는 것은 관청의 직원 뿐이겠지만 그것도 단지 그들이 그것에 의해서 급료를 받고 있기 때문이라는 것이다. 그들이 뇌물을 취한다든지 그렇지 않으면 사적 이익을 위하여 자기의 지위를 이용한다든지 하는 것은 당연한 것으로 여겨진다. 이 태도는 교사나 기타의 전문직의 사람들에게도 마찬가지이다.

초도덕적 가족들로 구성된 사회에서 조직된 활동이 매우 어려운 것은 그러

---

31) E. Banfield, The Moral Basis of a Backward Society (New York : Free Press, 1958) p.85.

한 활동이 신뢰감과 충성심을 필요로 하는 것으로써 그러한 감정이 핵가족을 초월하는 범위까지 확대되지 않기 때문이다. 지도하는 사람도 없으며 따르는 사람도 없다. 누구도 주도권을 쥐려는 사람이 없고 가령 있다 해도 집단을 불신하면서 협력하지 않기 때문이다. 더 나아가 정치적 이데올로기와 실제 행동 사이에는 아무런 연관성이 없다. '공공정신'의 주장은 속임수로 여겨지고 만약 무슨 형태로 가족의 눈앞에 물질적 이익이 거기에 포함되어 있으면 그 쪽이 우선되어 장기적 이익, 계급적 이익 혹은 공공의 이익이 투표행동에 영향을 미치지 않는다.32)

이러한 태도의 행동이 모두 철저한 가족중심주의라고 하는 전제에서 직접 도출되는 것은 아니지만 이것들은 확실히 철저한 가족중심주의와 일관성있게 존재한다. 이러한 정도에서 그 일반원리가 사람들의 이데올로기를 이해하는 데 도움이 된다.

2) 이원론

세계 각지에서 거듭 발견되는 개념적 통합 원리가 몇 가지 있다. 이들 원리에 의하여 조직되는 문화의 내용은 지역에 따라서 차이가 있지만 그 구조적 형태는 명백하게 비슷하다. 널리 행해진 이들 원리의 하나는 二元論(dualism)이다.

이원론이란 여러 개의 개념적 영역 및 사회적 영역을 두 개의 대립적 또는 상보적 부분으로 구별하는 것을 말한다. 남아시아라든지 동남아시아에서 이원론은 보통 좌와 우, 선과 악, 남과 여, 깨끗함과 더러움이라고 하는 대립의 모든 결합을 하나의 전체로서의 이원론으로 연계시키고 있다. 그래서 그것은 정교한 상징체계의 형태로 신앙의 모든 부분에 종종 침투한다. 이런 형태는 사회집단을 半族(moieties)으로 나눈다. 二元的 또는 二重的 조직이 존재하는 사회에서 종종 보게 된다.

---

32) Ibid., pp.85~93.

그러한 이원론적 유형의 침투가 보이는 아프리카 사회의 하나로 다호메이족(Dahomey)이 있다. 다호메이족의 창세 신화에 대해서는 이미 어느 정도 상세히 인용했는데(제9장 p.281 참조) 여기서는 이 원리가 문화의 다른 부분에 어떻게 나타나고 있는가를 보자. 폴 머시어(P. Mercier)는 다음과 같이 쓰고 있다.

다호메인의 판테온의 首位에 마우 리사라는 이름의 창세자 혹은 오히려 조물주라고 하는 두 신이 존재한다. 마우 리사는 쌍생아인데 이는 그들의 통일성과 이원성을 모두 나타내기 위한 것에 지나지 않는다. 신의 세계에서 모든 집단의 이상형은 반대 성(性) 부모의 자식 혹은 드물지만 동성 부모의 자식이고…… 사람들 사이에서 이상적인 출산은 쌍둥이 자녀를 낳는 것이다.…… 신화가 계속 다듬어지는 현단계에서는 아직 모두 이틀 속에 통합되어 있다고 할 수는 없지만 이 신들의 쌍생 구조는 움직일 수 없는 원칙이다. 많은 경우에서 사람들이 雌雄兩性(androgynous)의 존재에 관하여 말하는 것이 전형적인 만큼 이중적 성격이 완전히 타당한 것처럼 보인다.33)

이원론의 원리는 정치조직의 영역에서 더욱더 분명하게 나타난다.

정점에는 왕이 있다. 그리고 그는 한 사람으로서 두 사람의 몫을 하고 있다. …… 군주의 지위는 오로지 하나밖에 없지만 법정은 둘 있고 아예 똑같은 관리의 집단이 둘 있고 군주의 선조들을 모시는 의례에도 두 계열이 있다. 통치자인 왕은 시(市)의 왕과 더불어 들(field)의 왕이라고 하는 두 개의 칭호를 갖고 있다. ……모든 칭호, 모든 관직이 궁전 속에 있는 부인과 밖에 있는 남자에게 동시에 수여된다. 더욱이 칭호는 그 자신이 이미 이원적인 것이지만 하나는 왼쪽 다른 하나는 오른쪽에 대칭적으로 되어 있다.34)

---

33) P. Mercier, "The Fon of Dahomey," in African Worlds. C. D. Forde, ed., (London : Oxford University Press, 1954) p.231.
34) Ibid., p.232.

3) 신분계층제의 관념

더 넓은 통합원리는 신분계층제(hierarchy)의 관념이다. 다호메이 사회를 관리하는 관리들은 왕 밑의 위계서열 속에 배치되어 있다. 首長들은 각각 그 지휘하에 자기에 대하여 직접 책임을 지는 하위의 수장을 두고 있다. 똑같은 형태로 마우신의 아들에 해당하는 신들은 그 통치아래에 각각 자기에 대하여 책임을 지는 크고 작은 신들을 돌보고 있다. 머시어(Mercier)의 설명대로 "우주의 통치와 인간사회의 통치, 신들의 세계의 구조와 인간의 세계의 구조는 뚜렷하게 대응한다."35)

끝으로 레그바(Legba)라는 중요한 인물이 있다. 레그바는 마우(Mawu)신 밑에서 '응석받이로 자란 아들'이었는데 신들과 사람들 사이의 연락을 담당하고 있다. 레그바는 창세신화에서 쌍생아는 아니지만 과거 2세기 동안에 하나의 추상적인 원리인 비인격적 운명이라는 관념과 대칭하는 것으로 되었다. 이 관념은 아프리카 사회의 다른 지방에서 다호메이의 우주론에 들어온 것으로서 '파'(Fa)의 관념으로 불리우고 있다. '파'는 집단의 운명과 개인의 운명을 지배한다고 믿어지고 있다. 각 개인은 두 개의 별의 근본에서 생을 얻지만 어느 쪽에 어떤 운명을 갖는가는 여러 개의 점성술에 의하여 알 수가 있다. 그러나 그럼에도 불구하고 다호메이인들은 절대적인 결정론은 믿지 않는다.

> 레그바의 운명, 기회 또는 우연이라는 요소를 도입한다. 인간은 노예가 아니다. 인간의 운명은 인간을 엄하게 세계의 구조에 속박되는 것, 그것은 그의 생애의 길잡이 이상의 것이 아니다. 인간은 온갖 자유에서 제외될 이유가 없다. 레그바는 신들의 세계에서 이것을 보증해 주고 있다. 레그바는 세계의 엄격한 지배를 피하기 위한 책략과 위계를 알고 있다. 레그바 신화가 '파'신화와 연결되어 있는 것이 명백하지만 그것은 어느 의미에서는 '파'신화를 반대로 한 것이다. 레그바는 악의 힘이 아니다. 그는 악의 사자이기도 하고 선의 사자이기도 하다. 그는 인간을 수호해 줄지 모르지만 동시에 또 인간의 운명을 보다 곤란하게 할

---
35) Ibid., p.233.

지도 모른다. 레그바는 모든 제사집단과 모든 가정에서 존중되고 있다. 각자 한 사람 한 사람이 자기의 운명을 갖고 있는 것과 같이 자기의 레그바를 갖고 그리고 나쁜 운명에 엄습당하지 않도록 레그바의 비위를 맞추지 않으면 안 된다.36)

여기에 우리들은 이원의 통합원리가 어떻게 활용되고 두 개가 본래부터 독립적 관념인 것(파와 레그바)을 대칭이 되는 관계로 변했는가를 볼 수 있다. 다호메이 문화에서 이원론적 에이도스와 신분계층적 에이도스가 모든 종류의 개념에 맞는 일반적 사고범주로 되어 있고 일관된 신앙체계를 만들어 내고 있는 것이다.

4) 신앙체계가 갖는 일관성

신앙체계에 대한 하나의 대안적 분석을 시도한 것은 레비스트로스(C.Lévi-strauss)이다. 『야성의 사고(The Savage Mind)』라는 책에서 그는 미개인의 사고가 현대 문명인의 사고와 근본적으로 다르다는 생각을 거부한다. 그는 많은 미개민족이 예민한 지각과 지구력과 더불어 논리적이고 연역적 사고능력을 갖고 있다는 증거를 제시하고 있다. 신석기 시대를 통한 '도기제작, 직조, 농경 및 동물 길들이기 등과 같은 문명의 위대한 기술'의 발전은 초기의 인류가 인지적 능력을 갖고 있었다는 증거이다. 그것은 인류가 이룩한 위업이 "모두 진실한 과학적 태도와 대상에 대한 지속적이고 섬세한 관심 그리고 지식을 위한 지식의 추구를 필요로 했기 때문이다."37)

그렇다면 미개 혹은 원시적 사고와 '과학적' 사고는 도대체 어떻게 다른 것인가? 레비스트로스에 의하면 미개인은 자기가 보고, 듣고, 맛보고, 냄새를 맡고, 느낄 수 있는 것에 기초해서 그들의 경험을 범주화한다. 그리고 이 범주의 '목록'들을 이용해서 자기가 이해하려는 것에 대한 신화적 설명을 구성한다. 분석적이고 수학적인 방법을 개발하여 경험의 감각적 성질 이면으로 파고드

---

36) Ibid., pp.228~229.
37) C. Lévi-Strauss, The Savage Mind (Chicago : University of Chicago Press, 1966) p.14.

는 과학과 달리, 신화적 사고는 그러한 감각적 성질 및 그들 사이의 대립을 활용하여 세계를 설명한다. 남/녀, 밝음/어두움, 날 것/익힌 것, 산 것/죽은 것, 높음/낮음, 식물/동물 등의 대립은 주어진 문화에서 범주들을 규정하고 관계를 설명하는 기능을 담당한다. 이러한 대립 — 이는 마치 음성학 체계에서 모음/자음과 유성음/무성음의 대조와 비슷하다 — 은 어떤 문화체계의 한 부분에서 다른 부분으로 전이될 수 있다. 가령 토템 씨족을 가진 사회에서는 자연의 종 즉, 동식물 (예를 들어 곰과 독수리) 사이에서 인지된 대립이 사회구조 (곰 씨족과 독수리 씨족)의 영역이나 신화의 영역으로 전이될 수 있는 것이다.

레비스트로스가 문화체계와 자연체계가 같은 구조를 갖는다고 말할 때 그것이 의미하는 바는 각 체계 내의 범주들 사이의 대립이 같다는 것이다.

토테미즘은 곰 씨족의 사람이 곰과 유사하다든가, 독수리 부족사람들이 독수리와 유사하다는 것을 의미하는 것이 아니다. 오히려 그것이 의미하는 것은 곰이 독수리와 구별되는 방식과 같이 곰 씨족과 독수리 씨족이 구별될 수 있다는 것이다. 따라서 어떤 일정한 사회가 중요한 種의 사이에 있는 대립을 어떻게 생각하는가를 발견하는 것이 핵심이 된다. 곰과 독수리는 다양한 대립 (낮음-높음, 더딤-빠름, 자기 편-적 등)에 의해서 구별될 수 있다. 그 가운데 오직 하나의 특정한 대립만을 문화가 선택하여서 사회구조와 관련시키는 것이다.

동식물이 신화적 사고에 중요한 것은 그들이 문화의 범주를 구성하기 위한 자연적 모델이 되기 때문이다. 즉 "種의 다양성이야말로 인간이 그의 뜻대로 처리할 수 있는 훨씬 직관적인 像을 제공해 주고 현실의 세계가 갖는 근본적인 불연속성에 대해서 인간이 지각할 수 있는 것을 가장 직접적으로 표현해 준다."[38] 따라서 신화와 의례의 내용을 자세히 검토함으로써 우리는 원시적 신앙체계를 통합하는 무의식적 원리를 발견할 수 있을 것이다. 모든 인류학자가 레비스트로스의 생각을 받아들이는 것은 아니며 또 레비스트로스처럼 우아하고 왕성하게 그 문제들을 다루는 인류학자는 별로 없다. 그러나 문화체계

---

38) Ibid., p.137.

의 일반적인 유형을 기술하는 방법에 대한 탐구는 지금도 계속되고 있다. 그것은 상징분석(symbolic analysis), 문화적 기호론(cultural semiotics), 세계관(worldview), 구조주의(structualism) 등 여러 이름아래 이뤄지고 있다. 그리고 레비스트로스의 공헌은 비록 그의 특정한 분석에 오류가 발견된다 하더라도 틀림없이 그의 분석은 몇 년 동안 계속 자극을 불어넣어 줄 것이다.

보충문헌

Robert F. Murphy, The Dialectics of Social Life. New York : Basic Books, 1971.
Philip Pettit, The Concept of Structuralism. Berkeley : University of Califonia Press, 1975.
Gregory Bateson, Steps to an Ecology of Mind. New York : Ballantine, 1972.
Elman R. Service, Origins of the State and Civilization. New York : W. W. Norton, 1975.

제10장 가치체계

문화적 가치의 개념

문화적 '가치'란 간단히 정의하면 바람직한 것에 대한 공유된 관념이라 할 수 있다. 즉 가치는 어느 사회집단의 성원들이 드러내 놓고 혹은 암묵적으로 받아들이고 있다. 따라서 그들의 행동에 영향을 주는 理想(ideals)인 것이다. 문화에 관한 다른 부분들과 마찬가지로 가치도 침해되는 일이 있고 개인이 자기만의 사적 목적을 달성하기 위하여 가치를 이용하는 일도 있다. 그러나 그러한 행동은 그것들이 침해한 관념이 의식되고 있음을 보여준다. 혁명가들은 흔히 자기 사회의 가치를 가장 잘 의식하는 사람들인데 이는 그들이 변혁하고자 하기 때문이다.

한 사회의 가치체계는 집단이 공유하고 있는 명시적 또는 암묵적 이상과 더불어 그들 이상의 상대적 우선순위와 전체적 통합양식으로 구성된다. 즉 신앙과 마찬가지로 어느 사회집단의 성원이 갖는 가치는 하나의 일관된 체계를 형성하는 경향이 있다. 말할 것도 없이 많은 사회에는 무엇이 바람직한 것인가에 대해서 다른 사고 방식이나 대립하는 개념이 존재하지만 가치들의 위계서열과 그것들의 체계적 관계를 찾아낼 수 있다. 하나의 가치체계를 통합하는 데 도움이 되는 일반적 개념을 보통 원리 또는 전제라고 하기보다 양식(pattern) 혹은 지향성(orientation)이라고 한다.

1. 가치부여의 과정

1) 판단의 기준과 범주

인간의 행동에는 판단과 선택이 빈번하게 포함된다. 우리들은 자기의 경험을 분류한다든지 여러 가지 대안적인 행동의 과정 가운데 하나를 결정함으로써 환경에 반응하도록 끊임없이 요구받는다. 일상 생활에서 우리들은 다음과 같은 질문에 답해야 한다. 그가 '핀'이라고 했는가 아니면 '펜'이라고 했는가? 메리 스미스인가 아니면 그녀의 쌍둥이 자매인가? 스테이크를 주문할까? 스파게티로 할까? 이것은 어떤 종류의 책인가? 또 우리들은 때로 더욱 중대한 결정을 하도록 독촉받는다. 어느 쪽의 후보자에게 투표할까? 이씨와 결혼할까? 어느 회사에 취직할까?

그러한 질문에 답하려고 할 때 개인은 여러 가지의 판단기준을 사용한다. 이들 기준 가운데는 완전히 개인적인 것도 있지만 우리들이 사용하는 기준의 대부분은 사회적으로 획득되는 것이다. 즉 그것들은 우리들이 속하는 또 속하고 싶어하는 집단문화의 부분으로서 학습되는 것이다. 따라서 문화는 의사결정의 준칙을 제공한다. 즉 문화는 우리들에게 어떤 종류의 증거와 관련이 있는가 또는 어느 정도의 증거가 필요한지를 판단하기 위한 기준을 마련해 준다. 물론 우리는 자기가 사회적으로 획득된 표준에 어느 정도 의존하고 있는지 의식하지 못하고 있는 경우가 많지만 말이다.

음식을 좋아하고 싫어하는 것처럼 평범한 문제에서도 문화적 차이가 뚜렷이 나타난다. 대부분의 사회에서는 식사가 충분하다든지 만족스럽다고 판단하기 위해서는 어느 식사에나 반드시 포함되어야 하는 주식이 있다. 그런데 이 주식이 쌀, 우유, 감자 혹은 빵 어느 것인가는 말할 것도 없이 그 지역의 전통에 의해서 정해진다. 어느 물질이 음식물이냐 아니냐에 대한 판단까지도 어느 정도는 임의의 가치부여를 포함한다. 가령 어느 집단에서 맛있는 음식이 다른 집단에서는 구역질나는 곤충인 경우도 있다. 그러한 판단을 내리는 데는 일정한 사물과 사건이 일정한 범주 안에 들어가는 기준에 적합한 것인가를 분명히 해야 한다. 만약 민족지학자가 사람들이 판단할 때 어떤 기준에 입각하는가를 발견할 수 있다면 알려진 대상 전부를 하나 하나 '먹을 것', '먹지 못하는 것'이라는 식으로 분류해서 열거하는 구차스런 수고를 면할 수 있을 것이다. 그는 또한 사회의 구성원이 어떤 새로운 대상을 어떻게 분류하는가를 예측할 수 있을지도 모른다. 더 나아가 음식물 범주와 그 밖의 다른 범주들과의 관계를 발견하는 것도 가능할지도 모른다.

에드먼드 리치(E. R. Leach)는 모든 문화는 객관적으로 먹을 수 있는 환경을 세 중요 범주로 나눈다고 설명하고 있다. 즉,

(1) 음식물로 인정하여 일상적으로 먹는 것의 일부로서 소비되는 것.
(2) 먹을 수 있는 것으로 인정하지만 먹는 것이 금지되어 있든가, 그렇지 않으면 특별한 의례적 조건하에서만 먹는 것이 허용되는 물질, 이것들은 무의식적으로 금기시되는 물질들이다.
(3) 문화 및 언어에 의해서 음식으로서는 전혀 인정하지 않는 것.

리치는 또 이들 범주 또는 그것과 결합된 소비의 준칙이 인간관계에 대한 문화적 태도와 일관된 관계가 있다고 주장한다. 그는 "먹는 것과 성교를 의례와 말로써 연결시키는 경향이 보편적으로 존재" 하는 것을 주목하고 "동물을 식용가능성이 있는가 없는가"라는 점에서 범주화하는 방법 사이에는 어느 정도 일치하는 점이 있다고 가정한다. 그는 "어느 남성의 입장에서 그의 교제범위 중에 있는 젊은 여성들이 네 가지 중요한 종류로 분류" 되고 있음을 지적하고 영국사람은 그 분류와 매우 잘 대응되는 범주로 동물의 대부분을 나누고 있음을 보여준다. 이들의 분류를 대응하여 보면 다음과 같다.[1]

---

1) E. R. Leach, "Anthropological Aspects of Language: Animal Categories and Verbal Abuse," in E. Lenneberg, ed., New Directions in the Study of Language (Cambridge : Natural History Press, 1966) pp.42~44.

여성의 범주(일반)	동물의 범주(영국의 경우)
1. 매우 가까운 관계에 있는 사람. 친자매, 항상 가장 가까운 근친 상간금기의 대상이 되는 범주.	1. 대단히 가까운 관계의 동물. '애완용 동물'은 어떤 경우에도 절대로 먹어서는 안 되는 대상이다.
2. 친족이기는 하지만 자매 정도로 가까운 관계는 아닌 사람. 영어권 사회의 '친사촌', 씨족 자매 등…… 원칙으로 이 범주의 사람들과의 결혼은 금지되든가 거의 허용되어 있지 않지만 혼전 성관계는 허용되는 경우가 있고 기대 되는 경우도 있다.	2. 기르기는 하지만 그렇게 가깝다고 할 수 없는 동물(농경용 동물)이 이에 해당된다. 대부분 먹을 수 있지만 아직 덜 자랐다든가 거세된 경우에 한한다. 우리는 성적으로 온전하고 성숙한 농경용 동물은 절대로 먹지 않는다.
3. 친족관계가 없는 이웃사람들, 즉 인척(affine)이 될 가능성이 있는 사람들. 남성은 보통 이 범주에서 처를 취하도록 기대된다. 이 범주는 또 적이 될 가능성이 있는 사람을 포함하고 있다.	3. 야생의 동물(사냥감). 우리들의 우정과 적의가 엇갈리는 대상이 되는 동물의 범주…… 이 범주의 동물은 성적으로 온전한 모습인 채 먹을 수 있지만 정해진 수렵의 예에 따라서 연간 정해진 계절에만 사냥 할 수 있다.
4. 먼 미지의 사람. 존재하고 있다는 것은 알고 있지만 특별히 어떤 사회관계도 있을 것 같지 않은 사람.	4. 먼 야생 동물, 인간이 통제할 수 없는 대상으로 먹을 수 없다.

리치는 또한 어느 동물을 특히 중요하다고 주장하는 것은—수렵의 대상으로 삼는다든지 경쟁을 시킨다든지 먹는다든지 하는 일을 둘러싼 금기나 의례가 있는 것, 그리고 이름을 인간에게 붙이면 욕이 되는 것 등에서 알 수 있듯이—그들이 분류에서 애매한 위치에 있는 것과 관계가 있음을 암시하고 있다.(<도표 10-1> 참조)

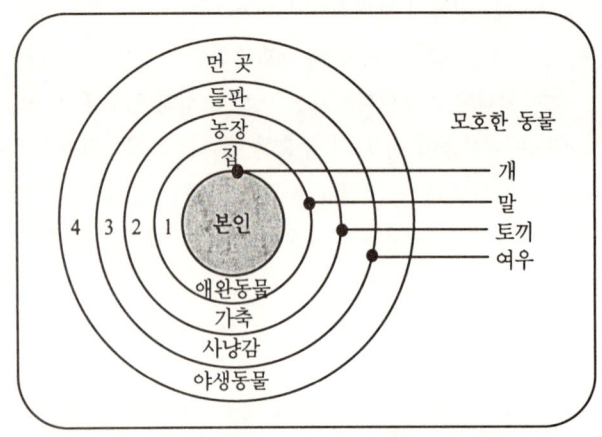

<도표 10-1> 동물의 범주(리치의 견해)

가령 개는 '거의 사람'이고, 말은 어느 면에서는 애완동물, 또 다른 면에서는 농경용 동물이며, 토끼는 때에 따라서 사육용 동물이 되기도 하고 사냥감이 되기도 하며, 의례화된 영국의 여우사냥에서 여우는 사냥감처럼 취급되는 야생동물이다.

2) 등가성 또는 서열

모든 가치부여가 하나의 단순한 분류를 포함하는 것은 아니다. 가치부여에는 등가성(equivalence) 또는 서열(ranking)의 판단을 필요로 하는 것이 많다. 어느 일련의 사물, 사건 혹은 인물이 있는 경우 우리들은 어떤 의미에서 그들 중에 무엇 무엇이 같은 가를 판단한다든지, 또 모종의 연속적 계열에 따라서 그들에게 등가성이나 서열을 부여하는 것이 필요하다. 이러한 판단에는 여러 다른 기준이 필요하고 그 각각은 뭔가 상이하게 평가되어야 한다. 이처럼 복잡하기 때문에 동질적인 지역공동체에서 조차도 구성원간에 완전한 일치가 이뤄지는 일은 절대로 없다.

그런데 예민한 민족지학자라면 반대로 가치부여에 있어서의 불일치를 실제 이용되고 있는 기준을 위한 실마리로 이용할 수 있다. 가령 프랑크 칸시안(Frank Cancian)은 멕시코의 지나칸탄(Zinacantan)촌의 토착민들이 위신을 종교상의 카르고 제도(cargo system)에 참가하는 정도로 기준삼는다고 보았다.

> 카르고란 공적인 직분으로서 지나칸탄의 남자들은 지역사회에 대한 봉사로서 그 임무를 수행한다. 즉 그 직위에 있는 사람은 급여를 받지 않고 오히려 聖者를 기리는 의식이 거행될 때 상당액의 기부를 할 정도이다. 임기는 일년이다. 지나칸탄의 남자들은 모두 생애동안에 적어도 한 번은 이 직분을 맡는다. 카르고에 드는 비용은 실로 여러 가지이지만 최고로 비싼 카르고를 행하는 것은 부자 뿐이다.

그러나 칸시안은 다음과 같은 것을 발견해 냈다.

비용이 카르고 제도에의 참가에서 비롯되는 '위신'(존경)을 정하는 유일한 요인이라고 말할 수는 없다. 다른 중요한 요인이 또 있다. 그 중에서 더욱 중요한 것은 어느 카르고의 직무에 있는 자가 의례의 장소에서 다른 카르고의 직무담당자에 대해서 어떤 권위를 갖고 있는가 하는 점이다. 거의 대부분의 경우 역할을 무사히 완료한 사람에게 카르고가 갖는 위신을 계산할 때 어느 정도의 비용이 어느 정도의 권위와 등가인지를 결정하는 것은 어렵다. 또 다른 어려움은 가령 어느 축제행사를 특히 성대히 하는가 하는 점에 관하여 몇 개의 카르고에 대단히 개인적인 특징이 있어서 그것이 위신에 영향을 주는 듯하다. 결국 우리들은 비용이라는 척도를 기본선으로 삼아 카르고의 위신을 서열짓고 그 위에 그 직위가 갖는 권위, 그것에 포함되어 있는 개인적 특이성에 관한 우리들의 지식에 근거해서 어떤 카르고의 서열을 변경해야단 했다.[2]

지나칸탄촌의 사람들은 위신의 상하관계에 대해서는 언급하기를 꺼려하기 때문에 칸시안은 먼저 어떤 남자가 어떤 카르고를 완수했는가를 주민들에게 묻고나서 그 응답자들이 범한 사실에 관한 오류를 분석했다. 그리고 그는 그런 오류가 아무렇게나 생긴 것이 아니고 오히려 응답자들이 '카르고 담당자들이 지역사회에서 위신에 대해 갖고 있는 일반적 인상을' 추측하고 있음을 발견했다. 즉 어떤 응답자가 객관적으로 틀리게 답한 경우에 그 답은 보통 바른 답에 가까운 카르고를 가리켰다. 여기에서 칸시안은 다음과 같은 결론을 내린다. "지나칸탄의 남자들은 명백하게 그것을 논하려 하지 않지만 실제로는 카르고를 위신의 상하라고 하는 관점에서 생각하고 있음에 틀림없으며 또 그들은 어떤 남자가 그 위신의 확립과정에서 통과한 특정의 카르고의 이름은 잊어버릴지언정 그가 갖는 위신은 대강 기억하는 편이다."[3]

---

2) F. Cancian, "Informant Error and Native Prestige, Ranking in Zinacantan," (American Anthropologist, Vol. 65, 1963) pp.1068~1069.
3) Ibid., p.1073.

3) 수단과 목적의 구별

위에서 기술한 카르고 제도는 제 9장 「재산의 개념」이라는 부분에서 언급한 평준화 기제(leveling mechanism)의 하나이다. 즉 지나칸탄촌의 카르고 제도는 개인의 富를 위신이라는 사회적으로 승인된 상징으로 변화시킴과 동시에 개인이 자원을 지나치게 축적하는 것을 막아준다. 그러나 그러한 제도에 참가하는 사람들을 가리켜 비경제적이라든가 비합리적인 사람들이라고 말할 수 없다. 그들은 자기의 부를 문화적으로 가치가 있다고 여겨지는 목적을 달성하기 위한 수단으로 이용한다.

수단과 목적을 구별하는 것은 대단히 중요하다. 여러 문화들을 두루 비교해 보면, 목적을 달성하는데 적당한 수단이 무엇인가에 관해서 보다는 무엇이 가치 있는 목적인가에 관해 훨씬 더 일치하는 점이 많다. 덧붙인다면 어느 사회에서 타당한 목적인 것이 다른 사회에서는 목적을 위한 수단에 지나지 않는 경우도 있다. 로버트 헤일브로너(Robert L. Heilbroner)가 지적하고 있듯이 이익을 추구하는 동기 또는 돈을 벌기 위한 돈벌이는 우리들 자신의 문화에서는 하나의 전통으로서 널리 인정되고 있지만 세계의 대다수의 사회에서는 생소한 것이며, 역사적으로도 대부분의 시대에 그것이 나타나지 않는 점이 이채롭다. 반면에 "돈벌이를 사회에서 적극적으로 승인하는 것은 훨씬 근대에 와서의 일이고, 또 그것은 한정된 발전인 것이다."[4] 유럽에서는 16세기초까지는 토지, 노동 및 자본은 사고 파는 물건이 아니었다고 헤일브로너는 말하고 있다. 즉,

> 경제생활과 사회생활이 하나이고 동일한 것이었다. 일하는 것은 또 목적(돈벌이라든지 돈으로 물건을 산다는 목적)달성의 수단이 아니었다. 노동은 그 자체가 목적이었다. 물론 돈이나 상품이 있었지만 그것은 전통의 일부로서 즉 자연적인 생활양식으로서 사용될 뿐이었다. 결국 '시장'이라는 거대한 사회적 발명은 아직 이뤄지지 않았던 것이다.

---

[4] R. L. Heibroner, The Worldly Philosophers (revised edition ; New York : Simon and Schuster 1961) pp.12~14.

이와 같이 다른 사회의 가치체계를 이해하려면 수단과 목적을 혼돈해서는 안된다. 이것은 대부분의 미국인이 높은 가치를 두는 효율성과 관계해서 특히 그러하다. 물론 어느 목적에 대한 다소의 효율적인 수단이라는 관념은 모든 민족이 어느 정도 갖고 있다. 그렇지 않으면 도저히 살아남지 못했을 것이다. 그러나 대부분의 사회에서 효율이란 몇 개의 가능한 행동방식에서 무엇인가를 선택할 때 사용되는 많은 기준 중의 하나에 지나지 않는다. 그런데 미국 문화에서는 이 특정한 가치가 대개 목적 그 자체이다. 혹은 적어도 판단의 유일한 기준이다. 이 효율의 추구가 미국의 눈부신 경제 발전에 공헌한 것은 틀림없다. 그러나 동시에 그것은 그 사회적 자원과 천연자원을 탕진하고 자연의 균형을 깨뜨렸으며 미대륙의 많은 지방의 자연미를 폐허로 만들었다. 미국인의 교육에 대한 태도에 대해서도 마찬가지로 말할 수 있다.

코라 듀보아(Cora DuBois)의 말대로 "많은 미국인에게 학교에 가는 것은 수단이라기 보다 목적이 되었다. 대학의 졸업장은 그에 수반하는 교육이 평가되지 않고 그 자체가 '좋은 것'이다."5)

또한 대다수 미국인들이 변화라는 것을 다른 목적에 도달하는 수단이라기 보다 그 자체로서 하나의 목적으로 가치를 매긴다는 점도 지적되어 왔다. 수단과 목적의 관계를 객관적으로 분석하는 것은 때때로 갈등을 해결하는 데 도움을 준다. 그러나 어떤 갈등은 그 추구하는 가치들이 내적으로 양립불가능한 데서 비롯된다. 가령 미국의 중산층 사람들은 프라이버시와 공동체를 동시에 갈망한다.6)

---

5) C. Dubois, "The Dominant Value Profile of American Culture," (American Anthropologist, Vol. 57, 1955) p.1237.
6) P. Slater, The Pursuit of Loneliness (Bodton : Beacon Press. 1970).

2. 행위의 선악 판단 : 도덕성

1) 보편주의적 기준과 특수주의적 기준

모든 문화는 인간의 행동을 평가하는 일련의 범주와 기준을 마련해 놓고 있다. 그러한 기준의 어떤 것은 관념적으로 모든 사람들에게 두루 적용된다. 즉, 황금률, 자기 결정의 이상, 그리고 "당신을 위한 및 당신과 함께 거하는 이방인을 위한" (출애굽기 15:16) 유일한 법률이라는 이상 등은 모든 인간에게 적용되는 보편주의적 기준인 것이다. 특수주의적인 기준은 특정한 사회집단 내의 어느 사람들에게만 적용된다.

모든 사회가 많은 특수주의적 기준을 갖고 있다. 그 중 가장 중요한 것은 役割 期待이다. 가령 좋은 아버지 혹은 좋은 고용주는 어떻게 행동해야하는가에 대한 관념이 바로 그것이다. 그런데 도덕적 기준이 보편주의적 입장에서 기술되고 있는 사회에서도 일반적으로 어느 정도의 특수주의적 기준이 우선한다. 가령 테오도어 스턴(Theodore Stern)은 오레곤주의 크라마스(Klamath) 인디언의 신화가 일관된 도덕성을 제시하고 있는지를 파악하기 위하여 그 민간 전승을 분석하였다. 스턴은 선택된 신화를 기초로 클라마스 사회에서는 친족에 대한 충성이 모든 사람을 포괄하는 윤리적 규칙의 실행에 우선한다고 결론짓는다. "자기가 속하는 가족 가운데는 따뜻한 개인적인 情 때문에 도덕적 판단이라든지 서로 보답하는 규범조차 문제가 되지 않는다. 오로지 그 사람의 행동에 근거해서 판단하는 것은 이웃과 낯선 사람의 경우 뿐이다.[7]

나바호족의 경우 이상적인 도덕형이란 모든 사람을 친족원처럼 취급한다는 것이다. 이 보편주의적 기준은 도덕적 규칙이 비교적 관찰이 용이한 집단 내에서 시작해서 추적하기 어려운 집단 바깥으로 확대되어 가야 한다는 점을 암시한다. 복잡한 문명사회에서도 역시 親族關係가 종종 낯선 사람들간의 이

---

[7] T. Stern, "Ideal and Expected Behavior as Seen in Klamath Mythology," (Journal of American Folklore, Vol. 76, 1963) pp.27~28.

상적 관계를 상징한다. 가령 황제를 '백성의 아버지'라고 부른다든지 여성해방 운동가들이 서로 '자매'라고 부르는 것은 그러한 예이다.

또 하나의 유익한 구별은 절대도덕과 상황도덕이라는 구별이다. 절대적 기준이란 것은 가령 "살인하지 말라"라는 도덕기준처럼 모든 시대 모든 장소에서 적용되는 기준이다. 다른 한편 상황적 규칙이라는 것은 그 적용이 명백히 혹은 말없는 가운데 특정의 사회 상황에 국한되어 있는 것이다.

절대도덕의 개념과 보편주의적 기준의 개념 사이에는 꽤 중복되는 부분이 있다. 그렇지만 후자가 모든 종류의 인간에 대한 이상인데 비해 절대적 가치는 특정 종류의 인간에 한정되기는 해도 상황에 관계없이 적용된다는 점이 다르다. 가령 서양사회에서 의사는 어떤 상황에서도 환자의 생명을 구하도록 기대된다. 생명을 구한다는 것은 이처럼 의사에 대해서는 절대적 가치이지만 보통사람에게는 그렇지 않으며 더욱이 군인에게는 그것이 해당되지 않는다. (<도표 10-2> 참조).

	특수주의적 가치	보편주의적 가치
절대적 가치	모든 상황에서 어떤 사람에게 적용된다. "아버지를 공경하라."	모든 상황에서 모든 사람에게 적용된다. "살인하지 말라."
상황적 가치	특수한 상황에서만 어떤 사람들에게 적용된다. "성탄절에 가난한 자를 도우라."	특수한 상황에서만 모든 사람에게 적용된다. "모든 진실을 말하라."

<도표 10-9> 도덕적 가치의 종류

상황도덕이란 것이 절대도덕처럼 명령적으로 작용할 수 있다는 것을 루스 베네딕트(Ruth Benedict)는 다음과 같이 기술하고 있다.

> 일본인의 항구불변한 목표는 명예이다. 타인의 존경을 확보한다는 것이 필수적이다. 그 목적을 위하여 사용하는 수단은 그 장소의 사정에 따라서 취하거나 버리는 도구이다. 사태가 변하면 일본인은 태도를 일변하고 새로운 진로를 행하여 나아갈 수 있다.[8]

---

8) R. Benedict. The Chrysanthemum and the Sword (New York : Houghton Miffilin, 1946)

2) 의리와 도덕

『국화와 칼』이라는 책에서 베네딕트는 일본의 전통문화에서 발견되는 많은 도덕적 범주와 준칙에 대해서 기술하고 있다. 그에 의하면 일본인의 도덕성은 '恩' 즉 債務라고 하는 개념, 그리고 은혜 및 의리라는 말로 흔히 표현되는 報恩이라는 범주를 중심으로 조직되어 있다. 은혜를 갚는 의무는 量과 期間에서 모두 무한하다. 이것들은 양친과 천왕에 대한 개인의 의무이고 일본인은 이 은혜의 만분의 일도 갚지 못한다고 말한다. 반면에 의리를 다한다는 것은 은혜를 갚는 것과 비교하면 훨씬 구체적이다. 의리는 '받은 은혜에 수량적으로 동등한 물건'을 되돌려 주어야 하는 것이다. 그리고 체면을 잃지 않으려면 제 시간에 정확히 되돌려주어야 한다.

의리라는 범주는 서양인에게는 이해하기 어려운 것이다. 그것은 두 유형으로 나뉜다. '세상에 대한 의리'는 친척과 먼 친척, 친족관계가 없는 사람들이 호의를 베풀었거나 돈을 빌려주었을 경우 사람들에 대한 의무를 말한다. 다른 하나는 '이름에 대한 의리'로 개인의 오명을 벗는 의무, 직업상의 과실이나 무지를 일체 인정하지 않는 의무, 일본인에게 어울리는 예의를 지키는 의무 등을 가리킨다. 그러나 의리는 단일한 덕으로 여겨진다. 일본인에게 그것은 타인의 온정에 반응하는 행동이든 타인의 경멸에 반응하는 경우의 행동이든 다 같이 동일한 의무인 것이다. "유덕한 사람은 그가 받은 은혜뿐만 아니라 모욕에 대해서도 똑같이 강하게 느낀다. 어느 쪽이든 그것에 보답하는 것이 도덕적으로 훌륭한 행위이다."9)

일본인은 체면을 잃을지도 모르는 상황에서 피하는 많은 방법들을 개발해 왔다. 그 예로서 경쟁을 최소한으로 줄이는 것, 중개자를 활용하는 것, 또한 특히 예법에 공을 드리는 것을 들 수 있다. 극도의 예의 범절은 전통적 일본문화의 특색이었다. 그것은 자기의 명예와 타인의 명예를 소중히 하려는 일본인의 태도에 대한 특별한 표시였다.

---

　p.171.
9) Ibid., p.146.

3) 자살의 도덕성

사람은 충분히 조심하고 있음에도 불구하고 모욕이라든지 수치를 당한다면 오명을 벗기 위하여 복수 혹은 자살이 필요하게 되었다. 자살은 일본 문화에서 명예로운 행위이며 최후의 수단이다.

> 자살을 만약 적당한 방법으로 행한다면 자기의 누명을 벗고 사후에 평판을 회복한다. 자살을 죄악시하는 미국에서 자살은 절망의 자포자기적 굴복에 지나지 않지만 자살을 존경하는 일본인에게 그것은 목적을 갖고 행하는 훌륭한 행동이 된다. 어떤 경우에는 자살이 이름에 대한 의리 때문에 가장 명예로운 행동방침이 된다.10)

여기에 다시 상황적 기준이 나타나고 있는 것에 주목하고 싶다. 자살은 그 자체로 선도 악도 아니지만 어느 상황에서는 선택할 수 있는 훌륭한 행위이다. 그것은 이름에 대한 의리라는 문화적으로 가치있는 목적을 달성하기 위한 수단인 것이다.

자살에 대한 태도는 문화에 따라서 매우 다르며 그러한 태도를 설명하기 위하여 주어지는 이유가 있다면 훨씬 다양하다. 어떤 사회에서 자살이란 행위는 아예 생각할 수도 없는 일이다. 만일 그러한 행위가 일어났다면 마술사나 정신병의 소행임에 틀림없다. 다른 많은 사회에서 자살은 특정 사태에 대해서 예상된 반응이다. 가령 티코피아(Tikopia)에서는 어떤 남자의 가족이 그가 선택한 여자와의 결혼을 허용하지 않을 경우 그 남녀는 투신하는 경우가 있었다. 트로브리안드 섬에서 젊은 남자가 씨족자매와 근친상간의 관계에 빠져있는 것이 발견된 경우 야자나무의 꼭대기에서 투신자살을 기도한다. 이것이 그 남자에게 남은 유일한 길이라고 생각한다.

나바호족의 경우에는 이와 다르다. 자살은 어떤 상황에서도 바람직한 것이 못된다고 생각한다. 나바호족은 주로 이 세상의 생활에 관심을 갖고 있으며 저 세상에서의 보답이라든지 죄에 대하여 일반적으로 인정되는 교리를 갖고

---

10) Ibid., p.166.

있지 않다. 나바호족의 도덕은 주로 상황적이다. 마술이라든가 근친상간 같은 행동은 항상 벌받고 친척이나 연장자에 대한 존경같은 행동은 항상 칭찬받는다. 그러나 클라크혼에 의하면 "나바호 족은 그 자체로 그리고 그것만으로도 선하다든지 악한 것이 없다고 생각한다. 올바른 지식과 거기서 나오는 규칙에 따르는 것이 선이다. 왜냐하면 그렇게 하는 것이 장수와 행복을 가져오기 때문이다. 도덕은 절대적인 것이 아니며 상황에 따라 또 결과에 따라 변하는 것이다. 모든 것이 그 결과에 의해서 판단된다." 또한 나바호문화에서 강조되는 것은 말보다도 행동이다. "신앙보다도 행위에 가치를 둔다. 행동이 판단의 대상이 된다. 신학적 또는 윤리적 규칙을 말로 준수하고 있는 것은 판단의 대상이 되지 않는다."11)

4) 성적 행동과 평가

도덕이란 말을 들을 때 대부분의 미국인들은 성도덕을 떠올린다. 세계각지에서 나타나는 성적 행동의 유형에 대해서는 포오드(C. S. Ford)와 비치(F. A. Beach)가 조사한 것이 있다. 성도덕만큼 이상과 현실의 괴리가 심하고 그것과 결합된 신앙 및 가치가 다양한 문화영역이 없다 해도 과언이 아니다. 그러나 부부관계나 혼인관계의 다양한 형태의 배후에는 몇 가지 기본원리가 있음이 분명하다. 즉 근친상간 금기가 보편적이라는 것, 사생아인가 아닌가에 공통의 관심을 보이는 것, 그리고 배우자의 선택에 대한 사회적 통제로 몇 가지 유형이 존재한다는 것 등이 그것이다.12)

성적 행동에 대해서는 대부분의 사회에서 제한이 가해지고 있지만 그러나 동일한 행위를 모든 사회가 비난하지는 않는다. 또 모든 사회가 그 사회의 풍습에 위반된 행위를 나쁘다든가 바르지 못하다고 보지는 않는다. 동성애, 자

---

11) C. Kluckhohn, "Navaho Morals," in R. Kluckhohn, ed., Culture and Behavior (New York : Free Press, 1962) p.175.
12) C. S. Ford and F. A. Beach, Patterns of Sexual Behavior (New York : Harper, 1951). D. M. Schneider, "The Meaning, of Incest" (Jouranl of the Polynesian Society Vol. 25, 1976) pp.149~169 참조.

위행위, 간통 등은 문제삼지 않는 경우도 있고 바보스럽다고 여겨지는 경우도 있다. 나바호족의 관점에서 그러한 행위는 정상적인 사회관계를 해칠 우려가 있다고 비난받지만 그 자체로는 부도덕하다고 여겨지지 않는다. 다른 한편, 많은 원시사회는 성적 이탈행위에 관해 미국사회보다도 더 청교도적이어서 그 규범에서 조금이라도 이탈하면 처벌받는다. 미국인의 성규범이 조금씩 변하고 있음은 미국인 모두가 느끼고 있다. 최근 수 십년 사이에 일어난 행동상의 변화는 꽤 크지만, 기준면에서는 상대적으로 청교도적인 절대기준에서 보다 융통성 있는 상황적 기준으로 전반적인 전환이 이루어졌다.

어느 인류학자들은 이 경향을 미국문화에서 '향락도덕'(fun morality) 즉 즐겨야 할 의무의 발전과 연결시킨다. 심리학자 중에는 이 변화를 자아 실현의 가치가 점점 중시되는 것과 관련된다고 보는 사람도 있다. 그러나 일본인의 도덕관념에 대하여 논할 때 상황도덕도 절대도덕만큼 똑같이 강제력을 지닐 수 있다. 어느 인기 작가에 따르면 미국인과 유럽사람들은 절대적 도덕기준을 범하는 행위에 대한 죄의식에서 스스로를 겨우 해방시켜 놓은 지금 그들의 성애적(erotic) 집착의 진실성에 관하여 고민하고 있다. 즉, 미국인의 성적 행동은 이전에 비하면 훨씬 자유롭게 되었지만 오히려 동기적인 측면에서는 '자유'가 얻은 순이익이 더 적은 것인지도 모른다.[13] 여성해방운동과 동성연애자 해방운동이 가져온 성과의 하나는 성도덕의 임의성에 관한 의식을 전체적으로 끌어올린 것이다. 그러나 그러한 변화의 궁극적인 결과는 시간을 두고 보아야 한다.

5) 행동의 도덕적 평가

도덕적 가치에 관한 연구는 인류학적 조사의 통합적 부분이다. 사람의 행동 및 그 사람의 친구의 행동을 도덕적으로 평가하는 것은 사람을 다른 동물과 구별짓는 특질의 하나이다. 사람이란 도구를 제작하고 규칙을 설정하며 그리

---

13) S. Vizinczey, In Praise of Older Women (New York : Bantam Books, 1965).

고 도덕적 판단을 하는 동물이다. 보편적인 도덕 원리는 인간 사회의 존속에 필요 불가결한 도덕 원리이다. 무차별한 살인, 절도, 기만 등을 바람직하다고 생각하는 사회는 절대로 존속할 수 없다. 그러나 각 문화는 이러한 보편적 원리들을 각각 다소 다른 가치부여의 모형 — 행위의 선악 범주에 있어서 다를 뿐 아니라 그것들의 범주를 적용하기 위한 준칙에서도 다른 가치 부여의 모형 — 을 정교화한다. 자살이라든가 복수라든가 또 경우에 따라서는 개인의 부의 축적조차도 이미 살펴본 바와 같이 어느 사회에서는 대단히 소중하게 여겨지는 데 반해 다른 사회에서는 크게 비난받는다. 일정한 문화 내에서조차 범주들은 다양한 방식으로 적용될지 모른다. 우리들은 모두 '인도적' 행동을 높게 평가하지만 어떤 종류의 행동(낙태, 투옥, 안락사 등)이 인도적인가에 대해 합의에 도달하기 어려운 경우가 많다.

가치체계를 평가하는 것이 가능할까? 몇몇 인류학자들은 도덕 체계를 평가하는 기준을 제시했지만 완전히 만족할 만한 것이 못된다. 제시된 기준은 대부분 모호하고 적용하는데 어려움이 따른다. 어떤 사회에서 나타나는 행동과 이상의 일치 정도가 도덕성을 판단하는데 적합한 지표라고 시사하는 학자도 있다. 그러나 이 방법은 도덕을 단지 일치라는 말로 재정의하는데 불과하며 한 사회의 도덕적 규칙을 위반한 개인의 행위가 사실은 '보다 높은' 도덕적 기준에 호소하고 있는 경우가 종종 있을 수 있다.

6) 윤리적 상대주의

루스 베네딕트는 전체로서의 문화는 그 문화에 의거해서 사는 사람들의 자기실현을 그 문화가 어느 정도 촉진하는가 하는 점에 차이가 있다고 기술한 적이 있다. 그러나 각 개인의 충분한 발달을 강조하는 것 자체가 사실은 역사상 특정한 시대에 어떤 사회계급 특유의 가치에 불과하다.

대부분의 인류학자는 윤리적 상대주의(ethical relativism)라는 입장을 취해 왔다. 윤리적 상대주의란 우리들이 가치체계를 평가할 수 없다는 견해이다. 사실 우리들은 개인의 행동에 대하여 그 사람이 속하는 사회집단 및 그 도덕이라는 맥락을 떠나서는 아무것도 판단을 내릴 수 없다. 윤리적 상대주의자는 개인적으로는 불쾌하다든지 싫어한다고 생각되는 행동이라도 그것에 대해서는 어떠한 도덕적 판단을 가하지 않고 그것을 널리 받아들이고 이해하려고 노력해야 한다. 그는 가령 고문이라든지 파시즘, 영아살해라든지, 식인에 대해서도 찬성하지 않는다 해도 분석과 이해의 과정에서 자기의 문화에 의해서 규정된 감정적 반응이 개입하지 못하도록 막아야 한다.

윤리적 상대주의는 비록 철학으로서 즉 방법론적 가정으로서 많은 난점을 갖고 있지만 인류학에서는 필요 불가결한 것이다. 하나의 작업원리조차도 윤리적 상대주의는 몇 가지 방식으로 표현될 수 있다. 그렇지만 여기에서 우리들이 강조하는 것은 문화적 편견이 전혀 없는 절대적 기준없이 행동이나 가치를 비교하기가 얼마나 어려운가 하는 점이다. 이 이외에도 모든 문화체계가 동등하게 타당성 내지는 임의성을 갖고 있다고 강조하는 사람도 있다. 그런가 하면 클루크혼은 관찰의 결과 인정된 윤리적 규칙의 다양성은 비교적 표면적인 것인지도 모르기 때문에 인류학자는 다음과 같은 문제를 검토해야 한다고 주장한다.

> 윤리적 의도는 세계 어디에서나 아주 동일하지는 않더라도 매우 비슷한 것이 아닌가? 차이는 주로 목적보다도 수단과 관련되는 것일까? 수단 및 보다 비슷한 목적 중의 어느 것은 역사적 우연과 그 지역의 사정에 의해서 정해지는 것일까? 궁극의 목표를 표명하고 또 보편적 혹은 거의 보편적인 기준을 강하게 주장하는 지역적인 상징화에 의해 전체상이 불필요하게 혼란해지는 것일까?[14]

『미개의 세계와 그 변화』에서 로버트 레드필드(Robert Redfield)는 보다 인도적인 기준이 발전하고 자기가 직접 소속하는 도덕적 제약이 점차 확대되는 모양으로 인류사를 통해서 모종의 도덕적 진화가 일어났을지 모른다고 기술하고 있다. 그는 이 흐름에서 가끔 이탈하여 길을 크게 벗어난 예가 있는 것,

---

14) C. Kluckhohn, "Ethical Relativity : Sic et Non," in R. Kluckhohn, op, cit., p.273.

문명화된 인간이 도덕적으로는 열등인 것을 증명하는 사례가 있는 것도 인정하고 있지만 그 기본적 관점은 낙관적이며 아주 설득력 있다. 문명화된 인간의 행동이 장래 그 최고의 이상에 도달하는가 아닌가는 별개의 문제이다.15)

인류학에서 최근 매우 영향력을 갖는 대안적 관점은 사회생물학이다. 흔히 인간과 다른 동물 사이의 유사성에 기초한 이 연구들에 따르면 도덕적 행동과 기준들은 각 종(種)들이 생존과 유전적 연속을 보장하려는 특징적 '전략'— 이타주의에서 식인풍습에 이르기까지 — 을 발전시키는 생물학적 진화의 결과로 볼 때 가장 잘 이해된다고 한다. 사회생물학의 많은 이론들은 아직 논쟁의 여지가 아주 많지만 그것들은 도덕에 대한 기존의 관념을 재검토하도록 자극한다.

3. 미의 판단 : 미학

1) 미의 기준

미의 판단이란 人物, 事物 혹은 事象, 그것이 지니는 바 사람을 즐겁게 하는 특질 및 아름다움이라는 견지에서 평가하는 것을 의미한다. 그러나 뒤에서 살펴보겠지만 이러한 평가에는 도덕적 및 실용적 기준도 포함되어 있는 경우가 가끔 있다. 미를 판단하는 데 이용되는 범주와 기준은 적어도 미개사회의 경우 대개 암묵적으로만 존재하기 때문에 그 범주와 기준을 적용하기 위해서는 한 문화를 오랜 기간 동안 경험함으로써 개발될 수 있는 기능이 필요하다. 따라서 민족지학자가 미의 판단을 이해하고 기술한다는 것은 보통 어려운 것이 아니다. 그러나 현지에 있는 사람들의 가치 판단을 주의깊게 조사하고 그 양식과 언어를 체계적으로 분석함으로써 문화속에 나타나는 보다 명료한 미의 기준을 발견하는 것이 가능할 때도 있다.

---

15) R. Redfild, The Primitive World and Its Transformations (Ithaca : Cornell University Press, 1953).

미의 판단은 다른 거의 모든 종류의 인간행동보다도 전형적으로 문화의 성질을 대표한다. 어떤 사회의 미술, 음악, 문학 등 — 좁은 의미에서의 '문화' — 은 그 사회의 전통에 특색있는 느낌을 부여하는 형식과 내용의 이상을 구현한다. 그리고 이들 예술양식은 많은 사람들이 공통적인 미의 개념에 따라서 판단하고 선택하고 행동한 결과이다.

모든 예술은 형식의 완벽함을 구하는 노력으로 나타나지만 그러한 노력은 어떤 인공물의 실용적 가치를 위한 유용성을 초월하고 때에 따라서는 그것들과 대립되기도 한다.

기술적 처리가 어느 정도 탁월한 수준에 도달했을 때 즉, 거기에 포함되는 과정의 통제력이 어느 전형적인 형식을 만들어 낼 때 그 과정을 예술이라고 한다. 그리고 그 형식이 아무리 단순한 것일지라도 그것은 형식의 완벽함이라는 관점에서 판단될 수 있을 것이다. 노래, 무용, 조리 등은 물론 절단, 조각, 주조, 직조 등과 같은 산업기술도 기술적 탁월함과 일정한 형식에 도달하는 것이 가능하다.16)

職人은 유용한 사물을 제작하기만 하는 것이 아니다. 그것을 아름답게 하기 위하여 그가 만든 바구니, 창, 그릇 등의 형태를 다듬고 장식을 단다. 악사라든지 이야기꾼은 그저 전통적인 형식을 반복하는 것이 아니다. 그는 이야기를 아름답고 재미있게 또 자기자신과 청중을 즐겁게 하는 신선한 작품을 창조하는 것이다. 그러한 창작과 재창조는 모두 전통적 기술과 기능의 기초에 의존해서 이루어진다. 예술가는 그러한 기능을 구사하여 개량된 형식과 새로운 형식—문화의 이상을 표현하고 미의 기준에 의해서 판단되어야 하는 형식—을 만들어 내는 것이다.

모든 인간사회에는 심미적이라고 부를 수 있는 뛰어난 것에 대한 기준을 갖고 있다. 인간의 심미적 욕구를 증거하는 가장 오랜 자료는 수 십만년 전의 아슐리안(Acheulean) 시기까지 거슬러 올라간다. 이 시기에 이미 인류는 아름

---

16) F. Boas, Primitive Art (New York : Dover, 1955), p.101.

다운 모양을 한 도끼를 갖고 있었다. 어떤 도구는 대칭과 균형을 기하고 모양을 갖추고 있지만 그것은 실용적인 목적을 훨씬 초월하는 것이었다. 약 3만 5천년 전 후기 구석기 시대의 오리그나시안기(Aurignacian periods) 및 막달레니안기(Magdalenian periods) 즉, 인류가 커다란 사냥감을 쫓았던 수렵시대에는 특징이 뚜렷하고 기술적으로 완성된 예술의 양식이 발전했다. 그 이전 시기의 자료들은 많이 없어졌지만 여러 가지 소재에다 장식을 하고 형태를 나타내고자 하는 욕망은 틀림없이 태고부터 있었다고 생각된다. 민담은 아마도 언어만큼이나 오래되었고 음악은 그 보다도 더 오래 되었는지도 모른다. 그러한 활동은 고고학상의 발견에서 네안데르탈인은—그리고 호모 이렉투스 조차도—외계의 물질 속에서 선명한 붉은 색소를 취했고 사는 곳에서도 그것을 사용했던 흔적이 발견된다. 아마 신체를 화장하기 위한 것으로 추측된다.

2) 양식의 정선과 전개

모든 예술활동은 몇 개의 가능성에서 '어떤 특정의 방법, 기법 혹은 조작의 준칙'을 선택하는 일, 그리고 선택된 양식과 형식의 완벽함을 향해서 발전시키는 것을 포함한다. 크뢰버(A. L. Kroeber)에 따르면

> 양식이라는 것은 명확성과 효율성을 달성하는 방법이지만 그것은 몇 가지 가능한 절차 중에서 하나만을 선택해 발전시키고 그것을 고수함으로써 성취된다. 심리학적으로 말하면 그것은 어떤 버릇이 생겨서 기능이 획득되는 것, 그 후에는 이 기능을 보다 큰 상황이나 몇 가지의 다른 상황으로 확대하는 것을 의미한다. 그러므로 모든 양식은 필연적으로 처음부터 한계를 갖고 있는 것이다. 즉 순수하게 하나의 방법에 몰입하면서 다른 것은 일체 배제하는 것이 된다.……
> 모든 미의 양식이 흥했다가 쇠하고 끝내 소멸되는 것은 분명하다. 모든 예술은 새로운 충동으로 자기 재생을 도모하고 새로운 진로를 향하여 끊임없이 나아가야 한다. 그러나 예술은 절대로 문명의 다른 부분과 단절되어 있는 것이 아니다. 양식은 방법의 원리에 따라서 거의 모든 문화활동에 적용되는 경향이 있다.[17]

도안, 민간전승, 음악은 각기 매우 다른 종류의 행동으로 표현되지만, 모두 그것이 발견되는 사회의 이데올로기를 표현한다. 미의 관념은 문화가 갖는 전체적 가치체계와 관련해서만 이해할 수 있다고 인류학자들은 주장한다.

3) 미의 범주

Turu족의 미의 개념

어느 문화가 갖는 미적 가치를 조사하는 방법은 미적 사물을 기술하거나 평가하는데 사용되는 언어를 분석하는 일이다. 해롤드 슈나이더(Harold Schneider)는 그러한 방법을 이용하여 중앙 탄자니아의 반투어족(Bantu-speaking people)의 하나인 투루족(Turu)의 기본적인 미적 개념을 분석하고 있다. 그는 투루어의 4개의 중요한 단어로 -ja, luhida, nsaasia 및 majighana을 들고 이것에 대하여 논하고 있다. 이들 단어의 번역은 대단히 어렵다. 슈나이더에 의하면 어느 투루어의 문법에는 접미사 -ja는 '훌륭한, 아름다운'이라고 정의되지만 어느 투루족의 언어자료 제공자(informant)는 그것을 '쓸모 있는'으로 번역한다.

-ja는 투루족에서 가치 있는 것을 모두 포함하는 말로서 그것에는 미적인 것도 포함된다. 이 개념은 인간이 만든 것과 자연의 사물을 구별하지 않는다. 더구나 어느 자료제공자에 의하면 자연 속에서 살고 있는 -ja는 마치 누군가가 만든 것 같은 물건⋯⋯즉 자연의 -ja는 인간이 사용하기 위하여 그것에 맞추어 만든 것이라 한다. -ja의 예로는 말, 의복, 노래 등을 들 수 있는데 사람들의 유용한 행동 조차도 -ja가 된다. luhida는 미적으로 즐거운 장식품, 즉 무언가 다른 물건에 딱 붙은 디자인이지만 그런 의미에서 -ja와는 대조적인 것이다. luhida는 가시적인 것이며⋯⋯ 공간적 연속성과 개별성을 갖고 있다. 그것은 기하학적인 또는 양식화된 디자인이고 리듬과 대칭과 균형을 갖고 있지만 뚜렷한 상징적 의미는 없다.

---

17) A. L. Kroeber, Anthropology (New York : Hancourt, Brace 1948) p.329.

luhida안에 들어갈 디자인으로는 몇 개의 종류가 있다. 그 하나인 madone은 일련의 끊어진 원의 단위(○○○○)로 그것이 심미적인 형상을 이루고 있다. 단 nsale은 어떤 공간적 범위의 안에서 생기는 일련의 연결되어 있지 않는 평행선(| | | | | |)이다. 슈나이더에 의하면

 투루족이라면 공책의 평행선을 nsale라고 생각하지 않을 것이다. 왜냐하면 공책의 선은 종이 끝까지 계속되고 말기 때문이다. 그러나 만약 모든 선이 끝에 조금 못미쳐서 그치고 페이지의 끝에서 길이가 같다고 하면 그것들은 nsale이라고 할 것이다. 이 디자인은 몸에 상처를 내어 새긴 문신의 형태라든지 소백분을 넣은 표주박에 나타난 장식에서 종종 볼 수 있다.

nsaasia의 개념은 설명하기가 더 어렵다. 이것은 어느 경우에는 행동의 질로 생각되고 어느 경우에는 물건의 질로 생각되지만 어느 쪽이든 사람을 즐겁게 하는 효과를 지녀야 한다. 더 나아가 nsaasia는 인간이 갖는 기능에 의해서 만들어지는 데 비해 ja와 luhida는 자연스럽게 생겨나는 것이다. 가령 소들을 볼 때 아무리 즐겁다 해도 nsaasia는 아니다. 왜냐하면 그것은 그렇게 생겨났기 때문이다. 그러나 가축의 무리는 nsaasia라고 생각할 수 있다. 왜냐하면 인간이 모은 것이기 때문이다. 사람이 nsaasia로 보일 수 없고 흠이 없는 물건도 그 성질을 지닐 수 없다.

 nsaasia의 본질적 특성은 규칙성, 유연성, 대칭성, 청결성 및 색채에 있다. luhida와 달리 nsaasia는 또 전체성 및 완전성을 의미한다. 장식물이 일체 붙이지 않는 도구라도 역시 nsaasia가 될 수 있다. 왜냐하면 그것은 완벽한 문양과 아름다운 선으로 교묘히 만들어졌기 때문이다. 그것이 만약 미관을 훼손한다면 그 특성을 잃게 된다. 가령 유용하다는 점에서 변함이 없다 하더라도 깨끗하게 다림질한 셔츠는 그것이 더러워져서 쭈굴쭈굴 했다든지 찢어지기까지는 nsaasia이다. 가옥은 사용되고 있는 기둥이 균형있고 아름답게 정돈되어 있고 무언가 실용성을 넘어있다면 nsaasia라고 말할 수 있다.

4개의 개념 중에서 마지막 majighana는 nsaasia의 개념과 밀접한 관계가 있지만 그것은 주로 '사람들을 즐겁게 해주는 자발적 행위'를 가리킨다. 강제로 행해진 행위는 그 개념이 적용되지 않는다. 그러나 "majighana를 갖는 인간은 타인을 즐겁게 하는 선택의 자유를 습관적으로 행사하는 사람이다." 그러한 행위는 담배를 나누어 피운다든가 즐거운 이야기를 한다든가 우호관계를 쌓기 위하여 사람들을 방문하는 등의 간단한 행위인 경우가 있지만 이 개념은 조상에게 제사하는 행사, 풍년을 기원하는 의례와 같이 '아낌없이 베푸는' 잔치 의식을 후원하는 것도 포함한다.

majighana라고 생각되는 활동의 하나는 할례, 특히 성인식을 치르는 젊은이들이 수술을 받는다든지 축하연 무도가 행해지는 맨처음 부분이다. 할례의 고통은 가볍게 취급되고 할례의 의식이 타인에게 미치는 기쁨이 강조된다. 무도와 음주가 축하연의 참석자들을 즐겁게 해주고 아이들이 사회적 성숙함에 도달한 것이 부모들을 기쁘게 하는 것이다.

투루족은 "nsaasia는 majighana이다."라고 한다. 이 말은 투루족의 미학적 특색 하나를 포착하는 열쇠이다. 그것은 예술 및 예술가의 사회적 기능에 대한 태도를 분명하게 표시하기 때문이다. 슈나이더는 다음과 같이 설명하고 있다.

자연은 가치가 있고 특히 미적으로 즐거움이 있는 것을 만들어 낼 수 있고 그러한 것을 인간이 창조한 경우 그것은 무엇인가 특별한 물건, 즉 nsaasia이다. nsaasia는 majighana 혹은 이타주의의 행위이다. 예술은 인간이 만들어낸 미적으로 즐거운 형식이다. 예술가란 타인에게 쾌락을 주기 위하여 자기가 갖는 nsaasia을 행사함으로써 majighana의 행위를 수행할 수 있는 사람이다. 예술가들은 타인에게 즐거움을 주는 관대한 인간의 유형에 속한다.

이상에서 기술한 여러 개념을 모두 관통하고 있는 강한 요소는 實用性이다. 따라서 하늘은 -ja가 아니다. 그것은 어떤 투루족 사람이 말한 바와 같이, "거기에 보이는 하늘에 구름이 없기 때문에 비가 오지 않을 것"이라는 이유에서 이다. 어느 반점이 있는 벌레는 luhida는 아니라고 말하고 있다. 왜냐하면 그 벌레는 곡물에 해를 입히기 때문이다. 거기에 대해서 교묘하게 디자인한 담배 상자도 nsaasia는 아니다. 왜냐하면 그것이 비어있는 때는 주름이 잡혀 쭈글쭈글하게 되어 버리기 때문이다.[18] (<도표 10-3> 참조)

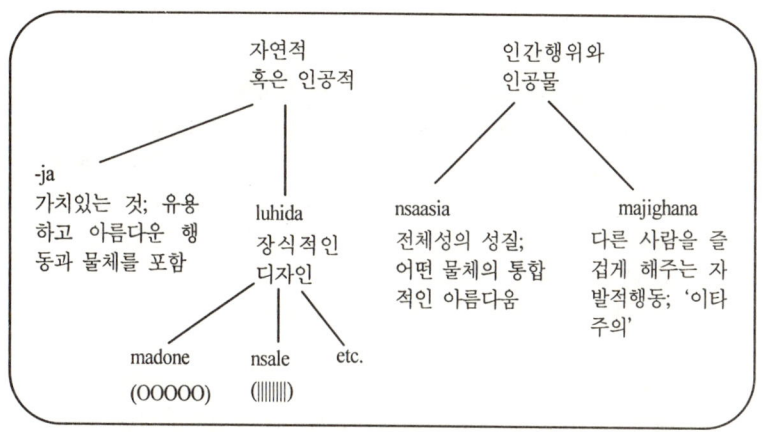

<도표 10-3> 투루쪽의 미의 범주

하와이 민담과 미의 범주

미의 개념은 사회적 맥락에 깊숙이 스며들어 있어 그 맥락을 떠나서는 이해될 수 없다. 이것은 전통적인 민간 전승속에 깊숙이 들어가 있는 양식상의 가치에 대해서도 똑같이 적용된다. 사무엘 엘버트(Samuel H. Elbert)는 9백 개가 넘는 하와이 주민의 민담을 조사하여 민담의 중요한 양식상의 특질을 밝혔다. 그리고 그 민담의 양식상 특질을 하와이 전통 문화의 중요한 강조점과 비교될 수 있도록 했다. 하와이의 '옛 문화'는 다음과 같은 민간전승의 특질적인 양식 어느 것인가에 분명히 나타나 있다.

---

18) H. K. Schneider, "Turu Esthetic Concepts," (American Anthropologist, Vol,68. 1966) pp.156~160.

1. 과장 : 민담속에서 사용되고 있는 과장된 표현은 문화적 가치에 대한 지표이다. 하와이 주민들의 영웅은 항상 과장된 말로 기술된다. "이들 영웅들은 절대적인 힘을 갖고 있다. 그들은 바다를 마셔서 마르게 하고 섬에서 섬으로 날아다니며 물고기나 다른 동물로 변신하는 힘을 갖고 있다. 그의 완벽한 육체는 너무나 아름다워 알지 못하는 사람들까지도 그에게 시중들려고 한다."
2. 은유와 직유 : "민담의 풍부하고 정교화된 비유적인 언어는 자연에 대한 그 문화의 관심을 표시한다. 신부는 꽃이며 아이는 화환이며 무지(無知)는 밤의 창자이고 그리고 지혜는 낮의 창자이다."
3. 익살 : 말 장난과 외설스런 농담은 민담에 매우 빈번하게 나타나는 익살의 형태인데 풍자가 나타나는 빈도는 비교적으로 적다. 재담을 늘어놓는 것은 영웅들의 공격적 경쟁의 한 형태이다. 농담을 통해 그들이 인간의 신체에 대단히 흥미를 갖고 있는 것을 알 수 있지만 거기에는 육체의 기형도 포함되어 있다. "간음이라든지 호색은 민담에서 익살의 원천이 되지 않는다. 그런 종류의 행동에 대해서는 금기가 없기 때문이다."
4. 이름 : 하와이 신화의 현저한 특색은 이름을 좋아하는 것이다. 민담에서는 등장인물들의 이름이 처음에 나오고 전부 우리들이라면 대명사로 대치할 상황에서도 개인의 이름이 빈번히 반복되고 있다. 계보를 기억해 두고 여러 경우를 상세히 언급한다. (초기의 선교사들에 의하면 하와이 주민들은 성서의 '가장 좋은 부분'은 '자손을 두었다'는 것을 서술한 즉 자손들의 계보)를 언급한 부분을 가장 좋아했다고 한다.
5. 등장인물의 취급방법 : 영웅의 이야기는 하와이 문화가 귀족을 중시하는 것을 증명하는 것이다. 이야기의 대부분이 주로 고위층의 사람들을 다루는 데 비하여 평민은 기껏해야 "후하게 접대하는 미덕의 예증으로서 혹은 추장에게 시중들거나 그를 칭송하기 위하여 등장할 뿐이다. 노예계급은 아예 등장하지 않는다." 동물도 좀처럼 나오지 않는다. 그러나 영웅의 성격은 리얼하게 다루어지고 이것은 미적 효과를 나타낼 수 있다. "영웅이 돌연 약하게 되었다든가 그 마력이 가끔 움직이지 않는다든가 공포에 부들부들 떤다든가 일시적으로 좌절하는 등 이러한 생생한 처리는 듣는 사람의 마음을 긴장시키고 극적인 효과를 올리는 고안이 된다."[19]

엘버트는 의미를 전하기 위해서 보다도 그것이 이 사회의 구성원들의 미적 감수성에 호소하기 위한 양식상의 고안에 관하여 기술하고 있다. 이러한 고안으로는 대조법, 반복법, 열거법 등이 있다. 이들 모두가 신들을 기쁘게 하기 위하여 의례와 기도시간을 연장시키는 방법일 뿐 아니라 그것을 아름답게 윤색하는 방법으로도 효과가 있다. 엘버트에 따르면

> 대조법은 거의 대부분의 신화가 갖는 특징이다. 바람에 관계되는 기도문을 읊는 경우에도 대소 장단의 대립을 짜맞추고, 파도와 카누의 노라든지 카누의 타래박 등을 잘 활용하고 있다. 장시간에 걸쳐 하나 하나 잔소리를 늘어 놓는 열거법은 미적 만족감을 주고, 또 시간을 연장하려고 할 때 활용할 수 있다. 가령 61회의 승리 하나 하나를 뽐내어 읽는다든지 111의 바람과 그것이 있는 소재를 나란히 늘어 놓는 것 등이 그것이다.

계속 이어지는 시가 속에서 중요한 말을 되풀이한다는 것은 대단한 감동을 가져온다. 이것은 대조법과 결합될 수 있다.

> 고지에서 하나의 비
> 저지에서 하나의 비
> 동쪽에서 하나의 비
> 서쪽에서 하나의 비

개인의 이름이나 장소의 이름을 계속해서 늘어놓는 것은 민간전승이 갖는 특색이다. 예를 들면 일리어드에는 많은 배가 열거된다. 이러한 목록과 계보는 매우 실질적인 목적을 갖고 있는 경우가 적지 않다. 가령 어떤 집단의 땅이라든지 어떤 종류의 특권에 대한 소유권의 정당성을 증명하기 위하여 이용되는 경우가 그것이다. 그러나 이러한 목록을 읊기는 것 그 자체가 즐거움이 되

---

19) S. Elbert, "Hawaiian Literary Style and Culture," (American Anthropologist, Vol. 53, 1951) pp.345~354.

는 것도 당연히 있을 수 있다.

음악과 문화적 배경

민담은 다른 예술과 비교하면 그 문화적 배경과의 관계가 쉽게 밝혀진다. 음악에 관해서는 특히 어렵다. 그럼에도 불구하고 데이비드 맥알레스터 (David P. McAllester)는 '악령의 길'(The Enemy Way)라는 악령퇴치를 기원하는 영송가를 연구하여 나바호족의 사회적 및 심미적 가치에 관한 우리들의 이해를 깊게 하는데 중요한 공헌을 하고 있다. '악령의 길'(The Enemy Way)은 3일 내지 4일간 계속해서 영송가로서 나바호족이 아닌 사람의 망령에 고통당하고 있는 사람을 구한다는 분명한 목적을 위하여 행해진다. 그 노래는 성스런 노래와 속된 노래가 번갈아 가면서 나타나도록 편성되어 있다. 이 기원이 행해지는 밤마다 참석자 전원은 詠誦師가 하는 의식의 뒤를 따라 다같이 '몸을 흔들며 부르는 노래'(sway songs)와 각종 '무용노래'(dance songs)를 합창하는 데 보통 이것은 다음날 아침까지 계속된다.

> 이 의식이 갖는 사교적 부분의 중요한 기능은 결혼 적령기에 달한 젊은 딸들을 '출석하게' 하는 것이다. 젊은 사람들의 관심은 오로지 여러 사람과 같이 노래를 하며 술을 마시고 짝이 될 만한 소녀들을 물색하는 것에 집중된다. 구경꾼들에게 '악령의 길'(The Enemy Way)의 의식은 각별히 즐거운 의식처럼 느껴진다. 남자는 누구든지 많은 합창에 참가해도 좋고 또 여자들도 노래에 참가하는 것으로 알려져 왔다. 이것은 나바호족의 젊은 사람들이 소녀들과 노래를 같이 해도 좋다고 하는 나바호족의 일상 생활에서는 드물게 있는 기회의 하나이다. 그리고 노래를 만든 사람에게도 자기의 노래를 대중이 들을 수 있는 드문 의식의 하나이다.[20]

음악적 가치를 조사하는 일이 얼마나 어려운가는 맥알레스터의 다음과 같은 경험이 증명하고 있다. 그는 몇몇 인디언에게 이렇게 질문했다. "당신은 큰

---

20) D. Mcallester, Enemy Way Music, Papers of the Peabody Museum, Vol. 41, No.3, (Cambridge : Peabody, Museum, 1954) pp.7~8.

북소리를 들을 때 어떤 느낌을 갖습니까?" 이 질문에는 나바호족의 심미적 반응을 찾아내려는 의도가 들어 있다. 그런데 사실은 나바호족의 사람들은 '악령의 길'(The Enemy Way)의 영송이 행해지는 이외의 상황에서는 큰 북소리 등은 쉽사리 듣지 않는다는 것이다. 눈으로 본 것을 느낀다든지 혹은 기타 이 의식에서 반복할 수 없는 특유의 기분을 느낀다면 그것은 보는 사람 자신이 악령을 쫓는 의식을 받을 필요가 있다는 표시이므로 조사자의 심미관에 관한 질문이 나바호족에 있어서는 심히 특수하고 구체적인 의식에 관한 질문이 되고 말았다. 결국 대개의 주민들은 자기의 건강상태를 묻는 것으로 해석한 것이다. 맥알레스터는 또한 미학과 종교를 선명하게 나눈다는 것이 불가능하다는 것을 느꼈다. 왜냐하면 나바호족에게는 "노래의 목적이 춤추기 위한 것이든, 내기를 위한 것이든, 옥수수 제분을 위한 것이든, 혹은 병을 낫게 하기 위한 것이든, 음악에 기대되는 것은 효과 즉, 주술적 효과인 것이다. 전통적 유형의 나바호족은 어떤 식의 노래가 좋으냐고 질문을 받았을 때 '어떻게 들리는가'로 이해하지 않고 '그것은 무엇 때문에 하는가'로 받아들이고 만다.21)

음악미의 구성요소

맥알레스터에게 대답한 주민들 가운데 몇몇은 '사람을 즐겁게 하는 노래'라든지 '너무 거칠지 않는 노래'가 좋다고 분명히 말했지만 음악에서 아름다움을 구성하고 있는 요소에 대하여 나바호족의 전통적 관점에 관한 것은 많은 '악령의 길'(The Enemy Way)의 노래를 음악적으로 상세히 분석하여 거기에서 추측하는 방법 밖에 없었다. 맥알레스터는 이 방법을 사용하여 처음으로 나바호족의 음악을 지배하고 있다고 생각되는 미의 암묵적 기준을 밝힐 수가 있었다. 그것들을 요약하면 다음과 같이 정리할 수 있다.

1. 조성(調性: tonality) - "조성은 일관성이 있어야 한다. 특정한 노래는 그것을 노래하고 있는 중에 조(key)를 변성해서는 안된다. 또한 한 묶음으로

---

21) Ibid., p.5.

된 노래는 동일한 조로 노래해야 한다.
2. 소리를 내는 방법-"좋은 소리란 약간 비음이 섞인 소리이고 비브라토(vibrato)는 약간 광역이다. 소리는 가능한 한 높여야 하고 샤프(sharp)가 강조되어야 한다. 또한 부드럽고 더욱이 힘센 소리—이면의 소리—를 내야 한다." 이러한 가치는 연장자보다 젊은 사람들의 노래에서 보다 많이 볼 수 있지만 지구력이 중요시되므로 이 점에서는 연장의 가수 쪽이 유리하다.
3. 합창-나바호족의 합창 특색은 일종의 야생적 자유이다. 정성껏 연습하여 일치되도록 노래하는 것과 같은 따위는 거의 강조되지 않는다. "노래하는 사람들은 노래를 전원이 똑같은 정도로 잘 알고 있는 것 같지 않으며 아무리 해도 모두가 정확히 동일한 문구로 노래하고 있다고 생각되지 않는다. 설명이 매우 어렵지만 한 무리의 개인주의자들이 제각기 매우 힘차고 창조적인 노래를 하는 순간에 자기의 빗나간 곡조들을 서로서로 합치고 있다는 인상이다." 노래하는 사람들은 전체 중에서 자기의 곡조가 빗나간다 하더라도 신경쓰지 않는 듯하다.
4. 리듬-나바호족 노래의 리듬은 현저히 유동적이다. 싱코페이션(syncopation : 강한 곳과 약한 곳을 바꾸어 노래하거나 연주하는 법)과 여러 개로 잘게 조각난 두 박자, 어느 소절—적은 마디—에서 다음 소절로 옮길 때 박자가 변하는 것은 토착민이 듣는데 융통적인 근육운동을 불러일으킨다. 여기서는 거의 서유럽 음악의 경우와 같이 리듬이 언제나 멜로디의 배경에 있다고 말할 수는 없지만 리듬은 짜임새나 교체에 의해서 멜로디와 동일한 정도로 예리하게 지각되는 것이다.
5. 템포-전부라고 말할 수는 없지만 거의 모든 나바호족의 음악은 빠른 템포로 연주되어 음길이의 범위는 매우 좁게 한정되어 있다. 만약 더 빈번하게 나타나는 음의 길이가 4분 음표에 상당한다고 한다면 4분음표와 8분음표 등이 어느 음악에서든지 압도적인 선율이 되고 있음을 알 수 있다.
6. 멜로디-"영송가의 경우를 제외하고 나바호 음악의 멜로디는 노래의 처

음 부분이 높았다가 나중에는 종종 한 옥타브 이상 내려가는 것이 일반적이다."22)

시가 음율학

나바호족 자신이 위와 같은 기준들을 명백한 형태로 정식화하리라고는 기대할 수 없다. 그러나 이들 기준이 노래의 연주와 새로운 노래의 창작에 영향을 주고 있는 것은 틀림없으므로 나바호족의 음악성에 관하여 타당한 설명으로 인정해도 좋을 것이다. 맥알레스터는 논문의 끝에 '악령의 길'(The Enemy Way)의 의례 수행 중에 나바호족이 갖는 어느 종류의 비음악적 가치가 어떻게 표현되어 있는가를 밝히고 있다. 그와 같은 가치로서는 자기표현, 익살, 형식주의 및 개인주의를 들 수 있다고 한다.

콜롬비아 대학의 알란 로맥스(Alan Lomax)와 그 협력자들은 많은 사회의 음악양식을 객관적으로 기술하고 설명하는 방법을 정식화하고 그들의 양식과 문화의 다른 측면과의 관계를 밝히려 시도하고 있다. 그들은 그러한 것을 詩歌音律學(cantometrics)이라 부른다. 그것은 민요 등의 집성 가운데 매장되어 있는 미의 기준을 음악적으로 분석하는 것과 연주자 집단의 사회구조를 조사하는 것의 쌍방을 포함한다.23) 로맥스는 어느 사회의 음악 연주의 조직 ― 가령 개인주의적인가 협조적인가, 민주적인가 권위주의적인가 라는 점 ― 과 그 사회의 더욱 일반적인 신앙 및 가치 사이에는 몇 개의 흥미있는 관련이 있는 것을 밝히는데 성공하고 있다. 맥알레스터나 로맥스의 연구는 민족음악 연구와 이국의 음악적 전통을 단순히 기술하는 지금의 단계에서 그것이 생기는 문화적 배경과의 관계 연구로 나아가는 방식을 보여주고 있다.

---

22) Ibid., pp.74~75.
23) A. Lomax, "Folk Song Style and Culture" (American Association for the Advancement of Science, Publication No. 88. Washington, D. C. 1968).

4. 에토스-가치통합의 유형

에토스(ethos)라는 말은 가치체계의 통합을 기술하기 위하여 인류학자가 정식화한 일반적인 유형 내지 지향성(orientation)을 의미한다. 따라서 에토스와 가치체계와의 관계는 에이도스와 신앙체계의 관계와 동일한 성질이다. 에토스라는 개념은 복잡한 가치체계를 그 체계의 모든 부분에 영향을 끼치는 소수의 기본적 유형으로 환원한다. 가령 경제적 가치, 도덕적 가치 및 미적 가치 사이에 흐르는 일관된 특질을 밝히려고 하는 시도이다. 에이도스의 절에서 기술한 몇몇 기본적 전제를 에토스에 대해서도 똑같이 활용할 수가 있다(가령 반휠드가 기술하고 있는 초도덕적 가족주의와 사회적 정치적 행동에 대한 그 효과). 크뢰버가 쓰고 있듯이 "에토스는 문화전체에—방향(芳香)처럼—들어있는 특질에 관한 것으로서 문화의 형식적인 모습을 구성하는 분리가능한 여러 요소의 집합과는 대조되는 것이다. 에토스는 하나의 문화가 나아가는 방향, 그것이 목적하는 것, 소중히 여기는 것, 승인하고 있는 것, 그리고 다소라도 성취하고 있는 것 등을 포함하고 있다."[24]

1) 베네딕트와 오플러의 문화가치 유형

루스 베네딕트는 그의 유명한 저서 『문화의 패턴』에서 문화체계의 에토스를 특정 지우려 처음 시도했다. 베네딕트는 문화가 일반적으로 갖고 있는 세계라든지 인간관계에 대한 감정적 태도에 의해 문화의 전체상을 기술할 수 있다고 생각했다. 그녀는 철학이나 이상(異常 : abnormal) 심리학에서 빌어 온 용어로 네 유형의 사회에 관하여 각각 독특하면서 일관된 人性을 갖고 있는 듯 묘사하고 있다. 가령 주니(Zuni) 인디언의 문화적 에토스는 자기 억제와 협력에 의해서 평화와 질서를 구하고 집단에 대해 개인이 복종하는 특징이 나타난다. 반면에 대평원(Plains) 인디언들은 폭력적 감정에 가치를 두고 초자연력에

---
24) Kroeber, op, cit., p.294.

대한 개인주의적 추구를 강조하는 것으로 특징이 나타난다. 마찬가지 방식으로 베네딕트는 콰키우틀(Kwakiutl) 인디언의 에토스를 자기 주장과 자기 찬미가 강한 것으로 특징짓는 한편, 멜라네시아의 도부섬 주민(Dobuans)을 적의와 시기심이 많은 것으로 특징지었다. 베네딕트가 그러한 통합체(configuration : 전체로서의 문화 유형)는 사회의 구성원이 특정의 성격유형을 그들의 이상으로 선택하고 선택된 유형과 일관성을 갖도록 그 사회의 예술과 제도를 정교화하는 데서 발전을 해왔다고 생각한다. 그 결과는 단 하나의 '양식'이 문화전체에 침투한 사회이다.25)

『문화의 패턴』은 지금도 중요한 책이지만 그가 기술하고 있는 것의 대부분은 뒤의 인류학자들에 의하여 지나친 단순화라고 비판받고 있다. 가령 '평화를 좋아한다"는 푸에블로 인디언이 세련된 전쟁의 형태를 갖고 있다는 사실이라든지 '전쟁을 좋아한다"는 평원 인디언이 고도의 협동 활동능력을 갖고 있는 사실 등이 지적되고 있다. 또한 콰키우틀족의 포틀라치—베네딕트는 이것을 추장의 권력욕과 자기찬미에의 갈망의 표출이라 보았던 것이다—가 중요한 경제적 통합 기능을 다하고 있음을 밝히는 연구가 최근에 나왔다.26) 베네딕트는 네 유형의 사회를 독특한 문화 통합체로서 제시하다보니 모든 인간 집단에서 나타나는 가치의 다양성을 제시하는데 실패했던 것이다.

지나친 단순화를 피하는 방법으로 모리스 오플러(Morris E. Opler)는 문화적 가치의 유형을 몇 가지 주제—행동을 통제하고 혹은 특정 종류의 활동을 조장하는 문화적 이상을 의미하는 것으로 이것에는 '공표된' 이상이 있으며 '암묵적인' 이상도 있다.—에 의해 기술하는 방법을 제창하고 있다. 오플러에 의하면 문화의 통일성은 많은 상이한 주제 중에서 어떤 것은 서로 힘있게 합하고 또 반대로 어느 것은 서로 대립하고 제한하는 등의 역동적인 상호작용의 결과이다.27)

---

25) R. Benedict, Patterns of Culture (New York : Houghton Mifflin, 1934).『문화의 패턴』, 김열규 옮김, 까치.
26) S. Piddocke, "The Potlatch System of the Southern Kwakiutl : A New Perspective, " (Southwestern Journal of Anthropology, Vol. 21. 1965). pp.244~264.

2) 야루로족의 가치체계

안토니 리드(Anthony Leeds)는 제9장에서 기술한 바와 같이 야루로족(Yaruro)의 신앙에 관하여 논하고 있다. 그는 야루로족의 가치체계를 몇 가지의 진술로 요약한다.

1. 우주의 구조-"우주는 정적이고 유한하며 형태가 있고 내부는 연속적이며 그 안에는 물리적 세계에 있는 인간 및 그 사회와 비물리적 세계를 분리할 수 있는 장애는 아무것도 없다."
2. 선(善)-"선은 일반적으로 하나의 체계로서 우주의 안에 내재하고 있다. 선은 그 근원이라고 추정되는 것 및 구체적이고 또한 묘사 될 수 있는 우주 그 자체로 모습을 나타낸다. 우주의 각 부분은 그것이 장소이든 사람이든 혹은 사건이든 우주 안에 분명한 위치가 주어진다."
3. 악(惡)-"악은 선과 정반대로 극에 있는 것이 아니고 특정한 인간, 사물 혹은 우주 내외의 여러 사건 안에 자신의 위치를 갖고 있고 특정한 결과 속에서 모습을 나타낸다. 그러나 악의 근원은 감각으로서 포착할 수도 추정할 수도 없다. 아는 것도 위치를 확인하는 것도 불가능한 것은 악의 근원이 신, 죽은 자 및 인간 그리고 사는 나라가 다같이 연결된 친족 및 우주의 통일구조의 일부분이 아니기 때문이다."
4. 선한 사회-"선한 우주에서 선이 되는 사회는 친족 사이에 있는 신들, 죽은 자, 지역공동체, 그것에 온유한 생활을 하며, 모든 것을 공유하는 개개의 인간으로 이루어진다."
5. 행위의 결정요소-"선한 사회에서 행위는 경계와 암시 그리고 다른 사람 및 자기의 욕망에 대한 분별에 의해서 인도되고 강제와 적대감은 허용되지 않는다."

---

27) M. E. Opler, "Themes as Dynamic Forces in Culture," (American Journal of Sociology, Vol. 51. 1945) pp.198~206. "The Themal Approach in Cultural Anthropology and Its Application to North Indian Data," (Southwestern Jouranal of Anthropology, Vol.24. 1968) pp.215~227.

6. 의지의 자유와 또는 구속 – "개인은… 우주의 성질에 의해서 혹은 거기에 사는 신, 죽은 자, 사람에 의해서 어떤 특정한 길을 따르도록 강요받지 않는다. 사람은 사물의 정해진 순서에 관하여 자유 의지를 갖는다."28)

3) 구루룸바 문화의 주요주제

필립 뉴만(Philip. L. Newman)도 구루룸바(Gururumba) 문화를 기술할 때 주제의 개념을 사용하고 있다. 그의 연구에서 처음 단계로 제시한 중요한 '주제'는 사람들이 '성장과 힘에 대해서 큰 관심'을 품고 있다고 하는 것이었다. 뉴만은 다음과 같이 풀이하고 있다.

> 구루룸바족은 원시농경민으로 식량의 생육상태에 언제나 신경을 썼다. 일상의 대화라도 화제는 곧 자기의 농작물 상태, 돼지의 건강 상태 등으로 넘어가는 일이 많다. 그들이 노래하는 내용 대부분은 성장에 관한 것이다. …… 육체적인 완강함에 대한 관심도 일상생활에 나타난다. 이것은 농경 또는 수렵집단의 방위와 결합된 일을 하기 위해서는 강건한 육체가 필요하기 때문이다. 그것은 남자의 경우에도 여자의 경우에도 다같이 높이 찬미되는 특질이며 중요한 미의 표준의 하나에 해당한다.29)

구루룸바족의 많은 의례에는 성장의 촉진과 식물, 돼지 및 사람을 튼튼하게 하는 것을 의도한 것이 많다. 그러나 그들의 관심은 실용적 목적을 기초로 한 것만이 아니고 그것을 초월하여 '성장을 달성시키는 것 또는 힘을 나타내는 것' 그 자체로 가치가 있다고 뉴만은 밝히고 있다.

개인이나 집단의 생산성 및 적극성이라는 능력은 구루룸바 문화에서는 훨씬 일반적인 가치의 하나이다. 또 식량을 생산하고 아이를 기르고 돼지를 사육하고 집단을 지키고 활발하게 의무를 찾아 그것을 완수하는 것이 그러한

---

28) A. Leeds, "The Ideology of the Yaruro Indians in Relation to Socio-Economic Organization," (Anthropologica, Vol. 9. 1960) pp.1~10.
29) P. L. Newman, Knowing the Gururumba (New York : Holt, Rinehart and Winston, 1965) p.72.

능력을 갖고 있다는 증명이 되는 것이다. 성장과 힘에 관한 의례가 구루룸바족에서 중요한 것은 단지 성장과 힘이 물리적 세계를 기술적으로 정복하는데서 도움이 된다는 이유뿐만 아니라 그것들이 세상에서 일어나는 여러 문제의 해결에도 관계가 있기 때문이다.30)

뉴만은 이들 가치가 성에 관한 관념이나 의례에서 그리고 우주관에서 어떻게 나타나고 있는가에 대하여 언급하고 있다. 그는 구루룸바족의 생활의 대부분은 마치 생산성과 적극성을 모두 획득하려고 노력하면서 동시에 '그 힘은 뭔가를 기르는 방향으로 돌리려' 노력한다.

> 서양인에게 구루룸바족의 일상생활은 대단히 공격적인 방법으로 운영되는 듯 보인다. 즉 끊임없이 고통을 준다든지 뺏는다든지 하며 싸움 또는 과격한 감정의 폭발이 빈번하고 언어의 관용구 대부분이 '친다', '때린다', '죽인다'는 따위의 폭력적인 동사를 중심으로 구성되어 있는 것 등에서 그렇게 생각하는 것이다. 그런데 '나는 그를 때렸다.'라는 표현은 '나는 그것을 그이에게 주었다.'고 말할 수 있으므로 우리들 언어표현법과는 반대되는 의미이다. 대개의 맥락에서 이런 종류의 행동은 구루룸바족에 있어서 공격이라고 말할 수 없다. 그것은 생명력의 본질에서부터 나오는 힘 즉, 남자가 인내하기 위하여 또 과시하기 위하여 사용하는 신체적 힘의 표시이다. 식량을 나누고 모으고 하는 분명히 한정된 일의 특정부분의 안에서는 적극성이야말로 식량을 전달하는 사회적 통로로 만들기 때문이다. 더 나아가 사람에 요구한다는 것은 타인의 요구에 따라 의무를 부담하는 것을 암암리에 포함하고 있으며 또 준다는 것은 타인을 압도하기 위한 수단이 되지 않는다. 왜냐하면 호혜성의 원리가 다음에는 주는 사람을 받는 사람으로 바꾸기 때문이다.31)

사회관계에서 호혜성 원리의 중요성이 여기에서도 명백해진다. 구루룸바족은 그들 관계를 과격하고 낯선 관용구를 사용하여 표현하지만 그들의 의례와 세심한 선물교환의 사회적 기능은 다른 지역집단이나 친족집단을 호혜적 의무에 의해 결합시킨다.

---

30) Ibid., p.75.
31) Ibid., p.89.

구루룸바족은 자기들의 선조는 결혼이나 선물교환의 제도(양자 모두 호혜성의 표현이다)를 갖지 않는 대단히 원시적인 시대에 살았다고 믿는다. 그들은 촌에 살지 않았고 또 길들여진 식물과 동물을 갖고 있지 않았다. 그들은 '힘이 세었지만' 충동에 좌우되었다. 그들은 마음대로 여자를 범하고 사람을 살해하고 훔치기도 했다. 그들 행동범위는 경계에 구애받지 않고 자유로이 지역일대를 누볐다. 구루룸바족은 때때로 의미있게 자기들을 자신의 조상과 비교하는 경우도 있다. 또한 그들은 인간이 그들이 기르는 돼지와 같다고 하는 경우도 있다. 결국 돼지라는 반(半)가축화된 동물은 종종 "로프나 울타리를 먹어치우고" 그 속에서 벗어나 집이나 농원에 커다란 피해를 준다(제6장 참조).

구루룸바족의 인간본성에 대한 이해는 앞에서 언급한 야루로족의 이데올로기에서의 그것과 뚜렷이 대조된다. 실로 이 두 문화의 입장은 가치의 한 차원에서 정반대의 양 끝을 구성한다. 뉴만에 의하면 구루룸바족의 입장을 다음과 같은 일반적 서술로 요약할 수가 있다고 한다.

1. "인간에게는 원래 이기적이고 파괴적이며 공격적인 충동이 내재하고 있다. 마술사는 실제의 인간이며 망령이라든지 조상도 한 때 인간이었다. 죽음은 인간에 내재하는 모든 유해한 경향을 풀어놓는다. 망령은 무서운 존재이나 그것은 망령이 인간을 고통스럽게 하려고 한다거나 혹은 인간이 갖는 근원적인 선량한 성질을 파괴하려고 한다는 의미에서가 아니다. 인간이 본래 나쁜 습성이 있듯이 망령도 그러하다는 의미이다."
2. "이러한 충동은 사회의 힘에 의해서 억제된다. 이런 인식은 인간이 만약 사회 속에서 생활하지 않았다면 사회이전 시대의 조상들과 똑같았을 것이다. 이는 인간이 감시를 피한 돼지와 어느 점에서 유사하다는 것을 언급한 서술 속에서 나타나고 있다. 구루룸바족은 탐욕스런 돼지나 사회이전의 조상들처럼 되고 싶다는 특별한 동경을 전혀 나타내지 않으며 그들의 서술은 만약 사회적 구속이 없었다고 하면 그들은 현재보다도 훨씬 그와 같았을 것이라고 시사하고 있다. 호혜성이라든지 의무에 의해서 그 관계 개선이 고려되지 않는 적……에 대한 그들의 태도는 곧 이와 같은 것이다."

3. "社會는 그 범위 내에서 표출할 수 없는 충동을 근절시키는 것이 아니라 억제하는 것이다. 이는 ……야생돼지와 같이 행동하는 사람의 유형에서 명백하게 드러난다. 이러한 남자들은 미친 듯이 난폭하고 사람들을 습격한다든지 물건을 훔친다. 이러한 일이 일어났을 경우 사람들은 큰 해를 입지 않도록 조심하지만 그것을 초월하여 그러한 행동을 억제하려고 시도하지도 않으며 끝난 후 다시 바로 잡으려고도 하지 않는다. 이 행동을 가리켜 야생 돼지라고 부르는 것에는 교훈적인 의미가 들어 있다. 왜냐하면 아사로(Asaro)계곡의 상류에도 진짜 야생 돼지는 거의 없어서 돼지같다고 한다면 주인으로부터 잠시 도망친 돼지가 있을 뿐이기 때문이다."[32]

4) 세 가지 입장

인류학자 중에는 모든 사회가 그것에 관하여 어떤 입장을 취하지 않을 수 없는 보편적인 문제가 많이 있다고 말했다. 만일 그렇다면 우리들은 문제 하나하나에 대하여 그 문화가 취하는 입장을 밝혀 일정한 사회의 가치체계가 갖는 특색을 파악할 수 있고 가치 차원의 각각에서 각 문화의 상대적 위치를 규명함으로써 여러 사회를 비교할 수 있다. 클라크혼은 인간은 근본적으로 선한가 악한가 혹은 선과 악의 결합인가 하는 '인간본성'의 문제에 관해서도 각 사회는 일정한 입장을 취하지 않을 수 없다고 주장하고 있다. 곧 위에 기술한 두 개의 민족지에 의한 사례는 이 차원에서 양극단의 입장을 예증하고 있는 것이다. 즉 야루로족은 인간을 본래 선하다고 보는 반면, 구루룸바족은 인간을 ―사회에 의하여 구속을 받지 않는 한― 악하다고 생각하고 있다. 양자의 중간에 서는 입장을 대표하는 것은 나바호족으로서 그들은 선과 악이 서로 복합되어 인간과 자연에 항상 존재한다고 본다.

마찬가지로 우리들은 인간과 자연의 관계를 어떻게 취급하는가의 문제에 관해서도 세 가지 입장이 있는 것을 인정할 수 있다. 이 인간 대 자연의 차원

---

32) Ibid., pp.92~93.

에서는 나바호족과 야루로족이 중간적 입장을 대표한다. 이 중간적 입장에서는 인간과 자연이 서로 조화하여 존재하고 있다고 생각된다. 그에 비해 두 개의 양극적 입장에서는 인간이 자연을 지배하는 존재라고 보는가 인간을 자연에 종속되는 존재로 보는가 그 어느 쪽인가에 있다. 전자를 대표하는 것은 근대 미국문화이고, 후자를 대표하는 것은 반휠드가 기술하고 있는 남부 이탈리아의 농민문화이다.[33]

다양한 문화에 대한 에토스의 특색을 밝히려는 시도에서 '이상적 인간(ideal person)', '지배적 양식(dominant style)', '세계관(world view)' 등 여러 개념이 이용된다. 각각의 경우에 인류학자는 사회생활의 여러 측면에서 행해지고 있는 판단, 평가, 선택의 원리로 생각되는 소수의 기본적인 형을 발견하고 서술하고자 한다. 접근방법은 그들이 사용하는 자료의 성질에 의해서 큰 차이가 있다. 자료로서는 생활사 또는 직접 관찰한 기록, 질문지, 투영 검사법, '문화적 산물'(예술작품, 민간전승 등)에 이르기까지 여러 종류가 있다. 그러나 접근방법은 연구의 목표에 따라서도 달라진다. 어느 인류학자들은 베네딕트를 쫓아 한 문화의 에토스가 갖는 독자적인 특색을 밝히는 것에 만족하고 있지만 그 경우 문화의 에토스를 비교한다 해도 인상주의적인 것 밖에 안 된다. 다른 것에 비교가 될 수 있는 가능성을 강조하는 학자도 있다.

그들은 클라크혼과 스트로트베크가 한 것처럼 상이한 문화를 체계적으로 비교할 수 있도록 하기 위하여 가치의 보편적 범주를 찾아내려고 한다. 또 이 외에도 육아의 유형, 사회구조의 특질, 생계수단, 생태학적 관계, 혹은 이들 요인의 여러 조합을 검토함으로써 각 체계간의 차이를 설명하려고 생각하는 인류학자도 있다.

그렇지만 급속한 변화를 겪는 현대 세계에서 문화 상호간의 오해가 인류를 위협하고 있을 때 인간적 가치의 성질과 그 원천을 모두 이해하려고 시도하는 것은 인류학자들에게 부과된 책임이다. 데이비드 비드니(David Bidney)에 의하면 "문화인류학자가 직면하고 있는 가장 중요하고 곤란한 과제도 가치의

---

33) F. Kluckhohn and F. Strodtbeck, Variations in Value-Orientation (Evanston, Ill. : Row, Peterson, 1961).

비판적 비교연구를 행하는 것이다."34)

 말할 것도 없이 자기 자신의 관점과 가까운 정도에 따라서 다른 가치체계를 '원시적'이라든지 '선진적'이라고 등급을 매기는 자문화 중심주의적 접근을 우리들은 받아들일 수 없다.

 다른 문화가 갖고 있는 통합성을 존중하는 태도를 널리 보급시킴으로써 자문화 중심주의의 경향을 감퇴시키는 것이 오늘날 인류학자가 추구하고 있는 중요한 실천적 목적인 것이다. 그러나 인류의 생존이라는 목적을 위해서 인류학은 다시 일보 전진하여 문화들간의 상호 이해와 협력을 촉진하기 위한 기반을 추구하지 않으면 안 된다.

 우리가 바라는 것은 근본적으로 다른 수단과 문화적 특질들이 조화되어서 모든 남녀가 인류의 행복이라는 공동의 목표를 향해 협력해 나가는 것이다.

보 충 문 헌

Cilfford Geertz, The Interpretation of Cultures. New York : Basic Books, 1973.

Mary Douglas, Natural Symbols. New York : Vintage, 1973.

Clyde Kluckhohn, Culture and Behavior. New York : Free Press, 1962.

Gary Witherspoon, Language and Art in the Navaho Universe. Ann Arbor : University of Michigan Press, 1977.

Dorothy Lee, Freedom and Culture. Englewood Cliffs, N. J. : Spectrum Books, 1959.

---

34) D. Bidney, "The Concept of Value in Modern Anthropology," in A. L. Kroeber, ed., Anthropology Today (Chicago : University of Chicago Press, 1953) p.698.

제Ⅴ부 인류학자의 현지조사

  관찰과 추론은 현지 작업에서 항상 긴밀하게 상호 보완된다. 인류학자가 어떤 질문을 던져야 할지 또 다음에 어디를 보아야 할지 혹은 어디를 파보아야 할지를 결정하는 것은 자기가 보는 것에 대한 잠정적인 해석을 세움으로써만 가능하다. 어설픈 해석은 오히려 조사자의 판단을 빗나가게 한다. 그러나 어떤 지침이 되는 관념이 없는 경우에 조사자는 완전히 헤맬 수 밖에 없다. 과학은 우리들에게 추론을 피하라고 가르치지 않는다. 다만 추론은 잠정적인 것에 지나지 않는다는 것과 우리들이 자기의 생각을 입증해 주는 자료뿐만 아니라 그것과 모순될지도 모르는 자료를 찾지 않으면 안 된다고 하는 점을 잘 가르쳐 준다.

  이하의 각 장은 인류학적 현지조사를 위한 세세한 방법을 안내하려는 것이 아니다. 오히려 인류학적 자료의 수집은 어떤 조건을 기초로 하여 행하여지는가, 또 그러한 자료에서 타당한 결론을 이끌어내는데 어떤 문제가 포함되어 있는가 하는 문제를 간략하게 설명하려 한다. 인류학은 레드필드(Robert Redfield)가 "인류학자 자신의 인간성이 작업의 한 도구이다."라고 기술했듯이 그 점에서 다른 여러 과학과 다르다. 이 사실은 중대한 이점이 되면서도 아울러 문제점도 내포하고 있다. 즉 우리가 낯선 문학을 어느 정도 이해할 수 있는 것은 부분적으로는 우리들 모두가 필히 한 번은 하나의 문화—자기 자신의 문화—를 배우지 않으면 안 되었기 때문이다. 그러나 다른 생활 양식의 형태를 분명하게 이해하기가 어려운 것은 바로 우리가 하나의 문화에 의해서 문화화되어 있기 때문이다. 인류학자는 마치 외국어를 공부하는 학생이 이질적인 발음 때문에 고생해야 하는 것처럼 자기의 자문화 중심주의적 편견을 극복하기 위하여 고생하지 않으면 안 된다. 그러한 편견은 많은 경우 의식조차 되지 못하고 있다. 그것은 이것을 해낼 수 있는 것이 우리들이 가지고 있는 과학적 신념의 한 부분이다.

  인류학적 현지조사는 우선 상대주의적 관점에서 사회행동을 직접 관찰하는 것을 포함하고 있다. 그것은 자문화중심의 기준에 의해서 하나의 문화체계를 평가하지 않으면서 그 문화체계가 갖는 역사적 기반과 적응상의 기능을 이해하려고 시도하는 것이다. 그러므로 인류학자의 최초의 일은 자기가 연구 대상으로 하고 있는 집단의 문화를 학습하는 것이다. 이 점에서 그의 일은 그 집단에서 태어난 아이들의 과제와 비슷하다. 왜냐하면 그 양쪽 모두 집단 구성원이 공유하고 있는 範疇와 準則을 발견하지 않으면 안되기 때문이다.

그러나 아이들이 정규의 집단 구성원으로서의 역할을 다하기 위해서는 사회 속에서 자기의 위치에 걸맞는 이런 저런 기능을 발달시키지 않으면 안 되는데 비하여, 인류학자는 일상의 상호작용에서 각종 집단의 구성원들에게 지침이 된 다고 여겨지는 여러 규칙을 의식적으로 또 분명한 형태로 정형화해야 한다. 인류학자의 학습이란 이처럼 아이들의 문화화와 비교하면 보다 명시적인 형태로 덜 익숙하다.

물론 모든 인류학자 또는 고고학자가 단일집단의 문화 전체를 기술하려 하지는 않는다. 보통 인류학자는 문화의 어느 특정한 측면에 관심을 기울인다. 그런데도 대부분의 인류학자는 특징적 자료가 갖는 의미를 그 사회의 전체적인 문화의 맥락에서 보다 바르게 판단할 수 있도록 자기가 연구하고 있는 사회에 대해서 전체적인 느낌을 파악하려고 애쓴다. 이하의 각 절에서는 실제의 연구는 대부분의 경우 한정된 민족지적 문제를 취급한다는 것에 유념하면서 현지 조사의 모델로서 전체 문화를 기술하는 데에 어떤 방법이 있는가 하는 점에 관해서 기술하기로 한다.

제11장 관찰과 추론

1. 현지조사 방법

 인류학자가 어떤 사회의 관찰에 착수할 때 혹은 고고학자가 유적의 발굴을 시작하려고 할 때 누구든지 관찰되는 현상이 턱도 없이 넓은 범위에 걸쳐 있다는 문제에 당면한다. 훈련된 관찰자는 거의 무궁무진한 현상에서 자기의 연구 목적과 가장 관련이 깊은 사건이나 사물을 선택하는 것이다. 사회적 행동을 관찰하거나 기술하려고 하는 인류학자는 자기의 관찰을 방향 짓기 위하여 어떤 것이 관련있는지를 판단하는 어떤 기준을 갖지 않으면 안 된다. 그러한 기준은 그 사람의 인류학자로서의 훈련에 의해서 주어진다. 그 훈련을 통해서 그는 그때까지 학자들이 앞서 행한 연구에서 의미가 있다고 증명되는 것은 당연히 알고 있을 것이다. 현지에서 머무는 시간이 한정되어 있는 조사자는 모든 것을 볼 수 없다. 그래서 그는 보통 자기가 관찰의 훈련을 받는 현상에서 시작한다.
 가령 원시사회에서는 통상 親族關係, 生活의 技術, 文化化의 過程 따위부터 취급한다. 이들 문제에 대한 연구를 기초로 하여 조사하는 문화의 다른 영역 전체에로 관심을 넓혀간다. 이상적으로 말하면 인류학자는 가옥의 건축 기술에서 종교 의식에 이르기까지 그가 만나는 모든 종류의 현상에 대하여 정확히 관찰하고 보고할 수 있도록 훈련되어 있는 것이 바람직하다.
 인류학자가 자기가 만나는 특정 현상을 어느 정도 잘 소화하는가는 그가 연구하려고 하는 지역에 관해서 어느 정도 미리 알고 있는가에 달려 있다. 그는 탐험가라든지 다른 현지 조사자들의 보고서를 통해 그 지방의 역사와 지리를 익히고 또 가능하다면 그 지방의 언어를 미리 배울 것이다. 그러한 사전 준비에 의해서 인류학자는 현지에서의 시간을 최대한 유효하게 사용할 수 있고 또한 그가 당면할 몇몇 특수한 문제를 미리 알 수 있다.

아울러서 현지조사를 행하려는 사람이 해결해야 할 실제적인 문제도 언급해 두어야 하겠다. 즉 적절한 연구비, 적당한 의복, 의약품류, 예방접종, 특수한 기계기구(카메라, 녹음기)를 준비해야 하고 교통편도 예약해야 한다. 연락방법이라든지 필요 물자의 보급 방법도 확실하게 해두어야 할 필요가 있다. 그리고 많은 경우 조사를 개시하기 이전에 여러 정부기관으로부터의 허가를 얻을 필요도 있다. 또한 현지 조사자는 조사지의 상황에 자기 자신과 조사기술을 잘 적응시켜야 하는 문제를 안고 있다. 아무리 준비를 갖추어도 현지의 사정이 결코 예상한 대로 돌아가지 않기 때문이다. 조사자가 예정한 조사를 완수하는 것을 제쳐두고라도 우선 마음을 건전하게 유지하려면 아마 유연성이야말로 훌륭한 현지조사자가 되고자 하는 사람에게 가장 중요한 조건이라고 할 수 있다.

현지조사라는 것은 종종 곤란한 조건하에서 진행된다. 그에 대해서 언급한 고전적 예로서 에반스 프리차드(Evans Pritchard)가 그의 책 『누어족』에서 기술한 것이다.

> 하루종일 겪는 불쾌감, 조사 초기 단계에서 부딪치는 의심과 강한 저항, 통역자의 부재, 적절한 문법과 사전의 결여, 그리고 보통의 정보제공자 물색의 실패, 이런 것 이외에도 조사가 진행됨에 따라서 말할 수 없는 곤경이 기다리고 있다. 내가 어민들과 친해지고 그들의 언어에 익숙해지면서 아침 일찍부터 밤늦게까지 사람들이 방문하게 되고 하루 중 한 순간도 예외 없이 나의 막사 안에는 몇몇의 남자와 여자, 아이들이 들어와 있었다. 내가 어느 남자와 어느 풍습에 대해서 이야기하기 시작하면 곧 다른 남자가 자기 자신의 문제를 들고 나오거나 농담을 건네면서 대화에 끼어드는 일이 비일비재했다.
> 이렇듯 끝없이 이어지는 방문객들은 언제나 농담을 던지고 나와 다른 이와의 대화에 불쑥 끼어드는 것이 예사였다. 그 덕분에 나는 그들

을 좀 더 잘 파악할 수는 있었지만 동시에 심신의 피로를 격하게 느껴야 했다. 그러나 누어족의 야영지에 머무는 한 누구든지 그들의 관습에 따라야 했다. 그리고 누어인들은 고집이 세고 피로를 모르는 방문자들이었다. 최대의 어려움은 나의 일거수 일투족을 모두 그들이 보고 있다는 사실이다. 모두가 보고 있는 앞에서 혹은 야영지에서 별 거리낌 없이 사적 행위를 하게 되기까지는 오랜 시간이 걸렸다.

나의 막사는 항상 농장 혹은 방풍벽의 한가운데 있었고 조사는 모두가 보고 들을 수 있는 상황에서 행해졌기 때문에 나는 좀처럼 밀담을 나눌 수 없었고 또 들은 말을 쓴다든지 상세한 설명을 가할 수 있는 정보제공자를 훈련시키는데 성공할 수 없었다. 이 실패를 보상해준 것은 나와 누어인 사이에 형성될 수밖에 없었던 친근한 관계였다. 나는 정해진 정보제공자를 통해서 작업을 진행하는 비교적 손쉬운 방법을 사용할 수 없었기 때문에 사람들의 일상생활을 직접 관찰하는 것과 그들 생활활동에 내 자신이 참가하는 것에 의지하지 않을 수 없었다. 내 막사의 입구에서는 지금 야영지 혹은 부락에서 일어나는 일들을 두루 볼 수 있었고 내 곁에는 누어인들이 항상 있었다. 이처럼 나는 누어인들을 모두 정보원으로 활용하는 형태로 조금씩 정보를 모은 것이다. 선택되고 또 훈련을 받은 정보제공자에 힘입어서 확실한 정보를 대량으로 입수하는 것이 아니었다는 말이다. 누어인들과 그처럼 긴밀한 접촉을 갖고 지내야 했기 때문에 나는 훨씬 상세하게 설명할 수 있게 된 아잔데족(Azande)의 경우 보다 누어족을 훨씬 깊이 파악하게 되었다. 아잔데족은 내가 그들의 친구로서 지내는 것을 허용하지 않았던 것이다. 아잔데족을 조사할 때 우리들은 부락 밖에서 살았다. 누어족의 경우 우리는 부락의 일원으로 지냈다. 아잔데족은 나를 윗사람으로 취급하고 누어족은 나를 평등한 일원으로 취급했다.[1]

따라서 현지조사가 이용하는 기법은 그가 연구하고 있는 문제 및 그가 부딪치는 상황의 요구 어느 쪽에 대해서도 적합한 것이어야 한다. 바로 그 때문에 현지조사를 어떻게 할 것인가를 논하기가 어려운 것이다. 이하에서 기술하는 것은 여러 조사의 기법 중에서 여지껏 종종 유용하다고 입증되어 온 몇몇 종류이다.

---

1) E. Evans-Pritchard, The Nuer (London : Oxford University Press, 1940) pp.14~15.

먼저 조사자는 조사지로 선택한 지역에 들어가야 한다. 들어간다고 하는 것은 그저 물리적으로 거기에 있다는 것만이 아니고 사회적으로 수용되는 것을 의미한다. 그리고 인류학자는 그 집단속에서 하나의 사회적 위치를 찾아내지 않으면 안 된다. 현지민은 일반적으로 유럽사람, 미국사람, 혹은 선교사, 교역 상인 등과 접촉한 경험을 바탕으로 인류학자를 똑같이 취급하는 경향이 있으므로 인류학자는 이에 대비해야 한다. 특히 식민지나 이전에 식민지였던 지역에서 그는 정부기관의 관료—징세관리, 경찰관, 행정관 등—로 보일 가능성이 있다. 그렇게 보이는 한 조사자가 각종 정보에 접근하려고 할 때 어려움이 크다는 것은 명백하다. 상당히 개방된 지역이라도 현지 조사자는—인류학자이든 고고학자이든—스파이로 의심받기 쉽다.

그래서 인류학자는 현지 사람들이 이해할 수 있는 말로 자기의 목적을 설명하고 지역사람들이 정보제공을 꺼리는 대상의 범주에 들지 않도록 해야 한다. 이 문제에는 매우 많은 요인이 얽혀 있으므로 무엇이 효과적인가를 말하기가 어렵다. 그럴 듯하게 들리는 설명이 역효과를 내는 수가 있기 때문이다.

가령 내가 믹맥(Micmac)인디언을 조사하러 들어갔을 때 처음에 나의 목적이 그들 사회의 '역사를 조사'하는 것이라고 설명했다. 누군가 자기들의 역사를 조사한다는 사실에 대해 그들 대부분에게 전혀 이견이 없었다.

그런데 한 두 사람이 조사라고 하는 말을 너무 문자 그대로 해석하기 때문에 그들 중에 내가 정부에서 파견된 '조사관'으로 '토지를 분할하기 위하여' 왔다 라는 소문이 널리 퍼졌다. 믹맥족은 다른 많은 미국 인디언과 같이 자기들의 보호구역에 관해서는 극도로 민감한 반응을 보인다. 지금까지 여러 번 속아왔기 때문이다. 이 소문을 진정시키는데 몇 주일이 걸렸지만 현지조사의 기간을 통하여 많은 인디언들의 의심하는 태도는 변하지 않았다.

현지인들은 현지조사에 들어간 인류학자를 자기들의 社會의 範疇(역할, 집단 등) 속에 끼워 맞추지 않을 수 없다. 일단 이것이 이루어지면 그는 그와 교제하는 방식에 관한 行動準則이 자동적으로 나오게 된다. 그러나 인류학자는 전통적 범주 속에 그렇게 쉽게 끼워 맞춰지지 않는다. 그래도 조사자는 사회구조 속에 하나의 위치를 부여받지 않으면 안 된다. 즉 친족을 기반으로 하는 사회에서는 조사자도 하나 혹은 그 이상의 특정한 친족집단에 소속된 일원으로서의 역할과 결부되어 최소한의 기대에 응하지 않으면 안 된다는 말이다. 카스트 사회 — 군대조직도 포함 — 에서는 다른 사람들이 그를 상위자, 하위자 혹은 동위자 중 어느 것을 취하면 좋을지 알 수 있도록 일시적인 지위가 조사자에게 부여되지 않으면 안 된다. 그와 같이 조사자는 어떤 지위를 할당받음으로써 어떤 정보원에 쉽게 접근할 수 있지만 다른 어떤 정보원에서 배제된다. 그러나 그러한 제약에서 오는 불이익은 사회체계의 밖에서 있으면서 주변부에서 인류학자가 경험하는 곤경에 비한다면 보통 훨씬 적다고 말할 수 있다.

조사자가 지역에 제법 자유롭게 정보를 수집하기 위한 사회적 지위를 획득한 이후에 그가 활용할 수 있는 정보수집의 방법으로 두 가지를 생각할 수 있다. 즉 (1)의 선택된 정보제공자의 이용 및 (2) 참여관찰이다. 어느 쪽의 방법이 많이 이용되는가 하는 것은 현지조사자에 의해서, 그 삶의 조사과정에 의해서, 또 현지 사정에 의해서 달라지겠지만 통상 이 둘의 방법이 함께 쓰인다.

에반스 프리차드가 말했듯이 어느 사회는 조사자에게 사회생활에 참가할 것을 요구하는 한편 다른 사회에서는 그러한 참가는 곤란하고 불가능할 때도 있다. 후자의 경우에 조사자는 기꺼이 그에게 이야기해 주는 소수의 사람들을 집중적으로 조사하는 이외에는 선택의 여지가 없다. 이 방법은 또 시간적 제약이 있는 경우라든가 옛날의 문화상태를 재구성하려는 경우에 즐겨 사용되는 방법이다. 그러나 통상 그 집단의 일상 사회생활에 어느 정도 참가하는 것이 가능하고 또한 바람직하다. 설령 그것이 정보제공자의 설명을 입증한다든지 정보의 불일치를 바로잡는 것만이 목적이라 해도 그러하다.

고도의 참여관찰은 조사자가 그 역할에 아무런 제약도 없이 참가할 수 있고 적어도 감정에 치우치는 일도 없는 경우에만 가능하다. 참여관찰에 따르는 위험성은 인류학자가 특정한 사회적 역할을 수행하다 보면 체계를 전체적으로 보는 눈을 잃기 쉽다는 것이다. 또 다른 위험은 조사한 집단에 관계되는 어떠한 정보의 공개도 거절할 정도로 '현지인화'가 된다는 것이다. 만약 이러한 일이 항상 일어난다면 인류학이 학문으로서 진보하는 것은 불가능할 것이다. 그럼에도 불구하고 참여관찰은 그들이 실행을 통하여 그 문화의 구조적 규칙과 조직적인 과정 사이에 상호작용을 경험하기 위해서도 없어서는 안 된다(제6장 참조).

조사자는 수집된 사실을 닥치는 대로 쌓아 두기만 하면 되는 것이 아니다. 오히려 제Ⅴ부의 서론에서 지적한 것처럼 그는 자기가 관찰한 것을 조직하고 그것에 대하여 잠정적인 해석을 가한다. 그러한 가설은 관찰과 이론적 훈련이 서로 작용하여 생겨난다. 이들 가설은 계속 행하여지는 관찰을 어느 정도 체계적으로 방향지음으로써 일련의 정보제공자와의 면접질문과 참여 관찰의 결과를 — 진귀한 풍습을 끌어 한 데 모아 쌓아 두는 대신 — 문화체계에 대한 조사자의 이해를 깊게 하는 데 도움이 되도록 한다. 가령 두 사람의 정보제공자에 대한 질문에서 어떤 관습에 대하여 그들의 설명이 명백히 서로 어긋난다면 조사자는 설명들을 그저 늘어놓은 채로 두지는 않을 것이다. 조사자는 그 사회 및 자기의 정보제공자의 지위에 관련된 자기의 지식에 기초하여 그러한 불일치가 왜 생기는지 알려고 노력할 것이다. 거기서 그는 다른 정보제공자들에게 묻기도 하고 참여관찰을 한다든지 해서 그 서로 맞지 않는 것을 해명하고 혹은 두 설명간의 차이가 다른 사회적 요인들 — 각각의 정보제공자의 성, 연령 혹은 집단소속 등 — 과 어떻게 관계되는지를 분명히 밝히려 할 것이다.

인류학적 가설이 양적인 형태로 기술되는 경우에는 자료가 통계적으로 처리될 수 있도록 문제의 현상을 충분히 관찰하는 것이 바람직하다. 예를 들어 어떤 인류학자가 혼인규정에 관하여 이해하려 한다고 하자. 어떤 부계제 부족의 나이 많은 정보제공자들에게 물어 본 결과 옛날에 남자는 반드시 자기 모친의 씨족 사람들과 결혼했다고 말하는 반면, 젊은 정보제공자들은 확실히 모친의 씨족 사람들과의 결혼이 선호되지만 오늘날 대부분의 남자들은 처를 선택하는데 이것을 중요한 것으로 생각하지 않는다고 말한다고 하자.

이 진술에 대해서 종래의 엄한 혼인규정은 붕괴되고 있다고 잠정적인 해석을 내릴 수 있을 것이다. 그러나 이 문화변동의 원인을 규명하기 전에 조사자는 각 남자의 모친 씨족과 그 배우자의 씨족을 대조하면서 이루어진 한 표본을 검토하는 것이 현명하다. 실제의 배우자 선택을 분석하여 보면 친족과의 혼인은 과거에 나이든 사람이 생각하고 있는 만큼 일반적이 아니었다. (가령 100%는 아니고 사실은 70%정도였다고 하는 것처럼), 반면 최근의 혼인에서는 실로 높은 비율 (가령 65%)의 사람들이 이 규정에 따르고 있다는 것을 알 수 있다. 즉 젊은 사람들이 그것을 의식하든 하지 못하든 모친 쪽의 친족과 결혼하는 경향이 있다는 것이다. 이런 사례는 인류학적 조사에 대단히 많다. 그것들은 이상적인 문화 즉 사람들이 해야 한다고 말하는 것과 현실적 문화 즉, 주어진 상황에서 사람들이 실제로 행동하는 방식을 구별하기 위한 기반이 된다.

이상적 문화는 변화해도 현실적 문화는 비교적 일정하게 지속될 수 있는데 이것을 나타내는 좋은 예로 미국 사람들의 성에 관한 규범과 대학생의 혼전 성교와의 대비를 들 수 있다. 그러한 행동상의 변화가 궁극적으로 구조상의 변화를 가져올 것이다. 가령 남녀를 똑같이 수용하는 학생 기숙사는 이제 많은 대학에서 당연시되지만 바로 최근의 1960년경까지만 해도 생각조차 못했던 것이다.

2. 보존자료의 수집

보통 때에도 우리들의 기억이 착오를 일으키지만 낯선 상황에서는 그러한 요인이 증가한다. 그래서 대부분의 조사자는 여러 자료를 영구적인 형태로 모아 기록하려고 시도한다. 그와 같은 자료를 우리들은 보존자료(texts)라고 하고 싶다. 여기에서는 자료를 수집하고 기록할 때 인류학자가 이용하는 수많은 구체적인 기법을 열거하여 간단히 설명을 하기로 한다.

1) 현지노트

조사자는 누구든지 조사하고자 하는 집단과 최초의 접촉에서부터 그 집단을 떠날 때까지 현지에서 경험한 것을 계속 기록해야 한다. 현지 노트를 작성하는 유일한 일반 규칙은 상세하고 명백하며 읽기 쉬울수록 좋다는 것이다.

현지 노트에는 관찰한 것을 전부 쓰고 그와 더불어 관찰된 시간과 장소 및 거기에 있는 사람들의 이름도 기록해야 한다. 또 사실과 추론을 가능한 한 분명하게 구별할 수 있도록 하면서 이들의 관찰에 대한 자기의 잠정적 해석도 기록해 두어야 한다. 특히 현지 조사의 처음단계에서는 모든 것을 기록해야 하는데 이는 처음에는 중요하지 않은 듯 했던 관찰사실이 나중에는 매우 중요하게 되는 경우가 종종 있기 때문이다.

인류학자가 계속해서 해야 할 자기교육도 어느 정도는 자기의 노트를 거듭 읽고 자기가 연구하고 있는 사회에 대한 지각이 그 사회와 친숙해지면서 어떻게 변하였는지를 알게 되는데서 이뤄진다. 그러나 첫 인상은— 개인적 관계의 경우와 같이 현지조사에서도— 특히 중요하므로 상세하게 기록하여 두는 것이 중요하다.

2) 면접

여기에는 비공식적인 대화로부터 정보제공자에게 사례금을 지불하고 하루종일— 때로는 밤늦게까지— 실시하는 면접에 이르기까지 여러 가지 있다. 그러한 면접을 할 때 기록하거나 녹음하는 것은 더욱 더 도움이 되는 자료수집 방법인데 이러한 것이 불가능하게 된다든지 그것이 정보의 자연스런 흐름을 방해하든지 하는 경우가 많다. 이와 같은 경우에 노트는 면접을 마치고 나서 될 수 있는 한 빨리 작성하여서 세세한 점을 빠뜨린다든지 기억 속에서 혼동을 일으키지 않도록 해야 한다.

여기에서 라포(rapport=친밀한 관계)라고 하는 매우 중요한 요건에 대하여 언급해야 하겠다. 조사자가 정보제공자와 어느 정도의 라포를 만들지 못했다면 자기가 입수한 정보를 사용할 때에 아주 주의해야 한다. 라포는 서로간의 신뢰와 이해 및 감정적 친화관계를 의미한다.

라포를 형성하는 일반원칙은 없지만 만약 조사자가 현지의 문화에 대한 진정한 관심과 경의를 표명할 수만 있으면 그것은 라포의 형성에 도움이 된다. 또한 정보제공자에게는 그가 개인적으로 말해준 것을 결코 타인에게 누설하지 않겠다고 충분히 안심시킬 필요가 있다. 현지조사를 하는 사람은 입이 무거워야 한다. 다른 전문직과 마찬가지로 그도 정보원(源)을 보호해야 한다. 신뢰를 깨뜨리는 것은 윤리적으로 조잡한 행위일 뿐만 아니라 아주 나쁜 조사기법이다.

3) 계보

계보(가족의 계보 : family trees)의 수집은 오래 전부터 인류학자의 업무에서 하나의 표준적 부분으로 되어 왔다. 포괄적이고 개략적인 계보는 몇몇 신뢰할 수 있는 정보 제공자로부터 모으고 다른 사람과의 면접에서 자세한 사항들을 보충한다. 친족을 기반으로 하는 사회에서는 사람사이의 계보관계를 안다는 것은 사회체계의 움직임을 이해하는 데 필수적이다. 계보는 친족명칭, 출계집단의 구성원 보충의 양상, 혼인규정, 정치조직 기타 많은 사회현상을 분석하는데 이용된다.

이 종류의 사실 수집은 지역주민들의 강한 저항에 부딪치는 경우가 거의 없다. 계보에 관한 정보는 어떤 경우에도 도움이 되는 것이 증명되고 있는 만큼 그 수집은 민족지적 조사의 출발점으로서 좋은 작업이다. 그러나 계보의 편집은 항상 쉬운 것이 아니다. 가령 티위족의 경우 여자가 재혼할 때에는 반드시 새 남편은 그녀가 데리고 온 아들들의 이름을 모두 바꾼다. 티위족의 남자들은 대개 제법 나이가 들고나서 처음 결혼을 하기 때문에 한 개인이 친아버지와 몇몇 의붓아버지로부터 받은 이름을 4~5개 갖고 있는 경우도 있다.[2] 그런가 하면 죽은 사람의 이름을 입에 올리는 것조차 엄하게 금지하는 사회도 있고 또 어느 사회에서는 현재 살고 있는 수 십명의 사람들이 동일한 이름을 갖고 있기도 한다.

---

[2] C. W. M. Hart and A. Pilling, The Tiwi of North Australia (New York : Rinehart and Winston. 1960) pp.21~25. 『티위 사람들』 (왕한석 옮김, 교문사)

발리섬에서는 젊은이들은 그저 '장남', '차남' 등으로 불리우고 개인의 이름을 마을사람들이 모르는 것 같다. 그러나 이처럼 문화의 다른 측면에로 조사자를 유도하는 힘이야말로 계보의 유용성을 보여주는 증거인 것이다.

4) 지역지도의 작성

조사자가 상세한 지도를 만드는 것은 거주집단, 상호작용의 형태, 토지의 보유상황, 사회적 공간의 개념 등을 조사할 때 도움이 된다. 지역사회의 전원의 소유지를 명백히 하는 것은 표본을 추출하고 지역성과 다른 사회현상과의 관계를 밝히는 데 중요하다.

가령 라틴 아메리카에서는 보통 영향력있는 이들의 집이 — 정부기관의 건물과 종교관계의 건물은 물론 — 도시와 촌의 중앙광장의 주위에 있는 반면 직원이나 가난한 사람들의 집은 다른 곳에 있다. 큰 지역은 바리오스(barrios : '구역')라고 불리우는 것으로 분할되어 각각 이 구조를 그대로 축소한 형태인 경우가 많다. 그러한 지역의 지도작성에서 막대한 양의 정보가 밝혀지고 또 지도작성은 한 지역에서만 모은 자료로 성급하게 일반화한 것을 막아준다.

5) 구조화된 관찰

인류학자들이 점점 빈번히 이용하게 된 기법 중 하나로 공간과 시간을 신중히 배려한 표본추출법에 의해서 관찰을 통제하는 방법—결국 구조화된 관찰법—이 있다. 가령 지도작성에 의하여 지역의 전체구조가 명백해졌을 때 인류학자는 그 지역의 하위단위 지역 각각에 대하여 거의 같은 정도의 기간동안 관찰할 수 있다.

또 다른 통제법으로 특정계층의 사람들간의 상호작용에 대해서 자세한 사실을 많이 기록하는 단기간의 집중적 관찰을 들 수 있다. 이 관찰은 정해진 한 세트의 범주에 의하여 기록될 것이다. 가령 최근에 행해진 6개의 서로 다른 사회의 육아에 대한 비교연구에서 현지 조사자들은 아래와 같이 지시받았다.

조사자는 아이 한 명에 대하여 5분간의 관찰을 12회 행해야 한다. 이
들 관찰은 시간과 장소의 면에서 가능한 한 넓은 범위에 걸쳐 있어야
한다. 조사자는 이들 5분간의 관찰 각각 안에서 일어나는 바 우리들이
관심갖는 상황의 모든 사건을 기술해야 한다.3)

이 안에서의 작성자들이 관심을 두고 있는 상황이란 다음과 같은 것이다. 아이가 부상당한다든지 곤경에 처하는 상황, 규칙을 깬다든지 다른 사람과의 상호작용을 개시하는 상황, 다른 사람이 그 아이를 때린다든지 모독한다든지 부상을 준다든지 꾸짖는 상황이다. 이 연구의 목표는 각 사회의 아이들이 처해 있는 환경의 대표적인 표본에서 아동이 경험에 관한 비교자료를 얻는 데 있다. 이러한 구조화된 관찰의 주된 이점은 조사자가 자료에 압도되는 것을 방지함과 동시에 조사자가 종종 인상적이기는 하지만 전형적이라고는 할 수 없는 사건을 지나치게 강조할 가능성을 막아준다.

6) 문화요소 일람표

비교나 역사적 연구를 목적으로 하는 경우 특히 시간이 한정되어 있을 때에는 주어진 지역 혹은 사회에 무엇이 있고 무엇이 없는가를 기록하여 만든 문화요소 특성 일람표만이라도 인류학자에게는 도움이 된다. 하나의 살아있는 문화 속에서 특성 일람표는 관찰의 지침으로서 유용하며 조사자가 빠뜨리기 쉬운 것에 주의를 기울이도록 하는 데에도 유효하다. 토착의 생활양식이 극소수의 노인들의 기억 외에는 남아있지 않은 사회에서는 이웃 집단에 관한 고고학적 연구라든가 인류학적 연구에서 얻은 특성일람표가 정보제공자의 기억을 되살리는데 자극으로서 도움이 된다. 또한 그것은 이미 직접 관찰할 수 없는 문화를 재구성하는데 도움이 될 것이다.

---

3) J. Whiting, et, al., Field Guide for a Study Socialization, Six Cultures Servies, Vol. I (New York : Wiley, 1966) p.94.

7) 질문지

조사단을 편성하여 행하는 대규모의 조사에서는 자료를 더욱 비교하기 쉽도록 면접의 절차를 표준화하는 시도의 하나로써 질문지가 이용되는 경우가 있다. 질문지도 잘 고안된 것이면 아주 유용하다. 특히 전체적으로는 이미 알고 있는 항목에 대하여 양적인 자료를 모으려고 할 때 유효하다. 질문지에 지나치게 의지하는 연구의 주된 결함은 똑같은 사람의 질문이라도 면접자에 따라 달리 대답하는 경우가 종종 있다는 것이다. 질문지 조사를 할 때 말고는 조사자가 피조사자와 접촉한 적이 없는 경우 언어적 장애라든지 인간관계의 장애가 종종 라포의 형성을 방해한다. 어느 경우에서든 각 질문에 대하여 처음부터 소수의 표본에 대한 예비 테스트를 행해서 각 질문 항목의 신뢰도(일관된 반응을 이끌어 내는 정도)와 타당성(정확한 정보를 이끌어 내는 정도)을 명백히 해 두는 것이 필수적이다. 사회학자는 국제조사라든지 원래 다른 목적을 위하여 행한 대규모 조사에서 자료를 끌어내는 방법을 개발하고 있지만 인류학자도 특히 근대국가 내의 지역연구에서는 이들 방법을 잘 이용할 수 있다.

8) 심리학적 검사법

심리학적 검사법의 이용여부는 조사자가 받은 훈련과 조사자의 관심에 달려있다. 검사법 중에는 거의 아무런 준비 없이 실시할 수 있는 것도 있지만 스탠포드 비넷(Stanford Binet)식 지능검사법이라든가, 로샤하(Ror-schach)식 인성검사법처럼 몇 개월의 집중적 훈련을 거쳐야 실시할 수 있는 것도 있다. 더구나 이 검사 결과를 해석하는 데는 몇 배의 훈련이 더 필요하다.

이러한 기능을 갖춘 인류학자는 매우 적으며 대규모의 연구 계획에는 이러한 검사를 하기 위하여 정신의학자라든지 임상심리학을 고용하는 것도 가능하다. 검사의 주된 문제점은 通文化的 타당도(Cross-Cultural Validity)이다. 즉 그 검사법이 애당초 미국학생들을 대상으로 만든 것이라면 그것을 대폭 수정 ― 물론 수정된 것은 이미 원래의 검사법과 같다고 볼 수 없으며 따라서 결과도 엄밀한 의미에서 비교가 불가능하다—하지 않고서는 다른 사회에 적용할 수 없다. 어느 문화에나 통용되는 검사법은 없다. 지각이나 기억에 관한 간단한 검사조차 문자를 갖지 않는 사회의 사람들에게는 낯선 상황과 자극을 포함하고 있다. 확실히 각종 심리학적 검사법을 이용하여 의미있는 연구가 행해져 왔다고 해도 이것은 인류학적 연구 중에서도 가장 곤란한 종류의 연구이고 주도면밀한 계획과 안전장치가 수반되지 않는 한 이 방법을 사용하지 않는 것이 좋다.4)

9) 자료의 발굴

정보제공자가 길게 서술하여 준 것을 충실하게 기록해 두는 것이 바람직한 연구영역으로서 세 가지의 중요한 것이 있다.

그 첫째는 현지어의 언어자료(linguistic text)를 녹음한다든지 발음대로 상세히 적어 두어서 언어학적 분석의 자료로 삼는 것이다. 언어자료에는 많은 종류가 있다. 인류학자와 현지조사를 하는 언어학자는 종종 그 사회의 언어 구조를 나타내는 발화(utterances)의 순서계열—예컨대, 동사의 시제나 주어의 인칭에서만 상이한 최소의 한쌍이나 문장—을 뽑아 내려고 한다. 음운론상의 규칙과 문법적 규칙을 잘 알면 통상의 발화라든지 거듭 반복하여 기술되는 이야기의 예를 뽑아낼 수 있을 것이다.

언어자료는 민간전승 자료(folklore text)와 중복되는 경우가 많다. 후자에 대해서 현지 조사자는 그 지역에서 이루어지는 전통적인 민담, 전설, 신화 등을 찾아내려고 시도한다. 이러한 자료의 최대 가치는 하나하나를 번역하는 데 수반되는 음운론적 기록 즉 音素를 쓰는 모양의 기록 뿐만 아니라 자료의 이해에 필요한 그 특유의 문화적 개념에 관한 주석달기에 수반되는 비교적 자유로운 해석에 있다. 다른 자료 예컨대 呪文, 재판기록 또는 조리법 등도 같은 방법으로 잘 이용할 수가 있다.

인류학자가 더욱 빈번히 이용하는 자료의 제 3의 형태는 생활사(life history)

---

4) D. R. Price-Williams, Explorations in Cross-Cultural Psychology (San Francisco : Chandler & Sharp. 1975).

이다. 그러한 기록은 특히 설명적인 주석이 붙어 있는 경우에는 그 문화적 유형을 잘 드러낸다. 또 인성 연구와 문화변동의 연구에서 일련의 짧은 생활사가 수집되기도 한다. 그러나 신뢰할 만한 생활사를 찾아내는 데는 적지 않은 기술과 조사자와 정보제공자간의 충분한 라포가 필요하다. 또 일반적으로 생활사의 수집은 인류학자가 현지에 잠시동안 체류하면서 시도할 수 있으며, 소재의 해석에는 세심한 주의가 필요하다.5)

10) 사진

만약 한 장의 사진이 정말 천 개의 단어에 필적한다면 인류학적 보고의 대부분은 아마 15페이지 정도의 사진첩으로 압축될 수 있을 것이다. 그러나 지금까지 사진이 민족지에서 담당한 역할은 오히려 미미한 것이었다. 쓰여진 기록을 보충하는 사진의 가치는 분명하지만 카메라는 객관적이면서 동시에 소재를 선별해 버리는 성질이 있다. 따라서 사진의 촬영과 해석은 어려운 문제임을 잊어서는 안 된다. 최근 민족지적 영화에 대한 관심이 점점 높아지고 있지만 그 제작이 매우 어렵고 비용이 많이 든다. 영화도 생활사와 심리학적 검사와 마찬가지로 사회집단의 기본적 문화유형이 충분히 파악되고 충분한 라포가 형성되어 있는 경우에만 의미가 있다고 말할 수 있다. 같은 민족지적 영화라 해도 교육이라든지 예술적 감상을 목적으로 제작된 것과 순수한 관찰을 기록하려는 목적으로 제작된 것과 전혀 다르다. 어느 형태이든 훌륭한 영화는 아직껏 매우 드물다. 이런 종류의 영화로서 다만 성공한 것은 경험을 쌓은 민족지학자와 상상력이 풍부한 전문 영화제작자의 긴밀한 협력에서 이루어진다.

최근 사진첩을 이용하는데 있어서의 혁신으로 연구 대상인 사회의 구성원이 촬영한 사진의 분석이 있다. 가령 존 아데르(John Adair)는 나바호족의 몇몇 사람들에게 그들이 흥미를 갖고 있는 것을 주제로 해서 영화를 촬영하고 편집하는 기술을 가르쳐 주었다. 또 할 케이간(Hal Kagan)은 콜롬비아 농민들이 각

---

5) L. Langness, The Life History in Anthropological Science (New York : Holt, Rinehart and Winston. 1965).

자 어떤 종류의 문화적 가치를 나타내고 있다고 생각되는 것을 조직하여 사진으로 촬영하도록 실험했다. 이러한 자료는 어떤 방법으로든지 분석이 가능하다. 이 기법을 문자없는 사회에서 이용한 것은 아데르와 케이간이 처음이다.

11) 인공물의 수집

인류학자 가운데는 자기가 조사한 사회의 미술·공예를 예시하기 위해 각종 인공물을 현지에서 가져오는 사람이 많다. 그러한 수집물은 미개 사회의 기술을 전문으로 연구하는 사람들에 의해서 분석되어 인류학 박물관에 보관된다. 민족지적 수집을 이상적으로 행하려면 하나의 사회가 사용하고 있는 중요한 도구류의 견본을 모아야 한다. 대부분의 인공물들은 현지의 직인들로 하여금 정확한 크기의 모델로 만들도록 설득하여 구할 수 있다. 그러나 그것들이 어디서 만들어졌는지 그리고 그 재료, 생산과 분배의 양식, 그 쓰임새 등을 알지 못하면 수집해 보았자 소용이 없다.

인공물 수집은 고고학적 추론에서 주요한 자료가 된다. 고고학자는 현지조사노트에 그리고 그가 복원해 내고 있는 과거 인간들의 행동의 흔적과 산물들의 위치 및 그 사이의 관계를 정확히 기술해야 한다. 현대 고고학은 흔히 선사시대의 인간집단의 총체적인 생활양식과 역사를 재구성하는데 목적을 둔다. 이러한 목적을 위해 한 장소에서 복원되는 증거의 많은 조각들을 면밀하게 조사하고 연구해야 한다. 현지작업을 하는 고고학자는 모습을 잃어 가는 건축의 특징들, 푸석푸석해지는 옷감들, 깨지는 뼈들 그리고 그 외의 문화적 잔재―항아리 조각에서 나무 씨앗에 이르기까지―를 발굴하고 보존하고 복원하는데 전문가가 되어야 한다. 그는 각 발견물들의 위치를 규명하며 도면으로 그려내고 아무리 하찮은 대상이라도 꼬리표를 붙이고 목록을 만들어야 한다. 그는 이러한 발견들을 재구성된 환경과 그것이 나온 고고학적 맥락에서 해석해야 한다.

12) 문서의 수집

특히 문자를 가진 사회를 조사하는 인류학자는 문서들 — 일기, 세례기록, 묘비명, 벽에 기록된 것, 신문, 편지 등 — 을 모아야 한다. 그리고 이 문서들을 해석해서 거기에 담겨있는 구조적이고 역사적인 정보를 뽑아내야 한다. 때로는 인류학적 연구에 필요한 관련자료를 연구하고 있는 사회에서 멀리 떨어진 다른 곳에서 찾아야 할 경우도 있다. 예를 들어 라틴 아메리카를 연구하는 학자가 스페인이나 포르투갈의 왕립 문서보관서의 도움을 받는다든지 인도를 연구하는 학자가 영국의 식민 당국과 무역회사의 기록을 살펴보아야 하는 경우를 생각할 수 있다.

지금까지 열거한 목록은 현지조사에 임하면서 생기는 기록, 보존자료, 질문지조사 반응, 심리적 검사에 의한 진단자료 등 어떤 종류의 것이 있는가 대체로 이해할 수 있게 한다. 각종 기록의 질은 연구자의 능력과 조사의 조건에 좌우된다. 이러한 기법들의 목표는 인간행동의 관찰된 바를 분석해 문화적 유형의 다양한 수준에서 나타나는 규칙성을 드러낼 수 있는 형태로 환원시키는 것이다. 넓은 의미에서의 보존자료는 연구자가 자신이 조사한 집단의 문화에 대해 진술할 수 있는 전반적인 내용을 제공해 준다.

3. 자료로부터의 추론

인류학자는 자기의 현지조사자료와 다른 사람이 수집한 자료를 기초로 하여 어떤 종류의 추론을 해나갈 수 있다. 그가 수집한 자료를 분석할 때에 기록에는 없는 기억과 현지조사 기간 중에 얻은 직관을 이용하는 것은 사실이다. 그러나 모든 추론은 글로 쓰여진 보존자료, 사진 및 인공물 등에 기초를 두어야 하고 그것에 의하여 증명되어야 한다. 즉 이론적으로 유능한 인류학자이면 누구든지 분석을 가할 수 있고 거의 비슷한 결론을 이끌어 낼 수 있는 증거에

토대해야 하는 것이다. 똑같은 자료에서 얼마만큼 다른 분석이 나오는가 하는 것은 인류학적 추론에 수반되는 그리고 수반되어야 하는 주관성의 정도를 가늠하는 척도가 된다.

관찰기록을 토대로 이뤄지는 추론의 종류는 어느 정도는 그 소재의 성질에 의해서 달라진다. 여기에서는 언어학적 추론, 인류학적 추론 및 고고학적 추론의 방법에 대하여 각각 따로 논하기로 한다. 우선 구조—즉 특정의 언어체계에서 발견되는 範疇와 準則—의 추론을 살펴본 다음 또 상이한 시기 혹은 상이한 문화체계에서 얻은 소재를 역사적, 기능적 및 인과 관계적으로 해석하기 위하여 이용되는 비교법에 대하여 다음 장에서 논의하겠다.

1) 언어학적 추론

포콤치족(Pocomchi : 과테말라 인디언의 하나)의 언어자료 일부가 <도표 11-1>에 나와 있다.6)

A		B	
q'an	익은	q'anq'an	부패한
suk	좋은	suksuk	맛이있는
ras	푸른	rasras	매우 푸른
q'eq	검은	q'eqq'eq	진짜 검은
nim	큰	nimnim	거대한
kaq	붉은	kaqkaq	지홍의
saq	흰	saqsaq	순백의

<도표 11-10> 포콤치족의 언어학적 자료의 일부

이와 같이 이미 음소로 나누어서 사용하는 자료에서 대체로 어떤 추론이 가능한가? 말할 수 있는 한 가지는 이 언어에서는 B란에 있는 언어는 A란에

---

6) W. Merrifield. et. al., Laboratory Manual for Morphology and Syntax (Santa Anaa, Calif, : Summer Institute of Linguistics, 1962, 문제 54. 참조).

있는 언어를 중복 또는 반복시킴으로써 만들 수 있다는 것, 그리고 이 조어 규칙은 의미의 강화를 가져온다는 점이다. 그런데 언어학자가 수집한 자료속에 suq '달다'라고 하는 말을 발견했다고 하자. 이 말에서 아마 '매우 달다'는 뜻으로 *suqsuq라고 하는 다른 말을 만든 경우 그것은 바르다고 할 수 있을까? 이 경우에 언어학자도 포콤치족의 아이들도 착오를 범하게 된다. '매우 달다'를 의미하는 포콤치어는 mas suq이기 때문이다. *suqsuq라는 단어는 보통의 회화에서는 나타나지 않는다. 언어는 음의 범주 및 의미있는 음의 조합과 그에 첨가하여 이들 범주들과 결합한 준칙에 의해서 기술된다.

이러한 준칙에 의해서 한정된 수의 단위들로부터 단어, 문장 및 문장보다 큰 언어단위를 조직하는 것이 가능하다. 언어학자는 그 자료 속에서 중요한 범주를 식별하고 유사한 항목들의 형태와 분포를 조사함으로써 그들 범주를 식별하고 유사한 항목들의 형태와 분포를 조사함으로써 그들 범주의 조합을 규율하는 준칙을 밝힌다. 즉 그는 형태와 의미가 서로 조금이라도 닮은 것이 있는가 없는가 각 항목을 비교하면서 자기가 수집한 자료를 주의 깊게 조사하고 다른 그러한 항목과의 관계를 도표화한다. 그 경우 명백히 규칙성이 인정된다고 생각하고 다른 자료나 듣고 쓴 말과 대조하면서 자세히 검토한다.

언어학적 기술의 최소한의 목표는 자료의 소재들이 모두 습득된 경험이 범주 속에서 활용되고 습득된 규칙이 구체적으로 나타나고 있는 것을 밝힘으로써 소재를 설명하는 것이다. 記述의 기초가 되는 자료의 수량이 방대할수록 거기에서 도출되는 일정한 규칙群의 타당성도 크다고 말할 수 있다. 그러나 가령 하나의 언어학적 기술이라도 그것이 자료로서 수집된 소재를 모두 설명하는 한 그것은 위에서 기술한 최소한의 목표에 일치한다. 표준적인 언어학적 기술은 음체계와 문법체계에 관한 부분 및 그것에 첨가하여 단어 혹은 형태소와 그 의미를 함께 열거한 어휘목록—사전—의 각 부분으로 구성되고 있다.

보다 더 야심적인 언어학적 기술의 목표는 ① 무수히 많은 문장을 짓고 해석하는 언어를 사용하는 話者의 능력을 설명하는 것이다. 예를 들면 이른바 生成文法(generative grammar)은 단지 ② 어떤 한정된 언어자료를 정확하게 기술하는 것 뿐만 아니라 토착적인 話者가 문법적으로 맞다고 판단하는 문장 모두를 만들어 내는 규칙도 설명하려는 경향을 띠고 있다. ③ 한정된 수의 범주와 준칙으로써 무한한 문자를 만들 수 있다. 따라서 이상적으로 충분한 분량의 언어자료와 적당한 언어이론을 가지고 있는 언어학자들은 토착 화자가 자기의 언어를 말하고 이해하기 위하여 알고 있지 않으면 안되는 모든 것을 기술할 수 있을 것이다. 그러나 이상은 아직 실현되지 않았다.

어른들조차 종종 문법에 어긋나는 문장을 만들어 낸다. 실제 용법상의 문법적 착오는 우연이든 고의든 일상생활에서 매우 많이 일어난다. 왜냐하면 언어규칙이라는 것은 말하는 행위가 공유되어 있는 관행에 지나지 않으며 다른 각종 사회규칙과 같이 위반될 수 있기 때문이다. 구조적으로 기술하는 것으로 실제의 행동을 설명할 수 있는 것이 아니다. 또 그렇게 주장되지도 않는다. 그것은 하나의 사회구성원들이 서로의 이야기와 행위를 이해하기 위해 능력을 상세히 기술하려는 것이다. 그러한 능력에 의해서 사람들은 어떤 말이 문법적으로 바른가 그리고 어느 사회적 행위가 적절한가를 판단할 수 있다.

2) 민족지적 추론

민족지(ethnography)란 한 사회의 구조와 조직에 관한 기술이다. 역사적 자료가 입수될 수 있는 경우에는 그것을 이용할 수 있지만 전통적인 민족지는 공시적(synchronic) 연구이기 때문에 한 시기에 한정되어 있다.

민족지적 기술의 기초가 되는 보존자료는 사회적 상호작용의 기록 그리고 그러한 행위의 의미와 적절성에 관한 현지인의 판단으로 구성된다. 이들의 구체적 사례와 평가적인 서술에서 민족지학자는 자기가 연구하고 있는 집단의 상호작용을 지배하고 있는 공유된 기대를 추론한다.

사회적 상호행위에 관계되는 충분한 표본을 포함하는 한 벌의 자료를 얻었을 때 민족지학자는 사회체계에 관한 기술을 어떻게 정식화할 수 있을까? 언어분석과 같이 민족지학자는 유사한 항목들의 형태와 분포에 유의하면서 용례들을 집성해야 한다. 그러나 사회분석의 경우에 관련있는 단위가 되는 것은 사람의 종류(역할), 집단의 종류(제도를 포함), 사회적 공간 및 시간(상황)의 개념, 그리고 구조의 실제 작동양식을 결정하는 조직의 원리 등이다.

  이 장의 한정된 지면 내에서 민족지적 추론의 상세한 예를 제시하는 것은 불가능하므로 그 대신 한 외국인 관찰자가 미국의 거대한 제도의 하나인 대학의 풋볼시합에 관계되는 민족지를 기술한다고 할 때 그가 그것을 어떻게 정식화할 것인가를 생각해 보자. 그가 공식적 규칙집을 입수할 수 없다면 그는 먼저 실제 시합을 몇 번 관전하고 그에 관해 질문할 것이다. 그는 풋볼경기가 어느 특정의 시기(이른바 풋볼 시즌)에 그것도 보통 특정 요일에 행해진다는 것을 알 것이다. 다음 주 토요일에 그는 관전 스탠드에서 허리를 굽히고 열심히 뭔가를 기록하고 있을 것이다. 그는 함께 관전하고 있는 사람들에게 여러 가지를 묻고 사진을 촬영하고 코치와 선수들을 면접하고 두 세 개의 문서기록과 인공물 — 시합의 프로그램, 공식 볼, 벌칙을 내리는 표시의 깃발 그리고 많은 골대의 모형 — 을 수집할 것이다. 아마 코치는 그가 실제의 시합에 선수로서 참가하는 것은 허가하지 않지만 만약 그가 상대 팀에게 스파이노릇을 하지 않는다는 것을 그들에게 납득시킬 수 있다면 연습시합에 참가시켜 줄 수 있을지도 모른다. 이리하여 어느 정도 분량의 자료가 수집되면 그는 경기장을 나와 자료 속에 함축되어 있는 의미를 파악하려고 할 것이다.

  풋볼의 시합에 관한 민족지라면 그 속에 사람, 시간, 장소, 사물 등에 대한 범주 일람표가 포함되어 있어 각 범주를 서로 구별하는 특징을 기술해야 할 것이다. 그러나 그에 덧붙여 각 범주에 결부되는 행동규칙 및 그들 상호간 관계를 갖는 방법을 포함해야 한다. 즉 그 민족지는 선수라고 하는 범주에 대하여 기대되는 일반적인 행동형 — 결국 동일한 상황 속에 모습을 보이는 다른 종류의 인간과의 명백히 구별되는 것 — 과 더욱 특수하고 구체적인 행동 가령 세 번째 다운 때 쿼터백(quarterback)을 기술하지 않으면 안된다. 이들 준칙은 단순한 공식규칙 이상의 것이며 조합이 가능한가 — 가령 스크럼을 짤 때 각 줄에 네 사람을 배치한다든지 다섯 사람을 배치한다든지 하는 것 — 또한 상황에 따라서 단위를 어떻게 변경해야 하는가 — 가령 볼을 패스할 때 그것을 차단하려고 하는 상대팀의 움직임에 따라 이쪽 팀의 움직임을 변하게 하는 것 — 가 이 문법에 의해서 지시되는 것이다.

더 나아가 민족지학자는 각 범주의 사람들이 가입되는 양식을 구체적으로 명시해야 한다. 즉 코치, 심판, 선수 등은 어떤 식으로 선출되는가, 그들 각 범주의 사람들은 각각 누구로부터 보수를 받는가, 그리고 관중으로서 혹은 악대의 대원으로 시합에 나타나는 것은 어떤 사람들인가 라는 것이다. 이런 외국 민족지학자는 선수의 가입에 대하여 조사하려고 할 때 어떤 저항에 부딪칠지 모르지만 이 문제는 많은 중요한 문제영역 — 스카우트제, 훈련법, 운동선수에 대한 특별 장학금제도, 선발자격에 관한 리그 규정 등 — 과 연관되므로 그것들에 대한 자료의 수집과 주의 깊은 분석이 요구된다.

이런 지식을 모두 갖는 사람이면 어떻게 하면 규칙에 위배되지 않는가를 당연히 알겠지만 그러나 지식이 있다고 해서 바르게 한다 — 가령 블록, 태클, 패스의 캐취 등 — 고 할 수 없다. 다시 말하건대 우리는 실행 그 자체보다도 지식 혹은 능력에 대하여 말하고 있다. 성공적으로 실행하기 위해서는 지식 외에 연습과 참가에 의해서만 숙달될 수 있는 기능(skills)과 조직원리에 대한 이해 — 풋볼의 경우를 말하자면 공격과 수비의 전술 팀의 지도력 — 등이 필요한 것이다.

전술의 원리와 리더쉽의 원리는 아마도 말로는 설명할 수 있어도 시합을 실제 경험하지 않으면 그것이 정말로 도움이 되는지 의심스러운 것이다. 이것은 예술의 규칙이라든지 처세의 교훈 일반에 대해서도 마찬가지이다. 즉 그것은 상당한 기능과 비언어적인 이해를 획득한 사람에게만 도움이 된다.[7] 우리들은 의미 있는 인간행동이 이뤄지는 구조를 기술하는 민족지의 목표를 잃지 않도록 하면서 이러한 민족지 혹은 문법이 갖는 한계를 인식해 둘 필요가 있다.

민족지적 추론은 그 대상이 대학의 풋볼 시합이든 혹은 텔렌시족의 친족관계 행동이든 일련의 구체적 사례에 작용하여 거기에서 규칙성에 관한 설명을 도출하려는 것이다. 누가, 무엇을, 어디에서, 언제, 누구에 대해서 행하고 출발했는가와 같은 기록에서부터 민족지학자는 반복적으로 일어나는 행동의 유형을 추론하고 그들 행동의 유형을 사람, 대상, 상황의 각 범주와 결합되는

---

[7] M. Polanyi, *Personal Knowledge* (New York : Harper Torchbooks, 1964) Chapter 4.

행동준칙들로 설명한다. 그 최초의 해석은 가설이기 때문에 그 후 다시 다른 관찰과 혹은 자료 등과 대조하여 확인해야한다. 가령 'end' 범주의 성원들만이 'foward pass'를 받을 수 있다는 잠정적 해석은 후에 'backs'에서도 어떤 사람이 그것을 해도 위반이 되지 않는다는 것을 알았다면 수정해야 한다.

사회적 규칙에는 위반할 때 벌어지는 일을 관찰함으로써 비로소 발견되는 경우가 많다. 어떤 특정행위가 반칙이 되는가 아닌가에 대해서는 정보제공자들 간에 견해가 엇갈릴 수도 있지만 어떤 종류의 행동이 반칙이 되는가—가령 볼을 던졌을 때 스크럼 라인의 잘못된 쪽에 있는 경우 등—그리고 이러한 반칙행위를 어떻게 처벌할 것인가에 관해서는 일반적인 합의가 있을 것이다. 이러한 행위의 적절성 정도에 대한 판단이야말로 공유되고 있는 기대의 존재 여부를 파악하기 위한 실마리로서 매우 중요하다.

그러나 아직도 집단이나 제도와 그것을 둘러싼 환경과의 관계 문제가 남아 있다. 대학의 풋볼시합은 매우 인공적인 장소이므로 설령 그것이 관중과 선수들의 생물학적 생존을 위하여 도움이 된다 해도 그것은 간접적인 것에 지나지 않는다. 가끔 풋볼의 인기선수가 그 운동선수로서의 탁월함 덕분으로 결혼 상대를 찾을 수 있는 경우가 있지만 이러한 선택의 이점도 그 직업이 갖는 위험 때문에 가리워질 것이다. 우승팀에게는 시합에 이기는 것이 선수권에의 길을 열어주고 선수와 코치에게 좋은 근무처를 주고 대학의 명성도 올린다—그것이 후계선수의 보충을 보다 쉽게 할 것이다—는 것에 연결되어 있다는 점은 적응 기능적이라고 말할 수 있다. 대학에 있어서도 자기 학교팀이 우승한 것은 스포츠를 좋아하는 학생 교직원을 보충한다든지 동창생들의 관심을 지속시켜 재정적 지원을 받을 수 있는 등의 이익이 되는 것이 많다.

이들 적응은 주로 사회환경 수준의 것이다(<도표 6-2> 참조). 완전한 민족지적 기술을 하기 위해서는 세 가지 수준의 모두에 관한 문화적 적응을 충분히 이해하는 것이 필수적이다. 이를 위해서는 역할, 집단, 장소 등의 설명만이 아니고 그것을 초월하여 다시 그것들이 봉사하는 대상이 되는 여러 필요에 관한 고찰까지 해야 한다.

사회구조는 도구와 마찬가지로 그것을 둘러싼 환경에 대해서 명확한 영향력을 갖고 있다. 물론 사회구조가 갖는 기술적 기능이라는 것을 구체적으로 밝히기가 쉬운 것은 아니다. 하지만 어떤 여자들이 모여서 밭을 갈 때 그 작업집단의 기능은 어느 정도까지는 그 도구가 갖는 기능과 동일하다. 즉 사람들은 그 기능과 에너지를 이용하여 흙을 잘게 분쇄해서 곡물이 자라고 사람들이 그것을 먹을 수 있게 된다. 그러나 정당, 교회, 대학의 교수회, 풋볼 팀 등의 경우 어떻게 설명할 수 있을까? 이러한 집단의 적응기능이라는 것은 어떻게 기술할 수 있을까?

　우리는 약간 깊은 사회이론에 이르렀는데 여기서 우리들이 할 수 있는 것은 문제의 본질을 명백히 하는 것 뿐이다. 먼저 제5장에서 우리는 집단기능의 세 가지 중요유형 — 임무수행 기능, 통제적 기능 및 표출적 기능 — 을 규명했지만 모두가 모든 집단에 발견되는 것으로 다만 비율에서 차이가 있을 뿐이다. 우리들은 또 명시적 기능 — 참가자가 분명히 알고 있는 기능 — 과 묵시적 기능 — 참가자는 아마 느끼지 못하지만 인류학자가 간파할 수 있는 기능 — 을 구별한다. 인류학자가 구조기능적 접근법에 대해서 말할 때 한 집단의 구조는 그것이 다하는 구체적인 임무수행적 기능, 통제적 기능 및 표출적 기능과 결합되어 있는 것으로 볼 수 있다. 그러므로 가령 어느 씨족사회의 성원들이 씨족외 혼인규정에 대해서 이런 저런 명시적 이유를 부여하는 경우는 있을 수 있지만 여성의 교환에 의해서 사회적 연대가 생긴다는 숨은 기능을 거기에 실제 관여하는 사람들이 인지하는 일은 거의 없다. 씨족은 또 물리적/생물학적 환경과의 관계에서도 중요한 기능을 갖고 있다. 그것은 가령 씨족이 토지나 기타 자원의 이용에 관계하는 지배권을 갖는 사회에서 볼 수 있다. 그리고 씨족은 내적 환경의 수준에서도 개인에게 심리적 안정과 자기 동일성의 감각을 부여하는 기능을 하고 있다. 인류학자는 이들 가능성을 고려해야 한다.

　관습과 제도를 갖는 기능을 평가할 때에 인류학자는 자문화중심주의에 빠지지 않도록 특히 주의해야 한다. 즉 그 내용에 자기는 찬성할 수 없다는 이유로 어떤 관습을 역기능적이라고 판단한다든지 혹은 그 목적을 곧 이해할 수 없다 해서 그 관습을 비기능적이라고 판단해서는 안된다는 말이다. 가령 인류학자가 설령 인종적 편견을 인정하기 어렵다고 생각해도 그것이 그 사회의 현상유지에 어떤 역할을 담당하는 가를 이해하려 노력해야 한다. 비슷하게 로버트 머튼(Robert Merton)은 정치기구의 기능을 분석하면서 어떤 대도시에서 비인격적 관료제가 개인의 진정한 필요를 십분 만족시켜 주지 못하는 경우에도 몇 명의 정치 보스들의 선거인에 대해서 필요한 인격적 봉사를 제공하는 것을 잘 보여주고 있다.8) 마빈 해리스(Marvin Harris)가 최근 시사하고 있는 바에 의하면 인도의 힌두교의 성스러운 소—이는 종종 파괴적이고 무가치한 동물로 인용된다—가 실은 경작, 운반용으로 유용할 뿐 아니라 연료, 비료가 되는 퇴비를 제공함으로써 불가결한 적응적 기능을 다한다고 한다.9) 이러한 것은 인류학자의 편견이라든지 보스 정치라든지 미신을 인정해야 함을 의미하는 것이 아니고 그저 어떤 관행과 문화 전체 중에서 이루어지고 있는 역할을 조사하기에 앞서 그것에 대해 성급하게 가치판단을 내리는 것을 피하라는 의미이다. 확실히 과거의 잔존물—훨씬 이전의 시대로부터 계속되고 있지만 이미 기능을 잃은 관습—에 지나지 않는 것도 있기는 하지만 모든 문화에서 관습, 집단, 제도의 대부분은 사회의 지속과 개인적 욕구의 충족을 위하여 반드시 어떤 형태로 기여하고 있다.

사회적 기능의 발견은 단지 자료로부터의 추론에 부분적으로 기초를 두고 있다. 인류학자가 어떤 일정한 사회적 의례가 집단 연대유지에 도움이 되고 있다든지 대학과 같은 어떤 제도가 전통적인 사회 계층 구조를 유지하는 기능을 다하고 있다고 하는 식으로 설명할 경우 그는 자기의 자료 중에는 무언가 그것을 지지하는 직접적인 증거는 없는데도 이는 이론적인 관념에 호소하여 그렇게 주장할 뿐인지도 모른다. 그러나 만약 그 의례가 없어지면 집단이 와해된다든지 대학에의 입학 허가가 입학지원자의 사회계층에 의해서 정해지고 졸업생에게 높은 위신을 갖는 역할을 다하게 함으로써 대학이 그들의 높은 지위를 영속시키고 있다는 것이 실증되면 그의 사회적 기능에 관한 설

---

8) R. K. Merton, "Manifest and Latent Functions," in Social Theory and Structure (revised and enlarged edition; New York : Free Press, 1957) pp.19~84.
9) M. Harris, "The Myth of the Sacred Cow." (Natural History, Vol. 76, March, 1967), pp.6~12. 『문화의 수수께끼』(박종렬 옮김, 한길사) 참조.

명은 보다 확고한 근거를 갖게 된다.

어떤 인류학자가 자기가 모은 소재에서 간파해 내는 구조와 기능이 어떤 종류의 것인가는 그의 이론적 소양과 관심 여하에 따라서 크게 좌우된다. 독자는 적어도 다음을 유념하지 않으면 안된다. 즉 현대 문화 인류학에는 기술 및 설명에 관한 대립적인 이론들이 있기 때문에 어떤 이론을 선택하느냐는 것은 개인의 기호문제라는 것이다.

3) 고고학적 추론

고고학적 추론은 다음의 두 가지 중요한 점을 제외하면 인류학적 추론과 흡사하다. 그 두 가지란 (1) 고고학자의 연구는 과거에 번영했던 문화의 물질적 유물과 유적의 관찰에 한하고 또 (2) 고고학자는 일반적으로 인류학자에 비해서 통시적인 문제 즉, 역사적 발전이라든지 역사적 관계에 대한 문제에 더욱 많은 관심을 갖고 있다는 것이다. 또 고고학자의 인공물 수집은 보다 넓은 범위에 걸쳐서 행하여진다. 즉 고고학자의 보존자료는 인공물의 목록과 발굴되었을 때에 그것들이 놓여 있던 공간적 위치를 나타내는 기록으로 구성된다. 그는 이들 사물이 실제로 사용되고 있는 바를 관찰할 수 없으므로 그들 사물의 형태 및 분포를 상세히 조사해 거기에서 그 역사와 기능을 추론해야 한다. 그러나 고고학자도 그 가설을 만들 때는 비교가능한 민족지적 소재를 이용할 수 있다.

어떤 특정유적의 경계 내에서 고고학자는 이미 앞서 언급했던 문화의 기술단위와 같은 것을 이용한다. 그는 가공품 및 그것과 유사한 물건, 건물, 식물, 동물 등 중요한 사물의 범주들을 규정한다. 그는 가끔 이들 사물을 이미 알려져 있는 도구의 견본 또는 유기체와 비교하면서 그들 사물의 형태가 갖는 의미를 이해하려고 노력하고 또 상호의 위치관계라든지 자연환경의 특징과 관련시키면서 분포상태를 조사한다.

그러한 정보를 기초로 하여 그는 옛날 어떤 지역에 살았던 사람들의 문화특징을 밝히려고 한다. 그는 다음과 같은 의문을 제기한다. 여기에는 사람들이 얼마만큼의 기간에 걸쳐 살았는지 그의 생계양식은 어떠했는지 그가 수렵인이었던가 어로민이었던가, 채집민이었던가, 농경민이었던가 또는 이것들이 몇 개의 조합으로 형성되었는가, 그들 사회구조는 도대체 어떠했을까, 대규모의 사회적 협업의 체제를 갖춘 증거가 있는가, 사회적 계층분화는 어떠하였는가, 종교적 활동과 예술적 활동이 이루어진 증거는 없는가 등의 문제이다.[10]

이들 물음은 인류학자가 지역사회를 조사할 때 설정하는 물음과 같다. 그러나 고고학자는 의미를 추론함으로써 간접적으로 해답을 찾아야 한다. 그러한 추론을 행하는 고고학자는 세심한 주의를 다하고 근거없는 가정을 설정하는 일이 없도록 해야 한다. 한 예로서 인구의 크기문제를 들어보기로 한다. 가령 광범위한 지역에 걸쳐서 人骨의 유물이 보존되어 있다 해도—그러한 것은 보통 생기는 것이지만— 이들 이골은 전 인구의 표본에 지나지 않는다는 것을 잊어서는 안된다. 물론 어느 묘안에 매장되어 있는 유기체 모두가 동시대에 살았던 사람들이었다고 가정해서도 안된다. 주거지역에서 인구의 규모를 추정하는 경우에도 고고학자는 찾아낸 건축물이 모두 동시대에 세워진 것이라고 가정해서도 안된다. 또 구조의 쾌적함에 대한 현대적인 기준에서 한 주거에 해당되는 거주자 수를 추정해서도 안된다. 주거의 성질(자료, 구조형태 등)은 그 장소에 영속적으로 거주했다는 것을 표시한다. 어느 정도의 표시는 되지만 그러나 제법 확실한 주거가 발견된 경우에도 무언가 보다 더 부가된 증가가 따로 없으면 거기에 이미 사람이 살고 있었다고 가정하는 것은 위험하다. 가령 에스키모는 종종 목재와 돌을 사용하여 큰 집을 세우지만 거기에 사는 것은 어느 계절 뿐이고 다른 계절에는 간단히 지을 수 있는 텐트와 이글루(눈덮인 작은 오두막)에서 지낸 것을 알 수 있다.

식량획득을 위한 활동은 여러 종류의 사물에서 추측할 수 있다. 가령 뜀틀 도구의 끝, 그물, 낚시 바늘, 호미, 종자류를 가는 맷돌, 용기 등이다. 또 조개 껍질, 뼈, 종자 각종의 식물의 꽃가루 등도 모두 여러 가지 경제활동의 성질 및 그들의 중요도를 알아내는 실마리로 이용할 수 있다. 고식물학자와 동물학자는 단편적인 증거물에서 종종 동식물의 씨(종)를 식별할 수가 있고 또 대개

---

10) K. C. Chang, Rethinking Archaeology (New York : Random House, 1967).

의 경우 유기체의 유물이 야생의 것인지 또는 인간이 길들이거나 개량한 것인지를 밝힐 수 있다.

이들 전문가와 다른 전문분야의 사람들이 갖는 기능은 현대 고고학에서 아주 중요하다. 이것은 과거의 고고학자들이 단지 수집가나 역사가였던데 비해 오늘날 고고학자들은 선사시대의 인류사회가 그 환경에 어떻게 적응했는지를 밝히는 것에 보다 큰 관심을 갖기 때문이다. 따라서 어떤 작은 파편이라도 증거가 될 수 있는 것은 모두 주의깊게 조사하고 이전에는 버렸거나 간과했던 품목도 수집한다. 꽃가루의 표본, 방사성 동위원소에 의한 연대 측정의 재료가 되는 목탄의 토막, 부서진 도구, 토기의 파편 등이 그것이다. 인간 활동의 성질을 밝혀주는 물건은 무엇이든지 수집의 대상이 되는 것이다.

선사시대 사회구조의 추론

고고학자가 선사시대의 사회구조에 관해 추론하려고 할 경우 민족지의 자료를 증거로서 인용해야 하지만 그것에는 세심한 주의가 필요하다. 가령 대규모의 관개 설비라든지 기념 건조물(무덤, 사원 등)이 있으면 그것은 대개 어떤 종류의 커다란 정치조직을 필요로 하는 만큼 사회적 협동작업이 이뤄졌다는 것을 나타내지만 그것은 반드시 그 집단에 속하는 사람들이 인구 밀접지에 살고 있었다는 것을 나타내는 것은 아니다. 마야문명에 대해서 말하자면 거대한 祭式場이 건립되어 있는데 그것은 제례를 지낼 때만 각지에서 모은 사람들로 메워졌고 농민들은 작은 마을들에 흩어져 살았다는 증거가 대단히 많다.

소멸해버린 사회에 어느 정도로 사회적 계층분화가 이뤄졌는가 하는 것은 종종 매장품(죽은 자와 함께 매장된 물품)의 양과 질에서 간접적으로 추정되는 경우가 있다. 가령 어떤 유적의 묘에서는 쓸데없는 장신구의 토막이 보이는 정도인 반면 몇몇의 묘에서는 각종 훌륭한 무기와 용기, 장식품이 매장되어 있다면 고고학자는 부유 계급이 존재했다고 추정할 수 있다. 이 가설의 확증은 여러 가지 주거의 크기와 질이 다양하다는 사실에서 찾아질지도 모른다.

한 문화의 시대적 변화를 추정하는 방법에는 여러 가지가 있다. 단일한 유적 내에서는 거주지로서 이용된 기간의 길이라든지 문화의 변화를 알기 위한 보다 중요한 증거는 출토품의 層位에서 찾을 수 있다. 즉 어떤 특정의 장소가 수 세대에 걸쳐서 거주지로 사용되었다면 문화의 흔적이 추적되기 쉽다. 그것이 후대 사람들의 활동에 의해서 파괴되었을지도 모르지만 낡은 물건이 보다 새로운 물건의 밑에 쌓이는 것은 일반적이다. 이는 고고학자는 세심한 주의를 기울여서 공간적 분포를 시간적 계열로 번역할 수 있다는 말이다. 층위의 원리에 의하면 다른 조건이 똑같다면 퇴적물의 층위가 낮으면 낮을수록 거기에서 발굴되는 물건은 보다 오래된 것이라고 말할 수 있다. 가령 올두바이 계곡(Olduvai Gorge)이라든지 남부 프랑스의 계곡, 근동의 고대 유적은 몇 세기에 걸친 선사시대의 거주유적이 그대로 층위된 채 남아 있어서 그 출토품은 이들 지방에 있어서 인류의 생물학적, 문화적 발전의 분명한 모습을 보여준다. 동일한 방법에 의해서 고고학자는 여러 층위화된 유적과 그것과 중복되는 문화적 발전의 계열을 잘 연결시켜서 넓은 지역 안에서의 긴 세월에 걸친 문화의 발전상을 묘사할 수 있다.

신고고학의 관심

모든 고고학자가 특정한 역사적 계열을 재구성하는 것에 만족하지는 않는다. '신고고학'은 신언어학과 같이 그것보다도 훨씬 야심적이다. 신고고학은 단일한 분류보다도 문화의 다양한 차이를 만들어 내는 원인에 관심이 있고 또 '영향'과 '이동'에 대한 추측보다도 일반적 원리의 발견에 관심을 갖고 있다. 신고고학은 또 고고학자는 가설을 세워 거기에 자료를 대조하고 검증하는 과학적 방법을 견지해야 한다고 주장한다. 루이스 빈포드(Lewis Binford)가 말하고 있듯이 "우리는 고고학적 유물간의 유사점과 차이를 하나의 문화체계 속에서 그 물질적 항목들이 어떤 작용을 하고 있는가 하는 관점에서 설명하려고 한다. 또 땅속에 매장된 상태에서 관찰되는 여러 인공물의 형태, 연결정도 및 분포상태 등 그것들을 만들어낸 원인을 문화체계의 움직임과 진화의 관점에서 설명하려고 한다."[11]

---

11) L. Binford, An Archaeological Perspective (New York and London : Seminar Press, 1972) p.120.

이것은 신고고학자가 탐구할 수 있는 논제에 제약이 있다면 그것은 가설 설정 때 그의 상상력상의 제약과 이용되는 자료에 기초해서 그 가설들을 검증하기 위한 방법을 고안하는 능력상의 제약 뿐이라는 것을 의미한다. 이것은 또한 고고학은 "현재 이용되고 있는 설명원리의 타당성을 검증하고 또 고고학적 자료가 갖는 의미를 과거의 상태와 결부시키면서 기존의 설명원리를 보다 훌륭한 것으로 세련시켜 가야 한다."[12)]는 것을 의미한다. 신고고학의 목표는 문화과정의 일반법칙을 정식화하는 것이며 그것은 종종 문화변화가 일어날 때의 장기간에 걸친 생태학적 과정의 역할을 중시한다. 이 목표를 달성하기 위해서는 고고학자, 민족학자, 언어학자 기타 많은 생물과학, 물리학 등 세 분야의 전문가들이 긴밀하게 협력해야 할 것이다. 그것은 대사업이라고 말할 수 있지만 여기서 우리는 언젠가는 통일된 인간과학으로 도달하기 위한 하나의 길이 보인다고 말할 수 있다.

4. 비교방법

문화인류학의 가장 일반적인 목표는 모든 인류문화 속에서 볼 수 있는 유사점과 차이점 및 이것들을 만들어낸 과정을 이해하려 하는 것이라 할 수 있다. 이 목표를 달성하기 위해서 우리는 현존하는 사회와 이미 없어진 사회의 언어, 기술, 관념 등에 관한 모든 자료를 비교해야 한다. 어떤 문화—우리 자신의 문화도 포함—든지 이해하려 한다면 그것을 다른 문화와 관련시키고 대조해서 보아야 하기 때문이다. 그렇게 하지 않으면 우리들은 특정사회의 관습에 불과한 신앙을 "인간본성"에 기인하는 것으로 생각할지 모른다.

비교는 적어도 다음 세 가지 측면에서 서로 관련이 있지만 별도의 목적을 위하여 행해질 수 있다.

1. 역사적 비교 : 문화체계 내의 발전의 계열과 문화체계 상호 간의 관계를 재구성하는 것. 역사적 연구는 또한 체계내의 특정 항목—예컨대 언어체

---

12) Ibid., p.121.

계와 기술체계 전체가 아니고 특정한 단어와 기술의 역사와 보급범위 등—도 연구대상으로 한다.
2. 기능적/인과적 비교 : 문화의 발전 및 문화통합의 일반원리를 파악하는 것. 이것은 역사적 이해와 아주 별개의 것은 아니지만 상이한 역사적 전통 사이의 비교와 특별한 비교 문화적 방법을 주로 사용한다.
3. 보편적 요소의 비교 : 모든 언어 및 사회체계에 나타난 특징을 발견하는 것. 언어와 사회체계는 그 내용과 과정에 보편성이 있을 것이다. 인류학자는 또한 그러한 특징의 원천을 인간 생물학이나 심리학, 문화사에서 그리고 문화체계의 필수불가결한 체질에서 찾는다.

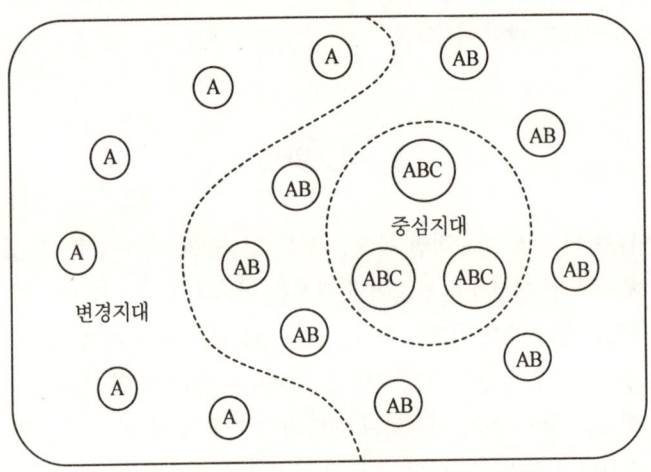

〈도표 11-2〉 연대 - 영역원리

선택된 문화요소(A,B 그리고 C)의 지리적 분포를 지도에 나타내면 이들의 상대적 연대를 잠정적으로 추정할 수 있다. 가령 그림 안의 각각의 원이 서로 다른 지역을 표시하고, A는 라디오, B는 흑백 텔레비전을 나타낸다고 하면 이들 중에서 그 넓은 분포상태에서 보아 라디오가 가장 오래된 발명품이고 다음에 흑백 텔레비전이 오래된 것이다. 이것은 라디오보다도 한정된 분포를 나타내고 있으며 변경의 지역에는 아직 도달하지 않았다. 그에 대해 칼라 텔레비전은 훨씬 새로운 발명으로 중심부 일대에서밖에는 볼 수 없다.

인류학자는 사회적, 기술적 및 관념적 형태의 지리적 분포에서 문화의 역사를 추론하려 시도한다. 그 목표는 여러 민족이 처음 생겨난 곳과 그들이 퍼져나간 정도를 추적하고 문화적 혁신을 수용하거나 거부하거나 수정해가는 과정을 파악하는 일이다. 이들 목적을 달성하기 위하여 인류학자는 고고학에서 층위의 원리와 비슷한 어떤 종류의 가정을 이용한다. 가령 여러 다른 형태의 지리적 분포가 오늘날 어떤 상태로 되어 있는가를 조사하고 거기에서 그들의 상대적인 연대를 추정하려 할 때는 다른 조건이 똑같다면 어떤 형태의 공간적 넓이가 크면 클수록 오래된 것으로 본다. 이 가정을 가리켜 '年代-領域 원리'라고 부른다.(<도표 11-2> 참조)

층위 원리의 경우와 마찬가지로 물론 다른 조건이 항상 똑같다고 볼 수 없으므로 연대-영역 원리를 적용하는 데는 세심한 주의가 필요하다. 그러나 다른 증거가 없는 경우에는 공간적 분포를 근거로 시간적 계열에 관한 가설을 세우는데 이 원리가 유용하다.

가령 아프리카 대부분의 지역에서는 사용된 소재가 쉽게 썩는다든지 보존조건이 열악하기 때문에 고고학적 유물이 거의 남아 있지 않다. 그래서 이 지방의 문화사를 재구성하는 데 지리적 분포로부터 추론하는 방법에 크게 의존한다. 그러나 이 지방에서 과거 30년 동안 고고학적 연구가 활발하게 벌어져서 그때까지 민족지적 비교와 토착의 전설만을 근거로 행한 많은 역사적 재구성을 재평가하게 되었다. 많은 경우 이전의 재구성이 바른 것으로 확인되었지만 몇몇 경우에는 부정확한 것으로 밝혀졌다.

기술체계에 관한 각 장에서 서술한 역사적 설명의 대부분은 민족학자가 열성을 다해 비교 연구하고 거기에 이용 가능한 고고학적 자료를 보충한 결과이다.

가령 설화(눈바닥이나 얼음판에 빠지고 미끄러지지 않도록 신바닥에 붙이는 것-역자주), 배, 발화기술 등에 관한 논술은 모두 민족지의 상세한 비교연구에 기초하고 있다. 인류학자는 자기가 흥미를 갖는 여러 형태의 지리적 분포를 도면에 표시한다든지 가공품이나 관습을 그것들을 구성하고 있는 보다 작은 문화요소로 분해하여 조사한다. 가령 활은 활촉, 화살, 화살에 꽂는 새의 깃털 등으로 분석될 수 있다. 문화사학자는 유사성과 정교함의 기준을 이용하여 여러 가지 요소의 기원과 분포상태에 관하여 추론할 때 그것들을 빌려온 사회가 원래의 것을 어떻게 재해석했는가 또 다른 요소와 어떻게 결합시켰는가 등을 따져본다. 대부분의 문화사 연구에서는 개인은 무시되며 중요하지도 않다. 초점은 지방 때로는 전세계를 배경으로 한 문화 발전의 계열에 맞춰진다.

전통적인 문화사 연구는 많은 현대 인류학자에게 비판받아 왔는데 그 내용은 그 방법이 자의적이라는 점, 검증되지 않은 가정을 세우고 있다는 점, 연구하는 요소의 사회적 및 환경적 조건의 기능에 대하여 충분히 주의를 기울이지 않는다는 점 등이다. 이들 비판에는 아주 타당한 것도 있지만 최고 수준의 문화사학자들은 항상 이러한 문제점을 늘 의식해 왔으며 그것을 통제하려고 최선의 노력을 기울여 왔다.

실제 벌어진 상황은 인류학자의 관심이 변하였기 때문에 지금은 전혀 다른 질문을 제기하고 있다는 것이다. 인류학자는 특정한 지방의 전통 발전을 추적하는 과제에 첨가하여 적응적 변화와 문화성장의 과정에 흥미를 갖고 있다. 그는 다음과 같은 질문을 던진다. 비교적 비슷한 문화를 갖는 집단이 다른 환경 속에 처한 경우 어떤 일이 일어날 것인가? 전체로서의 인류문화의 발전속에 볼 수 있는 일반적 경향으로 무엇이 발견 될 수 있을까? 최근에 나온 어떤 이론화의 시도는 이들 문제를 통일시키고 일관된 이론적 조직 속에서 그들의 의문에 답하는 훌륭한 성과를 올리고 있다. 이것은 『진화와 문화』라고 하는 논문집 속에서 살린스(Marshall Sahlins)와 서비스(Elman Service)가 제창한 연구방법이다.

살린스와 서비스의 이론적 기초는 문화의 일반 진화와 특수 진화의 구별이다. 일반 진화 연구는 전체로서의 인류문화의 전반적인 진화 경향에 관심을 갖는다. 그 진화의 정도는 레슬리 화이트(Leslie White)가 처음 제안했듯이 에너지원에 대한 인류의 지배력의 증대라는 관점에서 측정된다.(p.242 참조) 이러한 연구는 새로운 수준의 사회적 통합 조직 내지 원리의 출현에 관심을 두면서도 그러한 변화가 일어난 장소라든가 환경적 조건은 문제삼지 않는다. 그에 비해 특수 진화 연구는 특정 지방문화가 그 물질적 및 사회적 환경에서 특수하게 적응한 방식에 관심을 갖는다. 살린스와 서비스는 다음과 같이 기술하고 있다.

> 문화인류학자가 자기 학문의 민족지적 및 고고학적 성과를 조사해 보면 아무 것도 아니지만 문화의 다양성이라는 것에 반드시 부딪히게 된다. 실로 무수히 많은 유형의 문화가 있다. 즉, 어느 민족집단 혹은 어느 지방 특유의 문화적 특질이 다양하게 존재하며 응집력이 강한 사회의 문화적 조직은 훨씬 더 다양하다. 도대체 어떻게 되었는가? 한 마디로 말하면 적응을 위한 수정 때문이다. 문화는 인간이라는 존재에 대하여 이 지구가 제공한 다양한 기회를 활용하는 속에서 다양하게 뻗어나간 것이다. 문화진화의 특수 측면이란 그러한 것을 말한다.13)

이처럼 우리들은 근대 생물진화의 이론과 아주 비슷한 문화진화론에 유도된다. 즉 유기체 또는 문화의 새로운 형태가 나타나 다른 환경적 상황에 적응함으로써 살아남게 된다. 그러나 이 특수과정의 바로 위에 또 그것을 초월하여 훨씬 위에서 상하로 연결한 형태로 배열되는 새로운 수준, 혹은 '등급'의 조직체가 출현한다. 마치 구세계와 신세계의 각기 다른 原猿類의 집단에서 원숭이라고 하는 생물학적 '등급'이 출현한 것처럼 동서양에서 한 번 이상 매우 다른 문화적 전통으로부터 문명이라는 문화적 '등급'이 생기는 것이다.

1) 통문화적 연구

인류학자는 다른 문화와 장기간 집중적으로 접촉함으로써 표면적인 관찰만으로는 기묘하고 독단적이라고 생각할 수밖에 없는 관습과 제도의 숨은 기능을 발견할 때가 많다. 그러나 어떤 종류의 기능적 관계는 비교연구를 통해서만 발견된다. 가령 어떤 종류의 친족명칭의 기능이라든가 어떤 양식의 문화

---

13) M. Sahlins and E. Service, eds, E. Service, eds, Evolution and Culture (Ann Arbor : University of Michigan Press, 1960) p.23.

화가 가져온 결과는 그 관습과 특성이 나타나는 사회와 그러한 것이 존재하지 않는 다른 사회를 체계적으로 비교하고 또 문화와 다른 부분에 대한 영향은 어떤가 하는 것을 주의해서 살펴보아야만 파악할 수 있다.

사회인류학자는 通文化的으로 적용될 수 있는 관습의 범주를 설정한다. 가령 다양한 사회에 나타나는 교차사촌혼이라든가 모계출계라든가 의존심 육성 등을 조사한다. 사회인류학자는 각 집단의 실제 행동이 매우 다르다는 것을 인정하면서도 자기가 연구하고 있는 관습이 문화체계의 다른 어떤 부분들과 기능적 관계가 있음을 나타내는 형태 내지 과정에서 어떤 규칙성을 발견하고 싶어한다.

이러한 연구는 인류학에서 오래 전부터 행해져 왔다. 19세기의 에드워드 타일러는 장모 기피(mother-in-law avoidance)에 대하여 관심을 갖고 있다. 그리고 더구나 그것들이 아주 우연히 공존해 있는 경우 그러한 관습을 지칭하는 말로서 '癒着(adhesion)이란 새로운 용어를 만들었다. 예를 들면, 장모 기피(mother-in-law avoidance)는 남자가 자기 장모와 말하는 것, 어느 경우에는 보는 것조차 금하는 사회적 규칙이다. 이 관습이 관찰되는 사회에 관한 많은 민족지적 기술을 조사한 결과 그 대다수의 경우에서 결혼 후의 거주율이 모거제(matrilocal) — 남자는 자기 처의 친족과 같이 사는 것이 기대된다 — 임을 알아냈다. 이 '유착' — 오늘날 우리들이 사용하는 말로는 상관관계 — 은 어떤 규칙을 설명하는 것은 아니지만 양자간에는 기능적 관계가 있을 법 하다는 것을 지적하는 것이며 또 장모기피라고 하는 풍습을 이해하려면 거주 유형을 고려해야만 한다는 것을 지적하는 것이다.[14]

인류학자 머독(G. P. Murdock)은 그와 비슷한 통문화적 상관관계 접근법을 활용하여 친족명칭에 대한 구조적 요인이 야기하는 상대적 효과에 관해서 어떤 일반적 결론에 도달했다. 즉 친족명칭에 대해서, 자매교환과 같은 특수한 혼인규정도 현저한 효과를 갖지만 출계율(descent rules)의 효과가 그것보다도

---

14) E. B. Tylor, "On a Method of Investigationing the Development of Institutions ; Applied to Laws of Marriage and Descent," (Journal of the Royal Anthropological Institute, Vol. 18, 1889) pp.245~269.

약간 강하다는 것이다. 머독은 또한 거주규정도 확실히 친족명칭에 어느 정도 영향을 끼치지만 다른 두 요인의 어느 것과 비교해도 그만큼 유력한 것이 못 된다는 것을 알았다. 따라서 친족명칭에 대한 영향도를 큰 순서대로 나열하면 다음과 같다.

1. 출계율(부계, 모계, 기타)과 그들이 만든 친족집단.
2. 혼인규정(복혼, 일처다부혼, 단혼 등)과 그들이 형성한 가족의 종류.
3. 거주율(부거제, 독립거주, 선택거주 등)과 그들이 만든 지역집단[15]

이들 세 구조적 요인 간의 기능적 관계에 대해서도 연구되었다. 머독은 거주율이 친족명칭에 대해서 비교적 약한 영향력 밖에 없지만 그것들은 '진보적인' 규정이 되기 쉬운 성질 즉 사회변화의 진행과정에서 가장 먼저 변화하기 쉬운 성질을 지닌다고 결론짓는다. 이것은 결국 출계와 혼인을 지배하고 있는 보다 '보수적인' 규칙의 변화를 일으키는 것이며 그 변화가 궁극적으로 친족명칭에 강한 효과를 미친다는 것이다. 이 발견은 어떠한 부분의 변화가 다른 모든 부분에 영향을 미치는 하나의 체계로서 사회구조를 보는 입장을 뒷받침해 준다. 그러나 또 이들 발견은 거주규정은 환경의 변화에 매우 민감한 만큼 변화를 유발하는 요인 중 몇몇은 사회체계의 밖에서 찾아야 한다는 것을 우리들에게 경고해 준다.

머독의 작업에 부분적이지만 크게 도움이 된 것은 그가 1930년대에 예일대학에 창설한 『인간관계 지역자료(Human Ralation Area Files=HRAF)』로 알려진 연구 자료였다. 이 지역자료 파일에는 미개부족에서 민족국가에 이르기까지 넓은 범위에 걸쳐 수 백개의 사회에 관한 민족지적 자료가 수록되어 있다. 이들 자료는 문화영역에 의해서 편성되고 색인을 위하여 자세한 범주로 분류되어 있다. 오늘날에는 이들 자료가 복사되어 거의 모든 대학에 비치되어 있다. 이 자료 덕분에 문화에 관한 어떤 문제도 매우 다양한 사회에서 모은 자료를 기초로 신속히 조사할 수 있게 되었다. 가령 어떤 인류학자가 어떤 지방의 식사관습이라

---

15) G. P. Murdock, Social Structure (New York : Macmillan, 1949) pp.182~183.

든가 의복에 흥미가 있으면 그 자료를 참고하면 된다. 달리 찾을 경우 며칠 걸릴 만큼의 광범위한 자료를 단 두 세 시간만에 뽑아 조사할 수 있다.

『인간관계 지역자료』는 또 문화의 여러 문제에 관한 연구와 지역연구를 통합하는 등의 연구 위탁이라든지 출판도 행하고 있다. 파일자료를 많이 활용해서 행하여진 각종 연구 요약은 잡지『민족지(Ethnology)』에 실린다.

2) 문화와 인성 연구

통문화적 접근법을 사용한 비교연구 영역은 문화화(enculturation), 일반적으로 말하면 문화와 인성의 연구이다. 이 연구에는 단지 어떤 관습의 유무를 조사하는 것보다도 오히려 관습의 강도를 가늠하는 평가척도를 이용한다. 그러나 원리는 동일하다. 즉 만약 어떤 관습 혹은 인성적 특성이 다른 관습 혹은 인상적 특성과 마구잡이로 짝지어 예측하는 것보다 일관성 있게 양자간에는 기능적인 관계가 있다고 하는 가설은 타당할 것이다. 가령 존 화이팅(John Whiting)과 어빙 차일드(Irvin Child)는 병에 대한 문화적 설명이 육아관습과 기능적으로 관련되어 있음을 증명하려고 했다. 그들 이론—프로이드의 固着의 개념에 의한 것—을 상세히 설명하는 것은 피하고 병에 관한 '口脣的 설명'에 대한 그의 일반적 결론을 살펴보자.

화이팅과 차일드에 의하면 '구순적 설명'이란 병의 원인을 환자가 섭취한 물질(식물 또는 독) 혹은 타인이 읽고 저주하는 주문(呪文)으로 생각하는 풍습을 의미한다.

그들은 병의 구순적 설명과 구순적 행동—핥는다든지 먹는다든지 지껄이는 것 등—에 관해 꽤 불안을 일으키기 쉬운 육아관습 사이에는 유의미한 관계가 있다는 것을 발견했다. 고도의—구순적 사회화의 불안—을 초래한다고 믿는 육아관습은 구순적 행동에 관련된 지나친 징벌 외에 너무 빨리 또는 엄격하게 젖을 떼는 것과 같은 관습을 가리킨다. 早期 離乳와 병에 대한 구순적 설명—병은 음식물에서 혹은 입에서 지껄이는 것에서 일어난다는 믿음—의 존재 사이에는 높은 상관관계가 나타난다고 한다. 문화와 인성 연구에서 통문화적 접근법의 사용은 매우 널리 행하여지고 있지만 지금까지 얻은 답만큼이나 많은 의문이 제기되어 왔다. 이 영역에서 해결을 요하는 남은 문제로서 다음과 같은 것이 있다.

1. 기본적 자료 ― 민족지 자료에서 얻어지는 것 ― 의 타당성과 비교 가능성.
2. 평가절차의 신뢰성
3. 표본의 적절성과 자의성
4. 지리적 요인을 얼마만큼 고려할 것인가? 관습간의 기능적 관계보다도 역사적 전파에 따르는 것인지도 모르는 가능성을 얼마나 통제할 수 있는가?
5. 결과의 유의미성[16]

이런 점에 대해서 각각 상세히 언급할 수 없는 것은 아니지만 그러한 문제를 취급한 책과 논문은 다른 데에 많이 있으므로 여기서는 마지막 사항에 대해서만 설명하기로 한다. 위에서 기술한 파이팅과 차일드의 자료의 경우 조기 이유와 병의 구순적 설명이라는 두 개의 사항이 함께 발견되는 사회의 비율이 높다는 것은 대체 무엇을 의미하는가? 먼저 그것은 반드시 이들 두 관습 사이에는 인과관계가 존재한다는 것을 의미하지 않는다. 결코 상관관계를 인과관계의 증거로 취급해서는 안된다. 프로이드 심리학의 몇 가지 가정을 기초로 하여 관습 A(이유 연령)는 관습 B(병의 구순적 설명)의 원인이라는 이론이 이 자료에서 주장될 지도 모르지만 이 경우(혹은 다른 어떤 경우에도) 고려해야 하는 다른 가능성이 적어도 세 가지가 있다.

1. A와 B사이에 상정된 인과관계는 반대의 경우도 있을 수 있다. 그 예로서 병은 몸에 좋지 않은 종류의 물질을 섭취하기 때문에 일어난다고 믿는 사람들은 아마 보호의 한 형식으로서 젖을 일찍 떼는 경향을 갖고 있다고 말할 수 있을 것이다.

---

16) J. Whiting and I. Child, Child Training and Personality (New Haven : Yale University Press, 1953) p.162.

2. A도 B도 다같이 아직 확인되지 않은 어떤 제 3의 요인 C에서 비롯되는 지도 모른다. 과수에 꽃이 피는 것과 새가 북으로 이동하는 것 사이에는 높은 상관관계가 있다. 그러나 대부분의 사람은 양자를 통제하는 계절적 요인이 거기에 작용하고 있음을 인정한다.
3. 의식적으로 그러한 것은 아니지만 표본이 편파적이기 때문에 발견한 결과를 신뢰할 수 없는 경우가 있다. 통계적 분석은 단지 어떤 결과가 어느 정도 있을 법한지 않은지를 말해준다. 즉 발견한 것의 타당성을 결코 보증할 수 없는 것이다. 실제 통계이론은 거의 있을 법하지 않은 요인의 조합이 가끔 완전히 우연에 의해서 생긴다고 단언하고 있다.

이와 같이 통문화적 접근법은 『인간관계 지역자료』와 같은 연구자료라든지 통계학의 기법 등의 도움으로도 역시 발견한 객관적 타당성을 보증할 수 없다. 그리고 상관관계의 인과율에 의한 설명은 매우 타당한 것으로 생각된다 해도 신중히 검토되어야 한다. 이론에 기초한 어떤 가설은 어떤 관계에 관한 검증을 선행하지 않고는 그 상관관계는 가설의 정확성을 지지하는 것으로 볼 수 없다.

이런 저런 이유에서 인류학적 추론은 대부분 하나의 예술에 그치고 있다. 대부분의 예술은 타당한 결과를 내는데는 유능한 제작자가 광범위한 현상에 대하여 자기의 지식과 기능을 적용했을 경우일 뿐이다. 민족학자에게 이 범위를 구성하는 것은 민족지, 언어학 그리고 고고학자에서 발견되는 여러 사실이다. 그리고 이들의 학문분야도 또한 나름대로의 예술적 자질을 갖고 있다. 에반스 프리차드는 다음과 같이 말한다.

> 인류학자의 업무는 사진을 촬영하는 것과는 다르다. 그는 자기가 관찰한 것 가운데 무엇이 유의미한가를 밝혀야 한다. 또한 자기가 경험을 끊임없이 대조함으로써 유의미한 것을 분명한 모양으로 부여해야 한다. 이를 위해서 그는 인류학에 관한 해박한 지식 외에 형식과 유형에 대한 감수성을 기르고 천성적인 소질을 지녀야 한다.[17]

3) 보편적 문화요소

인류학자는 오랫동안 문화의 보편적 요소의 존재여부에 관심을 기울여 왔다. 이 문제에 대한 해답이 광범위한 비교자료에 기초해야 한다는 것은 분명하다. 그렇지만 존재하는 인간 사회를 모두 상세히 조사할 수는 없다해도 보다 많이 알수록 그만큼 더 타당한 일반화에 도달할 수 있다. 예컨대 모든 인간 사회에 의사소통의 필요에 아주 적합한 언어체계가 있다는 것은 오늘날 상식이 되었지만 지금부터 약 50년 전까지만 해도 '미개인의 언어'는 서툴고 불완전하고 어떤 개념은 표현할 수 없다고 일부 학자들은 주장했다. 이렇게 보는 부당성은 이러 이러한 집단의 패거리와 대화를 몸짓으로 보완해야 하며 따라서 어둠 속에서는 의사소통할 수 없고, 밤에 불주위에 모이는 것도 아마 그 때문일 것이라고 말하는 여행자의 말만큼이나 신빙성이 없다. 그러나 미개인의 언어와 문화에 대한 과학적 연구가 뒷받침되지 않으면 그러한 설명을 제대로 반박할 수 없을 것이다.

오늘날 우리들은 일반화의 근거로 삼을 수 있는 민족지 재료를 많이 갖고 있다. 보편적 요소에 관한 설명 가운데는 실제로 문화의 하위체계의 분류에 지나지 않는 것이 있고 그들이 유용하기는 하지만 이러한 체계가 갖는 내용에 대해서는 아무 것도 말해주지 않는다. 이 책에서는 암묵적인 분류를 이용하여 기술했지만 그것을 명시하면 <도표 11-3>과 같다.

---

17) E. E. Evans-Pritchard, Social Anthropology (New York : Free Press, 1954) p.82.

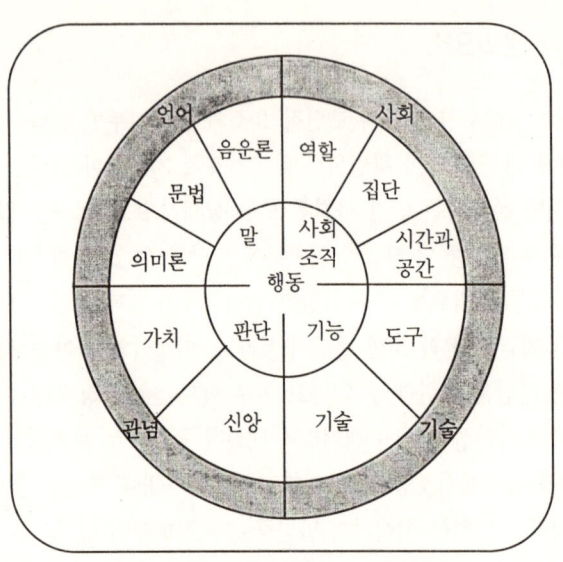

〈도표 11-3〉 문화의 주요하위체계
언어, 사회 및 관념. 중간의 바퀴는 각 하위체계의 주요한 구조적 요소를 포함한다. 중앙의 원 안은 각종의 하위체계를 드러내는 행동이다.

'보편적 문화형'에 관한 또 하나의 분류로 클락 위슬러(Clark Wissler)가 『인간과 문화』에서 시사하고 있는 것이 있다. 위슬러는 '문화적 사실들'을 9개의 항목으로 분류하고 있다. 즉 언어, 물질적 특성, 예술, 신화와 과학적 지식, 종교적 관습, 가족과 사회체계, 재산, 정치 및 전쟁이다. 위슬러는 또한 어떤 종류의 문화내용은 모든 인간사회에서 나타난다고 설명한다. 예를 들면,

역사에 존재했던 모든 문화는 원시적이었지만 불을 알고 있었다. 원시인들은 또 식물의 조리에 그 가치를 알고 있었다. 모든 경우에서 그들은 돌을 깨는 방법을 알고 있었다. 또는 지금은 모르지만 옛날에는 알고 있었다. 칼의 원리도 알고 있었고 송곳으로 구멍을 뚫는 기본원리도 알고 있었다. 마찬가지로 실을 꼬고 밧줄을 만드는 기술도 알고 있었다. 직물에 대해서는 그 기본적 방법을 모르는 문화는 없었다. 훨씬 진보된 단계까지 가지 않은 문화가 있었다는 것은 문제가 아니다.

……우리들은 다시 말할 수 있다. 어떤 문화에도 공통의 신앙이란 것이 있다. 영혼신앙, 어떤 종류의 정령신앙……보편적으로 나타난다. 또한 악운은 정해진 금지사항 혹은 흔히 금기라고 불리는 것을 엄히 준수함으로써 피할 수 있다는 관념도 똑같이 보편적이다.[18]

가령 우리들이 객관적 타당성이 있는 문화의 보편적 요소를 상당히 발견했다고 하자, 먼저 그들을 어떻게 이해하면 좋을까? 즉 어떤 특정한 행위, 신앙, 항목 등은 모든 인간사회에서 볼 수 있는데 비해 다른 것은 그렇지 않은 것은 도대체 왜 그런가? 어떤 문화 범주의 보편성에 대해서는 적어도 세 가지 설명이 가능하다. 그것들을 요약하면 다음과 같다.

1. 보편적 요소는 인간의 생물학적 필요에 근거하고 있어서 인간의 사회생활에 필요조건을 구성하고 있는지도 모른다. 가령 음식을 준비하거나 어린아이들을 돌보는 것은 모든 문화에서 볼 수 있지만 그러한 것은 동물들의 세계에서도 여러 가지 음식물을 먹을 수 있고 또한 새끼가 비교적 무력한 상태에서 태어날 때는 마찬가지로 돌보아 준다. 이러한 과제를 해내는 어떤 방법이 없으면 사회 — 동물이든 인간이든 — 는 존속할 수 없다. 그러나 인간의 문화에 적합한 능력은 집단의 해결방법을 하나의 복잡한 사회적 전통으로 정교화한다.
2. 보편적 요소는 훨씬 옛날에 발명되어 긴 세월에 걸쳐 세계에 널리 퍼진 것인지도 모른다. 가령 불의 사용, 타제석기 제작의 기술은 수 십만년 전에 발달하여 긴 세월에 걸쳐 지구 전체에 확산 혹은 운반된 — 발상지가 하나인지 아니면 그 이상인지의 문제는 별도로 하고 — '기술특성'인 것이다. 오늘날에는 기타의 특성이 16세기에 유럽에서 신세계로 보급되었고 그 이래 세계 대부분의 지역에 퍼지고 있다. 또 금속 칼의 사용은 오늘날 보편적이다. 전파는 옛날이 지금보다 천천히 진보되었는지 모르지만 우선 불가피한 것이었다.

---

[18] C. Wissler, Man and Culture (New York : Growell, 1923) pp.73~77.

3. 보편적 요소는 그 적응상의 이점에 의한 문화의 여러 형태가 수렴한 결과인지도 모른다. 즉 유사한 특성과 기술이 독립적으로 여러 번 발명되고 그것이 집단에서 기능적인 가치가 있기 때문에 계속해서 사용되었으며 혹은 다른 것과 대치되어 온 것인지도 모른다. 이것은 근친상간 금기의 보편성을 설명하기 위하여 종종 사용되는 해석이다. 즉 그러한 종류의 규칙을 갖지 않은 집단은 자가수정에 수반하는 사회적 및 생물학적 불이익에 고심하게 되는 데 비해 그러한 금기가 있는 집단은 필연적으로 다른 사회집단과 끊기 어려운 협력적 인연을 만들고 있다. 이러한 관계는 생존경쟁에서 유리하게 작용한다는 견해가 있다.

이들 세 가지 설명은 서로 배타적인 것이 아니다. 여기에 인간이 갖는 생물학적 필요 — 가령 체온조절 — 가 있다면 그 필요를 채우는데 도움이 되는 문화특성(불, 의복, 주거와 같은 것)의 개발이 널리 퍼져갈 것은 명백하다. 한 번 만이 아니고 두 번 혹은 그 이상 몇 번에 걸쳐서 발명이 반복될 것이다. 그와 비슷하게 역사적 설명 — 위에 요약한 3가지 중, 제 2유형 — 과 기능적 설명 — 제 3유형 — 은 보편적인 것으로 국부적이거나 비보편적인 특성에 대해서도 들어맞는다. 어떤 경우에는 어떤 유형의 설명이 다른 유형의 설명보다 훨씬 설득력이 있을 수가 있다. 가령 호혜성의 규범은 보편적인 것이라고 주장되어 왔지만(제 6장 참조) 설령 그것이 매우 널리 분포되어 있다 해도 그 설명은 그 규범이 어느 오래된 시대에 "발명되어" 그 후 퍼졌다는 설명보다도 그 분포는 그것이 갖고 있는 숨은 기능 — 교환을 통해서 사회적 연대를 갖는 것 — 에 기초하고 있다는 설명 쪽이 납득하기 쉽다. 기능적 관계와 역사적 전파는 다 같이 문화사에서 중요한 역할을 담당하고 있다. 기능적 설명만을 추구하는 사회인류학자 중에는 훨씬 명백한 역사적 사실에 기초한 설명을 무시하는 사람이 있는지도 모른다.[19]

---

19) P. K. Bock, "Love Magic, Menstrual Taboos, and the Facts of Geography," (American Anthropologost, Vol. 69, 1967) pp.213~217.

인류학자의 흥미를 끄는 보편적 요소의 마지막 유형은 가치의 보편적 요소라 할 수 있다. 문화인류학은 자문화 중심적인 기준에 의해서 다른 사회를 평가해서는 안된다고 가르치지만 그것은 적어도 어떤 종류의 가치가 모든 문화에서 발견될 수 있는 가능성까지도 부정하는 것은 아니다. 실로 嫡出性의 규범 — 서자 출신에 대해서는 소극적 가치를 부여하는 규범 — 및 互惠性의 규범 — 빚진 것을 되돌리는 것을 적극적으로 평가하는 규범 — 은 가치의 보편적 요소의 예라 할 수 있다.

또 하나 가치의 보편적 요소라 할 수 있는 것으로는 레비스트로스의 연구에서 시사되고 있다.(아직 모르는 페이지 참조) 그것은 어느 문화에나 견지되어야 하는 어떤 종류의 대립이 있는데 그 명칭은 문화마다 다양하게 표현되기는 해도 어떤 종류의 경계 구분은 개인 및 사회의 연속성에 있어서 필수적이라는 것이다.

가령 모든 문화가 산 자와 죽은 자를 구분하고 그 경계를 유지하기 위하여 대량의 의례적 에너지를 쏟는다. 삶과 죽음 사이의 경계선을 어디에 그을 것인가도 사회적 관습에 따라서 다양하다. 가령 현대 의학에서는 생사를 판별하는 바른 기준은 '뇌사'인가 '순환기 계통사'인가를 둘러싸고 논쟁이 벌어지고 있다. 그러나 인간의 사회생활에서 어떤 사회적 관습은 필수 불가결한 것이다. 마찬가지로 모든 문화가 성과 속, 자연과 문화라는 대립을 만들어 지키고 있는 듯하다. 문화들 사이에 더욱 심오한 차이는 각 문화가 이러한 보편적 요소에 관하여 경계선을 어떻게 긋는가가 관계되어 있으면서도 다른 한편 여러 문화들 간에 더욱 의미 깊은 유사성은 그러한 경계선을 우리들에게 그을 수 있는 공통적인 '인간 본성'에서 유출되는 것이라고 할 수 있다.

4) 인류학자의 책임

지금까지 연구 방법에 대하여 살펴보았다. 그러나 예로부터 지금까지 현자(賢者)가 말한 것처럼 기법에만 관심을 지나치게 갖는 것은 그것이 과학이든 예술이든 혹은 연애이든 불능(impotence)의 원인이 되기 쉽다. 그래서 인류학의 몇몇 목적에 관하여 기술하고자 한다. 우선 인류학자의 책임이라는 문제부터 시작하자.

첫째로 인류학자는 그 직업에 대한 어떤 책임이 있다. 한 사회과학자로서의 인류학자는 그의 비판적 지성을 활용하고 진정한 사회문제를 연구 과제로 선택하고 에너지와 상상력을 갖고 그 연구를 성취하는 것을 위탁받고 있다. 결국 과학적 방법이란 과오를 범할 수 있음을 인정할 태세로 자기자신이 최선을 다하는 것을 의미한다.

인류학자는 또한 통합적 인간과학의 수립을 위하여 활동할 책임이 있다. 이 일은 학문 내부의 전문화와 분파 때문에 점점 곤란해지고 있다. 가령 불과 며칠 동안 나는 다음과 같은 '인류학의 종류'를 지칭하고 명칭이 있는 것을 알게 되었다.

구조인류학	(Structural Anthropology)	심령 "	(Psychedelic Anthropology)
심리 "	(Psychological Anthropology)	인간 "	(Humanistic Anthropology)
응용 "	(Applied Anthropology)	교육 "	(Educational Anthropology)
경제 "	(Economic Anthropology)	정치 "	(Political Anthropology)
생태 "	(Ecological Anthropology)	도시 "	(Urban Anthropology)
행동 "	(Behavioral Anthropology)	개발 "	(Development Anthropology)
언어 "	(Linguistic Anthropology)	급진 "	(Radical Anthropology)
인지 "	(Cognitive Anthropology)	형상 "	(Visual Anthropology)
		상징 "	(Symbolic Anthropology)

형질인류학, 문화인류학, 사회인류학이라고 하는 종래의 하위부문에 첨가한다면 이것만 있겠는가. 과거 10년간에 인류학의 전문학자의 수가 두 배로 늘어난 것만 생각해 보아도 이러한 전문분화는 아마 불가피한 것이었다고 말할 수 있다. 그러나 이것은 또한 우리들이 적극적으로 종합적 관점을 추구하지 않는 한 인간과 문화에 관한 우리들의 이해는 점점 분열되고 말 것이라는 의미도 된다.

인류학자는 그의 전문직에 대해서 어떤 윤리적 책임을 지고 있다. 인류학자가 지켜야 할 하나의 철칙은 누구든지 "다시 일을 할 수 없을 정도로 망쳐 놓아서는 안된다."는 것이다. 동료학자들의 잘못된 행동 때문에 미국 인류학자가 환영받지 못하는 지역이 많이 있다. 말할 것도 없이 인류학자는 그 결과를 마음대로 공포한다든지 출판할 수 없는 부정 혹은 비밀의 징후가 있는 연구에 관여하는 것은 피하여야 한다. 그러나 그것과 동일한 정도로 중요한 것은 자기가 연구하고 있는 사람들에 대한 인류학자의 책임이다. 와그너(Roy Wagner)가 말했듯이 우리는 다른 사람들을 '동등성과 상호성에 기초해서' 다루어야만 한다. 다른 문화의 사람들에 관한 연구 주제일지 모르지만 그들을 단순히 '대상'으로, 즉 민족지학자의 이기적 목적을 위한 수단으로 취급해서는 안된다.

인류학은 인간을 연구하는 학문임에 틀림없지만 만약 그 인간이 자기가 연구되고 싶지 않다든지 혹은 인류학자가 자기 사회에 발표할 때 초래될 수 있는 결과를 알지 못한다면 어떻게 되겠는가?

시대는 변했다. 원주민이라든지 제3세계의 사람들은 지금이야말로 자기들의 문화적 정체성을 새롭게 의식하고 있으며 많은 사람들에게 인류학자는 제국주의의 상징이 되고 있다. 사람들은 더 이상 인류학자의 사회적 역할에 대해 무지하지 않다. 그들의 입장에서 보면 인류학자는 '신식민주주의 도구'에 지나지 않는다. 아무리 양보한다해도 그들은 이렇게 물을 것이다. 왜 우리들은 너희들에게 연구되어야 하는가? 우리들 지역에 어떤 이익이 있는가? 그리고 그들은 인류학자에게 책임과 의무에 대해 새삼 생각하도록 강하게 요구한다. 우리들은 언제나 우리의 일이 연구의 대상이 되어 있는 사람들에게 상처 입히지 않기를 바래왔다. 그러나 지금 우리들은 — 연구를 함으로써 우리들 자신의 경력이 쌓인다고 할 때 — 스스로가 이러한 물음을 제기해야 한다. 우리들은 연구의 대상이 되고 있는 사람들에 대하여 무언가의 이익 — 지적 혹은 경제적 — 을 확보해 주어야 하지 않겠는가? 가령 자기의 현지조사 결과를 출판해서 얻은 이익은 모두 그 지역사회의 사람들을 위한 의료자금, 혹은 육영자금으로 쓰도록 배급한 민족지학자가 몇 명 있다.

인류학자가 그 분석에 기초해서 자기가 연구한 사회에 의도적으로 변화를 일으키려 한다면 사태는 훨씬 복잡해진다. 계획된 변화가 가령 '그 사람들'이 바라는 바에 따른 것이라 해도 장기적으로 보아 어떤 결과가 초래될 것인가, 지역사회 내에서의 합의는 어느 정도 이루어졌는가, 전체 사회에서의 여러 제도의 반응은 어떤가 하는 점에 대해서는 불확실한 요소가 많이 남아 있다.

또한 인류학자는 어떤 외부기관 — 기업이나 정부의 부서, 해외 원조 단체 등 — 을 대신해서 응용인류학적 연구를 행하고 있는 경우에 그 연구성과와 정책권고가 어떻게 이용될 지에 대해 충분히 고려해야 한다.[20]

끝으로 인류학자는 또 그 연구와 교육의 노력을 지탱해 주는 일반대중에 대해서 또한 그 수업에 출석하는 학생들에 대해서도 책임이 있다. 인류학의 지식과 기법을 실제 사회문제에 응용하는 것은 별도로 하고 인류학자는 그 과학의 객관적이고 타당한 성과를 일반대중이 이용할 수 있도록 — 대중화라 해도 좋다 — 하고 우리들 문명을 위협하는 신화와 오류에 대해서 적극적으로 싸울 의무가 있다고 나는 믿는다. 그러한 문제로서 인종적 우월성의 신화, 모든 민족이 갖는 자문화중심주의적 가정, 그것에 '인간 즉, 살인 원숭이'와 같은 선정주의적 왜곡 등이 있다. 또 우리들은 인류중심주의(anthropocentrism)이라고 하는 것에 대해서도 경계를 게을리하지 말아야 한다. 그것은 인류야말로 가장 중요한 종이며 인류에게 좋은 것은 모두 지구 전체에도 좋다는 가정이다. 인간의 사회와 그것을 포함하는 보다 큰 환경체계와의 관계를 무시했기 때문에 소멸하고만 문화의 예는 역사에 아주 많다. 만약 고대문명을 능가하는 현대의 중요한 진보가 보다 빠른 스피드와 보다 훌륭한 효율성으로 환경을 오염시키고 그 가치를 떨어뜨리는 능력으로 나타난다면 이처럼 역설적인 것은 없을 것이다.

---

20) T. Weaver et al, eds, To See Ourselves (Glenview, Ⅲ. : Scott, Foresman, 1973) pp.5~61.

보충문헌

Robin Fox, Encounter with Anthropology. New York : Harcourt Brace Jovanovich, 1973.
Myron Glazer, The Research Adventure. New York : Random House, 1972.
Rosalie H. Wax, Doing Fieldwork, Chicago : University of Chicago Press, 1971.
Thomas Weaver, ed., To See Ourselves. Glenview, Ⅲ. : Scott, Foresman, 1973.
Douglass R. Price-Williams, Exploration in Cross-Cultural Psychology. San Francisco : Chandler & Sharp, 1975.

맺음말

문화와 자유

이 책의 주요한 관심은 문화가 지닌 커다란 逆說 즉 문화가 사람을 속박함으로써 사람을 자유롭게 한다는 사실에 있다. 언어와 마찬가지로 다른 문화체계의 이점은 사람들이 그 속박을 받아들이는 경우에만 생긴다. 사회 구성원들 간의 의사소통과 상호작용을 가능하게 하는 文化化의 과정은 사람들을 다른 전통에의 참여를 배제시킨다. 언어적, 사회적, 그리고 관념적 관례들의 특수한 결합을 배우는 아이들은 아마 다른 결합에 대해서는 결코 만족을 느끼지 못할 것이다. 자칫하면 그러한 어린이들은 어린 시절에 배운 범주와 준칙에서 한 순간도 자유롭지 못한 편협한 성인으로 자랄 것이다. 그래서 그들은 세상의 진실로 새로운 경험을 갖지 못하게 된다.

이 책을 통하여 나는 문화현상의 관습적 토대를 강조하였다. 우리가 색깔·소리·혈족 또는 질병을 분류하는데 사용하는 기준, 우리가 시간과 공간을 구성하는 방법, 그리고 우리가 善이나 美를 평가하는데 이용하는 기준들은 모두 우리 선조들이 창조한 것이다. 그것들은 달리 형성될 수도 있었다. 어떤 사회에서는 그것이 무시되었거나 또는 그 반대였을지도 모른다.

그럼에도 불구하고 우리는 음성학적 및 친족체계의 다양성 밑에 약간의 기본적인 대립이 놓여 있음을 안다. 그것은 인간의 생물학 사고, 그리고 사회의 조건, 즉 모음과 자음, 남성과 여성, 성인과 젊은이, 개인과 집단, 聖과 俗 등에 뿌리를 두고 있다. 인류학자들은 문화가 이러한 토대 위에 상당히 복잡한 상부구조를 구축하는 방법을 보여준다. 아마 다른 문화적 하위체계들이 언젠가 비슷한 종류의 분석을 산출할 것이라는 희망은 그리 많지 않다.

문화는 훌륭한 창조이다. 말과 사회적 역할은 없어서는 안 될 발명이었다. 우리는 실제 세계의 복잡성을 다루기 위하여 범주를 필요로 한다. 일반적 개념을 구성하지 못하는 것은 — 나무들을 구하기 위해서는 삼림을 보아야 하는 능력 — 이해에 심각한 장애이다. 그러나 우리가 그 역할을 전체인간의 대신으로 삼거나, 말을 사물의 대신으로 삼을 때 우리의 직접적 경험과의 접촉을 잃을 위험이 있다. 범주는 의사소통에 필수적이지만 대부분의 범주들은 다른 점에서는 독특한 약간의 속성을 함께 하는 경험들을 한덩어리로 만들거나, 동일한 기초과정의 실제상으로 다른 측면인 사건들에 대하여 별개의 딱지를 붙이기도 한다. 예를 들면, 모든 비서구인을 '야만인'으로 부르거나 모든 비관습적인 젊은이들을 '히피'라 부르는 경향은 편견과 상상력의 현저한 결핍을 가리킨다.

어니스트 샤크텔(Ernest Schachtel)은 억지로 기억시켜 배운 문화적 범주, 도식들이 너무 협소하여 초기의 풍부한 직접적인 경험을 수용하지 못하기 때문에 대부분의 사람들은 어린 시절을 기억할 수가 없다고 주장한다. "기억과 유아기 건망증에 관하여"(on Memory and childhood Amnesia)라는 논문에서 그는 "현대 서양문명의 세계는 ……유아기를 상징하는 특질과 강도에 관한 경험을 ……더이상 필요로 하지 않는다." 라고 말한다. 그러나 샤크텔은 "기억을 인간에게서 완전히 없앨 수 없고, 즉 인간의 경험에 대한 능력은 도식화로 완전히 억압될 수 없다. 매우 새로운 통찰력과 매우 진실된 예술 작품의 근원은 문화적 도식과 기억들……관습적인 기억의 도식을 뛰어넘는 기억들 속에 있다."[1]고 믿는다.

나는 진실된 창조성과 자발성은 하나의 임의적 전통을 가진 표본이나 틀에 박힌 신념, 그리고 독단적인 전통의 관습을 극복할 수 있는 데에 달려 있다고

---

1) E. G. Schachtel, Metamorphosis (New York : Basic Books. 1959) p.107.

생각한다. 이것은 문화의 각 범주라는 것은 가능한 어떤 경우이거나 이용할 수 있는 어떤 수단—마약의 사용을 포함한—에 의해서도 무시되는 단지 인위적인 성가신 존재라는 것을 의미하는가? 나는 그렇게 생각하지 않는다. 두 가지 이유가 있다.

먼저 첫째로 관례의 타파는 진실, 행복 또는 창조성을 보장하지 않는다. 修養이 없으면 그 결과는 매우 유치하고, 나약하고, 또는 이상할 것이다. 위대한 예술가와 과학자는 그 시대의 관습적인 지식을 뛰어넘는다. 그러나 그들의 통찰력은 선조들의 결함뿐 아니라 자신들의 업적에 대한 이해에 일부 근거하고 있다. 그들은 과거로부터 받은 것과 그들의 이상을 통합하거나 비교함으로써 새로운 공헌을 하게 된다. 역설적이지만 이러한 과정은 흔히 전통을 재구성하고 그래서 그것을 활성화한다. 그래서 그들은 각각의 계속되는 '현대'의 사람들에게 지속적으로 유용하게 된다. 더욱이 개혁자의 창조는 어떻든 같은 시대의 사람들에게 전달되어야만 한다. 그렇지 않으면 그들은 개인적 세계의 모호한 요소로 남아 있든가 개혁자와 운명을 함께 할지도 모른다.

새로운 통찰력을 전달한다는 이 문제에서 두 번째의 문제가 발생한다. 기대와 이해의 공유가 없으면 사람들은 의사소통이 어려워진다. 의사소통과 의미 있는 상호작용은 급속히 붕괴된다. 정치적, 종교적, 혹은 예술상의 혁명운동이나 이상적인 운동이 집단내의 전문용어와 문화를 발전시키지 않으면 사라져버리는 것은 이러한 이유에서이다. 중대한 위기에 처하거나 그 후 종종 생기는 협력과 공감을 아끼는 감각(Victer Turner가 'communitas'라고 부르는 것)은 막연히 지속될 수가 없다. 그것이 이점이 지속된다면 그것들이 가치있는 것으로 생각한 개방적이고 평등주의적 경험과는 아주 정반대의 것—일부의 참가자에게—처럼 보이는 제도적 형태로 그것들은 통합되어야만 한다.[2] 이것은 어떤 사람을 體制文化를 경멸하고 일상적인 언어에 의한 의사소통을 낙담시키는 방향으로 이끈다. 그러나 이것은 반대로 후퇴, 의혹, 의사소통의 단절, 적개심, 다시 후퇴 등등의 악순환을 초래할 수도 있다. 인간과 제도 사이

---

2) V. Turner, The Ritual Process (Chicago : Aldine, 1969).

의 논쟁은 인간이라는 조건에 있어서 피할 수 없는 부분이다.3)

수 천 세대 동안 인간은 그들의 적응의 문제를 해결하기 위하여 문화적 수단을 이용하여 왔다. 遺傳因子에 덧붙여 도구와 규칙에 대한 의존은 인간을 지구상의 지배적인 種이 될 수 있도록 하였다. 인간은 이론상 '문화'를 배우지 못할 때부터 모든 인간은 자신이 문화화된 집단의 전통에 의존해야만 한다. 이러한 의존으로 개인, 특히 강자와 특권층을 위한 체제적인 많은 이익을 필요로 한다. 그러나 모든 착취계급조차도 그들을 착취하는 사회에 생존에 관한 혜택을 입고 있다. 그들은 자신들에 반항하는 경우에조차도 사회의 전통에 참여한다. 미카엘 폴라니(Michael Polanyi)의 웅변적인 문장속에서, "우리의 믿음은 우리가 속하는 根源에 의해 진화된다."4)

이것은 우리가 태어날 때 어떤 문화일지라도 그것을 계속 지지한다는 것을 의미하는가? 나는 그렇게 생각하지 않는다. 인간이 문화에 최선을 다해 개발하려고 노력하는 것을 조건으로, 거기에는 전통에 대한 애착이 있어서 일종의 고귀함이 있다. 한편 우리가 자신, 그리고 우리의 전통이나 다른 사람의 전통을 더 잘 알게 되면 될수록 우리가 처음 자유의식에서 수반되는 불안과 책임에 몸을 움츠릴지라도 더욱 더 자유롭게 될 것이다. 문화가 통합된 체계가 되면 우리는 여기 저기서 조각을 빌리거나 빼앗을 수 없고, 또한 그것들이 자동적으로 의미있는 생활방법이 될 것을 기대할 수 없게 된다. 그러나 다른 문화에 대한 우리의 지식이 더 넓어지면 넓어질수록 문화과정에 대한 우리의 이해가 깊어질수록 우리가 아름답고 의미있고 유용한 어떤 일을 발견하는 것은 더욱더 쉽게 될 것이다. 인간의 자유는 믿음의 자유를 포함한다.

나는 다음과 같이 제안한다. 우리들은 먼저 우리들 자신의 전통에서 출발하여 오락의 정신으로 그것을 발전시키고 보태는 것, 즉 규칙은 관습적이라는 것을 인식하고, 너무 심각하게 자신을 받아들이지 않도록 노력하면서 우리 마음대로 素材에서 훌륭하고 아름다운 것을 창조하려고 노력해 보는 것이 중요하다. 몇 개의 언어를 말하는 사람들은 일반적으로 두 번째와 세 번째의 언어

---

3) J. P. Sisk, Person and Institution (Notre Dame, Ind. ; Fides Publishers, 1970) 참조.
4) M. Polanyi, Personal Knowledge, (New York : Haper Torchbooks, 1964) p.322.

가 가장 어렵다는 것에 동의한다. 그 이후의 새로운 언어의 습득은 횟수를 거듭함에 따라 쉽게 된다. 많은 언어를 말하는 것이 언어과정에 관한 과학적 통찰을 보증하는 것은 아니지만, 다른 양식의 사고, 이해 및 표현을 사용할 수 있으므로 그것은 더 많은 자유를 개인에게 준다고 나는 생각한다. 이와 같은 창조성을 위한 유연성과 능력의 발달은 역시 다양한 문화를 아는 데서 생긴다. 이런 이유로 하여 나는 인류학이 교양과정 속에 반드시 포함되어야 한다고 믿는다. 도로시 리(Dorothy Lee)의 말을 인용하면, "다른 문화를 연구할 때……나는 자기의 문화를 자기와 우주를 연결시키는 많은 가능한 체계 속의 하나로 볼 수가 있고, 전에 알지 못했던 주의나 원리에 대한 의문을 제기할 수 있게 된다."[5]는 것이다.

자기문화중심주의, 낯선 사람에 대한 의혹, 외부인에 대한 적대감은 생존에 필사적인 작은 격리된 사회에서는 이해할 수가 있으며 때로는 유용하기조차 하다. 지구의 구석구석으로부터 사람들의 理想과 勞動力으로 건설된 거대한 文明에서는 그러한 태도를 더 이상 채택할 수가 없다. 현대의 기술은 풍경, 소리, 그리고 아득히 먼 사회의 전통사상을 책이나 영화와 레코드라는 형태로 쉽게 손이 미치는 범위로 가져다 준다. 참으로 '문화화된' 사람은 이들의 경험을 자유롭게 즐긴다. 왜냐하면 그들은 이것들에 위협을 느끼지 않기 때문이다. 그들은 자신의 전통을 알고, 그 가치와 한계도 인식하고 있다. 이국적인 사람과 지역에의 접촉은 어떤 실제적 목적 때문만이 아니라 그 접촉이 가져오는 美的인 만족을 위해서도 추구된다. 일찍이 로버트 레드필드(Robert Redfield)가 관찰한 것처럼

> 이국적인 생활양식을 이해하기까지 개인적인 경험의 진행과정은 이국적인 예술의 이해에 도달하는 때와 본질적으로 같다. 즉 사람은 처음 다른 것을 도저히 이해할 수 없는 것으로 본다. 그리고 그것을 다른 가면을 쓴 자기 자신의 것이라고 보게 된다. 인간에 대한 이러한 우리의 이해를 넓히는 것은 수 천년 전부터 계속 진행되어 온 것이라고 나는

---

5) D. Lee, Freedom and Culture (Englewood Cliffs, N. J.; Prentice-Hall, 1959) p.2.

생각한다. 어느 원시적인 수렵민은 오랜 시간을 걸려 구릉 저쪽에 사는 사람들에 대해, 의혹과 적대감을 완화시킬 때 나는 "음, 저 무리들은 거기서 무엇인가 가지고 있을 것이다." 라고 추측할 수 있을 것이라고 생각한다. 그것은 오늘날 사람들 사이에서 모든 증오와 대립에도 불구하고 지속된다. 인간성의 놀랄만한 다양성과 그것의 근본적인 동일함에서 느리지만 서로를 위한 인간성의 통찰과 이해는 넓어졌다.[6]

'인간에 관한 우리의 이해를 넓히는 것'이 인류학의 지속적인 목표라고 나는 믿는다. 이 책이 문화적 다양성에 관한 독자들의 인식을 높이게 된다면 그것은 인류학의 목표에 이바지하는 것이다.

---

[6] R. Redfield, Aspects of Primitive Art (New York; Museum of Primitive Art, 1959) p.30.

역자후기

이 책은 미국 인류학자 Philip k. Bock의 『Modern Cultural Anthropology : An Introduction, 3rd Edition, New York : Alfred A. Knopf, Inc, 1979』을 번역한 것이다.

역자는 한국사를 전공하는 한 사람으로서 일찍이 한국의 문화구조와 가치관에 대해 많은 관심을 가져 왔다. 대학 강단에서 문화인류학 강좌를 담당하게 되면서 이 문제에 대한 학문적 욕구는 더욱 절실해졌다. 그리고 문화연구에 관한 이론과 방법에 대해서도 꽤 알고 싶었다. 그리하여 문화인류학에 대해 문외한이지만 처음에는 문화이론·사회조직·정치·경제·종교·예술·언어 등 주제 중심의 개설서에 많이 의존하였다. 그러나 주제 나열식의 백과전서적 개론서보다는 그 어떤 것에 대한 필요성이 점점 증대되었다. 그러던 차에 친구로부터 Bock 교수의 저서를 소개받았다. 이 책은 실로 역자의 욕구를 충족시키고도 남을 만한 것이었다. 상당한 이론과 풍부한 민족지적 사례를 간직하고 있기 때문이다. 특히 문화현상을 총체적, 통합적 시각에서 인식하려는 방법론은 더욱 그러하였다. 이러한 느낌은 독자들도 마찬가지일 것이라는 생각이 든다. 이 책을 감히 번역하게 된 동기도 바로 여기에 있다.

필립 보크(Philip Bock) 교수는 1934년 뉴욕에서 태어나 1955년 프레스노(Fresno) 주립대학을 거쳐 1956년에 로버트 레드필드(R. Redfield)에게 사사하여 「음악의 사회적 기능」이라는 연구로 시카고 대학에서 인류학석사를 받았다. 그 후 캐나다 동북부에 거주하는 믹맥 인디언(Micmac Indian)에 대한 현지조사 연구를 통하여 1963년에 하버드대학에서 사회인류학 박사학위를 취득하였다.

현재 뉴멕시코 대학의 인류학부 교수로 재직중이며 인류학 잡지인 「Journal of Anthropological Research」 편집인이기도 하다. 그는 특히 캐나다·멕시코 등에서 민족지적 현지조사를 통해 음악과 사회와의 관계에 주목한 바 있으며 그의 저서로는 『레스티구치의 믹맥 인디언(The Micmac of Restigouche, Bulletin No. 213. National Museum of Canada, 1966』, 『현대 세계의 농민(Peasants in the Modern world,

University of New Mexico press. 1969)』, 『문화충격(Culture Shock : A Reader in Modern Cultural Anthropology, N. Y. : Knopf. 1970)』 등이 있으며 최근에는 『세익스피어와 엘리자베드시대의 문화(Shakespeare and Elizabethen Culture, New York : Schocken Books, 1984)』 등이 유명하다. 여기에 소개한 것은 『현대문화인류학입문(Modern Cultural Anthropology : An Introduction, New York : Knopf. 1969)의 개정축소판(제 3판, 1979)이다. 이 책은 출판되자마자 학술적 평가와 칭찬은 물론 독일어, 스페인어, 이탈리아어, 일본어 등으로 번역될 정도로 유명한 力著이다.

이 책의 구성과 특색을 요약하면 다음과 같다.

먼저 이 책은 5부로 구성되었다. 제 I 부 인류의 노정에서는 인류의 생물학적 진화와 문화와의 관계를 중심으로 문화화의 과정, 육아양식 그리고 언어습득에 대해서 언급하였으며, 제Ⅱ부 사회체계에서는 인간 및 집단의 관계를 중심으로 친족체계, 혼인규정, 성·연령, 그리고 거주집단, 친족집단, 민족집단, 사회계층, 결사 등의 구조와 역할에 대해 서술하였다. 그리고 제Ⅲ부 기술체계에서 인간의 욕구와 기술관계, 기술과 환경 그리고 경제 및 커뮤니케이션의 구조와 형태에 대해 언급하면서 그러한 기술체계와 신앙과의 관계를 통합적으로 설명하였으며 제Ⅳ부 관념체계는 신앙과 가치체계를 중심으로 예술, 종교, 권위, 부의 개념과 성격 등에 대해 기술하였다. 끝으로 제Ⅴ부는 인류학자의 현지조사에 관한 방법론을 제시하고 있다. 그는 여기서 상대주의적 관점에서 관찰과 추론에 의해 문화체계를 기술해야 한다고 강조하고 있다.

한편 이 책의 특징은 유럽 인류학이 형질인류학, 민족학, 사회인류학, 고고학, 언어학 등과 같이 개별적 학문영역으로 분화, 독립되는 것과 달리 제 영역간의 상호접근 또는 통합을 중시하는 미국 인류학계의 입장을 충실하게 반영하고 있다는 점에 있다. 그리하여 총합적 접근방법을 통해 문화의 형태 뿐만 아니라 내용을 포함하여 문화체계 사이의 구조적, 기능적 상호관계를 명확히 파악하여 문화를 全體로서 이해하기 쉽도록 일관성 있게 구성하였다는 점이다. 즉 언어, 사회, 기술, 관념이라는 문화의 하위체계를 중심으로 문화에 관한 일관된 개념—범주와 준칙—을 사용하여 각기 가지고 있는 체계성과 그들 상호관계 및 구조적 유사성을 규명하려는 대담한 접근방법을 사용한데 이 책의 특색이 있다고 하겠다.

그는 범주(Categories)와 준칙(Plans)에 대해 각 민족은 일정한 환경과의 상호작용 과정에서 경험하는 여러 가지 사실을 각각 독자적인 방법으로써 다루기 쉬운 단위로 분할하여 거기에 상응하는 표준적인 행동방식을 관습적으로 만들어 내고 그러한 분할된 경험단위가 곧 범주이며 그에 대응한 구체적인 반응방식을 지시하는 규칙이나 방법(기대되는 행동유형)이 준칙이라고 정의하였다.

따라서 그는 「문화=범주+(행동)준칙」이라는 틀 속에서 문화와 행동관계를 규명하였다. 또한 문화현상이라는 것은 결국 모두 유사한 구조를 가지고 있다는 관점에서 출발하여 문화의 구성요소를 이루는 언어, 사회구조, 기술, 관념의 각 체계는 각각 학습에 의하여 획득된 '경험의 범주'로부터 형성되고 그 범주는 관습에 의하여 일정한 행동준칙과 결합되고 있다고 하였다. 그리고 이러한 범주와 준칙이 집단 구성원의 행동에 영향을 끼쳐 형식과 내용의 규칙성을 부여함과 동시에 그것을 공유하는 사람들과 의사소통을 가능케 할 수 있다는 것이다. 그리하여 그는 맺음말에서 문화상대주의적 관점에서 인간 문화의 다양성을 인식할 것을 강조하였다.

문화에 대한 이해 부족과 번역상의 능력이 부족한 역자로서의 지나친 욕심이 독자들로 하여금 저자의 접근방법이나 시각을 이해하는 데 장애가 되지 않을까 심히 걱정된다. 이번 개정판은 초기번역에서의 잘못을 많이 수정하였으나 용어선택이나 번역의 오류는 계속 고쳐나갈 것을 약속드리며 조그마한 노력의 결실을 독자 여러분께 바친다.

그리고 이 책을 번역하는 데 저자의 따뜻한 격려편지(1990. 8)와 자상한 소개(1990. 12) 편지는 역자로 하여금 더욱 분발케 하였다. 이 자리를 빌어 감사의 뜻을 드리는 바이다. 그리고 여러 사람의 도움을 받았다. 그나마 비난과 질책을 감소시킬 수 있는 것은 이들의 덕택이라고 생각한다. 김경춘 선생은 일본어판을 참고하는 데 많은 도움을 주었고, 김찬호, 유태용 선생은 용어선택이나 번역의 오류를 많이 지적해 주었다. 그리고 바쁜 시간에도 불구하고 원고 교정에 전념해 준 이경애 대학원생과 국학자료원 편집위원께 고마움을 표하고 싶다. 그리고 임돈희, 배기동 교수의 따뜻한 격려도 기억하고 싶다.

끝으로 어려운 경제여건에도 불구하고 학술진흥을 위해 출판 지원을 아끼지 않은 국학자료원 정찬용 사장님께 감사드린다.

2001. 2.
광교산 기슭에서 역자 씀.

참고문헌

Alland, Alexander, Jr.
1975 Adaptation. Annual Review of Anthropology 4:59-74.
Arensberg, Conrad
1955 American Communities. American Anthropologist 57:1143-1162
Aries, Philippe
1974 Western Attitudes Toward Death from the Middle Ages to the Present. Baltimore : Johns Hopkins University Press.
Aronson, E., and J. Mills
1959 The Effect of Severity of Initiation on Liking for a Group. Journal of Abnormal and Social Psychology 59 : 177-181.
Banfield, Edward C.
1958 The Moral Basis of a Backward Society. New York : Free press.
Barnett, Homer G.
1953 Innovation : The Basis of Cultural Change. New York : McGraw Hill.
Barth, Fredrik, ed.
1969 Ethnic Groups and Boundaries. Boston : Little, Brown.
Bateson, Gregory
1958 Naven. 2nd ed. Stanford : Stanford University Press.
Beattie, John
1960 Bunyoro : An African Kingdom. New York : Holt, Rinehart and Winston
Benedict, Ruth
1934 Patterns of Culture. New York : Houghton Mifflin.
1946 The Chrysanthemum and The Sword. New York : Houghton Mifflin.
Bennett, John W., ed.
1975 The New Ethnicity. Perspectives from Ethnology. St. Paul : West Publishing

Company.

Berlin, Brent, and Paul Kay
1969 Basic Color Terms. Berkeley : University of California Press.

Berne, Eric
1964 Games People Play. New York : Grove Press

Bettelheim, Bruno
1971 The Informed Heart. New York : Aron Books.

Bidney, David
1953 The Concept of Value in Modern Anthropology. In Anthropology Today. Alfred L. Kroeber, ed. pp.682~699. Chicago : University of Chicago Press.

Binford, Lewis R.
1972 An Archaeological Perspective. New York : Seminar Press.

Birket Smith, Kaj
1965 The Paths of Culture. Madison : University of Wisconsin Press.

Boas, Franz
1955 Primitive Art. New York : Dover.

Bock, Philip K.
1966 The Micmac Indians of Restigouche. National Museum of Canada, Bulletin 213, Ottawa.
1967 Love Magic, Menstrual Taboos, and the Facts of Geography. American Anthropologist 69 : 213-217.
1968 Peasants in the Modern World. Albuquerque : University of New Mexico Press.
1974 Modern Cultural Anthropology. 2nd ed. New York : Knopf.
1977 Interdependence in Anthropology. In Interdependence : An Inter-disciplinary Study. Archie J. Bahm, ed. pp.16~27. Albuquerque : World Books.
1978 Micmac. In Handbook of North American Indians Vol. 15. Bruce Triggr, ed. Washington, D. C. : Smithsonian Institution.

Bohannon, Paul
1963 Social Anthropology. New York : Holt, Rinehart and Winston.

Bottomore, T. B.
1966 Classes in Modern Society. New York : Vintage.

Brown, Ina C.

1963 Understanding Other Cultures. Englewood Cliffs, N. J. : Prentice-Hall.
Brown, Paula
1968 Social Change and Social Movements. In Peoples and Cultures of the Pacific.
    Andrew P. Vayda, ed. pp.465~485. Garden City, N. Y. : Natural History
    Press.
Cancian, Frank
1963 Informant Error and Native Prestige Ranking in Zinacantan. American
    Anthropologist 65 : 1068~1075.
Caudill, William, and Helen Weinstein
1969 Maternal and Infant Behavior in Japan and America. Psychiatry 32 : 12~43
Chomsky, Noam
1957 Syntactic Structures. The Hague : Mouton.
Cohn, Bernard
1955 The Changing Status of a Depressed Caste. In Village India. McKim Marriott,
    ed. Chicago : University of Chicago Press.
Conklin, Harold C.
1955 Hanunoo Color Categories. Southwestern Journal of Anthropology 11 : 339-344.
Cory, H.
1955 The Buswezi. American Anthropologist 57:923-952.
D'Andrade, Roy G.
1976 A Propositional Analysis of U. S. American Beliefs about Illness. In Meaning
    in Anthropology. Keith H. Basso and Henry A. Selby, eds. Albuquerque :
    University of New Mexico Press.
Davenport, William
1959 Nonunilinear Descent and Descent Groups. American Anthropologist 61:557-572
Deng, Francis
1972 The Dinka of the Sudan. New York : Holt, Rinehart and Winston.
Diver, Harold E., and William C. Massey
1957 Comparative Studies of North American Indians. Transactions of the American
    Philosophical Society 47(2) : 165-456
DuBois, Cora
1955 The Dominant Value Profile of American Culture. American Anthropologist

57:1232-1239.

Dundes, Alan

1962 Earth-Diver : Creation of the Mythopoeic Male. American Anthropologist 64:1032-1051.

Durkheim. Emile

1947 The Division of Labor in Society. New York : Free Press. (First Published, 1893.)

Elbert, Samuel H.

1951 Hawaiian Literary Style and Culture. American Anthropologist 53:345-359.

Elwin, Verrier

1947 The Muria and their Ghotul. Bombay : Oxford University Press.

Endleman, Robert.

1967 Personality and Social Life. New York : Random House.

Evans-Pritchard, E. E.

1940 The Nuer. London : Oxford University Press.

1954 Social Anthropology. New York : Free Press.

Falles, Lloyd

1955 The Predicament of the Modern African Chief : An Instance from Uganda. American Anthropologist 57:290-305.

Feder, Ernest

1971 The Rape of the Peasantry : Latin America's Landholding System. Garden City : Anchor Books.

Firth, Raymond

1951 Elements of Social Organization. London : Watts.

Fitch, J., and D. Branch

1960 Primitive Architecture and Climate. Scientific American 203(6): 134-144.

Ford, Clellan S., and Frank A. Beach

1951 Patterns of Sexual Behavior. New York : Harper.

Forde, C. Daryll

1963 Habitat, Economy and Society. New York : Dutton.

Fortes, Meyer and E. E. Evans-Pritchard, eds.

1940 African Political Systems. London : Oxford University Press.

Foster, George R.

1961 The Dyadic Contract : A Model for the Social Structure of a Mexican Peasant Village. American Anthropologist 63:1173-1192.

1967 Tzintzuntzan. Boston : Little, Brown.

Frake, Charles O.

1961 The Diagnosis of Disease among the Subanun of Mindinao. American Anthropologist 63:113-132.

1964 How to Ask for a Drink in Subanun. American Anthropologist 66 (6, Part 2) : 127-132.

Frank, Jerome D.

1963 Persuasion and Healing. New York : Schocken.

Franklin, Karl J.

1963 Kewa Ethnolinguistic Concepts of Body Parts. Southwestern Journal of Anthropology 19:54-63.

Frazer, Sir James

1953 The Golden Bough. Abridged edition. New York : Macmillan.

Freedman, Daniel

1974 Human Infancy : An Evolutionary Perspective. Hillsdale, N, J. : Lawrence Erlbaum Associates.

Fried, Morton H.

1967 The Evolution of Political Society. New York : Random House.

Gardner, Peter M.

1966 Symmertric Respect and Memorate Knowledge : The Structure and Ecology of Individualistic Culture. Southwestern Journal of Anthropology 22:389-415.

Gearing, Fred

1958 The Stuctural Poses of 18th Century Cherokee Villages. American Anthropologist 60:1148-1157.

Gerth, Hans, and C. Wright Mills, eds.

1958 From Max Weber : Essays in Sociology. New York : Oxford University Press.

Gladwin, Thomas

1962 Latency and the Equine Subconscious. American Anthropologist 64:1292-1296.

1970 East is a Big Bird : Navigation and Logic on Puluwat Atoll. Cambridge : Harvard University Press.

Goffman, Erving
1959 The Presentation of Self in Everyday Life. Garden City, N. Y. : Anchor Books.
1961 Asylums. Garden City, N. Y. : Anchor Books.
1963 Stigma. Englewood Cliffs, N. J. : Prentice-Hall.

Goody, Jack R., ed.
1958 The Developmental Cycle in Domestic Groups. New York : Cambridge University Press.
1973 The Character of Kinship. New York : Cambridge University Press.

Gouldner, Alvin
1960 The Norm of Reciprocity : A Preliminary Statement. American Sociological Review 25:161-178.

Guillemin, Jeanne
1975 Urban Renegades : The Cultural Strategy of American Indians. New York : Columbia University Press.

Hall, Edward T.
1959 The Silent Language. Garden City, N. Y. : Doubleday.

Hallowell, A. Irving
1960 Ojibwa Ontology, Behavior, and World View. In Culture in History. S. Diamond, ed. New York : Columbia University Press.

Harris, Marvin
1967 The Myth of the Sacred Cow. Natural History Magazine 76:6-12A.

Hart, C. W. M., and Arnold Pilling
1964 The Tiwi of North Australia. New York : Holt, Rinehart and Winston.

Heilbroner, Robert L.
1961 The Worldly Philosophers Revised ed. New York : Simon and Schuster.

Herskovits, Melville J.
1952 Economic Anthropology. New York : Knopf.
1964 Cultural Dynamics. New York : Knopf.

Herskovits, Melville J., and Frances Herskovits
1958 Dahomean Narrative : A Cross-Cultural Analysis. Evanston, Ill. : Northwestern University Press.

Hoebel, E. Adamson

1960 The Cheyennes. New York : Holt, Rinehart and Winston.
Hogbin, Ian
1964 A Guadalcanal Society : The Kaoka Speakers. New York : Holt, Rinehart and Winston.
Holmberg, Allan
1969 Nomads of the Long Bow. Garden City, N. Y. : Anchor Books.
Hsu, Francis L. K.
1961 American Core Values and National Character. In Psychological Anthropology. F. L. K. Hsu, ed. pp. 209-230. Homewood, Ⅲ. : Dorsey Press.
Hughes, Everett C.
1958 Men and their Work. New York : Free Press.
Huntingford, G. W. B.
1960 Nandi Age-Sets. In Cultures and Societies of Africa. Simon and Phoebe Ottenberg, eds. pp. 214-226. New York : Random House.
Hyman, Charles
1966 The Dysfunctionality of Unrequited Giving. Human Organization 25:42-45.
Hymes, Dell
1974 Foundations in Sociolinguistics. An Ethnographic Approach. Philadelphia : University of Pennsylvania Press.
Kluckhohn, Clyde
1968 The Philosophy of the Navaho Indians. In Readings in Anthropology. Vol. 2. 2nd ed. Morton Fried, ed. pp. 674-699. New York : Crowell.
Kluckhohn, Clyde, and Dorothea Leighton
1946 The Navaho. Cambridge : Harvard University Press.
Kluckhohn, Florence, and Fred Strodtbeck
1961 Variations in Value-Orientations. Evanston, Ⅲ, : Row, Peterson.
Kroeber, Alfred L.
1909 Classificatory Systems of Relationships. Journal of the Royal Anthropological Institute 39:77-84.
1948 Anthropology. New York : Harcourt, Brace.
Kuhn, Thomas
1964 The Structure of Scientific Revolutions. Chicago : University of Chicago Press.

LaBarre, Weston
1970 The Ghost Dance : The Origins of Religion. New York : Delta Books.

Landauer, T. K., and J. W. M. Whiting
1964 Infantile Stimulation and Adult Stature of Human Males. American Anthropologist 66:1007-1028.

Langness, Lewis L.
1965 The Life History in Anthropological Science. New York : Holt, Rinehart and Winsion.

Leach, Edmund R.
1966 Anthropological Aspests of Language : Animal Categories and Verbal Abuse. In New Directions in the study of Language. Eric Lenneberg, ed. pp. 23-64. Cambridge : M. I. T. Press.

Lee, Dorothy
1959 Freedom and Culture. Englewood Cliffs, N. J. : Prentice-Hall.

Lee, Richard B., and I. DeVore, eds.
1968 Man the Hunter. Chicago : Aldine

Leeds, Anthony J.
1960 The Ideology of the Yaruro Indians in Relation to Socio-Economic Organization. Antropological 9:1-10.

Lévi-Strauss, Claude
1953 Social Structure. In Anthropology Today. A. L. Kroeber, ed. pp. 524-553. Chicago : University of Chicago Press.
1963a The Bear and the Barber. Journal of the Royal Anthropological Institute 93:1-11.
1963b Totemism. Boston : Beacon Press.
1966 The Savage Mind. Chicago : University of Chicago Press.

Lienhardt, Godfrey
1966 Social Anthropology. London : Oxford University Press.

Linton, Ralph
1936 The Study of Man. New York : Appleton-Century.
1955 The Tree of Culture. New york : Knopf.

Lomax, Alan, and others
1968 Folk Song Style and Culture. American Association for the Advancement of

Science, Publication No.88. Washington, D. C.

Lowie, Robert H.
1948 Social Organization. New York : Holt, Rinehart and Winston.
1956 The Crow Indians. New York : Holt, Rinehart and Winston.

Malinowski, Bronislaw
1955 Magic, Science and Religion. Robert Redfield, ed. Garden City, N. Y. : Anchor Books.
1961 Argonauts of the Western Pacific. New York : Dutton.

Mayer, Philip and Iona
1970 Socialization by Peers : The Red Xhosa Youth Organization. In Socialization : The Approach from Social Anthropology. P. Mayer, ed. London : Tavistock.

McAllester, David P.
1964 Enemy Way Music. Papers of the Peabody Museum, Vol. 41, No. 3. Cambridge, Mass.

Mead, Margaret
1935 Sex and Temperament in Three Primitive Societies. New York : William Morrow.
1949a Coming of Age in Samoa. New York : Mentor Books.
1949b Male and Female. New York : William Morrow.

Meighan, Clement
1966 Archaeology: An Introduction. San Francisco : Chandler.

Mercier, P.
1954 The Fon of Dahomey. In African Worlds. Daryll Forde, ed. London : Oxford University Press.

Merton, Robert K.
1957 Manifest an Latent Function. In Social Theory and Social Structure. Pp. 19-84. New York : Free Press.

Miller, George, Eugene Galanter, and Karl Pribram
1960 Plans and the Structure of Behavior. New York : Holt, Rinehart and Winston.

Miller, Walter B.
1958 Lower Class Culture as a Generating Milieu of Gang Delinquency. Journal of Social Issues 14 : 5-19.

Miner, Horace

1956 Body Ritual among the Nacirema. American Anthropologist 58 : 503-507.

Morgan, Lewis H.
1871 Systems of Consanguinity and Affinity of the Human Family. Washington : Smithsonian Institution.

Montagu, Ashley
1972 Touching : The Human Significance of the Skin. New York : Harper & Row.

Mumford, Lewis
1961 The city in History. New York : Harcourt Brace and World.

Munroe, Robert L., and Ruth H. Munroe.
1975 Cross-Cultural Human Development. Monterey, Calif. : Brooks / cole.

Murdock, George P.
1949 Social Structure. New York : Macmillan.
1960 How Culture Changes. In Man, Culture, and Society, Harry Shapiro, ed. New York : Oxford University Press.

Murphy, Gardner
1947 Personality : A Biosocial Approach to Origins and Structure. New York : Harper & Brothers.

Nader, Laura, and Thomas W. Maretzki, eds.
1973 Cultural Illness and Health. American Anthropological Association, Anthropological Studies, Number 9.

Nash, Manning
1958 Machine Age Maya. American Anthropological Association, Memoir 87.
1966 Primitive and Peasant Economic Systems. San Francisco : Chandler.

Newman, Philip L.
1964 "Wild Man" Behavior in a New Guinea Highlands Community. American Anthropologist 66:1-18.
1965 Knowing the Gururumba. New York : Holt, Rinehart and Winston.

Oliver, Douglas L.
1955 A Solomon Island Society. Boston : Beacon Press.

Opler, Morris E.
1945 Themes as Dynamic Forces in Culture. American Journal of Sociology 51:198-206.

1968 The Themal Approach in Cultural Anthropology and Its Application to North Indian Data. Southwestern Journal of Anthropology 24:215-227.

Parsons, Talcott
1948 Essays in Sociological Theory, Pure and Applied. New York : Free Press.

Pehrson, Robert
1954 Bilateral Kin Groups as a Structural Type. Journal of East Asiatic Studies 3:199-202.

Pelto, Pertti J., and Gretel H. Pelto
1975 Intra-cultural Diversity : Some Theoretical Issues. American Ethnologist 2:1-18.

Piddocke, Stuart
1965 The Potlatch System of the Southern Kwakiutl : A New Perspective. Southwestern Journal of Anthropology 21:244-264.

Polanyi, Michael
1964 Personal Knowledge. New York : Harper Torchbooks.

Price-Williams, Douglass R.
1975 Explorations in Cross-Cultural Psychology. San Francisco : Chandler & Sharp.

Radcliffe-Brown, A. R.
1952 Structure and Function in Primitive Society. New York : Free Press.

Redfield, Robert
1941 The Folk Culture of Yucatan. Chicago : University of Chicago Press.
1953 The Primitive World and Its Transformations. Ithaca : Cornell University Press.
1956 Peasant Society and Culture. Chicago : University of Chicago Press.
1959 Aspects of Primitive Art. New York : Museum of Primitive Art.

Redfield, Robert, and A. Villa Rojas
1962 Chan Kom : A Maya Village. Chicago : University of Chicago Press. (First published, 1934.)

Riesman, David, and others
1950 The Lonely Crowd : A Study of the Changing American Character. New Haven : Yale University Press.

Riviere, P. G.
1974 The Couvade : A Problem Reborn. Man 9:423-435.

Russell, W. M. S.

1968 The Slash-and-Burn Technique. Natural History Magazine, March.
Sahlins, Marshall D.
1961 The Segmentary Lineage : An Organization of Predatory Expansion. American Anthropologist 63 :322-345.
Sahlins, Marshall D., and Elman R. Service, eds.
1960 Evolution and Culture. Ann Arbor : University of Michigan Press.
Schneider, David M.
1968 American Kinship. Englewood Cliffs, N. J. : Prentice-Hall.
1976 The Meaning of Incest. Journal of the Polynesian Society 25:149-169.
Schneider, Harold K.
1966 Turu Esthetic Concepts. American Anthropologist 68:156-160.
Service, Elman R., ed.
1975a Profiles in Ethnology. 3rd ed. New York : Harper & Row.
1975b Origins of the State and Civilization. New York : Norton.
Simmel, Georg
1955 Conflict and The Web of Group Affiliations. New York : Free Press.
Sisk, John P.
1970 Person and Institution. Notre Dame, Ind. : Fides Publishers.
Slater, Philip
1970 The Pursuit of Loneliness. Boston : Beacon Press.
Spiro, Melford
1958 Children of the Kibbutz. Cambridge : Harvard University Press.
Stern, Theodore
1963 Ideal and Expected Behavior as Seen in Klamath Mythology. Journal of American Folklore 76:23-28.
Stover, Leon E.
1974 The Cultural Ecology of Chiness Civilization. New York : Mentor Books.
Turner, Victor
1969 The Ritual Process. Chicago : Aldine
Tylor, Edward B.
1889 On a Method of Investigating the Development of Institutions : Applied to Laws of Marriage and Descent. Journal of the Royal Anthropological Institute

18:245-269.

1958 The Origins of Culture. New York : Harper Torchbooks. (Part I of Primitive Culture, First Published 1871.)

van den Berghe, Pierre L., and David P. Barash

1977 Inclusive Fitness and Human Family Structure. American Anthropologist 79:809-823.

1960 The Rites of Passage, Chicago : Phoenix Books.(First pulished 1908.)

Veblen, Thorstein

1953 The Theory of the Leisure Class. New York : Mentor Books.

Vizinczey, Stephen

1965 In Praise of Older Women, New York : Bantam Books.

Wagley, Charles

1968 Tapirape Shamanism. In Readings in Anthropology, Vol. 2 2nd ed. Morton Fried, ed. pp. 617-635. New York : Crowell.

Wallace, Anthony F. C.

1956 Revitalization Movements. American Anthropologist 58:264-281.

1970 Culture and Personality. 2nd ed. New York : Random House.

Weaver, Thomas, ed.

1973 To See Ourselves. Glenview, Ill. : Scott, Foresman.

Wheeler-Voegelin, E.

1949 Earth-Diver. In Standard Dictionary of Folklore, Mythology and Legend Vol. 1. M. Leach, ed. P. 334. New York : Funk and Wagnalls.

White, Leslie A.

1949 The Science of Culture. New York : Grove Press.

1960 The World of the Keresan Pueblo Indians. In Culture in History. Stanley Diamond, ed. New York : Columbla University Press.

Whiting, John W. M., and Irvin L. Child

1953 Child Training and Personality. New Haven : Yale University Press.

Whiting, John W. M., Richard Kluckhohn, and Albert Anthony

1958 The Function of Male Initiation Ceremonies at Puberty. In Readings in Social Psychology. 3rd ed. E. Maccoby, T. Newcomb, and E. Hartley, eds. New York : Holt, Rinehart and Winston.

Whiting, John W. M. and others
1966 Field Guide for a Study of Socialiaztion. Six Cultures Series, Vol. 1. New York : Wiley.

Whorf, Benjamin Lee
1956 Language, Thought, and Reality. John Carroll, ed. Cambridge: M. I. T. Press.

Wilson, E. O.
1975 Sociobiology : The New Synthesis. Cambridge :Belknap press.

Wilson, Monica
1963 Good Company : A Study of Nyakyusa Age-Villages. Boston : Beacon Press.

Wissler, Clark
1923 Man and Culture. New York : Crowell.

Wittfogel, Karl
1957 Oriental Despotism. New Haven : Yale University Press.

찾아보기

【ㄱ】

가드너 머피(Gardner Murphy) 35
加入屬性 89
加入原理(principles of recruitment) 131
加入準則(rules of recruitment) 140
가치갈등 188
가치부여(valuation) 119
間接的 交換 207
感染呪術(contagious magic) 244
個體群 197, 198
갱집단 162
거절(negation) 191
居住規定 133
거주율 133
건지활(sinew-backed bow) 226
게오르그 짐멜(Georg Simmel) 126
결승문자(結繩文字) 234
結合(combination) 194, 197
階級的 體系 86
계보(family trees) 363
고고학적 추론 379
고툴(ghotul) 135
고프만(Goffman) 120
공시적(synchronic) 373
공식교육 49, 50
과달카날(Guadalcanal) 42

官僚的 指導者 116
관습적 행동 84
관습적인이해 24
관습체계 38
교차사촌 103
交叉四寸婚(cross-cousin marriage) 106
교환(exchanges) 126
交換과 互惠性 198
交換關係 139, 205
구루룸바(Gururumba) 문화 347
구루룸바족(Gururumba) 191, 347
構文論 74
구순적 설명 390
구조적 접근(structual approach) 26
구조주의(structuralism) 314
구조화된 관찰법 364
『국화와 칼』 325
掘棒(digging stick) 222
歸屬(ascription) 89
歸屬的 役割 89, 133, 140
그레이트 베이슨(Great Basin) 163, 202
近親復讐 144
近親相姦 151
近親相姦禁忌(incest taboo) 207
禁忌(taboo) 47

機械的 連帶(mechanical solidarity) 125
기능적 설명 396
기능적/인과적 비교 384
記述的 親族呼稱(descriptive kinship terminology) 96
기술체계(technological system) 211
氣息音(aspiration) 64

【ㄴ】

나바호(Navaho) 인디언족 50, 64, 72, 121, 153, 258, 285, 305, 306, 326, 342, 368
나시르마부족(Nacirema) 55, 109
나큐사(Nyakyusa)족 134, 160
난디(Nandi)족 158
날으는 카누주술(flying canoe magic) 267
남성의 집(men's house) 135
男子父親(male parent) 102
蠟型法 269
內의 統合 127
내혼(endogamy) 106
네안데르탈인 22, 214
노예제 303
누경(耨耕) 249
누경농업 249
누어족(Nuer) 91, 119, 288, 356
누카(nuka) 257
눈신발(snow shoes) 229
綾織(twiling) 264

【ㄷ】

다릴 포드(C. Daryll Forde) 214
다코타족(Dakota) 300
다호메이족(Dahomey) 281, 310

單系 141
單系 出系集團 145
單系原理 145, 150
單系集團 150
鍛鍊法 268
單處制(unilocal) 133
單婚(monogamy) 106
代置(substitution) 194, 197
대평원(Plains) 인디언 344
더글라스 올리버(Douglas L. Oliver) 292
데이비드 맥알레스터(David P. McAllester) 340
데이비드 비드니(David Bidney) 351
도로시 리(Dorothy Lee) 34, 287, 407
도부섬 주민(Dobuans) 345
도시사회(urban society) 172
同業組合 124
同族(lineage) 146
dry snow 218
드라바우츠(drabawts) 55
등가성(equivalence) 319
딩카족(Dinka) 31, 33
뗏목(raft) 230
또래집단(peer group) 48, 158

【ㄹ】

라포(rapport) 362
라프란드섬 사람(Lapps) 144
랄프 린튼(Ralph Linton) 55, 89
랑고족(Lango) 303
레드 호사(Red Xhosa)족 48, 159, 162
레슬리 화이트(Leslie A. White) 239, 386
레이먼드 퍼스(Raymond Firth) 177

로버트 레드필드(R. Redfield) 24, 139, 172, 249, 274, 330, 407
로버트 로위(Robert Lowie) 92
로버트 머튼(Robert Merton) 378
로버트 오스본(Robert Osborn) 196
로버트 페아슨(Robert Pehrson) 144
로버트 헤일브로너(Robert. L. Heilbroner) 321
로샤하(Ror-schach)식 인성검사법 366
로위(Lowie) 286
루스 베네딕트(Ruth Benedict) 324, 344
루이스 멈포드(Lewis Mumford) 130
루이스 빈포드(Lewis Binford) 382
루이스 헨리 몰간(Lewis Henry Morgan) 95
리스만(David Reisman) 48
리요드 활러스(Llyod Fallers) 295

【ㅁ】

마가렛 미드(Margaret Mead) 38, 108
마다가스칼 섬(Madagascar) 132
마빈 해리스(Marvin Harris) 378
마사이족(Massai) 111, 252
마샬 살린즈(Marshall D. Sahlins) 118
마야족(Maya) 249, 250
마이두족(Maidu) 263
마이어 포르테스(M. Fortes) 116
막달레니안기(Magdalenian periods) 333
막스 베버(Max Weber) 116
말리노프스키(B. Malinowski) 128, 267
맛심족(Massim) 128
망령부친(ghost fathers) 91
맨닝 나쉬(Manning Nash) 304

머독(G. P. Murdock) 104, 388
머리카락을 태우는 의식(head-baking) 56
머시어(Mercier) 311
메이슨(Mason) 167
메이어(Philip and Iona Mayer) 48
멜포드 스피로(Malford Spiro) 135
면접 362
明示的 信念 273
모거제(matrilocal) 388
母系 141
母系同族(matrilineage) 146
母女一體婚(mother/daughter marriage) 106
모리스 오플러(Morris E. Opler) 345
母方-父方居處制(matri-patrilocal residence) 134
母方交叉四寸婚 106
模倣呪術(imitative magic) 244
母方平行四寸婚 106
모음 음소(vowel phonemes) 63
母中心世帶(matrifocal) 136
모카신(moccasins) 229
牧牛體系 252
목축(pastoralism) 252
몬테그라노(Montegrano) 308
무리아 곤드족(Muria Gond) 135
무미(mumi) 292
무성음 61
무성폐쇄음(voiceless stop) 62
무스테리안(Mousterian) 22
문자의 발달과정 234
문화 범주의 보편성 395
文化變動 195
文化變容(acculturation) 198, 199

문화요소 195
문화요소 일람표 365
문화인류학(Cultural anthropology) 26
문화적 기호론(cultural semiotics) 314
文化體系 195
文化化(enculturation) 29, 54, 181, 390
미카엘 폴라니(Michael Polanyi) 406
믹맥 인디언(Micmac Indians) 99, 199, 221, 358
민간전승 자료(folklore text) 367
민속분류학(folk taxonomies) 81, 256
民俗社會 172
민족지(ethnography) 373
민족지학(ethnography) 27, 76
민족학(ethnology) 27

【ㅂ】
바분(baboons) 16, 27
바히마족(Bahima) 252
반 겐넵(Arnold van Gennep) 51
半男半女(half-men, half-women) 191
半男半女(half-man, half-woman) 107
半族(moiety) 152, 309
반투(Bantu)족 183
반투어족(Bantu-speaking people) 334
반혼문신(瘢痕文身: scarification) 52, 109
발로마(baloma) 285
發明 194
發話(utterance) 76
발화기술 240
방계성(Collaterality) 99
傍系親族(collateral relatives) 99
放血(blood-letting) 255
버켓 스미스(Birket Smith) 230

범주 31
베르다쉬(berdsache) 44
베이징 '猿人'(ape-men) 21
벤자민 워프(Benjamin Lee Whorf) 67
벨리안(belian) 257
併合(aggregation) 139
보아스(Boas) 265
보존자료(texts) 361
보편적 요소 395
보편적 요소의 비교 384
복합사회 254
復婚(polygamy) 106
父系 141
부계동족 146
父方-新居住制(patri-neolocal) 134
父方交叉四寸婚 106
父方平行四寸婚 106
부쉬맨(Bushmen) 221, 246
부스웨지(Buswezi) 166
부싯깃(tinder)판 241
부싯돌(flint) 241
部族社會(tribal societies) 118
父處制(patrilocal) 133
分離居處制(duolocal) 133
分業 44
분요로족(Bunyoro) 299
分節 125
分節化(segmentation) 138
불 피스톤(fire piston) 241
불쟁기(fire plow) 241
브라운(Ina C. Brown) 211
비공식 교육 42
비교방법 383
祕敎的 50
非氣息音 64

비밀결사(secret societies) 50, 166
비언어적 37
非靈的 기술 244
비치(F. A. Beach) 327
非形式的 集團 124

【ㅅ】

사마드(samad) 257
사모아인 40
사무엘 엘버트(Samuel H. Elbert) 337
사카이족(Sakai) 226
社會階層 169
사회인류학(Social anthropology) 27, 76
사회적 규칙 84
社會的 年齡(social age) 110
社會的 母親(mater) 91
社會的 範疇 358
社會的 時間 204
社會的 役割 87
社會的 移動(Social mobility) 170
사회적 직업 43
사회체계 83
사회통합 126, 202
사회학적 부친(pater) 91
살린스(Marshall Sahlins) 386
상위범주 81
上位婚(Hypergamy) 관습 156
상징분석(symbolic analysis) 314
상황도덕 324, 328
색채범주 86
생계경제(subsistence economy) 302
省略 197
生理的 機制 214
生理的 母親(genetrix) 91

생물과(biological family) 19
생물학적 부친(genitor) 91
생사의 구별(Decedence) 102
생산성(productivity) 76
生成文法(generative grammar) 76, 372
生殖的 役割 108
샤만(Shaman) 49
샤이안(Cheyenne) 인디언족 107, 191, 222, 300
서비스(Elman Service) 386
서열(ranking) 319
서열적 지위 16
選系 141
선사고고학(Prehistory archaeology) 26
選處制 133
選擇決定 186
成分分析(Componential analysis) 80
成員權 133, 140
성인식 51
세계관(worldview) 314
세계의 나무(world tree) 279
세네카 인디언(Seneca Indians) 206
세대(Generation) 97
世襲的 指導者 115
셰망족(Semang) 215, 226
셰틀란드 섬(Shetland Islands) 120
소가족(Soga) 294
소각작업 250
燒石(stone-boiling) 221
속임수(deception) 190
솔 탁스(Sol Tax) 27
수렵채집민 296
水路化(canalization) 35
수메리안족(Sumerians) 269
수바눈족(Subanun) 165, 256

찾아보기 431

首長權(chieftainship) 118
首長制社會(chiefdoms) 118
슈아이(Siuai)족 164
스탠포드 비넷(Stanford Binet)식 지능
　　　검사법 366
스트로트베크 351
슬릿공(Slit-gong) 164, 292
詩歌音律學(cantometrics) 343
시리오노족(Siriono) 242, 262
시와이족(Siuai) 292
식량채집 245
新郞勞役奉仕(bride-service) 134
新婦貸(bride-price) 134
신부대(bride-wealth) 302
신분계층제(hierarchy) 311
新處制(neolocal) 133
身體變形(body mutilation) 109
심리학적 검사법 366
쌍기성(Bifurcation) 99
썰매 229
씨족(Clan) 151

【ㅇ】
아놀드 토인비(Arnold Toynbee) 174
아담슨 호벨(E. A. Hobel) 300
아라비아의 유목민족 35
아라페쉬(Arapesh) 부족 38, 40
아룬타족(Arunta) 247
아샨티(Ashanti)村 133
아샨티족(Ashanti) 132
아슐리안(Acheulean) 332
아웃 카스트(out caste) 157
아즈텍(Aztec)인 226
아파치족(Apache) 45
악령빙의(惡靈憑依) 258

안다만섬 사람들(Andaman Islanders)
　　　242
안토니 리드(Anthony Leeds) 283, 346
알란 로맥스(Alan Lomax) 343
알란 홈버어그(Allan Holmberg) 241
알프렛크 뢰버(Alfred L. Kroeber) 97
액막이 의식(exorcisms) 267
앨빈 굴드너(Alvin Gouldner) 202
야루로(Yaruro) 인디언 283, 284, 289,
　　　346
『야성의 사고(The Savage Mind)』 312
얌(yam) 53, 250
兩系 141
兩系 親族 145
養子結緣 90, 91
兩處制(ambilocal) 133
어니스트 샤크텔(Ernest G. Schachtel)
　　　54, 404
어빙 고프만(Erving Goffman) 114,
　　　173, 190
어빙 챠일드(Irvin Child) 390
언어사회학(sociolinguistics) 69
언어적인 의사소통 37
언어준칙 67
언어체계 65
얼굴 문지르기 의식(face-scraping rite)
　　　56
에드먼드 리치(E. R. Leach) 317
에드워드 반휠드(Edward Banfield) 308
에드워드 타일러 388
에드워드 홀(Edward Hall) 183
에릭 베른(Eric Berne) 232
에밀 뒤르껭(Emile Durkheim) 45, 125
에반스 프리챠드(E. E. Evans-Pritchard)
　　　116, 119, 252, 356, 359

에버렛 휴즈(Everett Hughes) 112
에스키모인(Eskimo) 35, 137, 217, 219, 221
에토스(ethos) 344
엘크스(Elks) 167
女性交換 208
여성부친(female fathers) 92
역사적 비교 383
역사적 설명 396
역사적 접근(historical approach) 27
役割 葛藤 188
役割 期待 323
役割 屬性 88, 172,
役割遂行 179, 180, 181
役割에의 加入 88
역할통합 107
役割標示 88
年代-領域 원리 385
연령결사 159
연령단계 159
年齡의 上下關係(Relative Age) 97, 100
年齡村(age-village) 160
年輩(age-set) 158
연배단계(Age-grade) 55
連續婚(serial marriages) 290
詠誦師(ritual singer) 113, 260
영장류(primates) 15
靈的 기술 244
영적 에너지(spiritural energy) 243
오리그나시안기(Aurignacian periods) 333
오소틱(osotik) 159
오스트랄로피테쿠스 로부스투스 19
오스트랄로피테쿠스 아프리카누스 19
오스트랄로피테키네(Austrlopithecinae)

19
오스트레일리아 원주민(The aborigines of Australia) 52, 154
오웬스 계곡(Owens Valley) 246
오지브와(Ojibwa) 인디언 280
올두바이 계곡(Olduvai Gorge) 382
와그너(Roy Wagner) 399
와인스타인(M. Weinstein) 36
왈라스(A.F.C.Wallace) 21
外叔制(avunculocal) 133
外叔處制(avunculocal residence) 149
外的 統合 127
외혼(exogamy) 106
外婚制 248
우미약(umiak) 231
우주관(cosmology) 278
우호단체(fraternal organization) 167
원시농경민(Horti-cultural peoples) 297
原猿類 387
웨스톤 라바르(Weston La Barre) 202
위세경제(prestige economy) 302
위신체계(prestige system) 16, 55
僞藥(placebo) 259
윌리암 코딜(Willoam Caudill) 36
윌리엄 다벤포트(William Davenport) 144
有機的 連帶(organic solidarity) 125, 126, 139
유령춤(ghost dance) 201
유르트(yurt) 216
類別的 親族呼稱(classificatory kinship terminology) 96
유성음 61
유성폐쇄음 62
有聲化(voicing) 61, 62, 65

유아기 17
幼兒殺害(infanticide) 32
유인원(Pongidae) 18, 19
유진 갤란터(Eugene Galanter) 86
癒着(adhesion) 388
유트족(Ute) 182
育兒體系 136
윤리적 상대주의(ethical relativism) 329
音素(phonemes) 63
音韻論(phonology) 63
음운학적 異音(allophones) 69
음조 64
音質基準 100
音體系 61
의료인류학 261
의문단계(why stage) 41
意味論 76
의사소통 37, 232
의사소통 체계 233
2중선(double boat) 230
이글루(igloo) 217
이로코이 부족(Iroquois tribes) 118
이로코이(Iroquois) 인디언족 153, 154
二元論(dualism) 309
二重 出系 141, 147
인간과 21
인간관계 지역자료(Human Ralation Area Files) 389
인간화 13
人科(Hominidae) 19, 20
인류중심주의(anthropocentrism) 400
인류학적 언어학(Anthropological Linguistics) 26
인종주의 25
姻戚(affinal kin) 94, 98

인척(Affinity) 98
一般民族學(General ethnology) 27
一夫多妻制 133
一夫多妻婚(polygyny) 94, 106
一妻多夫婚(polyandry) 91, 106
日出歌(Sunrise Song) 182
任務遂行 機能 127, 377

【 ㅈ 】

자기 확인(self-validating) 47
자매교환 388
姉妹緣婚(sorolate) 106
姉妹緣婚的 一夫多妻婚(Sororal Polygyny) 104
자메이카(Jamaica) 77
자민족중심주의(Ethnocentrism) 13
자바인 21
自然淘汰(natural selection) 197
雌雄兩性(androgynous) 310
자원결사(Voluntary association) 163
自由變異(free variation) 68, 193
작업집단 163
潛水神話 278
잠재적 음절(potential syllables) 67
장모 기피(mother-in-law avoidance) 388
再配列(rearrangement) 194, 197
再解析의 過程 195
適應的 變化 199
嫡出性 397
積荷崇拜運動(cargo cults) 200
前舌閉鎖音(front stops) 61, 65
절대도덕 324, 328
젊은이 村(male settlement) 135
점 지팡이(diving rod) 220

接頭辭(prefixes) 71, 73
接尾辭(suffixes) 71
接腰辭(infix) 71
精靈憑依 166
제로범주(null category) 123
제롬 프랭크(JeromeD. Frank) 259
제임스 프레이저 경(Sir James Frazer) 244
條件變異(conditioned variation) 68
粗放耕作技術 251
族內婚 156
族外婚 150, 151, 152
존 비티(John Beattie) 299
존 화이팅(John Whiting) 52, 390
종교의례 284
죠지 머독(George. P. Murdock) 184
죠지 밀러(George Miller) 86
죠지 포스터(George Foster) 205
존 아데르(John Adair) 368
住居集團(residential group) 131
주니(Zuni) 인디언 344
鑄物法 269
呪醫結社 280
줄루족(Zulu) 252
중계(duolineal) 150
중얼거리기 59
지나칸탄(Zinacantan)촌 319
지바로 인디언족(Jivaro indians) 226, 227
지배체제(dominance hierarchies) 16
地域社會(local community) 137
지역지도 364
지위부여(ranking) 119
지향성(orientation) 315, 344
直系共有(colineal) 친족 99

直系親族(Stem kindred) 144
직업집단 163
直接的 交換 207
질병치료 166
集團指定婚(group-specific marriage) 106
집시족(Gypsies) 50
집약농업 253

【ㅊ】

차이(differences) 126
찬콤(Chan kom) 249, 250
찰스 다윈(Charles Darwin) 19
찰스 와글리(Charles Wagley) 49
찰스 프레이크(Charles Frake) 165, 256
創世神話 278
菜園呪術 250
천둥신(Thunder) 283
청년의 집(male domitory) 135
체로키족(Cherokee) 180
초농경(鍬農耕) 249
초도덕적 가족중심주의(amoral familism) 308
초자연적 신앙 32
초자연적인 처벌 47
最小對語 61
出系律 140
출계율(descent rules) 388
層位 382
친·춘·찬(Tzintzuntzan) 205
親族役割 92
친족집단 140
親族呼稱 95
친화관계 362
稱病役割(sick role) 191

【ㅋ】

카누(canoe) 230
카르고 제도(cargo system) 319
카리스마적 지도자 117
카스트 156
카야크(kayak) 231
카작족(kazak) 216
칼 프리브람(Karl Pribram) 86
칼묵족(Kalmuk) 216
캐레산어(Keresan-speaking) 279
케와(Kewa)족 80
코라 듀보아(Cora DuBois) 322
콘라드 아렌스버그(Conrad Arensberg) 139
콜레마(kolema) 53
콤베 까펠레(Combe Capelle) 23
콰키우틀(Kwakiutl) 인디언 345
쿠바드(couvade) 30
쿨라 거래 129
쿨라 마술(kula magic) 267
쿨라 주술(kula magic) 267
쿨라환(kula ring) 128
크라마스(Klamath) 인디언 323
크로마뇽(Cromagnon) 23
크로우(Crow) 인디언 44, 107, 286
크뢰버(A. L. Kroeber) 234, 333
크리족(Cree) 55, 289
클라크혼(Clyde Kluckhohn) 26, 305, 307, 351
클락 위슬러(Clark Wissler) 394
클로드 레비스트로스(Claude Lévi-Strauss) 155, 207, 312
키부츠 40
키푸(quipu) 234

【ㅌ】

타날라족(Tanala) 132
타라스칸 인디언족(Tarascan Indians) 111
타라후마라족(Tarahumara) 55
타부(taboo) 248
타일러(E.B.Tylor) 24
타자지향성(other-directedness) 48
타피라페 샤먼(Tapirape shamans) 113
타피라페(Tapirapé) 49
탈렌시족(Tallensi) 133
탈리도마이드(thalidomide) 29
태양춤(太陽의 춤: Sun Dance) 182, 222
텀블린(tumpline) 225
테오도어 스턴(Theodore Stern) 323
토다(Toda)족 91
토마스 글래드윈(Thomas Gladwin) 55
토마스 쿤(Thomas S. Kuhn) 275
토보건(toboggan) 229
토크웨이(tokway) 266
토크웨이(tokway) 주술 267
토테미즘 155
토템씨족(Totem clan) 154
통과의례(rite of passage) 51, 53
통문화적 연구 387
통문화적 접근법 392
通文化的 타당도(Cross-Cultural Validity) 366
統制的 機能 128, 377
統合性(intergration) 125
통합체(configuration) 345
통혜(tonghé) 284
투루족(Turu) 189, 334
투창기(spear-thrower) 226

트러보이(travois) 230
트로브리안드 섬 주민(Trobriand Islander) 128, 250, 285
트로브리안드 섬(Trobriand Islands) 244, 298
트로브리안드(Trobriand) 266
티위족(Tiwi) 52, 172, 183, 245
티코피아(Tikopia)족 34, 326
티픽(tipik) 159

【ㅍ】

파울 보하난(Paul Bohannan) 131
파울라 브라운(Paula Brown) 201
파이유트 인디언족(Paiute Indians) 163, 224, 246
파충류 15
판자선(plank boat) 230
팔리안 족(Paliyans) 289
페루(Peru) 인디언 234
평원 인디언(Plains Indians) 118, 202, 230
평준화 기제(leveling mechanism) 304, 321
平織(simple weaving) 264
平衡四寸婚(paralle-cousin marriage) 106
폐쇄음 62
포드(Forde) 253
포모족(Pomo) 263
포오드(C. S. Ford) 327
포유동물 15
胞族(Phratry) 152
포콤치족(Pocomchi) 371
포틀라치(potlatch) 304
폴 라딘(Paul Radin) 274
폴 머시어(P. Mercier) 310

폴리네시아인(Polynesians) 231
표본추출법 364
標準的 役割 191
表出的 機能 128, 377
표출적 집단 165
푸에블로(Pueblo) 인디언 47, 153, 279
풍요의례(increase ceremonies) 155
프란시스 뎅(Francis Deng) 32
프랑크 칸시안(Frank Cancian) 319
프리메이슨(free-Masons) 124
피그미 집단(Pygmy groups) 242
피그미족(Pygmies) 228
피터 가드너(Peter. M. Gardner) 289
피테칸트로푸스(Pithecanthropus) 21
피티림 소로킨(Pitirim A. Sorokin) 174
필립 뉴만(Philip L. Newman) 191, 347

【ㅎ】

하누누(Hanunóo)족 79
하와이 민담 337
하위 범주 81
下位集團 31, 127, 129
하이다 인디언(Haida Indians) 102
하이티(Haiti) 168
할 케이간(Hal Kagan) 368
割禮 109
合金法 268
合成理論(synthetic theory) 197
해롤드 슈나이더(Harold Schneider) 334
해롤드 콘클린(Harold C. Conklin) 79
核家族 131
행동유형 37
行動準則 140, 358
향락도덕(fun morality) 328

허스코비츠(M. J. Herskovits) 195, 297, 303
헌팅포트(G. W. B. Huntingford) 158
革新(Innovation) 192
현생인류(Homo Sapiens) 13, 19, 214
舷外浮材 카누(outrigger canoe) 231
舷外浮材(outrigger) 128
현외부재(outrigger) 267
현지노트 361
현지조사 356
血讐(blood feud) 143
血族(consanguineal kin) 93
兄弟緣婚(levirate) 106
兄弟姉妹(siblings) 92
形質人類學(Physical anthropology) 26
형태론 74
형태소(morphemes) 70, 73
호간(hogan) 285
호라스 마이너(Horace Miner) 55, 109
호로모룬(horomorun) 293
호머 바네트(Homer Barnett) 194
호모 사피엔스(Homo Sapiens) 22
호모 이렉투스(Homo Erectus) 21, 214
호피(Hopi) 인디언 45, 132
互惠性(reciprocity) 107, 397
호혜성의 原理 202
혼인규제 103, 140
婚姻의 優先規定 105, 106
화이트(White) 242
火田耕作 249
환금작물 297
活性化 198
활성화 운동(revitalization movements) 200
활송곳(bow-drill) 241

獲得(achievement) 89
훼벨(E. A. Hobel) 222
黑魔術(black magic) 259

현대 문화인류학 입문

인쇄일 초판 1쇄		2001년 02월 21일
2쇄		2018년 04월 10일
발행일 초판 1쇄		2001년 03월 01일
2쇄		2018년 04월 18일

지은이	Philip k. Bock
옮긴이	조 병 로
발행인	정 찬 용
발행처	국학자료원
등록일	1987.12.21, 제17-270호
	서울시 강동구 성내동 447-11 현영빌딩 2층
	Tel : 442-4623~4 Fax : 442-4625
	www.kookhak.co.kr
	E-mail : kookhak2010@hanmail.net
ISBN	978-89-8206-578-1 *03900
가 격	15,000원

*저자와의 협의 하에 인지는 생략합니다.
*잘못된 책은 구입하신 곳에서 교환하여 드립니다.